国家社科基金
GUOJIA SHEKE JIJIN HOUQI ZIZHU XIANGMU
后期资助项目

城市化进程中的农地制度变迁：国际比较研究

Institutional Change of Rural Land in the Process of Urbanization: an International Comparative Study

曾宪明　著

WUHAN UNIVERSITY PRESS
武汉大学出版社

图书在版编目(CIP)数据

城市化进程中的农地制度变迁:国际比较研究/曾宪明著.—武汉:武汉大学出版社,2016.4
ISBN 978-7-307-17688-1

Ⅰ.城…　Ⅱ.曾…　Ⅲ.农地制度—对比研究—世界　Ⅳ.F311

中国版本图书馆 CIP 数据核字(2016)第 055855 号

责任编辑:陈　红　　责任校对:汪欣怡　　版式设计:韩闻锦

出版发行:**武汉大学出版社**　(430072　武昌　珞珈山)
(电子邮件:cbs22@whu.edu.cn　网址:www.wdp.com.cn)
印刷:武汉中远印务有限公司
开本:720×1000　1/16　印张:24.5　字数:352 千字　插页:1
版次:2016 年 4 月第 1 版　　2016 年 4 月第 1 次印刷
ISBN 978-7-307-17688-1　　定价:68.00 元

目 录

导　言

一、研究目的和意义

中国作为世界上人口最多的发展中国家，目前正处于城市化加速发展时期。中国的城市化是21世纪令世人瞩目的波澜壮阔的历史性社会结构变革。30多年来，中国城市化以每年约一个百分点的速度增长，城市化率从1980年的19%，增长到2014年的54%。根据联合国最新的估计，中国2014年的城镇人口约7.58亿人，占总人口的54%，到2050年，城镇人口将达10.5亿人，占总人口的76%，涨幅惊人。城市化和工业化的快速推进，必然对土地产生大量需求，加快城市化进程也离不开土地制度的保障。中外城市化进程的历史表明，城市化发展必然引起土地利用方式和土地利用结构的根本变化，同时，城镇扩展还带来土地权属关系和经济关系的变化。在特定的土地资源禀赋条件和供求状况下，土地制度和政策将对城市化发展进程产生深远的影响，它从宏观调控、内在机制等方面决定着土地利用方向、土地利用方式和土地利用者的行为，是影响城市化进程的重要因素。所以探寻城市化进程中农地制度的变迁规律，尤其是研究世界上典型国家城市化进程中农地制度及农业政策发展演变的经验与教训，对于目前正处于城市化加速阶段和农地制度变迁关键时期的中国具有十分重要的指导和借鉴意义。

二、国内外研究综述

中外学者对世界各国的农地制度变迁进行了多视角研究。如沈汉(2005)的《英国土地制度史》以土地制度作为观察视角，对英国中世纪以来的农地制度变迁作了系统研究，尤其是对英国庄园制、租佃制、土地持有制、地产经营等制度的变迁进行了研究。孔庆山(2002)的《美国早期土地制度研究》以大量的历史档案和文献资料为基础，详细地分析了每个重要的土地法案在国会从提案到最终通过的过程，并对其产生的背景和通过后的作用进行了详细的介绍，清晰而完整地展现了美国早期土地制度的发展演变。关谷俊作(2004)的《日本的农地制度》以较宽的农地制度视野、独树一帜的文风对日本不同时期农地制度的变迁进行了详尽的研究。黄思骏(1998)的《印度土地制度研究》较为全面、系统、深入地研究了印度从古到今的土地制度的演变及其特点，以及随着土地制度的变迁，在不同社会发展阶段以土地为中介的人与人之间关系的变化。赖泽源等(1996)的《比较农地制度》以实证分析和比较研究法对世界上不同国家和地区的农地制度进行了比较研究，揭示了不同发展水平、不同社会制度的国家建立的现代农地制度以及这一制度的内容和发展变化的规律。

有关中国农地制度变迁研究的文献可谓汗牛充栋。这些文献分别从不同角度研究了中国农地制度的产生、发展演变、存在的主要问题以及改革的方向。如姚洋(2004)的《土地、制度和农业发展》，收录了作者1994—2003年关于中国农村土地制度和劳动力市场的论文16篇，既有理论探讨，也有经验研究，集中反映了作者在中国农村经济领域的研究成果。作者以实事求是的学术态度，对中国土地制度的演变、绩效及其福利后果，农村不完全市场及其影响，农村集体决策的过程以及土地合约中的权利问题进行了深入的研究。许经勇(2009)的《中国农村经济制度变迁60年研究》，是一部心系农民、心谋“三农”、资料系统、过程完整、史论结合、见解独到的有关中国农村经济制度变迁的专著。靳相木(2007)的《地根经济：一个研究范式及其对土地宏观调控的初步应用》，从历史与现实、国际和国内的比较分析中，提出地根经济的概念，为观察、评价和改进当前中国转型发展中的土地宏观调控，提供了一个新的范式。温铁军(2009)的《“三农”问题与制度变迁》，主要对“三农”

问题与制度变迁作了介绍，具体内容包括农村基本经济制度的理论分析、农村基本经济制度的试验研究、中华人民共和国成立前农业的商品化与相关制度问题、农村集体经济制度形成的原因等。钟水映等(2009)的《中国工业化和城市化过程中的农地非农化》，对中国工业化和城市化过程中的农地非农化进行了详细的研究。曾令秋等(2011)的《新中国农地制度研究》，囊括了中华人民共和国成立后与农地制度相关的诸多方面的内容，从中华人民共和国农地制度变迁，到农地所有权、农地使用权、农地保护、政府相关职能等都有详尽分析，并有一定的独到见解。孟勤国等(2008)的《中国农村土地流转问题研究》，则立足于农村土地和农民生存现状，以辩证的思维加以考察，寻求我国土地流转的内在动因和外在影响，进而结合我国的基本经济制度和国情，从正当性和合理性的角度全面分析和推理我国土地流转的应然状态，从而引申出用法律妥善规范土地流转的原则与规则。赵阳(2007)的《共有与私用：中国农地产权制度的经济学分析》，运用制度经济学的理论，借用计量经济学做分析工具，对中国的农地问题进行了历史和现实的分析，阐释了家庭承包经营制度“共有与私用”的产权特征及其对现实经济生活的影响。此外，作者还依靠大量的第一手调查资料，描述了土地二轮承包政策的落实、土地经营权的流转、土地承包权的调整等有关农村土地关系的基本情况，同时涵括了对有关法律的认知、基本政策的认同等农民主观意愿的分析。何·皮特(2008)的《谁是中国土地的拥有者？——制度变迁、产权和社会冲突》，运用“可信度”和“空制度”两个概念进行分析。一种为社会群体所信赖并确认为可信的制度，其创生在相当程度上取决于该群体根据其所面临的社会经济和政治因素所做出的选择和安排。无视这一条件，不仅会导致对社会行为人的行为方式作用甚微的空制度的产生，而且会导致社会不公加剧，甚至引起社会冲突。该书指出要正确理解中国农村改革所取得的成功，其诀窍在于理解政府所采取的放手政策，及其所刻意坚持的制度模糊原则的意义，因为这两者促成了适合不同地方特性并具有可信度的制度的产生。丁关良(2007)的《土地承包经营权基本问题研究》，针对《农村土地承包法》颁布实施后农村土地承包中面临的难点和存在的主要理论与实践问题，以土地承包经营权法律制度为主要分析依据，研究了土地承包经营权法律规范问题、土地承包经营权法律规范与土地承包经营权流转相冲突问题和土地承包经营权流转法律规范问题等。贺雪峰(2010)的《地权的逻辑：中国农村土地制度向何处去》一书，对围绕土地制度改革激烈交锋的各种观点进行了解读和回应，并系统地提出了土地制度建设的主张。李昌平(2009)的《大气候：李昌平直言“三农”》，充分涵盖了“三农”问题的各大主要方面，包括农村改革30年的回顾，新农村建设与农村发展道路，新农村土地制度建设，新农村治理制度建设，新农村金融建设，粮食与农产品安全问题，话语体系沟通，扶贫方式探讨等。华生(2014)的《城市化转型与土地陷阱》研究了中国城市化转型与土地问题，指出目前中国城市化转型面临的问题已不再是“农村、农民、农业”的老三农问题，而是“农地流转、农民离乡务工、农地非农用”的新三农问题。中国的城市化道路要从“土地城市化”真正走上“人的城市化”，并成功实现现代化转型，其核心是重新调整“土地开发权”的分配，实现公民权利的均等化和人力资本的普遍升级。城市化转型的制度设计与实践，围绕这一主线展开，重重难关和纠结就会迎刃而解。

关于中国农地制度改革的方向与目标，国内外学者进行了长时期的热烈的讨论甚至激烈的论争，提出了一系列不同的观点或主张，归纳起来主要有以下三种：农地国有化、农地私有化和在坚持农地集体所有的基础上完善家庭承包制。

农地国有化论的实质是主张将产权上移，实行国家土地所有制，组建大规模农场，发挥农业的规模经营，不再承认农户的剩余收益权。① 学者们还就农地国有化的具体实施提出了不同方案。如蔡昉(1987)提出，应实行国家租赁制。即宣布全部土地归国家所有，成立国家土地经营管理部门，将土地按效益原则租给农民使用，农民按租赁合同规定向国家缴纳地租。安希伋(1988)认为，

① 单胜道，陈强，尤建新．农村集体土地产权及其制度创新．北京：中国建筑工业出版社，2005：16-17.

应实行国有永佃制，即土地所有权归国家，不允许买卖或转让，土地使用权则通过法律形式永佃给农民，政府不收地租，只征收统一地税。厉以宁(1989)提出，应实行土地国有化之下的个人土地占有制度，即国家拥有农地的最终所有权，具体占有并使用某一块土地的是微观经济单位。周天勇(2004)提出了土地国有加999年经营使用期的改革方案，认为实行土地国有，村委会就不再是农村集体经济组织，乡村组织也失去了以土地为依据向农民乱收费的基础，可以实现村民社区自治和以土地为基础的生产经营相分离。而且，农村土地实行国有后，全国城乡土地市场在所有权上实现了统一，有助于土地管理。学术界对土地国有化改革方案也提出了很多批评意见。牛若峰(2004)以农村土地所有权演变的历史为依据指出，不能把农村集体所有制看成是土地国家所有、赋予集体代理行使所有权的所有制形式，农村土地集体所有制是从农民土地私有制转化而来的，农村集体所有的土地仍然属于农民的财产。否定农村集体的所有者地位，肯定国家的所有者地位，既不符合史实，也不利于保护农民的土地权益。陈锡文(1993)等人也指出，实行土地国有制，土地管理将难以进行，如果政府直接管理土地，则管理成本会变得很高；如果政府委托乡村机构代为管理，由于缺乏激励机制，管理的效率也会很低。此外，农村土地由集体所有上升到国家所有带来的政治上的震动也是无法估量的。至于实行国家土地所有制，组建大规模农场，有利于农业机械化的推广，有利于发挥土地经营的规模优势的观点，已经被国内外反复验证的实证分析所否定了。

农地私有化，就是主张将农地产权继续下移，实行彻底的农民土地产权私有化，回到农业集体化以前的农村产权状态，开放土地市场，使土地、劳动力的配置由市场决定。主张农地私有化的学者认为，中国目前存在的“三农问题”的根本症结就在于农地不属于农民所有，所以农民没有长远投资于土地的打算。中国农业生产要走出困境，必须采取“大动作”，变革农地产权制度，实行农地私有制。持这种观点的学者认为，土地私有化能够发挥市场在土地配置中的作用，提高土地资源配置效率，使得农村土地可以自由买卖、转让流转，农民能够自己决定土地用途、消除土地抛荒，在买卖中还可以讨价还价，适合于作为工商业用地的可以通过高价出售，获取土地增值收益(级差地租)，发财致富，甚至成为百万富翁，地价上升还有助于促进土地节约和高效使用；普通农地可以向种田能手集中，能够实现农业规模经营、土地集中高效利用，更好地发展农村经济，增加农民收入；农民还可以实现土地资本化，以土地作为抵押获得贷款和入股，增加农业投入或从事其他生产经营活动，扩大增加收入的途径；也有利于资本下乡，农民也愿意增加农业投入，加强农田水利基础设施建设，促进农业生产经营规模化、集约化、机械化、绿色化、多样化、特色化、现代化，从根本上解决“三农问题”。比如，杨小凯(2005，2007)认为，“中国现在的土地公有制正是农业机械化的障碍，它不可能兼顾公平和效率”。“中国农业要真正搞起来，土地一定要私有化，要自由买卖。”“可自由买卖的土地比不可自由买卖的同样土地市价高得多，土地私有化只会使现在相对贫穷的农民变得更富。”陈志武(2005)认为，“中国农村的根本问题是‘乡村社会的官权过剩，民间权力衰落’。导致这种局面有两方面原因：不受限制的行政权力、所有财产(包括土地)公有”。应该“还产于民”、“还权于民”。文贯中(2008)认为，“中国问题的症结在土地，而土地私有化是其他国家在城市化过程中的必经之路，中国也不例外，中国还需要一场土改”。蔡继明(2009)认为，“土地私有产权制度的建立，是建立市场经济和实现‘现代化’的必要条件”，“是有效解决三农问题，加快中国城市化进程从而保证基本现代化目标实现的一个必要条件”。学术界对农地私有化论者的上述典型言论进行了激烈的论争甚至严厉的批评(详见本书第七章对农地私有化论的评析)。

中国农地制度改革的第三种主要观点，就是在坚持农地集体所有的基础上，完善家庭承包制度，这是大多数学者的看法或主张。不过，究竟应该如何完善土地家庭承包制，学者们提出了不同的观点。周成(2003)认为，健全现代农地产权制度的核心内容是巩固和发展农地集体所有制，关键在于使农村社区集体经济所有权主体规范化，由村民委员会或村民小组兼行社区集体经济的职能，在遵循国家法律所规定的对农地集体所有权进行的必要限制的条件下，由农地产权主体充分行使其产权，包括自主决定土地所有权的出售，自主决定对外长期、短期转让土地使用权以及向集体经济成员发包土地使用权等，各级政府、各种经济组织、农村社区集体经济成员，都不得侵犯。姚洋(2000)认为，土地制度的改革应该围绕着成员权这一核心概念展开，并提出建立以成员权为核心的土地制度。所谓成员权，即某个集体成员对村庄集体土地所享有的平等的所有权。它可以租赁，也可以买卖。成员权在村庄集体内部买卖不受限制，但卖给村庄以外的人时，集体可以优先回购村民的土地，且其出价不得低于市场价格。成员权的拥有者可以决定土地的用途，并拥有土地的全部所得。王景新(2004)认为，虽然界定“成员权”有助于农村土地分配、宅基地分配和集体经济利益分配，但过死的成员资格，将限制农村人口流动，不利于农村非农产业发展和城市化，应该在取消城市和农村户籍的差别、全国实行统一的身份证制度的基础上改进“成员权制度”。

许多学者注意到在现有的土地承包制度下，农地产权稳定问题是一个重要的问题，下一步的农地制度改革应该在这方面有所突破。俞敬忠(2004)建议，应改“承包制”为“永包制”，永久性地确定农民的土地使用权。这样有利于农民维护自己的土地权益，有利于调动农民经营土地的积极性，增加对土地的长期投入，也有利于建立起符合市场经营要求的土地流转制度，培育土地市场，优化资源配置。陶然、徐志刚(2004)等提出在农村建立专门土地权益管理机构，负责给农民所承包的土地(按地块)发放长期土地使用权证。同时在城市中为流动人口建立最基本的社会保障体系以及子女就学和廉租房制度，构成一个福利包；在自愿的基础上，由农民自己选择放弃农村的土地(包括土地使用权证)或者获得城市户口和福利包。简新华(2013)认为，由于中国现行的农地集体所有的制度和家庭承包的经营方式存在种种缺陷和问题，所以必须深化农村改革，进一步进行制度创新，寻求更加完善的农村经济制度、组织形式和经营方式。这里并不是说要取消或完全改变农地集体所有制和家庭承包制，而是指要发展、完善这种制度，并且还要创造新的制度、组织形式和经营方式。

上述有关中外农地制度变迁的研究，都是从不同视角对各国农地制度的形成、特征、及演变进行了比较深入的研究，研究成果是丰厚的，其中许多研究富有真知灼见，对全面把握农地制度的变迁规律有着重要的参考价值。但是，这些研究多是研究单一国家或地区的土地(农地)制度及其变迁，对多国农地制度变迁的比较研究还不多见，对不同国家城市化进程中农地制度变迁的比较研究尤为缺乏，所以本书试图基于国际比较研究的视角，对世界上典型国家城市化进程中的农地制度变迁进行比较研究，探究各国城市化进程不同阶段农地制度变迁的规律以及城市化与农地制度的互动发展关系，为我国当前如火如荼的城市化进程和农地制度改革提供指导和借鉴。

三、本书的研究方法、内容安排及理论创新

本书以城市化进程中农地制度变迁为研究对象，以典型国家的农地制度变迁为主线，以探寻城市化进程中农地制度变迁规律及城市化与农地制度互动发展规律为目的，借鉴制度经济学理论和市场经济理论，主要采用实证分析和比较研究方法，系统地研究英国、美国、日本等发达国家及巴西、印度、中国等发展中国家城市化进程中的农地制度变迁。实证分析是贯穿于全部研究过程的基本方法之一。因为比较研究世界上典型国家几百年来城市化进程中的农地制度变迁，我们既不可能去亲身经历，也不可能像自然科学那样去做实验，而只能靠搜集、整理现存的历史资料，并进行实证分析。比较研究法是贯穿于全部研究过程的另一个基本方法。由于不同国家的城市化进程各具特色，城市化进程中的农地制度变迁更是纷繁复杂、千差万别，只有进行比较分析，才能把握不同国家以及同一国家不同城市化发展阶段农地制度变迁的差异及产生差异的原因，也才能把握不同国家农地制度变迁之间存在的共同规律，即不同农地制度变迁的内在联系。这将有助于我们吸取世界上各种不同类型国家城市化进程中农地制度变迁的经验与教训，为建立一套科学

的、符合我国国情的、有助于我国工业化城市化顺利完成的现代农地制度服务。

本书主要研究英国、美国、日本三个发达国家和巴西、印度、中国三个发展中国家的城市化进程中的农地制度变迁。笔者之所以选择上述六个典型国家进行比较研究，是基于以下考虑：第一，英国是世界上第一个实现工业化、城市化的西方发达国家，无论其成功的经验还是失败的教训对于其他国家都有极其重要的借鉴意义；美国是当今世界上的头号发达国家，其成功的经验或失败的教训也十分值得后发国家学习和借鉴；日本是目前亚洲少数几个发达国家之一，而且其人多地少的国情与中国相似，日本的经验值得我们学习。第二，英国、美国、日本这三个发达国家也是当代工业化国家农业现代化发展的三种类型的主要代表：美国代表第一类，这类国家"人少地多"，劳动力资源短缺，农业现代化的建设路径是大幅度提高劳动生产率，在机械化得以实现的基础上重点转向生物技术，最后实现农业现代化；日本代表第二类，这类国家"人多地少"，劳动力资源丰富，其农业现代化的建设路径是大幅度提高土地生产率，在生物技术的基础上发展机械技术，实现农业现代化；英国代表第三类，介于前两者之间，现代农业建设的路径是土地生产和劳动生产率双重提高。① 所以研究这三个发达国家城市化进程中的农地制度变迁，对中国的农业现代化进程具有重要的借鉴意义。第三，巴西、印度、中国都是人口超过2亿的发展中大国，有着相近的历史背景，面临着相仿的国际环境，比较研究这三个发展中大国的经验与教训，对于中国进一步深化农地制度改革，顺利实现工业化、城市化具有不可或缺的借鉴意义。第四，巴西是最早实现城市化的发展中国家，而印度是城市化发展十分缓慢的发展中国家，但巴西和印度都是城市"贫民窟化"的典型代表，其根源基本相同，那就是长期不变的土地的高度集中。所以研究巴西与印度城市化进程与农地制度变迁之间的演进关系，对于包括中国在内的所

---

① 张士云，等. 美国和日本农业规模化经营进程分析及启示. 农业经济问题，2014(1).

有其他发展中国家的现代化进程都具有非常重要的警示作用和借鉴意义。

本书除导言和结束语外，共分八章，具体内容如下：

第一章系统阐述城市化与农地制度变迁的基本理论。本章主要研究城市化的内涵及衡量、城市化的影响因素、过程及类型等有关城市化的基本理论以及农地制度与农地制度变迁的基本理论，为第二章至第八章的研究提供理论指导。

第二章研究英国城市化进程中的农地制度变迁。本章首先简要阐述了英国城市化概况及其特点，并分析英国作为世界上第一个实现工业化、城市化的西方发达国家，其城市化进程所具有的原创性意义。然后论述英国城市化起步前的农地制度形态，分析英国封建领地制经济的形成以及 16 世纪前英国私有产权不完全的土地制度。接着深入研究英国城市化进程中农地制度变迁的典型形态——圈地运动，包括早期圈地运动和晚期圈地运动。尽管中外学者对圈地运动的后果及历史作用有不同看法，但圈地运动对英国工业化、城市化的影响与作用还是十分明显的，因为圈地运动引起的农业革命促进了农业生产率的极大提高，为工业化和城市化进程中迅速增长的城市人口提供了充足的食物，也为工业化创造出了必要的劳动力供给，而且圈地运动引起的农业革命为英国城市工业经济的起步提供了广阔的市场。可以这样说，如果仅有工业生产技术的创新而没有圈地运动这一农地制度变迁，英国就不会成为近代工业化的故乡和城市化的先驱。本章最后研究英国城市化基本实现阶段和高度发达阶段的农地制度变迁，重点阐述英国现代农地制度的演变、英国城市化与农地保护以及英国城市化进程中的土地发展权制度。

第三章研究美国城市化进程中的农地制度变迁。首先简述美国城市化概况及其特点，然后分析美国土地制度的渊源及早期农地制度的演变，接着论述美国城市化进程中的农地制度变迁。美国城市化与农地制度变迁之间关系的演变，总体上看，可分为三个阶段，即城市化起步及加速阶段与农地出售或赠与制度、城市化基本实现阶段与农地规模经营及保护、城市化高度发达阶段与农地制度市场调控，不同的历史阶段具有不同的特点。在城市化起步及加速阶段，由于美国国土面积急剧扩大，同时也为了开发新增加的国土，美国土地制度变迁更多地表现为分配性质，即如何和向谁出售或者赠与联邦土地。在城市化基本实现阶段，第二次工业革命使得美国城市化迅猛发展，与之相对应，美国的农业生产也得到迅速发展。但是，土地投机和私有化反过来加速了美国自由竞争市场经济的形成，使无计划开垦土地、开发资源成为可能，造成了自然资源的破坏和浪费。鉴于此，美国土地制度变迁就由分配性质转向土地保护。在城市化高度发达阶段，人口增长与郊区化趋势加剧，导致大面积农地转为城市和其他建设用地，引发了反对城市过度扩张和保护基本农田的运动。同时，美国土地保护政策在调控手段上发生了重大变化，开创了以市场为导向的政策方向。20 纪 60 年代末，美国政府在实行土地用途管制制度的基础上，仿照英国的做法，设置土地发展权，建立了土地发展权制度，有效地保护了耕地。因此可以说，美国基本实现了农地制度变迁与工业化、城市化的协调发展。

第四章研究日本城市化进程中的农地制度变迁。本章首先研究日本城市化进程及其特点，然后研究日本城市化起步阶段的农地制度变迁，包括石高分封制和寄生地主制等农地制度的形成，接着研究日本城市化快速发展阶段的农地制度变迁，重点研究日本战后以确定私有产权、落实“耕者有其田”为主旨的两次农地改革和日本当代农地制度的形成及其主要内容，最后研究日本城市化高度发达阶段的农地制度变迁，包括 20 世纪六七十年代以来日本以促进土地所有权流转和规模经营为主旨的农地制度改革和日本城市化进程中的农地保护制度。研究发现，日本农地制度变迁与工业化、城市化基本上实现了协调发展。在城市化起步阶段，农民占日本总人口的绝大部分，基本处于无地状态，为支持城市化、工业化的发展，日本明治政府通过土地改革，满足了部分农民的土地要求，在一定程度上缓和了阶级矛盾，提高了农民的生产积极性，为发展农业生产创造了条件，并为工业化、城市化的快速发展奠定了基础。在城市化快速发展阶段，工业化、城市化对农地制度的影响进一步扩大。特别是地主土地所有制和土地租佃制为主的封建制度已经成为工业化、城市化发展的障碍，大大影响了农业的发展。为此，日本政府通过大量的改革措施来协调工业化、城市化与农地制度的关系。一方面，日本政府先后进行了两次以确定私有产权，落实“耕者有其田”为主旨的农地改革，旨在扶植自耕农、保护佃农、抑制地主权利，为工业化、城市化的发展奠定了坚实的基础。另一方面，日本政府制定了一系列涉及农地的所有、利用、开发、交易、转用、管制、规划与保护等各个方面的法律，形成了内容极为丰富、规范对象明确、规范条款翔实、可操作性强的日本当代农地制度，促进了工业化、城市化的发展。在城市化高度发达阶段，日本经济的高速增长以及工业化、城市化的迅速发展，使得农业用地被大量占用，农地总面积不断减少。同时，离农人口剧增，农业生产者高龄化，农地抛荒现象严重。为此，日本政府一方面通过制定大量政策、法规以及采取有关措施来促进农业的发展，实现耕地的规模化经营，另一方面采取一系列有效措施，不断完善耕地保护与经营制度。

第五章研究巴西城市化进程中的农地制度变迁。首先简要论述巴西城市化进程及其特点，然后研究巴西城市化进程中的农地制度变迁，重点研究巴西土地制度的演进和特点以及巴西土地制度对城市化发展的制约，最后研究巴西城市化进程中的土地改革。研究发现，巴西农地制度没有随着其城市化进程而发生相应的变迁，土地高度集中的大地产制是造成巴西过度城市化的根本原因。巴西的经验教训告诉我们：工业化、城市化能否健康发展与农地制度密切相关，所以，在工业化、城市化进程中要妥善处理好农民的土地问题，让农民分享工业化、城市化的成果，只有这样，才能使城市化、工业化和人口的聚集相协调。

第六章研究印度城市化进程中的农地制度变迁。本章首先简要阐述印度的城市化及其特点，然后研究印度城市化起步前的农地制度变迁，包括古代印度的土地制度、殖民统治时期印度的农地制度变迁，接着研究印度独立以来的农地制度变迁，重点研究印度独立以来的农地制度改革及其成效。研究发现，印度未能解决好农地制度变迁与城市化进程的协调发展关系。印度独立后不久，也曾着手筹划农地制度改革，试图实现耕者有其田，但印度土改走的却是一条在不触动既有的土地私有制基础上的改良道路，结果是国家和农村的少数地主、富农得益，而广大贫苦农民并没有得到好处，大量无地农民只得流入城市，形成城市贫民窟。

第七章研究中国城市化进程中的农地制度变迁。首先研究中国的城市化进程及其特点，然后研究中国城市化缓慢发展阶段的农地制度变迁，包括中华人民共和国成立后的土地改革、农业集体化时期的农地制度变迁，最后研究中国城市化加速发展阶段的农地制度变迁，包括家庭承包制的萌芽与起步、家庭承包制的确立、家庭承包制的逐步完善以及中国农地制度改革的方向与目标。研究发现，中华人民共和国成立 60 多年来，中国农地制度变迁与城市化进程之间关系的演进大体上经历了三个阶段：第一阶段是中华人民共和国成立初期城市化缓慢发展与农地农民所有制的建立。在这一阶段，中国基本实现了农地制度与工业化、城市化的协调发展。第二阶段是 20 世纪 50 年代中后期至 70 年代末的曲折城市化进程与农地集体所有制的建立。在这一阶段，农地集体所有、集体统一经营的制度安排不仅没有为工业化、城市化的发展提供强劲的动力，反而成为中国城市化进程的制约因素。第三阶段是改革开放以来的快速城市化进程与农地家庭承包制的建立及完善。在这一阶段，农地家庭承包制的确立与完善使中国基本上实现了工业化、城市化与农地制度变迁的协调发展，但中国现行农地制度中存在的一些制度缺陷制约着中国的城市化进程，必须通过改革与创新农地制度来克服这些制度缺陷。

第八章研究城市化进程中农地制度变迁的国际差异。首先研究城市化进程中农地制度变迁的国际经验。研究发现，无论是发达国家还是发展中国家，在推进城市化过程中，农地制度变迁都显现出明显的阶段性特征：在城市化起步阶段，农地制度变迁的首要任务是确立明晰的产权制度，实现“耕者有其田”，追求农地资源分配的公平性；在城市化加速发展阶段，农地制度变迁朝着促进土地集中和规模经营的方向演进，追求农地资源配置的高效率；在城市化加速发展和基本实现阶段，农地制度变迁的主要目标转向建立农地保护制度，追求农地资源利用的可持续性。其次比较研究中国城市化进程中的圈地浪潮与英国城市化进程中的“圈地运动”。再次比较分析中日城市化进程中农地制度变迁的异同。最后比较研究中国与印度、中国与巴西城市化进程中农地制度变迁的异同。

本书的创新之处表现在：(1)在实证分析和比较研究的基础上，提出了一个国家选择农地制度的主要决定因素以及判断一种农地制度好坏的主要标准。(2)将农地制度变迁置入城市化进程的背景下展开研究，探寻不同国家城市化进程中农地制度变迁的一般规律。(3)将城市化与农地制度变迁互动发展关系置于国际比较研究视野，探讨发达国家与发展中国家城市化进程中农地制度变迁的异同。(4)对典型发达国家与发展中国家城市化进程中的农地制度变迁进行比较研究，探讨农地制度变迁的阶段性规律，使中国的城市化进程及农地制度变迁尽量少走或不走弯路。(5)对典型发展中国家城市化进程中的农地制度变迁进行比较研究，揭示发展中国家农地制度变迁的基本特征、存在的主要问题和今后的变革方向，为中国城市化进程及农地制度变迁提供必要的指导和借鉴。

第一章　城市化与农地制度变迁研究的理论基础

一、城市化研究的理论基础①

(一)城市化的内涵及衡量

1. 城市化的内涵

城市化一词来自英语 urbanization，也译作"都市化"。我国学术界有人建议译为"城镇化"，而比较多的人认为译成"城市化"更为科学。其实，"城市化"和"城镇化"两者并无实质性差别，只是后一术语更强调镇的作用而已。由于镇是城市的初始形态，包含于广义的城市之中，再加上人们更习惯使用"城市"这一名称(如城市经济、城市规划等)，所以本书均使用"城市化"一词。②

城市化是当今世界上重要的社会、经济现象之一。尽管国际学

① 本书中有关城市化的阐述及各国城市化概况部分是在笔者博士学位论文相关内容的基础上修改而成的。参见曾宪明. 中国特色城市化道路研究. 武汉：武汉大学博士学位论文，2005.

② 关于 urbanization 一词的译法问题，学术界一直存在着两种不同的观点。一种观点认为，在市、镇、乡这三类聚落中，市和镇在经济结构及生活方式方面十分接近，在很多情况下，这二者统称为"城市"，与"农村"或"乡村"相对，也就是说，广义的城市包括乡村以外的一切城市型聚落，而且人们更习惯使用"城市"这一名称，因而 urbanization 应译为"城市化"；另一种观点认为，"urban"包含城市(city)和镇(town)，世界上许多国家镇的人口规模比较小，有的甚至没有镇的建制，"urbanization"往往仅指人口向"city"(转下页)

术界对城市化的研究已有数十年的历史，但是，由于各学科对城市化的理解不同，迄今为止，“城市化”仍然是一个颇具争议的概念。

人口学认为，城市化就是人口向城市集中的过程。由于人口向城市集中或迁移的过程包含社会、人口、空间、经济转换等多方面的内容，而且以城市人口占总人口的比重作为衡量城市化水平的最一般指标，简单易行、具有可比性，所以人口学的城市化定义为经济学、地理学和社会学等学科普遍接受。

但是，除了人口集中和转换的过程外，城市化是否还包括其他的过程？对此，不同的学科又做出了各自不同的解释。

经济学认为，城市化是各种非农产业发展的经济要素向城市集中的过程，它不仅包括农村劳动力向城市第二、三产业的转移，还包括非农产业投资及技术、生产能力在城市的集聚。城市化与产业结构非农化同向发展。科林·克拉克(Colin G. Clark)认为，城市化是第一产业人口不断减少，第二、三产业人口逐渐增加的过程。①

地理学认为，城市化是一个地域空间过程，包括区域范围内城市数量的增加和每一个城市地域的扩大两个方面。②

社会学认为，城市化是一个城市性生活方式的发展过程，它意味着人们不断被吸引到城市中，并被纳入城市的生活组织中去，而

(接上页)转移和集中的过程，故称“城市化”。中国设有镇的建制，其人口规模不少与国外的小城市相当，人口不仅向“city”集聚，而且向“town”转移，为了显示这种与外国的差别，中国的“urbanization”应译为“城镇化”。有关urbanization应译为“城市化”还是“城镇化”的论争可以参见如下文献：(a)辜胜阻. 非农化及城镇化理论与实践. 武汉：武汉大学出版社，1993：6；(b)简新华. 论中国特色的城镇化道路//武汉大学经济发展研究中心. 发展经济学研究：第2辑. 北京：经济科学出版社，2004：108；(c)刘传江. 中国城市化的制度安排与创新. 武汉：武汉大学出版社，1999：39；(d)许学强，周一星，宁越敏. 城市地理学. 北京：高等教育出版社，1997：13，39.

① 刘传江. 中国城市化的制度安排与创新. 武汉：武汉大学出版社，1999：41.

② 许学强，周一星，宁越敏. 城市地理学. 北京：高等教育出版社，1997：36.

且还意味着随城市的发展而出现的城市生活方式的不断强化。①

除了从单一学科角度定义城市化外，一些学者还采用综合观点定义城市化。例如，日本京都大学经济学教授山田浩之认为，“城市化的内容，大的方面可分为以下两个：一个是在经济基础过程中的城市化现象；另一个是在社会文化过程(或上层建筑)中的城市化现象，对后者，用一句话来说，就是生活方式的深化和扩大”。② 美国学者弗里德曼(J. Friedmann)将城市化过程区分为城市化Ⅰ和城市化Ⅱ。前者包括人口和非农业活动在规模不同的城市环境中的地域集中过程、非城市型景观转化为城市型景观的地域推进过程；后者包括城市文化、城市生活方式和价值观在农村的地域扩散过程。③ R. 罗西在社会科学词典中给城市化下了如下定义：(1)是城市中心对农村腹地影响的传播过程；(2)是全社会人口逐步接受城市文化的过程；(3)是人口集中的过程，包括集中点的增加和每个集中点的扩大；(4)是城市人口占全社会人口比例提高的过程，它既包括人口和非农业活动在城市环境中规模不同的地域集中过程、非城市型景观逐渐转化为城市景观的地域推进过程，还包括城市文化、城市生活方式和价值观在农村的地域扩散过程。前两者是可见的、物化了的或实体性的城市化过程，后者是抽象的、意识或精神上的城市化过程。也可以说，前两者是城市化的数量过程，后者是城市化的质量过程。④

国内学术界对城市化的认识和表述也不尽一致，现归纳列举如下：

(1)城镇化(urbanization)是人口不断由农村转向城镇的一种社会经济过程。⑤

(2)城市化或城镇化是指第二、三次产业在城镇集聚，农村人

① 周一星. 城市地理学. 北京：商务印书馆，1995：60.

② 朱铁臻. 城市发展研究. 北京：中国统计出版社，1996：23.

③ 许学强，周一星，宁越敏. 城市地理学. 北京：高等教育出版社，1997：36-37.

④ 康就升. 中国城市化道路研究概述. 学术界动态，1990(6).

⑤ 辜胜阻，简新华. 当代中国人口流动与城镇化. 武汉：武汉大学出版社，1994：3.

口不断向非农产业和城镇转移，使城镇数量增加、规模扩大，城镇生产方式和生活方式向农村扩散、城镇物质文明和精神文明向农村普及的经济、社会发展过程。①

(3)城市化是指国内人口由分散的农村向城市集中的社会进步过程。②

(4)城市化是指农业人口转化为城镇人口的过程，这个过程表现为城市人口的增加，城市数量的增多和城市地理界线调整的综合。③

(5)城市化是社会生产力的变革所引起的人类生产方式、生活方式和居住方式改变的过程。④

(6)城市化过程就是现代社会商品生产不断发展，人口不断集中，城市经济与区域经济联系越来越密切，城市的社会动力作用越来越加强的历史发展过程。⑤

(7)城市化是一个变传统落后的乡村社会为现代先进的城市社会的自然历史过程。⑥

(8)城市化进程，既是一个经济发展，经济结构和产业结构演变的过程，又是一个社会进步、社会制度变迁以及观念形态变革的持续发展过程。⑦

(9)城市化是指农村人口向城市转移和集中，以及城市数目和规模不断增加和扩大的现象。⑧

---

① 简新华，等. 中国城镇化与中国特色城镇化道路. 济南：山东人民出版社，2009：1.

② 朱慕唐，张海宁，王伯言. 西方城市经济学. 北京：中国财政经济出版社，1988：12.

③ 朱林兴. 中国社会主义城市经济学. 上海：上海社会科学院出版社，1996.

④ 谢文蕙，邓卫. 城市经济学. 北京：清华大学出版社，1996.

⑤ 饶会林. 城市经济学. 大连：东北财经大学出版社，1999.

⑥ 高珮义. 中外城市化比较研究. 天津：南开大学出版社，1991：2.

⑦ 侯蕊玲. 城市化的历史回顾与未来展望. 云南社会科学，1999(2).

⑧ 程春满，王如松. 城市化取向：从产业理念转向生态思维. 城市发展研究，1998(5).

(10)城市化过程是社会生产力变革所引起的生产方式、生产力布局、人口分布及生活居住方式客观演变的过程。①

上述种种对城市化概念的理解和概括，均有一定的理论依据，可以说都是正确的。但是，如果把概念及其内涵分开阐述，则不难发现，不少城市化概念的表述，是将城市化的内涵渗进概念表述之中，严格说来，似乎不妥。因此笔者赞同这样的观点，即定义城市化，首先要抓住“人口向城市集中”这一城市化的本质特征，其次要考虑到简单易行、便于量化和测度等方面的因素。为此，笔者倾向于一种为人口学、地理学、社会学和经济学都普遍接受的简单的表述，即“城市化是人口向城市集中的过程”。城市化一词具有极其丰富的内涵，主要包括如下四个方面的内容：

第一，城市化是人口集中的过程，包括集中点的增加和每个集中点的扩大。

第二，城市化是城市人口占全社会人口比重不断提高的过程。城市化首先表现为大批乡村人口进入城市，城市人口在总人口中的比重不断提高。

第三，城市化是产业结构转变和提升的过程。随着城市化的推进，第二、三产业不断在城镇集聚，越来越多的劳动力由第一产业转向第二、三产业，产业结构逐步优化升级。

第四，城市化是城市文明不断发展并向广大农村地区逐步渗透和传播的过程。城市化的过程也是农村和农民的生产方式和生活方式的文明程度不断提高、不断现代化的过程，也就是城乡一体化的过程。

因此，城市化虽然集中表现为人口不断由农村转向城镇，但它绝不仅仅是乡村人口进入城市，而是乡村人口城市化和城市现代化的统一，是经济发展和社会进步的综合体现。乡村人口城市化与城市经济现代化、基础结构现代化以及城乡一体化共同构成城市化的丰富内涵。如果说乡村人口城市化是城市化进程中量的增加的过程，那么，城市现代化和城乡一体化则是城市化进程中质的提高的

① 邹彦林. 我国城市发展宏观思考. 江淮论坛，1999(2).

过程，是城市化的高级阶段。①

2. 城市化的衡量

城市化是一个十分复杂的社会现象，它总是处于不断变动之中，因此，要想准确地衡量某一时点上某一国家或地区的城市化水平并非易事。综合有关文献的研究成果,② 目前衡量城市化的指标及其测度方法主要有两种，即单一指标法和复合指标法。

单一指标法，是选择对城市化表征意义最强且便于统计的个别指标，来描述城市化达到的水平、规模、速度和质量等。复合指标法，是选用与城市化有关的多种指标予以综合分析，以考察城市化的进展水平。

经常使用的单一指标有以下几种：

(1)城镇人口比重

即城镇人口占一个国家或地区总人口的比重。这一指标简单明了，它反映了人口在城乡之间的空间分布，具有很强的实用性，是最常用的城市化测度指标。计算公式为：

$$\mathrm{PU}=U/P=U/(U+R)$$

式中，PU 为城镇人口占区域总人口的比重；U 为城镇人口数；P 为总人口数；R 为农村人口数。

这一指标也称为城市化率，是衡量一个国家或地区城市化水平的最一般指标。但是，这一指标并不能反映城市化含义的全部，存在着很大的局限性：

第一，由于不同的国家或地区设立城镇的人口标准差异很大，在用人口比重指标进行城市化水平的比较研究时，就会出现地理位置相邻、人口规模接近、经济发展水平相当的国家或地区的城市化水平差距悬殊的不合理现象。如北欧的瑞典、丹麦、冰岛(设立城

---

① 叶裕民. 中国城市化之路：经济支持与制度创新. 北京：商务印书馆版，2001：9.

② 有关研究可参见以下文献：(a)许学强，周一星，宁越敏. 城市地理学. 北京：高等教育出版社，1997：50；(b)唐忠，孔祥智. 中国乡镇企业经济学教程. 北京：中国人民大学出版社，2000：409-413；(c)林广，张鸿雁. 成功与代价：中外城市化比较新论. 南京：东南大学出版社，2000：5-6.

镇的标准为 200 人)的城市化水平分别为 83%、84%和 88%，而同期挪威、芬兰(设立城镇的标准为 2 万人)的城市化水平则只有 44%和 62%。这显然是设立城镇的人口标准相差 100 倍而导致的不真实反映。

第二，对城市人口的定义不同也将影响城市化水平的度量。一般认为，城市人口应指城市市区中的非农业人口和一部分近郊区的农业人口，农业人口的比例不应超过城市总人口的 30%。但是，我国各城市郊区范围不一，造成农村人口占城市总人口的比例差异很大，而且在我国，部分非农业人口并不居住在城镇，而大量农业人口却由于长期在城镇从事非农业劳动和居住，这就使得运用人口资料计算出来的城镇人口比重，往往很难反映城市化的真实水平。

第三，行政区划的变更和社会政治因素的影响，也会导致城镇人口的突发性变化，造成城市化水平忽高忽低，缺乏连续性和可比性。例如，1957 年我国的城市化水平为 15.4%，1960 年飙升至 19.7%，1963 年又降到 16.8%。这种反常现象是当时“大跃进”期间国民经济大起大落，以及由此所造成的城镇人口大出大进所造成的。

第四，城市化水平以城镇人口比重表示，只能反映城市化的相对水平，不能反映城市化发展的总体规模。比如，我国虽然是一个城市化水平很低的国家，但城市总人口数却位居世界前列，城市化水平每增加一个百分点就意味着要增加数百万城市人口。

第五，以城镇人口比重衡量城市化水平只是测度了农村人口向城市集中的数量过程，它不能反映城市化的其他性质，如非城市型景观向城市型景观的转化过程，更不能反映城市生活方式向农村地域的扩散过程。因而，在国际上它无法辨别真假城市化。

(2)人口中数居民点的规模

指在不同规模的城镇人口的分组中，用恰好处于中间偏下位置规模组的人口规模组来表示城市化水平。计算方法如下：

第一步，从小到大计算不同规模组聚落的人口数及其占总人口数的百分比和累计百分比；

第二步，找出累计百分比中恰好低于 50%的规模组(i)和下一个规模组(i+1)的累计百分比 P_i 和 P_{i+1}；

第三步，确定 i 组和 i+1 组的规模上限 Q_i 和 Q_{i+1}；

第四步，计算人口中数居民点规模。计算公式为：

$$\mathrm{MI}=Q_i+(Q_{i+1}-Q_i)\times(50-P_i)/(P_{i+1}-P_i)$$

式中，MI 为人口中数居民点规模。下面以具体实例说明人口中数居民点规模的计算(见表 1-1)。

表 1-1　　**1960 年墨西哥人口中数居民点规模***

规模组	人口	百分比	累计百分比
1000 人以下	12222347	35.00	35.00
1000~2499 人	4995644	14.30	49.30
2500~4999 人	2959460	8.48	57.78
5000~99999 人	8233426	23.57	81.35
100000 人以上	6512232	18.65	100.00
合计	3492312	100.00	

* 本表指行政上的城镇，不考虑都市区。

资料来源：周一星. 城市地理学. 北京：商务印书馆，1995：68.

根据表 1-1 给出的数据，可以计算出 MI 如下：

MI = 2499 + (4999 − 2499) × (50 − 49. 3)/(57. 78 − 49. 3) = 2705 (人)

MI 的值越大，表明城市化的水平越高。该指标的优点是可以避开不同国家对城镇规模的界定，并使城市化水平包含城镇规模的内容。其缺点是不如人口比重指标直观，而且受研究区域城镇人口分布的影响很大，尤其是不适合那些城镇数量少且规模等级不多的国家和地区。

(3)城市化速度

这一指标可以表现许多内容，其中最常见的是城市化水平百分比的年度变化情况。计算公式为：

$$\mathrm{UV}=1/n(\mathrm{PU}_{t+n}-\mathrm{PU}_t)$$

式中，UV 为城市化速度（城镇人口比重年均增长或减少的百分点）；n 为两时刻之间的年度数；PU_{t+n}，PU_t分别为在 $t+n$ 年和 t 年的城镇人口百分比。

(4)城镇用地比重

指以某一区域内的城镇建设用地占区域总面积的比重来反映该地城市化水平。测度方法主要是统计一定时间内非城市用地（如农业、草原、山地、森林、海滩等）转变为城市用地（工厂、商业、住宅、文教等）的比率。这一指标能够反映城镇和农村之间在地理景观上的分野，对于迅速成长的城镇密集地区具有较强的直观性和说服力。其缺陷是忽略了人口密度的稠与稀所造成的城镇用地的紧与松，并且统计难度较大。所以，该指标使用不广泛。

上述指标都是衡量城市化水平的主要指标。但由于任何单一指标都难以反映城市化的丰富内容，所以学者们提出了更多的指标——复合指标，以更全面考察城市化的进展水平。关于复合指标的构成，学术界有不同的观点。有学者认为，城市化水平应包括总人口、地方财政年度支出额、批发销售额、住宅建筑面积、储蓄额、电话普及率等指标。也有学者认为，应该用两性比率、平均家庭成员、生卒年龄人口率、未婚率、本市出生人口率、电话普及率等来表示城市化率。① 国内较有代表性的观点认为，城市化水平评估体系应包括 9 个指标：①城市人口比重；②适龄人口入学率；③人均国内生产总值；④城市第三产业占国内生产总值的比重；⑤城市人均道路铺装长度；⑥城市用水普及率；⑦城市人均住房面积；⑧城市万人拥有的医生数；⑨城市人均公共绿地面积。② 复合指标能比较客观地反映城市化水平，但它由多指标构成，地域针对性强，通用性差。所以，复合指标多半用于分析具体国家或地区的城市化水平，而难以进行国际比较分析。

① 张冠增. 城市发展概论. 北京：中国铁道出版社，1998：250.

② 张耕田. 关于建立城市化水平指标体系探讨. 城市问题，1998(1).

（二）城市化的影响因素、过程及类型

1. 城市化的影响因素

城市化是一个国家由贫穷落后走向繁荣富强的必由之路。任何国家的城市化过程，都要受到该国的经济、社会、制度、自然资源、民族、文化、传统等多方面因素的影响。限于篇幅，这里只简要讨论制度这一最重要的影响因素。

制度是制约城市化的主要因素之一，既影响城市化的兴起和推动，又决定城市化的选择，还制约着城市化的速度、水平、发展状态及城市化的类型。这里的制度主要指经济制度和社会管理制度，具体包括经济运行机制、经济管理体制、经济发展战略、劳动就业制度、人口流动迁移和居住制度、土地制度、社会福利保障制度、教育制度、城市建设和管理制度等。比如，充分发挥市场机制作用的市场经济体制有助于城市化的推进，以政府作用为基础的计划经济体制则可能阻碍城市化的进程；发挥比较优势和后发优势的合理的经济发展战略能促进城市化的发展，重工业优先的赶超战略则造成滞后城市化；统一开放、平等竞争的劳动力市场和劳动就业制度有益于城市化的推进，二元分割、存在歧视的劳动力市场和劳动就业制度则不利于城市化发展；一视同仁的人口流动迁移和居住制度有利于城市化，限制人口流动和农民进城的户籍制度则严重妨碍城市化；产权明晰、能够合理流转的土地制度是城市化有效推进的重要条件，不合理的土地制度则严重制约城市化进程；全社会统一、公平的社会福利保障制度是保证劳动力自由流动、农村剩余劳动力顺利实现非农化和市民化的重要因素，二元甚至多元、不平等的社会福利保障制度则严重妨碍劳动力的自由流动、农村剩余劳动力的持久有效转移；城乡平等合理的教育制度有益于农民提高素质、更好地进入城市和融入城市，城乡不平等、不合理的教育制度则会扩大城乡差别、工农差别，延缓城市化进程；科学先进的城市建设和管理制度能够极大地促进城市的发展、城市规划和建设的合理化、资源的节约、环境的优化、生产和生活条件的改善，实现健康的城市化，落后、不当的城市建设和管理制度则会妨碍城市的发展，造

成城市规划的不合理、建设的落后、资源的浪费、环境的恶化，导致病态的城市化。①

2. 城市化过程

城市化是一个长期的经济社会演进过程，必然要经过若干个发展阶段。尽管世界各国城市化进程的开始时间、速度和已达到的实际水平千差万别，但都与其经济发展及其所处的阶段密切相关，有其内在规律性。R. M. 诺瑟姆(Ray M. Northam)将不同国家和地区人口城市化进程(城市人口占总人口的百分比)的共同规律概括为一条被拉平的S形曲线，并把城市化进程分为三个阶段：(1)城市化水平较低、发展速度较慢的初期阶段，其发展态势反映为S形曲线的左下段，曲线斜率较小；(2)人口向城市迅速集聚的中期阶段，其发展态势反映为S形曲线的中间段，曲线斜率较大；(3)进入高度城市化以后城市人口比重的增长又趋于缓慢甚至停滞的后期阶段，其发展态势反映为S形曲线的右上段，曲线斜率较小。②

依据诺瑟姆S形曲线中城市化发展水平的变化趋势，国内外学者对城市化发展进程及阶段做了进一步细分。高珮义博士认为，城市人口占总人口的比重低于10%为城市化的史前阶段，超过10%以后为起步城市化阶段，超过20%以后为加速城市化阶段，超过50%以后为基本城市化阶段，超过60%以后为高度发达城市化阶段，达到80%以后为城市化的自我完善阶段。③ 钱纳里(H. Chenery)等人在对许多国家城市化的定量实证研究后得出结论："从世界迄今的经验看，城市人口达到总人口的75%时趋于稳定下来。"刘传江博士认为，城市人口比重低于10%以前为史前城市化阶段；城市人口比重为10%~20%时，城市化处于起步阶段；城市人口比重达到20%以后，低于50%以前为城市化的加速阶段；城市人口比重为50%~60%时，城市化处于临界完成阶段；城市人口比重为60%~75%时，城市化进程处于基本完成阶段；城市人口比

① 简新华，等. 中国城镇化与中国特色城镇化道路. 济南：山东人民出版社，2009：6-7.

② Ray M. Northam. Urban geography. New York：Sons，1975：66.

③ 高珮义. 中外城市化比较研究. 天津：南开大学出版社，1991：18.

重超过 75%时，城市化进程已经处于相对稳定的发达阶段。①

工业化是城市化的发动机，所以，一般而言城市化的实现过程基本上与工业化的过程相适应，据此我们可以将城市化过程划分为三个阶段：城市化起步阶段、城市化基本实现阶段、高度城市化阶段。城市化起步阶段处于工业化初期，城市化率在 10%~30%。在这一阶段，城市化开始以前长期存在的城市人口增长极其缓慢的局面得以改观，城市化速度逐步提高，工商业城市纷纷兴起，城乡差别日益扩大。城市化基本实现阶段一般处于工业化中期，城市化率从 30%左右提高到 50%以上。在这一阶段，工业化推动城市化的作用突出显现，工业迅猛发展、规模急剧扩大、人口大量集中、资本日益雄厚，使得城市建设快速发展、城市化速度加快、城市化率大幅度提高、城市人口迅速增长。高度城市化阶段就是发达工业化阶段，城市化率达到 70%左右。这一阶段不仅城市化率很高，而且城市建设先进、管理水平高；城市化率还在提高，但速度减慢；城市先进的生产方式和生活方式、高度的物质文明和精神文明在农村推广、普及，城乡差别基本消失。这个阶段城市规模结构和空间布局的主要特点是，出现所谓“逆城市化”即分散城市化的倾向，集中型城市化与分散型城市化相结合，形成网络式城市化。②

3. 城市化类型③

城市化可以从不同的角度、依据不同的标准、按照城市化各个

① 刘传江. 中国城市化的制度安排与创新. 武汉：武汉大学出版社，1999：75.

② 简新华，等. 中国城镇化与中国特色城镇化道路. 济南：山东人民出版社，2009：8-10.

③ 关于城市化类型的论述可参见下述文献：(a)简新华. 论中国特色的城镇化道路//武汉大学经济发展研究中心. 发展经济学研究：第 2 辑. 北京：经济科学出版社，2004：110；(b)简新华，刘传江. 世界城市化的发展模式. 世界经济，1998(4)；(c)辜胜阻，刘传江，钟水映. 中国自上而下城镇化发展研究. 中国人口科学，1998(3)；(d)辜胜阻. 非农化及城镇化的理论与实践. 武汉：武汉大学出版社，1993；(e)饶会林. 城市经济理论与实践. 大连：东北财经大学出版社，1998：56-64；(f)许学强，朱剑如. 现代城市地理学. 北京：中国建筑工业出版社，1988：48-49；(g)张庭伟. 对城市化动力的探讨. 城市规划，1983(5)。

方面的各种不同的特征分成不同的类型。比如，以城市化与工业化发展水平的关系为依据，城市化可分为适度同步城市化、过度城市化和滞后城市化；以城市化的阶段为依据，城市化可分为集中型城市化和分散型城市化；以城市空间布局结构为依据，城市化可分为网络式城市化和据点式城市化；以城市发展方式为依据，城市化可分为内涵型城市化和外延型城市化；以城市化实现机制为依据，城市化可分为市场型城市化和计划型城市化；以城市化发动主体为依据，城市化可分为自下而上城市化（urbanization from below）和自上而下城市化（urbanization from above）；以人口和产业聚集以及城市性扩散为依据，城市化可分为正统型城市化、虚假型城市化（pseudo-urbanization）和离心型城市化（decentralization urbanization）。下面着重讨论适度同步城市化、过度城市化和滞后城市化这三种城市化类型。

（1）同步城市化（synchro-urbanization）。这是一种城市化进程与工业化和经济发展水平趋于一致的城市化发展模式。所谓“同步”，是指城市化与工业化和经济发展呈正相关关系，城市化率（即城市化水平）与工业化率（即工业劳动力占总劳动力的比重或工业总产值占 GDP 的比重）互相协调，城市人口的增长与人均国民收入的增长比较一致，农村人口城镇化的数量与经济发展提供的城镇就业量大体平衡，城市化的发展与农业提供的剩余产品基本适应。这是一种比较合理的经济发展推动型的城市化发展模式，它能够实现城市化与工业化及社会经济的适度同步发展。大部分发达国家的城市化基本属于这种模式。

（2）过度城市化（over-urbanization）。即超前城市化，是指城市化水平大大超过工业化和经济发展水平的城市化发展模式。所谓“过度”或“超前”，是指城市化速度大大超过工业化速度，城市化不是建立在工业化和农业发展的基础之上，而是主要依靠传统的第三产业（传统的生活性、商业性服务）来推动的城市化，甚至是“无工业化的城市化”（urbanization without industrialization），大量的乡村人口在推力因素作用下盲目向城市特别是大城市迁移，城市建设的步伐赶不上人口城市化的速度，城市不能为居民提供必要的就业机会和生活条件，从而导致城市人口过快膨胀、城市失业问题严重、交通拥挤、环境卫生状况恶化、城市犯罪率上升等一系列“城市病”。这是一种不利于城市经济和社会健康发展的畸形城市化，相当一部分发展中国家的城市化基本上是这种模式。

(3)滞后城市化(under-urbanization)。这是一种城市化水平落后于工业化和经济发展水平的城市化发展模式。所谓“滞后”，是指城市化率落后于工业化率，产生滞后的原因是政府为了避免城乡对立和“城市病”的发生，采取种种措施来限制城市化的发展，使城市人口的实际增长速度低于城市工业发展所需要的人口增长速度，大量的农村剩余劳动力没有出路，结果不仅使城市的聚集效益和规模效益都不能很好地发挥，而且还引发了诸如工业分散化、农业副业化、离农人口“两栖化”、城市发展无序化等“农村病”现象，严重阻碍了工业化和农业现代化的进程，这是一种违背工业化和现代化发展进程的不合理的城市化发展模式。这种城市化类型主要是计划经济国家政策作用的结果，① 改革开放前的中国就采取了这种城市化发展模式。

(三)国外与城市化相关的主要理论②

城市化是一个涉及人口迁移和要素流动、经济结构转换、经济区位选择、社会文化与制度变迁等内容的复杂的系统过程，因此形成了从不同视角研究城市化的丰富的理论成果，如二元结构理论、人口迁移理论、城市规模与体系理论、区位理论、区域非均衡发展理论、可持续发展视角的城市化理论等。

1. 二元结构理论

发展经济学家认为，发展中国家一般存在着明显的二元经济特征，即以农村和农业为代表的传统经济和以工业和城市为代表的现

① Ran M., Berry B. J. L. Underurbanization politics assessed: China, 1949—1986. Urban Geography, 1989(10): 111-120.

② 参见简新华，等. 中国城镇化与特色城镇化道路. 济南：山东人民出版社，2009：34-44.

代经济并存，并认为随着农村剩余劳动力的有效转移，发展中国家最终会实现二元经济的一元化，也即实现经济的现代化。二元结构理论的突出代表包括刘易斯(W. Arthur Lewis)的二元经济结构模型、“拉尼斯—费景汉”(John C. H. Fei and Gustav Rains)模型、托达罗(Michael P. Todaro)的劳动力迁移模型、乔根森(Dale W. Jorgenson)的二元经济结构模型。

以刘易斯等人为代表的二元经济结构理论认为，城市是高劳动生产率和现代产业的代表，而农村却存在大量边际生产率为零的剩余劳动力，当农村剩余劳动力完成向城市的转移，即完成城市化进程的时候，发展中国家就实现了二元经济的一元化，也即实现了经济现代化。在刘易斯等人的二元经济结构模型的基础上，托达罗于1960—1970年通过引入“期望收入”的概念来解释在发展中国家普遍存在的农村人口向城市大规模迁移与城市高失业率持续并存的现象。他假设农村劳动力迁入城市的动机主要取决于城乡预期收入的差异，流入城市的人口规模随着这种差异的变大而增加。托达罗模型的核心思想可由以下简化形式来表述：

$$M = f(d) \quad f' > 0$$

$$D = w \times p - r$$

在上述公式中，M 表示从农村向城市的人口迁移量，d 表示城乡之间的预期收入差异，$f'>0$ 表示迁移人口规模是预期收入差异的增函数。W 表示城市实际工资率，r 表示农村平均实际收入，p 表示城市就业率。

在托达罗模型中，农村劳动力的迁移决策取决于对在城市里获得较高收入的概率和相当长时间内成为失业者的风险之间利弊的权衡。发展中国家二元经济结构决定了较大的城乡收入差距，即便是城市中存在失业，但预期收入还是比农村收入高，这就导致了农村人口源源不断地涌入城市，造成城市的过度膨胀和一系列城市问题。因此，托达罗主张发展中国家注重农业和农村自身的发展，鼓励农村综合开发，增加农村就业机会，缓解城市就业压力。托达罗模型较为合理地解释了发展中国家出现的过度城市化和城市高失业率的现象，强调了发展农村经济对减缓城市化速度和缓解城市就业压力的重要性，成为当时发展中国家调整经济发展战略和城市化政策的重要理论指导。

2. 人口迁移理论

人口学主要是从人口迁移角度理解和研究城市化，认为城市化是农村人口向城市迁移，使城市人口占总人口的比重不断上升、城市规模扩大的过程。以莱文斯坦（E. G. Ravenstein）对“人口迁移法则”的研究为理论起源，目前人口迁移理论已经发展成为包括推力—拉力理论、人口移动转变假说、人口迁移引力模型、迁移决策理论等内容的较为完整的理论体系。

推力—拉力理论。莱文斯坦在19世纪末提出了“人口迁移法则”，他分析了人口迁移的推拉力规律，并强调拉力或引力的主导作用，认为拉力强于推力是迁移的基本原因。1938年，赫勃尔（R. Heberl）指出，人口迁移是由一系列“力”引起的，包括使一个人离开一个地方的“推力”和吸引他到另一个地方的“拉力”，指明“推力”和“拉力”的作用方向是一致的。1959年，唐纳德·博格（D. J. Burge）提出了“人口推拉理论”（push-pull theory），认为迁移者受到原住地的推力或排斥力以及迁入地的拉力或吸引力交互作用的影响，他还概括了12个方面的推力因素和6个方面的拉力因素。埃弗雷特·李（Everret S. Lee，1966）对推拉力理论做了系统而详细的分类，认为迁移者由“想要迁移”到“决定迁移”之间存在四类因素的障碍，即原居地相关因素、目的地相关因素、迁移过程中的中间障碍、个人因素。这些因素的吸引力或排斥力作用可能会随着时间而发生变化，而且原居地并非只有推力因素，也会存在反推力因素，同样目的地也不只有拉力因素，还有反拉力因素。① 当前，推拉理论得到进一步丰富和完善。如马塞（D. Massey，1990）研究指出，人口迁移的推拉力量与信息获得能力也密切相关，人们在社会结构中所处的位置决定了人们获取信息的能力；真正的移民是在不断评估各种推拉力量的过程中进行迁移决策的，只有当迁移的好处

① 李通屏. 人口经济学. 北京：清华大学出版社，2008：305.

大于迁移的成本时，人们才会采取迁移的行动。①

人口迁移转变假说。泽林斯基(Wilbur Zelinsky)从经济社会发展阶段出发，提出了著名的“人口迁移转变假说”。他认为人口迁移和流动既与社会经济发展条件有关，同时也与人口出生率和死亡率的转变密切相关。他将社会发展分为五个阶段，并指出每个阶段的人口迁移具有不同的特征和规律。(1)在现代化以前的传统社会里，人口再生产类型是“高出生率—高死亡率—低增长率”模式，人口很少发生迁移流动；(2)在工业革命早期社会转变阶段，人口再生产类型向“高出生率—低死亡率—高增长率”模式转变，人口迅速增加，出现大规模从农村向城镇的人口迁移；(3)在工业革命晚期社会转变阶段，人口再生产类型向“低出生率—低死亡率—低增长率”模式转变，人口自然增长率受到抑制，各种形式的人口迁移包括乡城人口迁移的势头减缓；(4)在发达社会阶段，人口自然增长率由于生育率和死亡率的进一步下降而降到很低水平，由乡村到城市的人口迁移和迁往未开发地区、国内人口迁移及国际人口迁移的重要性都在下降，取而代之的是城市之间的城市内部的迁移，人口流动得到进一步强化；(5)在未来超发达阶段，从总的方面来看，人口迁移数量会有所下降，但城市之间和城市内部的人口迁移仍将保持一定的增长。②

3. 城市规模与体系理论

城市最佳规模理论。③ 20世纪60年代经济学家以集聚经济理论为理论基础，提出了“最佳城市规模”(optimal city size)。如阿隆索(W. Alonso, 1964)建立了城市集聚经济与城市人口规模间的二次函数模型，以此来度量最佳城市规模。其基本思想是城市集聚收益与外部成本之差最大时，城市规模经济的转折点即对应着城市的

① D. Massey. Social structure, household strategies, and the cumulative causations of migration. Population Index, 1990, 56(1): 3-26.

② 钟秀明，等. 城市化之动力. 北京：中国经济出版社，2006：32.

③ 郑长德，钟海燕. 现代西方城市经济理论. 北京：经济日报出版社，2007：38-39.

最佳规模。巴顿(K. J. Button, 1976)进一步就城市规模的成本—效益在理论上进行了较为系统的经济分析。他分别从城市行政管理、私人成本与效益、最佳城市工业人口规模三个方面分析了城市规模的成本和收益，并由此探讨了城市的最佳规模。前苏联的霍列夫在1975年出版的《城市问题》一书中，从城市功能的角度，提出决定城市规模的首要因素是城市在国民经济中的职能，可以按职能对城市进行分类，并确定每类城市相应的典型的规模。亨德森(J. V. Henderson, 1974)的模型分析也得出了城市最佳规模取决于职能的结论，他指出，“城市规模的不同是由于它们专业化生产不同的贸易商品，那么城市的规模大小就会由于不同的两个城市能支持不同的交通成本和拥挤成本而不同”。①

城市规模结构和人口分布理论。西方城市经济学家关于城市规模结构和人口分布的研究主要围绕着城市规模的首位式分布和系列式分布两个经验法则展开。在城市首位式分布方面具有代表性的是马克·杰弗逊(Mark Jefferson)的城市首位律理论。杰弗逊于1939年提出了城市首位律或城市法则(the law of the primate city)，用来解释一个国家大量人口聚集于首位城市的发展趋势。他分析了51个国家的情况，发现其中有28个国家的最大城市是第二位城市人口的2倍以上，有18个国家的最大城市大于第二位城市的3倍以上，并且在经济、文化、政治等方面具有重要性。他将这种在规模上与第二位城市保持巨大差距，吸引全国很大部分人口的城市，定义为首位城市(primate city)。②

4. 区位理论

城市区位论。在杜能(J. H. Thünen)的农业区位理论和韦伯(Alfred Weber)的工业区位理论的基础上，克里斯塔勒(Walter

---

① [日]藤田昌久，等. 空间经济学——城市、区域与国际贸易. 梁琦，译. 北京：中国人民大学出版社，2005.

② 赵理尘. 城市发展学导论. 济南：山东大学出版社，2004：96.

Christaller)提出了中心地理论。① 他在《德国南部的中心地——关于具有城市职能聚落的分布与发展规律的经济地理学研究》(1939)一书中，提出了城市聚落分布呈三角形、市场地域呈六边形的空间组织结构，分析了城市数量、规模以及分布的规律，阐述了基于市场、交通和行政原则而形成的中心地等级系统的空间结构理论。他的理论主要包括四个方面的观点：第一，一个区域的发展必须拥有若干个大小不等的城镇，城镇一般位于经济区的中央，即所谓的中心地带。中心地分为若干层次，高级中心地是单一的，次一级的中心地稍多一些，而等级最低的中心地数量比较多，规模较小。第二，各级中心地都处于市场网络的系统中，形成大小不同的六边形，各级中心地位于六边形的中心或边的中心与顶点上。第三，不同规模的中心地发挥的职能、提供的服务都是不同的，每一中心地的相对重要性取决于它所提供的商品和服务的数量与等级。第四，同一等级两个相邻的中心之间的距离相等；级别越低，相邻两个中心地间的距离越短；级别越高，则相距越远。②

行为区位论。20 世纪 60 年代以来，行为区位理论学派否定了传统理论所坚持的“经济人”假设，强调区位选择行为的目标不是最佳化，而是奉行“最小努力原则”。美国经济地理学家史密斯(D. M. Smith)、普雷德(A. Pred)等从“满意人”概念假设出发，探讨行为因素对区位决策的影响和作用，构建了较为系统的行为区位理论，从而进一步丰富了区位理论，拓宽了对厂商区位选择行为的解释。

5. 可持续发展视角的城市化理论

在城市化深入发展的过程中，资源环境的保护越来越受到重视。为了适应可持续发展的需要，创造良好的城市人居环境，学术界兴起了一些新的城市化理论思潮，其中影响较大的主要有以下几

---

① ［德］沃尔德·克里斯塔勒. 德国南部中心地原理. 常正文，等，译. 北京：商务印书馆，1998.

② 张建平，等. 区域经济理论与实践. 北京：中央民族大学出版社，2007：4-5.

种理论。

生态学派的城市化理论。生态学派突出“以人为本”的思想，强调人与自然、人与生态环境关系的协调。19世纪末，英国社会活动家埃比尼泽·霍华德(Ebenezer Howard)在《明日的田园城市》(*Garden City of Tomorrow*)一书中强调了城市规划与建设的设想，提出了“田园城市”的概念，用来描述一种兼有城市和乡村优点的理想城市。1919年英国田园城市与城市规划协会与霍华德共同明确了田园城市的概念：“田园城市是为了安排健康的生活和工业而设计的城市；其规模要有可能满足各种社会生活，但不能太大；四周要有永久性的农业地带环绕，城市的土地归公众所有或托人为社区代管。”霍华德针对当时的城市问题，提出了关于城市规模、城市布局、人口密度、城市绿化等问题的开创性设想，对现代城市规划思想具有重要的启蒙作用。

以美国芝加哥大学帕克(R. Park)为代表的学者运用生态学理论研究了城市化，认为城市是一种生态秩序，支配城市社区的基本过程是竞争与共生，如同生物体一样，人类社会中人与人相互依存、相互制约的关系决定着城市的空间结构。这些学者还应用植物优势种的概念解释了城市有形群体的发展形式，认为土地价值决定了市民的各种活动水平和形式。伯吉斯(E. W. Burgess)用生态学观点解释城镇的空间差异，并提出了同心圆理论，他认为城市里人们的社会活动对城市地域分异的向心力、专门化、离心力等共同作用导致了空间分离，使城市发展呈放射状。① 美国著名建筑学家伊利尔·沙里宁(E. Saarinen)在他的《城市：它的生长、衰退和将来》(1942)一书中对有机疏散论做了系统的阐述，提出了有机疏散的城市结构的观点。他认为城市是一个有机体，其内部秩序实际上和有生命的机体内部秩序是一致的。这种结构既要符合人类聚居的天性，便于人们过共同的社会生活，又不脱离自然。有机疏散的城

① Ernest W. Burgess. The growth of city: an introduction to a research report//Robert Park, Ernest W. Burgess. The city. Chicago: University of Chicago Press, 1967: 47-62.

市发展方式能使人们居住在一个兼具城乡优点的环境中。为此，沙里宁提出了有机疏散的两个基本原则：一是把人们日常生活和工作的区域做集中的布置；二是不经常的“偶然活动”的场所，不必拘泥于一定的位置，将其做分散布置。

新城市主义。20世纪下半叶，在欧美发达国家，城市中出现了长期的郊区化低密度蔓延，不仅导致了日益严重的资源和环境压力，而且城市中心不断衰退、贫富分化、社区隔离、邻里关系疏远等问题日益突出。这种发展状况引起了规划师和政府部门对城市化蔓延的反思。在学者的倡导下，“新城市主义”(New urbanism)理念开始兴起，并成为城市规划建设过程中重要的价值取向与指导思想。新城市主义的主要宗旨是：尊重城市社区的地方特色文化，提升城市生活品质，以及在设计中将城市规划、城市设计、场地设计等不同空间尺度的设计紧密结合，以体现“以人为本”的设计理念。在此思想的影响下，许多城市更加重视社区、紧凑空间和步行邻里建设，并且不断加强对历史建筑和整个城市街区的保护和恢复。英国城市规划专家汤普森教授指出，城市复兴(即新城市主义)是指在再城市化过程中既要保留风貌，也要保护生活，还要延续发展，把那些旧城变成一个个适宜居住和可持续发展的复兴之城，使其重新获得生命的新理念。①

二、农地制度变迁研究的理论基础

(一)农地的基本概念

1. 土地的基本概念

土地是自然的产物，是人类生存的物质基础，没有土地就没有人类的生存与发展。英国古典政治经济学家威廉·配第用“劳动是财富之父，土地是财富之母”来解读土地的重要性。马克思在论述

① 施岳群，等. 城市化中的都市圈发展战略研究. 上海：上海财经大学出版社，2007：63-64.

土地时也说，土地是“一切生产和一切存在的源泉”，① 是“不能出让的生存条件和再生产条件”。② 从某种角度来说，人类社会发展的历史就是一部人类与土地关系的发展史。

人们对土地概念的理解是随着经济社会的发展进程而不断发展的。目前已有许多学者提出了自己的观点，形成了不同的有关土地的学说。③

“资源价值说”。该学说将土地概念划分为广义与狭义两种。广义的土地概念是指“所拥有的地球表面的自然及人造资源的总和”。④ 它包括地表所有的自然资源与附着于地表的全部人为投资的实物资本品两个部分。狭义的土地是指“一种自然的、未经改变的资源的生产力”。⑤ 它包括地表（地面、地表水、冰雪等）、地表自然附着物（原始森林、草原及野生动植物等）、地下矿物（地表下的矿产资源等）、与地表相关的自然现象（地表所能接收的太阳、降雨、气温及风等大气资源）。

“几何分析说”。该理论依据几何学原理提出了“平面土地观”与“立体土地观”。⑥ “平面土地观”即土地是指地球表面一定区域，包括它的低洼部分为水淹没的湖泊、江河、滩涂等水域，是一个具有二维性的平面客体。“立体土地观”即土地是指一个垂直剖面的地上层、地下层与地皮层，包括地貌、土壤、植物的全部，以及直接影响它的地表水、浅层地下水、表层岩石和作用于地表的气候条

---

① 马克思，恩格斯. 马克思恩格斯选集：第 2 卷. 北京：人民出版社，1972：109.

② 马克思，恩格斯. 马克思恩格斯全集：第 25 卷. 北京：人民出版社，1974：916.

③ 金丽馥. 中国农民失地问题的制度分析. 北京：高等教育出版社，2007：20-23.

④ 巴洛维. 土地资源经济学. 英文版. 鲁兰提斯-霍尔出版社，1978：12.

⑤ 高映珍，潘家华. 土地经济问题再认识. 南京：南京出版社，1996：23.

⑥ 姜爱林. 土地政策基本理论研究. 北京：中国大地出版社，2001：48.

件，是一个具有三维的立体客体。

“系统综合说”。该理论从系统论出发，综合考虑自然因素、经济因素、历史因素、社会因素，将土地定义为“地球表面一定幅度的四维空间及其中的自然物、经济物、社会物、时间物所组成的自然、经济、社会、历史的综合体”。① 它既包括气候、土壤、水文、地形、地质、动物、植物等自然物要素，又包括过去和现在的人类活动对土地的各种物质的作用结果和影响。

综上所述，我们可以将土地定义为：土地是由地球陆地部分一定高度和深度的岩石、矿藏、土壤、水文、大气和植被等要素构成的自然综合体，即陆地及其附属物。这个概念是就土地作为自然资源而言的。在现实的经济活动中，绝大多数土地资源经过了人类长期开发、改造与使用，投入了大量的人类劳动，并形成了各类成果。可见，现实的土地已不仅仅是一个单纯的自然综合体，而是一个由各种因素组合并综合了人类正反面活动结果的自然—经济综合体了。土地具有构成的整体性、存在的恒久性、数量的有限性、位置的固定性、性能的差异性、作用的不可替代性等基本属性；具有承载万物、资源供给、养育人类的功能。从生产力的角度来看，作为物体的经济土地是以土地资源的面貌出现的。从生产关系的角度来看，经济土地涉及的面较广，包括土地财产、土地资产、土地资本等。

不过，无论怎样界定土地，土地必然具有自然属性和社会属性。研究土地就是研究在土地自然属性的基础上产生的各种经济问题，如土地利用、土地制度安排、土地权利与价值分配等。根据不同标准，可以将土地进行一定的分类，以便于与土地相关的各种经济问题的研究。在某一确定的区域内，按土地的位置，可以将土地划分为城市土地与农村土地；按土地的用途，可以划分为农用土地、工(业)用土地和其他产业用(土)地；按土地归属，可以分为私人土地、集体土地、国家土地等；按地貌可以分为山地、丘陵和

① 姜爱林. 土地政策基本理论研究. 北京：中国大地出版社，2001：56.

平原等。①

2. 农地的基本概念

农地是农村土地和农业土地的简称。农村土地主要包括农村范围的地上空间和地下空间的地表或地皮，它侧重于强调农村土地本身的资源性质或生产要素的属性。

《中华人民共和国农村土地承包法》(2002年)明确指出，"农村土地是指农民集体所有和国家所有依法由农民集体使用的耕地、林地、草地，以及其他依法用于农业的土地"；《中华人民共和国土地管理法》第4条指出，"农用地是指直接用于农业生产的土地，包括耕地、林地、草地、农田水利用地、养殖水面等"。一个国家的土地从地域范围来看包括都市土地和乡村土地两大块，乡村土地不能等同于农村土地，它是指城市建成区及独立工矿企业以外分布在农村地区所有土地的总称。从产权关系来看既包括全部的农村集体所有土地，又包括部分国有土地；从使用形式、性质及类别差异来看，既包括农业用地，又包括非农业用地；既包括耕地，也包括林地、草地、水域；既包括已利用土地，还包括未利用的土地。②本书所研究的农地，是指专门用于农业生产的土地。

(二)制度与制度变迁的理论内涵

1. 制度的基本概念

人们通常认为，制度就是规章制度，是一些条条框框，规范、制约着人们的行为。人们之所以关注制度，完全是因为制度是众所周知的、由人创立的规则，其目的在于抑制人们可能有的机会主义行为。诺贝尔经济学奖获得者、经济学家哈耶克认为，规则起到使社会成员正确预期他人行为的作用。规则是一种社会成员自发创造的并且自愿遵守的共同知识的集合。在规则的指导下，社会成员无

① 曾令秋，胡建敏. 新中国农地制度研究. 北京：人民出版社，2011：17-18.

② 金丽馥. 中国农民失地问题的制度分析. 北京：高等教育出版社，2007：23.

需担心自身知识的局限性，而可以正确预期他人可能的行动，从而大大减少交往中的不确定性。制度就是抽象规则的具体化。① 当制度作为研究对象进入经济学家的视野时，制度的内涵则被大大扩展，如凡勃伦把制度理解为思想习惯；康芒斯认为制度是由买卖的交易、管理的交易、限制的交易等构成的集合；舒尔茨认为制度是管束人们行为的一系列规范；霍奇逊则对上述多种定义进行了综合，认为制度是通过传统、习惯或法律约束而力图形成固定的规范的行为模式的一种社会组织。② 马克思和恩格斯在其著作中也非常广泛地使用"制度"这一概念，如"社会制度"、"政治制度"、"法律制度"等。从他们所使用的"制度"概念的场合看，制度是指人与人之间结成的社会关系的总和。③ 在一定社会历史阶段，人与人之间结成的社会关系是复杂多样的，包括经济关系、政治关系、文化关系、宗教关系、国家关系等，与此相对应的就有经济制度、政治制度、文化制度、宗教制度、国家制度等。这些社会关系，有的上升为国家意志，成为法律、政策等，有的则没有上升为国家意志。有效的制度安排，鼓励和促进着社会资源的开发、资本积累和技术创新。无效的制度安排，则直接阻碍着资源开发、资本积累和技术创新，因此，制度决定着一种经济的激励结构、决策结构、信息结构及其运行方式，从而决定着经济变化的走向是增长、停滞还是衰退。④

2. 制度变迁的理论解释

制度变迁理论是新制度经济学的重要组成部分。经济学家道格拉斯·诺思经过大量的研究建立起了一个包括产权理论、国家理论

---

① 张宇燕. 经济发展与制度选择. 北京：中国人民大学出版社，1992：107.

② 王瑞璞，张湛彬. 中国国有企业制度创新. 北京：中国经济出版社，2002：2.

③ 马克思，恩格斯. 马克思恩格斯选集：第 1 卷. 北京：人民出版社，1972：18.

④ 刘君地，汪宇明. 制度与创新——中国城市制度的发展与改革新论. 南京：东南大学出版社，2000：12.

和意识形态理论在内的新制度经济学理论。简言之，制度变迁是制度的替代、转换与交易的过程。诺思在《制度变迁和经济增长》一文中解释了制度变迁的内涵，他认为制度变迁的实质是："一个行动集团(个人和集团)能够看到一些新的制度组织形式(制度安排)将会带来很大的利益，使得因革新组织形式所花费的成本得以补偿。这些新的制度安排特别有益于实现潜在的规模经济，降低信息成本，分散风险以及把外部性内部化。并且这些制度安排还能够解释一系列经济史学家长期关心的'经济制度'问题。"①林毅夫从交易费用的角度对制度变迁进行了深入研究，他认为："从某种现行制度安排转变到另一种不同制度安排的过程，是一种费用昂贵的过程；除非转变到新制度安排的个人净收益超过制度变迁的费用，否则就不会发生自发的制度变迁。"②当个人净收益超过制度变迁的费用时，就可能出现制度创新。新的制度安排一旦被创立就会成为公共物品，每一个受这个制度安排管束的个人，不管是否承担了创新的成本，都能得到同样的服务，因此"搭便车"就成为制度变迁固有的问题。戴维·菲尼也研究了制度变迁，他从潜在利益的角度对制度变迁进行了诠释，他认为："按照现有的制度安排，无法获得某些潜在的利益。行为者认识到，改变现有的制度安排，他们能够获得在原有制度安排下得不到的利益，这时就会产生改变现有制度安排的需求。"③除上述几位学者的研究之外，还有许多其他学者从各种不同的视角对制度变迁进行了研究，但是无论是从交易费用的视角去认识制度变迁，或是从潜在利益的视角去认识制度变迁，还是从其他视角去进行研究，归根到底，制度变迁的发生都遵循古典经济学关于"成本—收益"分析的基本原理。

---

① ［美］道格拉斯·诺思．制度变迁和经济增长//盛洪．现代制度经济学：上卷．北京：北京大学出版社，2003：290.

② 林毅夫．诱致性制度变迁与强制性制度变迁//盛洪．现代制度经济学：下卷．北京：北京大学出版社，2003：254.

③ ［美］戴维·菲尼．制度安排的需求与供给//［美］V．奥斯特罗姆，等．制度分析与发展的反思：问题与抉择．王诚，等，译．北京：商务印书馆，1992：138.

3. 制度变迁的供求分析①

制度变迁的需求与供给是新制度经济学中的一个极为复杂的问题，引起众多经济学家的关注。1968 年，舒尔茨在《制度与人的经济价值的不断提高》一文中提出了制度需求、制度供给、制度供求分析、制度均衡与非均衡等概念，并将制度供求的分析方法引入对制度变迁的分析之中。舒尔茨认为："制度是某些服务的供给者……对每一种这类服务都有需求，这正好可以在经济理论的范围内，用供求分析来探讨决定每一种服务的经济价值的因素。我们的下一步分析是要将这一供求分析方法置于均衡框架中。其中的一个关键假定是：当这些制度所提供的服务与其他服务所显示的报酬率相等时，关于这些制度的每一经济服务的经济就达到均衡。"他还指出："我们的理论是用于解释那些作为对经济增长动态的反应而发生的制度变迁，制度被视为一种具有经济价值的服务的供给者。我们假定增长进程改变了对服务的需求，并且这种需求上的改变又导致了以长期成本与收益来衡量的供求之间的非均衡。"②1971 年，戴维斯和诺思再次将制度的供求分析运用到对制度变迁的分析中，他们还对引起制度安排供求变动的因素进行了探讨。他们认为："制度均衡状态(制度安排的变迁将得不到任何好处)在任何时候都是有可能的。可是，成本与收益的变动会使制度产生不均衡，并诱致了安排的再变迁。尽管大多数的经济模型将现存的制度安排视为既定，但我们的目的是要将这一常量变成一个变量。不过传统的理论仍为我们目前的工作提供了重要的支持，与传统理论一样，我们的基本假定是，安排变迁的诱致因素是期望获取最大的潜在利润；而且我们所使用的是非常传统的经济学家所常用的'滞后供给'模

---

① 参见邱谊萌. 16—19 世纪英国土地制度变迁研究. 沈阳：辽宁大学博士学位论文，2008.

② ［美］舒尔茨. 制度与人的经济价值的不断提高//［美］R. 科斯，等. 财产权利与制度变迁：产权学派与新制度学派译文集. 刘守英，等，译. 上海：上海三联书店，1994：257.

式的一个变形。"①

我国学者也对制度变迁的供给与需求进行了分析。林毅夫在1989年发表的《关于制度变迁的经济学理论》一文中提出了自己的观点，他认为："制度能提供有用的服务，制度选择及制度变迁可以用'需求—供给'这一经典的理论框架来进行分析。"②

为了更好地研究制度变迁的动因，戴维·菲尼借鉴新古典经济学的供求均衡价格理论，初步勾画了一个关于制度变迁的供求分析框架并加以解释。在其分析框架中，制度被分为三类。第一类是宪法秩序。宪法规定确立集体选择的条件的基本规则，其中包括确立生产、交换和分配的基础的一整套政治、社会和法律的基本规则。这些规则一经制定，就较难变动且变化缓慢。第二类是制度安排。制度安排是在宪法秩序框架内所确立的，包括法律、规章、社团和合同。第三类是规范性行为规则。"规范性行为规则也具有变化缓慢、难以变动的特点。它对于赋予宪法秩序和制度安排以合法性来说是很重要的。"③为了进一步完善制度变迁的供求分析框架，戴维·菲尼借鉴了戴维斯和诺思关于制度创新的模型中有关内生变量和外生变量的理论，戴维·菲尼在他的供求分析框架中提出内生变量是各种制度安排及其利用程度；外生变量则包括宪法秩序和规范性行为准则。对于外生变量，又分为需求因素和供给因素两类。需求因素主要包括相对产品和要素价格、宪法秩序、技术和市场规模等。供给因素则包括宪法秩序、现存制度安排、制度设计的成本、实施新制度的预期成本、现有知识积累、公众态度、上层决策者的

---

① [美]戴维斯，诺思．制度创新的理论//[美]R．科斯，等．财产权利与制度变迁：产权学派与新制度学派译文集．刘守英，等，译．上海：上海三联书店，1994：296．

② 林毅夫．关于制度变迁的经济学理论//[美]R．科斯，等．财产权利与制度变迁：产权学派与新制度学派译文集．刘守英，等，译．上海：上海三联书店，1994：371．

③ 袁庆明．新制度经济学．北京：中国发展出版社，2005：272．

预期净利益等。① 虽然戴维·菲尼所提出的供求分析框架中，有关外生变量的划分还不够全面和准确，但它还是给后来学者的研究以很多的启发。

4. 制度变迁的类型

根据制度变迁的方式可以将制度变迁分为诱致性制度变迁和强制性制度变迁。诱致性制度变迁由弗农·拉坦和速水佑次郎提出。诱致性制度变迁意味着制度变迁是经济变迁的一个内生要素，是市场经济作用的结果，而不是外生给定的。其变迁的机制可以用上文有关制度变迁供求分析的原理来加以说明。制度变迁的需求方面来自于要素与产品的相对价格的变化。由于要素相对稀缺性的变化引致的要素相对价格的变化在经济生活中产生了一种潜在利润，实现潜在利润的要求就构成了制度变迁的需求，即通过改变制度安排来改善资源的配置效率。制度变迁的供给方面来自于社会科学知识和有关的商业、计划、法律和社会服务业的知识进步，这种知识的进步降低了形成和发展新制度所需要的交易费用，从而降低了实现潜在利润的成本。显然诱致性制度变迁以一个完善的市场机制为前提，只有在价格机制正确而灵敏、竞争和信息充分从而交易费用较低的情形下，需求和供给两方面的力量才能“诱致”制度的变迁。林毅夫也认为，“发生诱致性制度变迁必须有某些来自制度不均衡的获利机会”，并认为从某一制度均衡点开始，“有四种原因能引起制度不均衡：(1)制度选择集合的改变；(2)技术改变；(3)制度服务的需求改变；(4)其他制度安排的改变”。② 强制性制度变迁是由外部力量促使的制度变革，主要是政府法令、法律法规的引入和实行。显然强制性制度变迁是政府对经济干预的结果，它既可能促使经济的发展，也可能抑制经济的发展。

---

① [美]戴维·菲尼. 制度安排的需求与供给//[美]V. 奥斯特罗姆，等. 制度分析与发展的反思：问题与抉择. 王诚，等，译. 北京：商务印书馆，1992：126-130.

② 盛洪. 现代制度经济学：下卷. 北京：北京大学出版社，2003.

（三）农地制度与农地制度变迁理论

农地制度是人们在一定社会制度下以农地为中心所形成的经济关系的总和。在生产力发展的不同阶段，应该有不同的农地制度与农村经济发展水平相适应。如果从产权视角来审视农地制度，可将其区分为农地经济制度和农地法权制度。农地经济制度体现为对农地的物权安排，即所有权、使用权及处置权的安排。农地法权制度是在上述三种权利的基础上所衍生的一切权利。农地经济制度决定农地法权制度，反过来，农地法权制度又反映、规范、保护、强化农地经济制度。具体来说，农地制度包括以下内容：(1)农地所有制与农地的所有权。农地所有制即农地财产的归属制度，如农地个人所有制、农地集体所有制、农地国家所有制等。农地的所有权是农地所有制在法律上的体现，它具有绝对性、排他性、权能构成的全面性以及权能组成的可分离性与可复归性。(2)农地使用制、农地的使用权与农地使用权流转制度。(3)农地经营制度。(4)农地储备与征用制度。(5)农地用养制度等。①

农地制度的变迁表现为以农地为中心的经济、社会关系的改变，也表现为农地所有权主体、农地使用权主体、农地管理权主体的更替。从制度变迁的一般理论出发，可以认为农地制度的变革是由于农地制度非均衡的存在，而造成农地制度非均衡的原因有二：一是制度本身存在的缺陷，如农地产权残缺；二是外生条件的变化。② 或者是由于引致农地制度变革的潜在收益的存在，如规模经济收益、市场配置收益、交易成本的节约以及市场风险的分摊所带来的收益等。农地制度变迁既可能是农地所有制与所有权的变革，也可以是农地所有权所衍生的其他权利的部分调整。

---

① 曾令秋，胡建敏．新中国农地制度研究．北京：人民出版社，2011：21-22.

② 王小映．土地制度变迁与土地承包权物权化．中国农村经济，2000（1）.

第二章　英国城市化进程中的农地制度变迁

一、英国城市化概述

(一)英国城市化进程

大不列颠及北爱尔兰联合王国即英国，位于欧洲西部，由大西洋中的不列颠群岛组成，包括英格兰、苏格兰、威尔士和爱尔兰岛北部及附近许多小岛，有时称“英伦三岛”。首都伦敦是全国的政治、经济、文化、交通中心，也是英国最大的海港和国际金融中心。

英国国土面积为本土 24.482 万平方千米，海外 172.8 万平方千米，2014 年全国总人口为 64456428 人。英国人口密度为：270.1 人/km^2(2013 年)，90%的人口为城市人口，城市化程度居发达国家的前列①。

英国是最早的资本主义国家。英国一度在相当长时间里被称为“世界工厂”和最大的殖民帝国。英国 1914 年的殖民地国土面积比其本土面积大 111 倍，曾炫耀为“日不落帝国”。从第一次世界大战后，英国的世界霸主地位逐步动摇、衰落。第二次世界大战后，其殖民体系土崩瓦解，经济实力逐步削弱，但迄今仍然是西方七大经济强国之一。英国垄断资本仍有相当雄厚的经济实力。

英国是产业革命的发祥地，也是全世界第一个实现工业化、城

① http：//www.phbang.cn/population/146512.html.

市化的西方发达国家。英国的城市化进程具有原创性意义，它的许多创新对世界城市化进程具有显著的示范和带头作用，例如英国第一个制定了城市规划法，第一个建立了“田园城市”，第一个实行城市社会保障体系，第一个建设了“卫星城”，第一个实现了郊区城市化等。① 随着18世纪中叶工业革命的发生，人类迎来了城市发展史上一个崭新的时期。在工业革命的浪潮中，城市发展之快、变化之巨，超过了以往任何时期。工业革命结束了城市中工场手工业的生产形式，代之以机器大工业的生产形式，使城市中经济活动的社会化、生产的专业化向着更广的范围发展。工厂企业为寻求协作利益和增强竞争能力，在地域上出现了相对集中的倾向。这种倾向直接影响近代城市内部的扩展形式和城市的区域分布格局。在工业革命的推动下，19世纪英国的城市化进程十分迅速，一大批工业城市，如格拉斯哥、曼彻斯特、伯明翰、利兹、纽卡斯尔等迅速成长起来。从1801年到1851年的半个世纪里，英国5000人以上的城镇由106座增加到265座。城镇人口比例由26%增至45%，到1900年上升到75%，成为世界上第一个城市化的国家。

(二)英国城市化进程的特点

第一，城市化速度快，城市化率高。根据有关资料统计，英国城市人口占总人口的比重：1801年为33.8%，1841年为48.3%，1851年为54%，1861年为58.7%，1871年为65.2%，1881年为70%，1891年为74.1%，1901年为78%。② 英国仅用了七八十年时间就实现了城市化，成为世界上第一个实现城市化的国家。

第二，城市化与工业化、人口流动同步进行。英国工业革命从根本上动摇了传统的物质生产结构。这场工业革命在城市中发生，因而城市被称为工业革命的摇篮，反过来，在城市发生的工业革命

① 纪晓岚. 英国城市化历史过程分析与启示. 华东理工大学学报：社会科学版，2004(2).

② 转引自廖跃文. 英国维多利亚时期城市化的发展特点. 世界历史，1997(5).

又极大地促进了城市的发展。工业化强化了地域分工，促使工业在地域上集中，并促进了商品交换，出现了一大批以工业和商业经济职能为主的新城市。所以在英国，工业化过程也就是城市化过程，两者互为因果、并行发展。

工业革命开始后，由于资源布局的影响，英国经济中心由南向北转移，新的工业城市在北部和西部兴起，人口也发生了相应的流动。1811 年，英国农业劳动力占总数的 35%，农村人口也占 35%，到 1870 年，农村人口仅占 14. 2%，城镇人口则增加到 85. 8%。① 英国的人口流动主要有三种形式：一是地区间的人口流动。这主要是因为工业的发展吸引了大量的劳动力，使人口不断地向工商业城市集中；二是农村劳动力向城市短距离和波浪式地流动。这种人口流动在工业化初期尤为突出，即使到了铁路时代，远距离迁移逐渐增多，特别是向大城市迁移，但短距离流动仍是主要形式。三是农村剩余劳动力向国外流动。英国农村剩余劳动力除了流向本国非农产业外，还有相当大一部分流向国外，特别是美国。仅 19 世纪的 100 年中，爱尔兰向美洲的移民就达 500 万之多，以致“美国的爱尔兰人要比爱尔兰的爱尔兰人还多”。这样，英国的农村剩余劳动力不仅为本国的城市化提供了前提，也加速了他国的城市化。②

第三，城市网络系统形成较早，并确立了区域城市化和城市群的发展态势。英国国土面积小，地理差别不大，河流纵横，公路和铁路密如蛛网，方便的交通把全国大、中、小各类城市联结起来。某一地区城市发展相对集中，形成城市密集性地区，各区域间具有不同的地理、历史、经济、文化和政治背景，因而呈现出有差异的区域性发展态势，即区域城市化。农村人口的大转移，使城市由小变大，由少变多，促使新城市诞生，导致城市群出现。③

---

① 钟水映. 人口流动与社会经济发展. 武汉：武汉大学出版社，2000：54.

② 辜胜阻，简新华. 当代中国人口流动与城镇化. 武汉：武汉大学出版社，1994：133.

③ 李其荣. 对立与统一：城市发展历史逻辑新论. 南京：东南大学出版社，2000：127.

第四，英国的城市化不是建立在农业高速发展的基础上的，而在某种意义上是以牺牲农业为代价的。① 与欧美其他大国相比，英国农业过早衰退，农业占国民收入总的比例不高。1870 年时英国农业占国民收入的 15%，法国为 45%，德国为 30%，意大利为 57%，美国为 30%。1891—1896 年，农业产值占国民收入的比例，英国为 8%，意大利为 28%，德国为 20%，美国为 16%。② 由于英国农业生产量的停滞不前，随着城市化的发展，英国消费的粮食、肉类和农业原料越来越靠外国满足。1852—1859 年，国内小麦消费量的 26. 5%是靠进口供应的。1868—1875 年，进口供应的比重增至 48%以上。1910 年，粮食的自给率只有 35. 6%，棉花全部靠进口。英国以前是大量出口羊毛的国家，而在 1850—1854 年，平均每年进口羊毛达 4322. 08 万公斤，到 1870—1874 年，更增至 13937. 8 万公斤。③

第五，英国城市化初始阶段所需要的资金，主要不是来自于本国农业，而是依靠对其他农业国的掠夺。例如，东印度公司在印度采用掠夺手段获得相当于商品价值 20 倍的暴利。从 1600—1708 年，该公司的股本增加了 50 倍。在 1757—1815 年，英国仅从印度搜刮的财富就达 10 亿英镑。18 世纪 80 年代，利物浦每年从奴隶贸易中获得的纯利达 30 万英镑。④

① 辜胜阻，简新华. 当代中国人口流动与城镇化. 武汉：武汉大学出版社，1994：133.

② 李其荣. 对立与统一：城市发展历史逻辑新论. 南京：东南大学出版社，2000：125-126.

③ 樊亢，宋则行. 外国经济史：第 1 册. 北京：人民出版社，1982：94-95//辜胜阻，简新华. 当代中国人口流动与城镇化. 武汉：武汉大学出版社，1994：134.

④ 辜胜阻，简新华. 当代中国人口流动与城镇化. 武汉：武汉大学出版社，1994：134.

二、英国城市化起步前的农地制度形态

(一)英国封建领地制经济的形成

英国现代农地制度脱胎的母体是封建领地制经济。从公元5世纪到14世纪，英国的封建领地制经历了产生、发展和衰落的过程。公元5世纪初，日耳曼部落入侵英国后在各地建立了许多小王国。各王国的经济基础是以酋长为核心的村社。土地属村社公有，由社员世袭耕种，不得自由买卖。以后，由于丹麦人的入侵，村社的自由农民不断分化和没落，大量的村社土地连同其上的农民被国王封赐给贵族，变成了封建庄园。11世纪初，英国庄园中的农民有三种：(1)自由农民，大都保有土地，向领主缴纳少量货币和实物，有时也服劳役，还有对国王服兵役的义务；(2)定居在领主土地上的无权农民；(3)茅屋农民。

1066年诺曼底公爵威廉渡海入侵英国后，没收了大批贵族的土地，使国王成为一切土地的所有者，随后把土地分封给亲属和随从，规定受封的领主必须服兵役，缴纳一定的赋税，并赐予领主统治封土上农民的权力，即领主有设置法庭、征税及强派劳役的权力。此外，教会的地产也不断扩大。至此，由世袭领地和教会的领地所构成的封建领地制经济在英国占据了统治地位。英国的村社制经济经历了四五百年的封建化过程，转变成为庄园制经济。①

英格兰庄园的土地一般有四种类型：公地、自营地、维兰(农奴)持有地和自由持有地。在大庄园中，领主的自营地、维兰持有地和自由持有地的比例分别为25%、51%和23%。而在小庄园中，领主的自营地、维兰持有地和自由持有地的比例分别为41%、32%和27%。公地则是坐落在自营地之外未被任何佃户持有的土地。领主和佃户都有权在公地上放牧牲畜和采集燃料。

领主的自营地是庄园领主留作自己使用的土地，也是领主居住

---

① 赖泽源，等. 比较农地制度. 北京：经济管理出版社，1996：24-25.

之所在。自营地是唯一的严格意义上的领主的地产。自营地以领主的住宅为中心，包括一个家庭农场。自营地上的产品用来维持领主及其家庭生活。通常领主只占有庄园全部可耕地的一部分。自营可耕地由农民或农奴提供劳役来耕种。英格兰早期的庄园有一些共同的特点。例如，庄园自成一个整体，与外界没有什么联系。领主尽可能地使庄园自给自足。领主消费并贮存庄园内生产出来的产品，他注意充分利用庄园本身的资源，努力使他不必从外部购买物品。这样，领主能向市场交易提供的产品自然也很少。随着生产力的逐步提高，封建庄园的孤立状态得以改变，向市场出售大部分产品已成为庄园常见的事情。① 劳役地租逐渐被货币地租所取代。

(二)16世纪前英国私有产权不完全的土地制度

16世纪前英国存在着各种不同的土地制度安排，如敞田制、骑士领有制和公簿持有制等，这些都是私有产权不完全的土地制度。② 下面对这三种土地制度进行简要分析。

1. 敞田制

英国在16世纪前盛行敞田制。敞田制是私有产权与共有产权共存的土地制度，也是一种私有产权不完全的土地制度。为了更好地对敞田制进行研究，我们有必要先了解土地的共有产权和私有产权，以及敞田制中共有产权存在的情况。

(1)土地的共有产权与私有产权

土地是人类最基本的生存条件，因此土地的产权显得格外重要。从根本上说，土地产权的客体是土地。根据产权归属主体的不同，土地的产权基本上可以分为两类，即土地的共有产权和土地的私有产权。正如张五常所言："产权结构可以采取各种不同的形式，私人产权为一个极端，共有产权为另一个极端。"③共有产权对

---

① 参见沈汉. 英国土地制度史. 上海：学林出版社，2005：41-42.

② 参见邱谊萌. 16—19世纪英国土地制度变迁研究. 沈阳：辽宁大学博士学位论文，2008.

③ 张五常. 经济解释. 北京：商务印书馆，2000：427.

于土地来说，就是人们在土地上可以共同享有的产权，其产权主体是一群人。也就是说，当一群人中的某个人对土地资源行使权利时，并不排斥他人对该资源行使同样的权利。哈罗德·德姆塞茨在《关于产权的理论》一文中认为："共有权是指由社区所有成员共同行使的权利。"①当土地具有共有产权时，尽管一群人中的每个人都可以使用该土地来为自己服务，但是每个人都没有将其归为自己独自所有的权利。也就是说，一群人虽然都拥有共有产权土地的产权，但这块土地的产权实际上并不属于任何个人。土地的共有产权有着巨大的缺陷，哈罗德·德姆塞茨认为："个人活动对邻人和后代的影响并没有得到充分的考虑。共有财产导致了巨大的外部性。一个共有产权的所有者的全部活动成本不是直接由他来承担的，而且其他人付给他一笔合适报酬的意愿也不会轻易使他注意到这些成本。共有财产排除了'为使用财产付费'(pay to use the property)的体系，且谈判和维护权利的高昂费用又使'付他报酬让他不使用财产'(pay him not to use the property)的体系失去了效力。"②正因为如此，随着社会经济的发展，土地的共有产权普遍向私有产权转换。

土地的私有产权是存在于土地之中的排他性(excludability)财产权利，因此排他性成为土地私有产权最重要的特性。排他性实质上是产权主体的对外排斥性，它决定了只有产权主体才可以对某种稀缺资源行使特定的权利。土地私有产权的排他性一方面把土地所有者的收益和应承担的责任联系在一起；另一方面则是激励所有者去寻求土地更多的潜在利益。柯武刚、史漫飞指出："私人产权的决定性特征是，一项财产的所有者有权不让他人拥有和积极地使用该财产，并有权独自占有在使用该财产时所产生的效益。同时，所有者要承担该财产在运用中所发生的所有成本。排他性是所有者自

① [美]哈罗德·德姆塞茨. 关于产权的理论//盛洪. 现代制度经济学：上卷. 北京：北京大学出版社，2003：86.

② [美]哈罗德·德姆塞茨. 关于产权的理论//盛洪. 现代制度经济学：上卷. 北京：北京大学出版社，2003：87.

主权的前提条件，也是使私人产权得以发挥作用的激励机制所需要的前提条件。只有当其他人不能分享产权所界定的效益和成本时，这些效益和成本才可能被‘内部化’，即才能对财产所有者的预期和决策产生安全的、直接的影响。只有那样，才能将他人对该财产使用的估价传送给所有者，所有者也才有动力将其财产投于他人欢迎的用途。”①所以，当所有者将土地投于他人欢迎的用途时，土地产权的排他性就不仅与个人的收益相关，也会产生相应的社会效益。关于私有产权的优势，德姆塞茨说得非常清楚：“伴随着私人所有制所出现的收益和成本的部分集中只是这个制度提供的好处的一部分。其他的或许是最重要的部分则超越了我们的视野，那就是仍然存在的外部性因素所导致的谈判费用将会大大降低。”②土地私有产权正是具有这样的优势。

需要强调的是，土地的私有产权并不意味着土地的所有产权都掌握在一个人的手里。土地产权具有可分割性。一块土地的所有者可以将土地出租给他人耕种。在这种情况下，土地的所有权仍然属于这块土地的所有者，但土地的使用权却属于另一个人。两人拥有这块土地的不同的产权。并且就一块土地的使用权而言，也可以同时由几个人所拥有。另外，尽管不同的人对土地行使不同的权利，但这块土地仍然是私有产权，关键在于私人对这块土地的有关权利行使了决策权并承担了后果。

(2)敞田制中的共有产权

敞田制土地具有一部分共有产权，这是敞田制的本质特征。敞田制的共有产权主要分布在公用地中，因此我们有必要先来了解一下公用地的基本状况。

在16世纪前，英国庄园内的土地除了领主的自营地、自由持有农的土地和维兰(农奴)的份地外，剩余的就是公用地。公用地

① [德]柯武刚，史漫飞. 制度经济学. 韩朝华，译. 北京：商务印书馆，2002：215.

② [美]哈罗德·德姆塞茨. 关于产权的理论//盛洪. 现代制度经济学：上卷. 北京：北京大学出版社，2003：88.

包括庄园内未开垦的荒地、草地、滩涂等，庄园内所有人在公地上都有使用权，比如放牧、打柴、采煤、捕鱼等。在当时，人们普遍"认为公有土地的价值很少，尽管传统的忽视使其处于自然的状态，但它的用途使农民获得不止一项的好处。首先，他们可以在那儿放养牲畜，尤其是羊，因为羊在跷瘠土地上也会找到食物，这就是公有土地上的放牧权或放羊权。如果那里长有树木，他们便可砍伐木料来修理房屋的屋架或建造一个栅栏，这便成为所谓砍伐树木权。如果有一个池塘或者公地上有一水流经过，村民就可在那里捕鱼，这就是捕鱼权。在那些还占据着英国各郡很大地面的沼泽地里，他们可以自给泥煤，这就是采泥煤权"。① 由此可见，当时庄园内所有人不仅可以在公用地上放牧牛羊，而且可以随便地利用公用地上的自然资源。公用地的存在成为一些人主要的生活来源，这些依赖公用地生活的人主要包括边缘居民、小佃农和茅舍农。边缘居民由于战争、饥荒等原因逃难来到庄园，被允许在庄园边上开垦荒地维生；小佃农是没有租地，仅仅靠一间茅舍和周围的一小块场地维生的农民；而茅舍农只有一间茅舍，他们只能靠为领主做杂役或做雇农而维生。但是值得注意的是，"公地在严格意义上讲并不是无主的土地，原则上它属领主所有，即属于对教区整个土地拥有权力的领主所有。人们有时把它称为领主的荒地"。②

尽管敞田制中公用地的产权是共有产权，但是庄园内所有人享有公用地的使用权是不同的。一般来说，每一业主放牧牛羊的数量是有限的。这个数量的大小与他所拥有的土地大小成正比。拥有土地私有产权的数量越大，他能在公用地上放牧牛羊的数量也就越多。保尔·芒图认为，公用地"并不是所有村民所公有的，而只是所有业主所公有的。虽然它有公有的外貌，但并不是使用不受任何限制的自由土地，各人是根据确定的权利并按照这些权利的多少才

---

① [法]保尔·芒图. 十八世纪产业革命：英国近代大工业初期的概况. 杨人楩，陈希秦，吴绪，译. 北京：商务印书馆，1983：117.

② [法]保尔·芒图. 十八世纪产业革命：英国近代大工业初期的概况. 杨人楩，陈希秦，吴绪，译. 北京：商务印书馆，1983：118.

能参加进来”。① 可见，这种所谓公用地的使用权，虽然名义上是大家共有的，但实质上是不平等的。因此，尽管公用地是共有产权的土地，却不是不受任何限制的自由土地，这就决定了那些无地或少地的穷人难以拥有公用地的使用权，而他们恰恰是最需要公用地来维持生计的人。

(3)耕田在休耕期时的共有产权

敞田制的土地除了公用地具有共有产权的性质之外，耕田在休耕时也具有共有产权的性质。

敞田制的耕地是分散在庄园或村庄内互不相连的许多条形块土地。所谓条田，实际上它平均的长宽是40竿长，4竿宽，约合200米长、20米宽，其土地面积大约为1英亩大小。在每块条田的中间由一条细长的草地将其分为两个相等的部分。实行敞田制时，庄园或村庄内各家的土地彼此混杂交错在一起。在耕地休闲时，这些地块全部向本庄园或村庄的公众开放。人们可以在收割后的耕地上放牧牛羊，也可以进入耕地中捡拾没有收割干净的落穗。也就是说，每年中有一部分时间，至少是包括从收割后到下一次播种前的时间内，不管耕田的私有产权属于何人，本庄园或村庄内的人是可以使用休耕期的土地的。克拉克将休耕期的耕田看作公用地，不过是公共权利有限制的公用地。他认为只要一年中有部分时间可以被公共使用的土地都称为公用地，因此公用地应包括：“在收获后开放的可耕作的敞田、限定牲畜数量和享受对象的牧场以及荒地。”②

保尔·芒图也注意到了敞田在休耕期时的公共权利，他说：“每当收获后，田间只要有未被镰刀割掉的残梗或者剩穗，或者还有少许长在田边的青草，这时的敞田就成为公共土地，人们可以在上面放牧羊、猪、鹅，也可以在上面拾落穗。”保尔·芒图还阐述了这种共有产权在实际使用上的区别：“敞田在收获以后，并不是

① [法]保尔·芒图. 十八世纪产业革命：英国近代大工业初期的概况. 杨人楩，陈希秦，吴绪，译. 北京：商务印书馆，1983：118.

② Clark, G. Common rights to land in England, 1475—1839. The Journal of Economic History, 2001, 61(4): 1009.

所有居民都能将自己的畜群放牧在收获过的田地上，而仅仅是那些在教区内拥有一块或几块土地的人才可以如此。他们在共同耕种土地以后，便将其当作公有牧场来共同利用，这是把他们团结起来的习惯结合或谅解的自然结果。"①由此可见，虽然休耕期耕田的产权是共有产权，但是在实际使用上还是有一定限制的，只是在有限的范围内共同使用。

2. 骑士领有制

(1)骑士领有制的兴起

英国骑士领有制的兴起是由于战争的需要。封建君主或领主需要职业军人为其效劳，这些职业军人在当时就称为骑士。骑士以服军役为条件，换取领主手中一定数量的封地。封地上的收益除了满足其家庭所需外，主要用来满足骑士生活的需要和提供骑士作战的全部装备。这样，领主和骑士之间不仅形成了封君与封臣之间的关系，也形成了以土地为中心的紧密联系。土地是骑士领有制的物质基础，骑士领有的土地称为采邑或骑士封地。"承担为一个骑士的家庭提供养护费义务的一处采邑就被称为一个骑士的封地",② 也就是说，可供应一个骑士及其家庭生活和作战所需费用的土地面积被称为一个骑士领。标准的一个骑士领为 5 海德(约合 600 英亩)。一个领主的封土面积相当于多少个骑士领，就意味着该领主应为国王提供多少个骑士。如果完不成应交的骑士数，领主就要受到扣押土地的处分。如果骑士拒绝服军役，则将会被没收封土。骑士的封地可以由骑士长子继承，也可以转让。如果封臣死亡而没有继承人，则其土地收归上级封君。如果是女继承人，封土则随着她的出嫁而转移给她的丈夫。如果有几个女继承人，则其土地将被分割开继承，分散落入数家手中。这样一来，经过一段时期以后骑士的封地就被逐渐分割甚至没收。尤其是随着土地买卖的兴起，骑士的封

① [法]保尔·芒图. 十八世纪产业革命：英国近代大工业初期的概况. 杨人楩，陈希秦，吴绪，译. 北京：商务印书馆，1983：118.

② [美]哈罗德·J. 伯尔曼. 法律与革命：西方法律传统的形成. 贺卫方，等，译. 北京：中国大百科全书出版社，1993：369.

地由于层层分封、多次转卖等原因越来越分散，原来的一个骑士领的土地常被多人占有。

(2)骑士领有制中的封建关系

骑士领有制中，骑士与国王的封建关系主要包括以下三种：

一是骑士未成年继承人被监护成长与被监护婚姻。在骑士领有制中，国王对骑士未成年的继承人具有监护权。王室成立了监护法庭。当骑士死时，如果其继承人男的未满 21 岁；女的未满 14 岁时，国王则对他们具有监护权。实行监护时，国王负责管理骑士的土地，并获得土地的全部收入。同时，国王必须养育被监护人，并把被监护人教育成为合格的骑士。当被监护人长大成人后，被监护人的婚姻还必须取得国王的同意，由国王决定其配偶。同时，成年后的被监护人必须交纳一笔继承金后，方能领回原来骑士的封地。

二是骑士对国王要行效忠宣誓礼。在骑士领有制中，骑士在领有土地时必须向国王行效忠宣誓礼以表示忠诚。

三是国王有权扣押骑士动产与收回土地。在骑士领有制中，国王具有扣押动产权。如某一骑士不履行义务，国王可以对他的动产进行扣押，一般常扣押牲畜。对扣押之物，国王不能变卖，只是保管，等到该骑士履行义务后再归还。同时，国王还具有收回土地权。一般有两种情况，一种是当骑士死后无人继承土地时，国王可以收回骑士的土地。另一种是当骑士背叛了国王，犯了杀人、抢劫等弥天大罪时，国王随时都可以收回土地。

(3)骑士领有制中的封建义务

骑士领有制中，骑士对国王的封建义务主要包括以下三种：

一是缴纳继承金。缴纳继承金源于骑士死后应把原来国王发给他使用的马匹、盔甲、武器等交还给国王，后来发展为缴纳继承金的制度。即，当骑士死后，国王可以将这份骑士领地暂时收回，调查他生前是否有损害国王的各项权益。如果没有的话，继承人才能向国王行效忠宣誓礼，缴纳继承金并领回封地。

二是服军役。服军役是骑士领有制中最主要的一项封建义务。服军役是指所有的总佃户每年要向国王提供骑士，由于总佃户之间拥有土地量的差别很大，所以提供骑士的数量也不同。基本上是按照各自受封土地的大小和质量来确定应提供的骑士数额。一般来说，一个领主的土地相当于多少骑士领的面积，就应为国王提供多少骑士。根据惯例，服军役每年只有40天。主要用于守卫城堡和军训。如果是在战争时期则应服役2个月，远征时役期或许更长，不过超过40天以外的费用则由王室提供。由于骑士每年服军役的时间太短，不适应当时长期战争的需要，于是后来就出现了以交“盾牌钱”来代替服军役的现象。

三是交纳协助金。协助金是骑士在特殊情况下所要履行的封建义务。当国王有特殊需要时，骑士有义务为国王提供财政援助。1215年制定的《大宪章》规定以下三种情况需要交纳协助金：一是领主的长子晋封为骑士时；二是领主的长女出嫁时；三是国王本人被俘需要赎身时。1272年，曾规定每骑士领应交纳20先令协助金。但是后来即使没有发生以上三种情况，国王要求骑士交纳协助金的事也时有发生。①

3. 公簿持有制

公簿持有制是在农奴制的解体过程中兴起的一种土地制度。农奴制是一个世袭制度，在英格兰的史书上农奴被称作维兰。农奴没有人身自由，“农奴领有土地的条件就是为领主自营地的生产与生活提供必需的劳动。劳役的履行由采邑法庭强制执行：不履行劳役的人会被传唤到法庭接受讯问，然后扣押其动产强制履行义务。最后，他所保有的地产可能会被扣押，在早期甚至会被没收”。② 很多农奴不堪忍受领主的残酷压迫，大多采取逃跑的方式进行反抗。为了阻止农奴逃跑，当时的法律做出了禁止农奴逃亡的规定。到了14世纪，英国的农奴制逐渐瓦解了，一种新兴的土地制度——公簿持有制诞生了。

15世纪时，英国盛行公簿持有制。公簿持有制的推行使维兰从领主那里获得了份地的租佃权，从而转变成为公簿持有农。公簿

---

① 马克垚. 英国封建社会研究. 北京：北京大学出版社，2005：121.

② ［英］密尔松. 普通法的历史基础. 李显东，等，译. 北京：中国大百科全书出版社，1999：104.

持有农所租佃的土地被称为公簿持有地，所以公簿持有制是在维兰对土地占有权的基础上发展起来的。根据各庄园土地拥有量的不同，维兰保有地的数量也有所不同，但基本上是均衡的。13 世纪时，每个维兰的土地保有量约为半个到一个维格特(1 维格特约为 30 英亩)。① 维兰的这个土地保有量就是最初分配公簿持有地时的依据，并由契约确定下来。“在当时，农民在法庭上取得一件文书，即意味着封建主与农民之间订立了契约，农民本身是自由的，其领有的土地当然也是自由的。”②公簿持有农的租佃权是通过庄园法庭所确认的，并由文书记录在正副两本公簿上，正本留在庄园法庭存档备案，副本则交给租佃者本人保存。所以，公簿持有地的全称就是“凭法庭案卷副本而持有的保有地”。③ 公簿上主要记载了公簿持有农租佃领主土地的权利、年限以及在继承份地、改变或延长租期时的规定。从本质上说，公簿就是租佃的契约，公簿持有地的权利受到庄园法庭和皇室法庭的保护。公簿副本作为公簿持有农拥有份地的契约凭证，明确了公簿持有农对所租土地拥有的使用权与收益权。其继承和转让只需向土地所有者缴纳一定金额的补偿金，就可以得到相对自由的转让权。从 15 世纪到 16 世纪，公簿持有制在惯例的保护下，逐步得到了发展。一方面，对许多公簿持有农而言，这一时期是他们发展的“黄金时代”。很多公簿持有地的租期很长，甚至不少公簿持有地是可以代代继承的，同时公簿持有农享有庄园惯例的有效保护，只要按照惯例交纳数额长期不变的低地租，他们所拥有的土地权利就是安全的，因此公簿持有制的占有权与收益权能够保持长期的稳固，这就为公簿持有农自身的发展提供了契机。可继承的或终身的公簿持有农在很大程度上就是自由的农民，他们旧日卑贱的维兰身份已荡然无存。在土地价格上涨的时

① 侯建新. 社会转型时期的西欧与中国. 济南：济南出版社，2001：74.

② Harvey, P. D. A. The peasant land market in medieval England. Oxford: Oxford University Press, 1984: 47.

③ Simpson, A. W. B. A history of the land law. Oxford: Oxford University Press, 1986: 161.

候，一些较富裕的公簿持有农便投资土地，扩大他们的耕地面积并进行农业技术创新，不少公簿持有农因此而获得越来越多的收益，甚至有的公簿持有农还将土地再行出租，随着土地价格的大幅度上涨，他们就可以得到更多的收益。另一方面，对土地所有者而言，当土地价格不断上涨时，因为一些公簿持有农具有稳固的土地占有权与收益权，虽然土地价格在不断上涨，但是公簿持有制固定的低地租，反而使土地所有者的利益遭受了损失。土地所有者为了获取由土地完全私有产权所带来的应得的潜在利益，必然会要求废除公簿持有制，收回长期被占有和使用的土地，以获得更多的土地收益。

4. 土地保有权及各种身份的土地持有者①

在英国封建领主制下，土地有不同的法权规定性，土地持有者则有不同的身份规定性。在英格兰最初的封建制度中，存在着对自由租地拥有自由保有权的自由佃农。地位较此为低的是拥有维兰保有权的维兰。中世纪后期绝大多数地产上的劳役消失，导致了两种主要租地范畴的出现：一是有不同期限的租佃权；二是习惯保有权。到15世纪末，不自由保有权被称为公簿持有保有权。到中世纪末，英格兰人还承认有另一种新的保有权，即租地保有权，农民根据一定的条件租借占有土地。这样，英格兰乡村便有了几种保有权：自由持有保有权、公簿持有保有权和租借持有保有权。自由持有农由国家的普通法管理，公簿持有农则由庄园法庭的习惯法管理。此外，自治城市中还有自治市民土地保有权。

(1)自由持有保有权和自由持有农

自由持有保有权的取得方式有两种：一是通过履行骑士义务取得军事保有权，二是通过无兵役租佃制取得保有权。自由持有保有权就其基本权利又可分为三类：第一类，一个人持有无条件继承的不动产；第二类，持有限定继承人的土地保有权；第三类，拥有终身保有权或其他限定时限的保有权。

无条件继承的不动产权是最常见的地产自由保有权，也是英格

① 参见沈汉．英国土地制度史．上海：学林出版社，2005：15-32.

兰法律所规定的最高级的土地保有权形式。拥有这种土地保有权的人，可以完全不受限制地处置他的地产，无条件继承的不动产权不得被随意剥夺。有相当一部分土地的授予带有限定继承人的土地保有权条件。也就是说，持有这种土地的时间以持有者本人及其继承人在世为限。若持有者死后没有直系继承人，地产要归还授予地产者或授予者的继承人。拥有终身保有权的自由持有地不能继承，对土地的租期限于佃户的有生之年，或指定的另外一人或多人的有生之年。当一块地产作为终身租借地被授予时，被授予者可以说是从授予者那里持有他的地产，而授予者能够在他认为适当的情况下，保留要求地租和服役等权利。自由持有农由国家的普通法来管理。到 15 世纪末，所有自由佃农关于土地的争执由高等民事法庭和大法官法庭审理。

另外，有一种习惯自由持有地。这种地产是庄园地产的一部分，它们早年是由庄园领主按照庄园习惯授予自由持有保有权的。但习惯自由持有地不是根据庄园领主的意愿而持有的，这些佃户的义务是固定和规定了的。他们的权利通常记载在庄园法庭案卷上，他们自己持有副本。他们每年向领主缴纳直接税，他们还要缴纳租地继承税和承担其他义务。习惯自由持有农尽管属于自由持有农，但他们与公簿持有农相似。与公簿持有权一样，他们的保有权也随附一些权利，但他们的土地未经领主同意不得租佃出去。习惯自由持有农与普通的自由持有农有很大的差别：第一，习惯自由持有农从庄园领有土地，而普通自由持有农从国王或中层封建主那里领有土地；第二，习惯自由持有农由庄园习惯法管理，而普通自由持有农由普通法管理；第三，习惯自由持有农的土地财产权通常由庄园案卷记载下来，而普通自由持有农的权利由地契来证明；第四，习惯自由持有农的土地让渡用交出或许可进入及其他方法进行，而自由持有农的土地转让通过转让证书进行；第五，习惯自由持有农向领主缴纳地租和服役，而普通自由持有农原则上不服劳役，但要向国王表示忠诚；第六，习惯自由持有农死后无继承人时，土地交还领主，而普通自由持有农则把土地交还给国王或中层封建主；第七，在没有专门的习惯法批准的情况下，习惯自由持有农不得出租土地1年以上，而普通自由持有农出租土地的权利不受限制；第八，习惯自由持有农土地上的矿产属于庄园领主，而普通自由持有农地产上的矿产属于佃户本人。

(2)公簿持有保有权和公簿持有农

公簿持有保有权是在庄园领主控制下，根据庄园法庭案卷规定的庄园习惯，并按照庄园领主意志实行的一种基本的土地保有权，它是从维兰保有权和习惯保有权演变而来的。公簿持有保有权可分三类：第一类是可继承的公簿持有权；第二类是终身公簿持有权；第三类是为期数年的公簿持有权。公簿持有保有权与自由持有保有权的主要区别在于，公簿持有保有权的转让必须在领主的习惯法庭上进行，因此，这些地产的特别权利，记录在庄园法庭的簿册上。每块公簿持有地都必须是属于古代庄园的土地，根据有记忆以来的习惯法，它可以转让。领主可以在任何时候把他掌握的土地作为公簿持有地授予佃户。复杂的庄园习惯限制了公簿持有保有权，使公簿持有地不能成为拥有全权的完整的财产形式。在许多情况下，庄园习惯不利于佃户的利益。领主通过对佃户租地的改变获得相当多的利益，而佃户并没有像自由持有农那样从中获得全部利益。佃户可以把他持有的地产交还给领主，领主也可以把无继承人的公簿持有地收回。公簿持有权落入地主之手后，他可以把公簿持有权重新授予别的佃户。

公簿持有农在持有地产的同时，享有一定的权利并承担一定的义务。这些都由庄园习惯法规定。

公簿持有农承担的义务主要是指公簿持有农为了取得附带的特权，在不同场合要向庄园领主缴纳不同的租费，这些租费主要包括：入地费或入庄费，即获得许可最初持有租地时须缴纳的一笔款项；对于为期数代人的公簿持有地来说，公簿持有农死后，其继承人在继承土地时要缴纳更新租契的地租；公簿持有农每年要向庄园领主缴纳地租，包括免役租和直接地租。此外，公簿持有农还要履行下述义务：在佃户初次租赁土地或更换领主时，公簿持有农要向领主表示忠诚，包括对领主宣誓效忠并遵守庄园习惯法；公簿持有农有义务参加庄园法庭的诉讼案审理，如果需要，他们可以参加陪审团；公簿持有农根据习惯法有义务维护他的占有地，不让土地荒芜，这是公簿持有农租佃土地的先决条件；公簿持有地的租户有责任维持租地的边界，不得移动界标，也不得圈入更多的土地。如果佃户未能履行这一职责，其租地将被领主没收。

公簿持有农享有的权利主要包括：第一，公簿持有农有占有并安全地使用公簿持有地的权利，可根据习惯对领主或其他入侵其公簿持有地，阻碍其安全地使用土地的人提出侵害诉讼。只要公簿持有农遵守庄园习惯法，他就会得到法律充分的保护。但是，如果他违背了习惯法，领主就有权没收其持有地。第二，一般庄园的习惯法认为树木和矿产都属于领主，佃户未经领主同意不得砍伐树木。但一般情况下，给予佃户砍伐一些木材修理房屋和作燃料用，取沙石作修缮用以及取泥炭作燃料用的权利。上述物品在法律上称为“必须供给品”。有些庄园甚至给予佃户较大的权利，即佃户有砍伐木材和开采矿藏的全权。第三，公簿持有农和其他习惯佃农对庄园荒地的权利有多种，这些权利附着于根据庄园习惯法授予的租佃权。比如，他们可以从领主的庄园荒地上取得某些权利，包括荒地的共有权、泥炭采掘权、取得必须供给品的权利、捕鱼权、狩猎权、挖掘权等。公簿持有农的这些权利是附着于他的保有地的，如果他失去其租地，便立即失去这些权利。

(3)租借地保有权和租地农

租借地保有权是在有限的租借期内，由直接地主依法享有的土地利益。租借地保有权依据的是出租人和承租人之间的契约，契约的期限制约着这种租佃关系。

租借地保有权和自由持有保有权有以下差别：租借地保有权属于法人财产权或准不动产权，而自由持有保有权属于不动产权。租借地的所有者并未拥有过土地的充分所有权，也没有依法占有土地，只不过对土地有契约规定的权利。而自由持有农通常拥有对土地的充分所有权，并且总是依法占有土地。租借地保有权由位于国王和佃户之间的一个或多个大土地所有者拥有；而自由持有保有权则直接由国王拥有。租借地保有权由土地法和确定的租借条件管理，而自由持有保有权则只由土地法管理。租借地保有权对判决确定的债务应负法律义务；自由持有保有权则根据威斯敏斯特第二条例，对法庭判决的义务负责并且根据以后在1838年通过的判决法令，对衡平法院的判决承担义务。租借农死后，租借地保有权转到法定继承人手中。违反永久租地权的法规不适用于租借保有权。租借地保有权可没收，自由持有保有权不能没收。租借地保有权需承担义务和缴纳地租；自由持有农只向国王效忠。租借地持有农应对土地荒芜负责，并履行所有协议，他做他愿意做之事的权利受土地出租人的限制；自由持有农则能做他愿做之事，他的权利不受限制。

租借地保有权有不同的租借条件。有的土地租借期确定为数年，有的确定为按照领主意愿租借土地。按照领主意愿确定的租借权没有明确的期限，根据双方的意愿可以终止这种租借权。租地保有权在理论上与习惯法没有关系，因为这种保有权是双方自由谈判缔结契约的结果，它以契约的形式记载下来，双方各持有一份契约文本，租借权可持续数代人，由1个至3个指定姓名的人租借耕种土地。在16世纪，租地持有农在土地承租期间得到法律的保护，有的地方租期长达92年。但当庄园土地只是由没有凭据地按照领主意愿租种土地的佃户持有时，或自营地短期出租给某些佃户时，领主可以收回租地。因此，到16世纪，一些租地持有农和按照领主意愿租种土地的佃户成为被驱逐的阶级。

三、英国城市化进程中农地制度变迁的典型形态——圈地运动

(一)早期圈地运动：对敞田制和公地制度的首次挑战

圈地运动是英国经济社会发展史上一直备受关注的事件，它导致了英国农业革命，推动了英国的工业革命和城市化，为英国农业现代化和工业化、城市化作出了重要贡献。

英国的圈地运动前前后后经历了几个世纪。早期圈地运动是整个圈地运动重要的起始阶段，但尚不是决定性的阶段。与18世纪

发生的议会圈地相比，英国早期圈地运动在国内的研究中并未得到太多的关注。一部分原因是由于18世纪的圈地运动与工业化背景的结合，造成的冲击力、影响力更为显著，另一部分原因是由于早期圈地运动的开展并未得到政府的支持，所以高潮持续的时间、运动波及的范围都相对较小，并且到16世纪末期的时候圈地运动的扩展也逐渐缓慢下来。其实，早期圈地运动是封建土地制度解体后土地制度变迁的一个必然结果，是16世纪英格兰社会变化的一个缩影。这场运动的核心就是对私有完整产权的争取(尽管争取的方式是有暴力和牺牲品的)，它与土地制度的变迁直接相关，① 甚至有学者说它已经是“一场土地所有权和生产方式的革命”。② 所以，我们在讨论英国土地制度变迁时，不能够忽视早期圈地运动这一重要史实，应该对其进行客观的研究。这有助于我们从整体上把握英国土地制度变迁的历史脉络，并展示其对英国城市化进程的客观影响。

1.“圈地”的含义及早期圈地的规模

“圈地”是与特定土地制度相关的名词。我们在介绍英国城市化起步前的农地制度形态时，已经介绍过英国长期存在的敞田制及公地制度(敞田制中的共有产权)。而“圈地”的出现就是对敞田制和公地制度的变革，它是指在土地四周用连续的篱笆、栅栏、墙或沟渠把那些敞田和公地圈围起来，用重新分配的办法把分散的地块集中起来，形成彼此完全分开的独立的地产。所以，从历史上看，圈地至少包含三种不同的活动。第一，圈围广大的敞田；第二，圈围正规的公地；第三，逐渐侵占森林地、沼泽地和其他荒地。③ 在土地制度意义上，它既包括将原本集体耕作的敞田(open-field)圈围起来重新分配后用以单独耕作，也包括将庄园内本来公共享用的

① 付夏婕. 论英国土地法律制度变迁与经济转型. 北京：中共中央党校博士学位论文，2011.

② 侯建新. 转型时代的西欧与中国. 北京：高等教育出版社，2005：281.

③ Clapham. A concise economic history of Britain：From the earliest times to 1750. Cambridge：Cambridge University Press，1957：271.

公地(common-field)收回，限制共用，建立私人产权。所以，“圈地”运动整体来看有两层含义：第一，它是对农业耕作方式的变革，取消集体协作、敞田共耕，而由私人业主自主决定耕作方式和方法；第二，它是对土地产权的变革，圈围敞地后将土地产权重新分配，圈围公地后取消公地上的公有产权，建立私有产权。学者斯拉特在其研究中指出：“(圈地上的)‘篱笆’是作为获得土地的独立所有或占有的标志。通过圈围过去可以集体使用的土地，这块土地上存在的某种程度的共同体所有权也随之消失。取而代之的是个人所有和独自占有。”①《不列颠百科全书》第六卷在解释圈地运动时写道：圈地“是指西欧的公共田地、草场、牧场及其他可耕土地划分或合并成为详细标界、个人所有和个人经营管理的现代农场耕地的过程。在圈地之前，许多农用土地是为数众多的分散条块形式，它们仅在一年的作物生长和收获季节受个人耕作者控制。此后直至下一个生长季节之前，土地由社区处置，可用作村里放牧及其他。圈地就是在一块露天土地的周围竖起篱笆，防止公众放牧或其他侵权事件的发生。通过圈地运动农场庄园可用于常年牧场的范围扩大，同时也提高了农业的效率。通过圈地运动，欧洲公有的可耕土地——它是现代农业最可怕的障碍——已大体消失”。② 可见，英国 16 世纪出现的圈地，是英国土地制度变迁中建立土地私有产权的一个关键环节。

早在 11 世纪圈地在英国就已发生，但被称为“圈地运动”的主要是指从 15 世纪末到 19 世纪中叶这一段时期。其中，从 15 世纪末至 18 世纪初为早期圈地运动，从 18 世纪到 19 世纪中叶为晚期圈地运动。早期的圈地运动不但范围有限，而且规模很小。对于早期圈地的规模和影响，学者们有不同的看法。美国学者盖伊根据 1517 年、1549 年、1607 年都铎王朝政府组织的几次圈地调查委员

① Gibert Slater. The English peasantry and the enclosure of common field. New York：Adamant Media，1970：2

② 中国大百科全书出版社《不列颠百科全书》国际中文版编辑部. 不列颠百科全书. 国际中文版. 北京：中国大百科全书出版社，2002：62.

会的调查资料统计，1455—1607年的150年间，所调查的24个郡中总共圈地516673英亩，占24个郡总面积的2.76%。盖伊所调查的24个郡中，中部14个郡圈地最普遍，占24个郡圈地总面积的75%左右。其中，莱斯特郡、北安普顿郡、拉特兰郡和沃里克郡分别有8.94%的面积被圈围，贝德福德郡、伯克郡、白金汉郡、牛津郡和米德尔塞克斯分别有8.45%的面积被圈围。剑桥郡和亨廷顿郡分别有5.25%的面积被圈围。其余的郡都没有超过2%。① 按照盖伊的统计，16世纪圈地规模其实很小，只占英国土地面积的很少一部分，并不能造成多么大的影响。但是，英国经济史学家托尼对盖伊的估算提出了不同意见，他认为盖伊对圈地数量的统计无法说明因圈地所带来的社会冲击，否则16世纪时也不会有政府出面频繁干预圈地，更无法解释当时社会上流民激增的现象。托尼认为这种方法之所以不准确是因为16世纪圈地活动的分布是不均衡的，有些圈地集中的地方反映出来的问题就比较严重。同时，统计圈地的比例应该是圈地面积和郡区内已开垦土地的总面积相比较，而不是跟所有土地面积比较。② 托尼的观点无疑更加有说服力。学者马丁接受了托尼的建议，将盖伊遗漏的有关1518—1577年的圈地数字补充在内，经重新计算后，1485—1607年英格兰中部10个郡的圈地总面积约为71.5万英亩。而10个郡区内已开垦土地的总面积约为333.4万英亩，这样统计出来的比例大约为21%，即这10个郡的圈地面积已经达到已开垦土地面积的1/5(见表2-1)③。可见，16世纪的圈地规模虽然不及18世纪议会圈地，但是改变约1/5的土地产权，对于英国土地制度和社会经济的震动也是不可小觑的。而且，16世纪的圈地运动，其核心意义并非在于其规模，因为当时的农业经济尚未转型，工业化的技术和制度条件也未成

① 陈曦文. 英国16世纪经济变革与政策研究. 北京：首都师范大学出版社，1995：55.

② Tawney. The agrarian problem in the sixteenth century. New York：Longmans Green & Co.，1967：255-260.

③ J. E. Martin. Feudalism to capitalism：peasant and landlord in English agrarian development. London：The Macmillan Press，1983：135.

熟，即使发生的圈地也并不完全能够实施资本主义生产方式予以经营，所以它的关键意义不在于当时立即造成了多少经济变革，而在于其为经济变革的发生准备了条件，圈地所确立的独立私有产权，为技术的革新、资本的投入、权能的完整都创造了条件，并且随着圈地带来的土地上生产率的提高，圈地所确立的这种独立产权愈发得到人们(尤其是约曼、乡绅农场主)的认可和追求，当条件成熟时，这样的圈地运动必然还会重演。18 世纪的事实也证明了这一点。我国学者沈汉曾总结道，16 世纪圈地运动虽然尚不是决定性的阶段，但它是整个圈地运动重要的起始阶段。①

表 2-1　**1485—1607 年英格兰中部的圈地规模**　单位：万英亩

郡名	总土地面积	可耕地面积	已圈地面积	圈地占总量的比率(%)
北安普顿	63.3	38.2	16.6	43.4
贝德福德	30.1	18.1	5.7	31.3
白金汉	47.7	28.6	6.8	23.8
沃里克	57.6	34.6	6	17.4
莱斯特	53	31.8	4	12.6
林肯	169.1	80	8.1	10.1
亨廷顿	23.3	14	6.1	43.9
牛津	47.8	28.7	9.5	33
伯克	45.9	27.5	5.1	18.6
诺丁汉	53.1	31.9	3.6	11.3
总计	591.2	333.4	71.5	21.4

资料来源：付夏婕. 论英国土地法律制度变迁与经济转型. 北京：中共中央党校博士学位论文，2011：113.

2. 圈地运动兴起的原因

圈地运动是 11 世纪以后英国历史上长期存在的一种现象，它

① 沈汉. 英国土地制度史. 上海：学林出版社，2005：117.

始终围绕着农村土地产权归属这一主题展开，引起了英国农地制度和社会结构的深刻变革，这一运动的兴起是多种经济因素共同作用的结果。具体兴起的原因可归结如下：

(1)毛纺业的迅猛发展，促使羊毛价格持续攀升，为圈地提供了巨大激励。圈地运动的本质就是通过冲破敞田制度，将土地集中起来，圈围成大规模的牧场，或者收回公地上共有的放牧权，而变为私人牧场。所以，畜牧业的发展是刺激圈地的一个主要原因。因为土地上利润持续上涨的除了谷物外，更加显著的是羊肉和羊毛。15世纪后，英国毛纺业迅猛发展，市场上的羊毛价格开始猛涨，使养羊变得有利可图。从16世纪20年代到17世纪20年代，一个世纪中英国羊毛的平均价格上涨了319%,① 生产谷物不如生产羊毛有利可图，但养羊需要大片的土地。于是，贵族们把原来租种他们土地的农民赶走，把可以养羊的土地圈占起来发展养羊业。

在16世纪英国国内经济发展中，由于国内贸易的兴盛，许多城镇得到发展。城镇人口的增加和消费水平的提高，使得城市对肉类和畜产品的需求不断上升，羊肉的价格处于上涨之中。更加重要的是，进入都铎王朝之后，在重商主义政策的刺激下，英国的对外贸易持续扩大，特别是毛织业。在1470—1510年，纺织品的出口翻了3倍，到16世纪初，羊毛及羊毛制品已占英格兰出口业的90%。② 如同克拉潘所说，在都铎王朝、斯图亚特王朝或汉诺威王朝初叶，一个关于经济问题的作者，或者一个考虑经济政策的政治家，在把注意力集中到经济问题上时，首先想到的就是羊毛和羊毛加工。③ 毛织业的快速发展使得16世纪生产羊的利润比任何农产品都要高，作为供应羊毛的牧业也不断扩大，而这是促使16世纪圈地运动发生的直接原因。首先，发展牧业需要大面积的集中土

① 王乃耀. 试论英国资本原始积累的主要方式——圈地运动. 北京师范学院学报：社会科学版，1992(4).

② 钱乘旦，许洁明. 英国通史. 上海：上海社会科学院出版社，2007：122.

③ Clapham. The agrarian problem in the sixteenth century. New York：Longmans Green & Co.，1967：329.

地，这就促使意图从事养羊业的人们积极推动敞田制的改革，以获得相对集中的大片土地，也促使领主将小农驱逐、收回公地，以将更多的土地权利出让给实力颇强的租地农场主，从而获得高额地租；其次，虽然16世纪的羊毛价格和谷物价格都在上涨，但是圈地运动还是主要集中在将土地圈围起来建造大型牧场而非农场的活动上，因为牧业与农耕业相比，可以大大减少劳动力成本，“一个牧人带着他的儿子，牵上一条狗，就可以照料整个羊群”。① 根据J. 瑟斯克的估计，当时种植业和畜牧业所需的劳动力比大约是5∶1。即单位土地上从事畜牧业的劳动力投入只有种植业的1/5。这说明：畜牧业能获得种植业所无法相比的规模效益和投入产出效益。此外，畜牧业特别是养羊业，不仅能以羊毛获利，还可通过羊肉、羊皮及其相关制品获得另一部分利润。羊肉对十五六世纪“肉食者的欧洲”的重要性不言而喻。总之，通过圈围土地形成规模性的牧场要比从事农耕业更能获得高额的利润回报。直至16世纪末期毛织业衰落之前，养羊业的利润都是圈地运动的“直接动因”。②

(2)人口增长造成持续的人地比例紧张关系和不断上升的土地价格，是圈地兴起的另一个重要因素。17世纪20年代以后，羊毛相对价格没能继续上升，因而将耕地转化为牧地的激励下降了。但进入17世纪后，人口持续增长成为英国一个重要的经济现象。17世纪英国人口增长了25%,③ 到了18世纪人口进一步暴涨。据费尔南·布罗代尔的估计，英国人口在1700年为583.5万，1730年略高于600万，1760年达666.5万，1790年为821.6万，到1820年为1200万，1850年接近1800万。④ 克拉潘的估计与布罗代尔稍

---

① Elton, G. R. England under the tudors. London: Methuen, 1974: 231.

② 付夏婕. 论英国土地法律制度变迁与经济转型. 北京：中共中央党校博士学位论文，2011.

③ North, D., R. P. Thomas. The rise of western world: a new economic history. Cambridge: Cambridge Press, 1973.

④ [法]费尔南·布罗代尔. 15至18世纪的物质文明、经济和资本主义：第3卷. 顾良，施康强，译. 北京：生活·读书·新知三联书店，1993: 653.

有不同，他认为1700年英国人口应在500万至550万之间，1750年约为650万，1821年为1200万。但总的情况是，从1750年至1820年英国人口增加了一倍。人口的增长必然会打破经济曾经已经达成的平衡状态，变成一个刺激制度变化的革命性因素。诺思、托马斯认为："在固定的区域里，不断增长的人口导致了报酬递减。当土地相对于劳动力重新变得稀缺，土地的使用权则重新变得重要而有价值时，土地的价格就会上涨。庄园内要求调整不同要素比例关系的压力不可避免地与现行的习俗发生冲突，发展起来的实际契约安排取决于改变习俗安排的成本。"①人口增长导致土地价格上升，使圈地成为有利可图的行动。在16世纪的圈地运动中，拥有土地所有权的领主们把农民从土地上赶走，将圈围的土地直接转手卖给农场主，就可以赚取高额的利润。曾经施舍给穷人填补生计的荒地等公用地的使用权也逐渐变得珍贵起来。尽管这种公地使用的习俗制度已经维持了那么久远的时间。

人口暴涨导致新增劳动的边际收益递减，土地价值相对于劳动工资上升了，农产品需求日益增加，农产品价格持续上涨。据统计，从18世纪中期至19世纪初，小麦价格平均上涨70%以上，大麦价格从1780—1794年至1795—1814年上涨了45%～48%，其他粮食价格也有类似变化。肉类的价格从1750年至1840年，平均上涨了约76%，奶制品的价格在1780年至1849年平均上涨达80%以上。② 农产品价格上涨提高了土地的相对价值，促使地主和农民把公地圈围起来，用于耕作种植，以获取更高的利润。

(3)敞田制较低的土地利用率是圈地运动兴起的另一个原因。在敞田制下，田地混杂不堪，星罗密布，每个耕作者必须按照共同的惯例就何时犁地、栽种和收获以及种植何种作物进行协作耕耘。

---

① [美]道格拉斯·诺思，罗伯特·托马斯. 庄园制度的兴起和衰落：一个理论模型//盛洪. 现代制度经济学. 北京：北京大学出版社，2003：313.

② 叶明勇. 英国议会圈地及其影响. 武汉大学学报：人文科学版，2001(2).

敞田制下的这种生产方式，经营粗放、效率低下，没有圈围的土地，大多数耕种得很坏。“耕地虽有休耕年，但被同类的庄稼无变化的轮种所耗竭了；几乎任其自流的牧场则长满了灌木和金雀花。”①在农业革命和农业商业化步伐加快的背景下，英国的土地所有者和农场主们日益注重农业经营科学化，他们已开始精确地计算农业生产中的投入与产出，以取得最大化利润，他们不能容忍粗放的、效率不高的、不能增加产量的农业生产方式。1744 年出版的一份匿名作者的小册子写道“在本王国的若干地区中，还有许多大块未耕种的土地，如果把它们加以分割并圈围起来，它们就会成为良好的耕地和牧场。”②1730 年以后，经农业理论家和实践者所倡导和实验的作物轮种、选育优良家畜品种、更好地排水和施肥以及更为集约地耕作等农业改良方法在英国广为传播，这一切大大刺激了地主和农民对农业投资的积极性，采用新的改良方法进行耕作成为当时的一种潮流。然而，这些新的方法必须在宽敞不受限制的土地上才能进行。人们越来越意识到这种个人分散占有土地的散在式农业已经成为提高作物产量和改进家畜喂养方式的绊脚石。由此可见，敞田制下的散在式农业由于阻碍了农业技术改良，使农业增产面临极大困难，在人口增长和物价上涨所反映的与日俱增的农产品需求压力下，散在式农业逐渐向圈地式农业转化，圈地运动蓬勃开展起来。③

(4)英国农村在漫长的发展过程中所形成的企业家精神是从供给方面推动圈地这一重大制度变迁的重要源泉。“英国农村很早就与岛国的民族市场结为一体了，英国农村被纳入市场网络之中，直到 19 世纪初为止，它成功地养活城市与工业居民点；英国农村形成国内市场的主体，而国内市场使正在起步的英国工业首先与天然

---

① ［法］保尔·芒图. 十八世纪产业革命：英国近代大工业初期的概况. 杨人楩，陈希秦，吴绪，译. 北京：商务印书馆，2009：143.

② 转引自沈汉. 英国土地制度史. 上海：学林出版社，2005：248.

③ 黄少安，谢冬水. “圈地运动”的历史进步性及其经济学解释. 当代财经，2010(12).

的销售场所结合。”①市场经济和商业精神支配着整个英国农村社会，农业同工商业有着相互渗透、密切往来的亲缘关系。结果是，英国农业表现出旺盛的企业家精神，具有强大的利润追求和创新动力。农村中的大地主和农场主是圈地运动的主角，他们是对农村中根植于土地制度框架内的激励作出反应的企业家。速水佑次郎和弗农·拉坦的诱致性制度变迁理论认为，制度变革除了需求方面之外，还有供给方面，文化禀赋对制度创新的供给具有很强的影响，它能降低制度变革的成本。② 速水佑次郎和拉坦的制度变迁供给模型比较适用于对圈地运动的分析。英国农村中的大地主和农场主都是以真正的企业家身份而出现的，大地主主要经营非农产业，他们往往把土地租给农场主经营，自己兼任工厂主或矿产主；农场主则把农业视为企业，他们精确地计算其成本和利润，并按照市场需求和资本主义方式经营农业，把农场变成生产农产品的工厂。农业中的企业家精神减少了动员圈地的阻滞成本，促使土地制度的供给曲线从散在式农业向右移至圈地式农业，小农家庭式农场逐渐被以雇佣劳动为基础的大规模经营式农场所取代。③

3. 圈地的方式

关于英国早期圈地运动的方式，人们首先想到的是描写16世纪英国圈地运动的一部最具影响力的著作，即托马斯·莫尔于1516年秋季出版的《乌托邦》。在这部著作中，莫尔出于一个人文主义者对社会和人类的关怀以及对未来乌托邦社会的美好设想，对当时进行的圈地运动给予了严厉的抨击和深刻的描述。他写道，那些圈地的地主、绅士，“他们过着闲适奢侈的生活，对国家丝毫无补，觉得不够，还横下一条心要对它造成严重的危害。他们使所有

---

① ［法］费尔南·布罗代尔. 15至18世纪的物质文明、经济和资本主义：第3卷. 顾良，施康强，译. 北京：生活·读书·新知三联书店，2002：652-653.

② ［日］速水佑次郎，［美］弗农·拉坦. 农业发展的国际分析. 郭熙保，等，译. 中译本. 北京：中国社会科学出版社，2000：129-132.

③ 黄少安，谢冬水. “圈地运动”的历史进步性及其经济学解释. 当代财经，2010(12).

的地耕种不成，把每寸土地都圈起来做牧场，房屋和城镇给毁掉了，只留下教堂当作牛栏。并且好像他们浪费于鸟兽园囿上的英国土地还不够多，这帮家伙还把用于居住和耕种的每块土地都弄成一片荒芜”。莫尔用“羊吃人”来概述圈地运动的后果。他写道，“你们的羊，一向是那么驯服，那么容易喂饱，据说现在变得很贪婪，很凶蛮，以至于吃人，并把你们的田地、家园和城市蹂躏成废墟”。① 莫尔对圈地运动的描述，给人的印象是16世纪英国的圈地充斥着“暴力”手段。其实，我们不能否认在英国早期圈地运动中的确存在着暴力和压迫方式，也不能否认圈地所造成的农民流离失所的状况。但是长期存在的习惯法对于小农土地权利和传统对敞田制和公地制度的保护，让我们尚不能将16世纪圈地想象成为一个领主与农场主联合起来为所欲为的过程，圈地并非无争议地开展，传统的制度和权利也不会轻易地被打破和剥夺。并且还有一个重要因素是，16世纪的圈地运动并未得到国家的支持，反而是在国家的禁令下走向衰弱。所以，16世纪的圈地运动中虽然存在对小农权利的强力剥夺，但是也有很多是通过自愿协议的方式完成的，尽管这种协议有可能并不那么公平。已有的研究结果表明，英格兰不同地区开展圈地的方式并不相同，但据相关史料记载，在16世纪的圈地中，采用协商的方式圈地并不是一种局部的现象，这种情况是到处可以见到的。②

协议圈地之所以能和平地进行并在一些地区流行起来，是因为人们认为圈地可以提高土地利用率。比如1589年在约克郡对布雷德福荒原进行圈地时，所有的佃户聚集在荒原上，大家就如何分配公地，以及如何补偿共有权利等具体问题进行协商，由于大家意见比较统一，不需要经过法庭私下就达成了圈地协议。在兰开郡，通过协议交换条地通常是圈围公地的序幕，公共牧场在一致认可的条

① [英]托马斯·莫尔. 乌托邦. 戴镏龄，译. 北京：商务印书馆，1982：21.

② Clapham, A concise economic history of Britain: From the earliest times to 1750. Cambridge: Cambridge University Press, 1957: 287.

件下在个人之间划分，丧失公地权利的人可以得到相应的补偿。划分公地的另一个典型案例就是 1608 年利瑟姆庄园 32 户佃户与庄园领主私下达成协议，领主同意让其佃户拥有与现有持有地同等面积的公用荒地，另外再加 100 英亩土地，使佃户接受圈地。还有些地方的圈地是由一些人提起动议，如在兰开郡的罗森代尔对小块的可耕条地的圈围，就由佃户提议，领主同意，大多数只是引起很小异议或没有异议。① 在另一种情况下，虽然农户们对放弃公地和置换敞田表示拒绝，但是，渴求取得土地的领主或者乡绅愿意花钱以买得佃户的同意，他们之间也会达成圈地的协议，例如 1582 年莱斯特提丁沃斯的领主威廉·布罗卡斯就通过授予"各种赏金和按照价格收回土地"以取得佃户的合作，圈地得以在一种平静的气氛中进行。② 虽然有很多圈地协议并未能保存下来，但是学者们的研究表明，16 世纪的圈地运动还是较为广泛地使用了协议圈地的方式。

协议方式的运用，在废除敞田制、置换条地形成个人独立耕种的土地方面一般比较顺利。因为英国的农业经济发展到 16 世纪时，传统的敞田制越来越不能适应农业商品经济的发展，农村经济越发展，私人独立产权的要求就越强烈。经济的发展使得农民们有实力自己完成农耕而不必再依靠集体耕作的力量，而且在独立的产权下，农民们改革生产技术不会受到阻碍，也更容易采用新的耕作方法。所以，在圈地运动中，越是有实力的农民，越愿意支持圈地，越是贫困的小农，就越容易抵制圈地。总体来说，16 世纪圈地中，协议圈地方式确实大量存在。但是，这些协议并没有有效维护各方的权利，尤其是在圈占公地方面。因为圈占公地的协议多是以各种威逼和欺诈的方式达成的，或者只可能为穷人们配备了极为可怜的补偿权利，从长远看来，他们丧失了公地的使用权是非常得不偿失的。所以，我们不能否认在 16 世纪圈地运动中仍然会充斥着暴力

① Joan Thrisk. The farm region of England//The agrarian history of England and Wales: Vol. Ⅳ, 1500—1640. Cambridge: Cambridge University Press, 1967: 83.

② Joan Thrisk. Tudor enclosure. London: Historical Associations, 1958: 6.

式的驱逐，这往往体现在领主为了将已经分配出去的土地权利收回，将分散的耕地变为集中的牧场而大量驱逐土地上的佃农的情形。有势力的人总会想到消除反对的办法："想要反对的人会受到长期的、无把握的、花钱的诉讼的威胁；在另一些情况下，他们则成为大地主的迫害对象，大地主们会在自己的地产周围挖掘一些壕沟，这样就迫使他们要绕很长的路才能走到自己的土地上，不然，地主们就纯粹恶意地把兔和鹅放养在相邻的地段上来损害他们的庄稼。"①事实证明，这种情况下小农们往往不得不被动接受圈地。1549 年，拉提摩尔主教在宫廷向爱德华六世抱怨说，先前有居民住的地方，现在只有牧羊人和他的狗。他责备那些贵族、圈占土地者、兼并土地者和提高地租者，他们使英国自耕农的地位下降为像"奴隶"一般。伯纳德·吉尔平责备乡绅们"把那些看来并没有罪过的穷人赶出他们的住处，并说土地本就属于他们自己，然后把他们像坏人一样逐出他们的故乡。成千上万的先前拥有很好的房屋的人现在在英国逐户乞讨。从来没有如此多的毫无仁慈之心者"。② 这种暴力式的圈地一般发生在佃户不愿意置换其敞田中的土地或者不接受金钱补偿而让出土地的情况下，因为农民比谁都更清楚自己拥有的土地权利比那些金钱补偿更有价值，那是他们维生的根基。但是领主和急于租赁土地的农场主联合起来，往往可以使驱逐小农的意图得逞。领主可以通过提高更新租约的费用来迫使小农无力延期租种土地，而被迫让出土地。克里斯托弗·戴尔对伍斯特主教地产档案的研究发现，在 1440—1480 年，土地所有者强行驱赶佃户的案例有 20 个。这些佃户绝大多数是因为忽视修缮房屋而丧失了他们的租地，还有一些佃户是因为"不服从管理"而被逐出土地。③同时，也有的圈地者独自圈占了公地，却不补偿其他人因失去土地

① [法]保尔·芒图. 十八世纪产业革命：英国近代大工业初期的概况. 杨人楩，陈希秦，吴绪，译. 北京：商务印书馆 1983：130.

② E. Nasee. On the agricultural community of the middle ages and enclosure of the sixteenth century in England. Whitefish：Kessinger Publishing，2010：77.

③ E. B. Fryde. Peasants and landlords in later medieval England. New York：St. Martin's Press，1996：234.

共有权利而带来的损失。历史资料里记载着一些典型的例子，比如贝雷里奇斯庄园的许多公地被一名叫约翰·特伯维尔的乡绅在领主的默许下圈占，但他并没有打算对拥有庄园另一半土地的佃户们做任何补偿。① 瑟斯克认为，在人口稠密的米德兰地区圈地多采用了暴力的形式。因为这里耕地严重不足，为了增加自己拥有的土地，一些人拼命地开垦荒地和圈占公地，从而不可避免地损害他人的利益，因此必然会遭到小农们的反抗。所以，16 世纪圈地虽然总体上是在法律的框架内进行的，协议的方式也被广泛运用，但是这并不意味着小农的权利得到了公平的补偿，它本质上仍然是一种对小农土地利益的剥夺。②

(二)晚期圈地运动：土地完全私有产权的确立

1. 晚期圈地运动发生的背景

早期圈地运动在 17 世纪中叶终于放慢了脚步，主要原因是发动这场制度变迁的成本逐渐高出其预期收益，但这种预期成本与预期收益之比处于不断变化之中，所以，这场圈地运动随时都会因为客观条件的变化而再度兴起。圈地之所以在 17 世纪中后期放慢脚步，主要是因为：第一，在 16 世纪和 17 世纪进行圈地时，它遭到国家的反对，使得大多数的圈地必须采取协议的方式进行，要达成这种协议，不但要面临着取得一致的成本和抑制反抗的成本，还要面临因被国王政府查处而功亏一篑的风险。第二，圈地的预期收益随着畜牧业和毛织业在 17 世纪的紧缩而持续走低，这成为圈地运动放缓的一个直接原因。1640 年以前英国的出口几乎只有一件商品，那就是毛呢，但 17 世纪末毛呢出口已经不足总出口量的一半了。而羊毛的另一加工行业——呢绒业的出口也在 17 世纪遭遇危机，由于詹姆士一世错误地出台了限制出口的措施，规定只能出口

① Eric Kerridge. Agrarian problems in the sixteenth century and after. London: George Allen and Unwin, Ltd., 1990: 95-96.

② 付夏婕. 论英国土地法律制度变迁与经济转型. 北京：中共中央党校博士学位论文，2011.

精加工呢绒而禁止出口初加工呢绒，荷兰人立即以不购买英格兰精制呢绒相抵制，造成呢绒业海外贸易的大紧缩，这场变化使得呢绒出口在3年内下降1/3。① 曾经被称作“民族财富的主要源泉”的毛织业和呢绒业在市场上出现饱和，不再急剧扩张，畜牧业的羊毛供应也就随之暂缓。第三，国内发生的政治动荡，内战中对王党派的土地的大规模没收、出售，以及政治更迭对国内经济秩序和海外贸易实力的影响，也使得土地的产权变动暂时搁置下来。但是，17世纪中后期暂缓停下脚步的圈地运动，没有经过太长的时间就又重新出现在人们面前。土地阶级入主国家政权，出口贸易的恢复，谷物市场的繁荣，再加上随着前期圈地所带来的农业进步的观念日益得到印证，使得英国社会中最富裕和最有知识的人都希望更有效地开发和利用土地。旧土地制度再次受到了威胁。圈地运动开始书写18世纪整个英国农村的历史。

晚期圈地运动的发生有几个明显的历史背景：首先，议会主权的确立带来了国家对圈地运动的支持。1688年光荣革命之后，国家政权从国王政府手中转移到议会政府手中，从17世纪英国革命到19世纪中叶的宪章运动期间，议会几乎全部是由与土地利益最密切的人组成，地方政权也由积极主张规模经营和技术改进的地方士绅所掌握。汤普逊认为这一时期的英国“不仅是一个贵族的国家，而且还是一个土地贵族的国家”。② 不能忍受敞田制度和觊觎公地权利的人成为国家决策的制定者，这就决定了他们一直没有放弃的“圈地”将很快获得新生，而且这次圈地运动将会得到政府和立法的全力支持。其次，农业技术的革新在旧制度中确实受到了阻碍。由于16—17世纪圈地的规模有限，到18世纪初，敞田制仍然盛行于英国大多数的郡中，在贝德福德郡，8.4万英亩土地中有2.4万英亩是敞田，在伯克郡，43.8万英亩土地中有22万英亩是

① 钱乘旦，许洁明. 英国通史. 上海：上海社会科学院出版社，2007：188.

② Thompson, F. M. L. English landed society in the nineteenth century. London: Routlegde, 1963: 125.

敞田，在剑桥郡，14.7 万英亩土地中有 13.2 万英亩是敞田。① 而同时期却产生了改革农业技术的新观念，1731 年杰思罗·塔尔的著作的出版就显示了努力改革技术的愿望，他在其著作中提倡集约耕作的观念，对地产的管理和耕种不好，因而成为疏忽和守旧的牺牲品。他的理论恰好赶上时候，整整一代的贵族都接受了他的理论并将其应用在自己的地产上。1730 年，汤森勋爵遵从耕作技术革新和集约耕作使得其地产的价值在 30 年内上涨了 10 倍，追随其后的贵族对农业改革的观念形成一种普遍的风气。正如芒图说的那样，“每个绅士都自吹亲自指导其土地的开发，前一代贵族只对狩猎感兴趣，仅仅谈论马和犬，这一代则谈论肥料、排水、轮种、苜蓿……”②但新方法的实行遇到了一个主要的障碍：就是敞田的存在。“这些没有被圈的土地，大都耕种得很坏，凡试图改良的人都会遭遇到失败，他若得不到众多邻人的同意和协助就不能排去自己田里的水，每块田都限制在固定的范围内，由于不能连成一片过于狭窄，所以不能按照杰思罗·塔尔所推荐的方法双向耙土。要自由选择播种的时期，首先就得废止那使敞田每年都有几个月要成为无益牧场的习惯。要进行不常见的种植，在原本种大麦和裸麦的地方种上苜蓿，那就更不用想了。此外，这种制度还有其少见的复杂性，争吵和不断的诉讼，这些都是它的不可避免的后果。”③最后，社会观念的变化与土地经济在 18 世纪的扩展。英国贵族，自革命以来即被发财的欲望迷住，他们怀着嫉妒的心情看着金融和商业资产阶级在他们下面壮大起来，他们以一种骄傲和羡慕交织的奇特的心情来看这些“有钱人”。在金钱日益成为衡量威望和权力的社会中，他们为了保存自己地位的愿望一度引起他们从事曾经被认为最不光彩的冒险事业。他们不断地找寻着新的收入来源，但是他们仍

① ［法］保尔·芒图．十八世纪产业革命：英国近代大工业初期的概况．杨人楩，陈希秦，吴绪，译．北京：商务印书馆，1983：113.

② ［法］保尔·芒图．十八世纪产业革命：英国近代大工业初期的概况．杨人楩，陈希秦，吴绪，译．北京：商务印书馆，1983：127.

③ ［法］保尔·芒图．十八世纪产业革命：英国近代大工业初期的概况．杨人楩，陈希秦，吴绪，译．北京：商务印书馆，1983：129.

是这个国家里掌握土地最多的人，土地在18世纪仍然是财富和权力的象征，那是因为土地不仅代表着爵位身份，而且确实可以产生出实实在在的利润。18世纪的谷物贸易持续繁荣，1700年英国在重商主义的政策支持下，粮食出口贸易得到刺激，1750年时，粮食出口数量已占国内粮食产量的近7%，占全国出口产品总额的20%。① 嗅到利益气息的粮食中间商遍布各个城市，他们鼓动和刺激着农业的生产，大面积的农场可以在市场中占据有利的地位，更大的产量意味着更多的利润。除了粮食产业之外，随着英国殖民贸易的扩展，呢绒业、毛织业在短暂的衰落后重新复兴，土地阶级还纷纷投入煤炭和金属的采矿业之中，这无疑都需要土地，而且最好是独立的、完整的、规模化的土地。土地经济不再是传统遗留的职业，土地阶级中的经营者们把土地经济视为一种企业，精确地计算着成本和利润，他们时刻盘算着：敞田必须废除，公地必须收回。所以，16世纪开始的圈地运动，在18世纪又恢复了，而且这一次再也不会停止了。②

2. 晚期圈地的方式、进程及规模

与16—17世纪圈地遭到国家的反对不同，18世纪的圈地却得到了政府的支持。1688年政变确立了议会作为最高权力机构的地位，圈地的实际批准权便从王室机构和大法官法庭逐渐转到议会，这样，18世纪圈地的主要方式就是先由议会通过相应的圈地法令，而后进行圈地。具体圈地程序为：首先，要向议会提出请愿书，请求议会通过圈地法令。申请在一个地区圈地，需要召集该地全体土地所有者开会，就是否同意圈地进行表决，通过圈地需要拥有圈占土地面积4/5以上的人士同意。请愿书签名后随即提交议会。议会通过的圈地法令通常条文很长，但它只规定实施圈地的一般条件，而无法对具体的圈地实施作出规定。它将实施权交给了为数3～7

① ［英］罗伯特·杜普莱西斯. 早期欧洲现代资本主义的形成过程. 朱智强，等，译. 沈阳：辽宁教育出版社，2001：233.

② 付夏婕. 论英国土地法律制度变迁与经济转型. 北京：中共中央党校博士学位论文，2011.

人组成的圈地委员会，负责具体实施。该类圈地委员会通常由教区的领主、牧师和少数享有大量土地共用权的人组成，因而它具有很大的权力，由它实施的圈地过程当然有利于当地有势力的土地所有者。

议会圈地的高潮发生在18世纪后期和19世纪最初的20年间。它又可划分为两个阶段，第一阶段为18世纪60年代到70年代，第二阶段为1793年到1815年。根据相关研究统计，18世纪30年代议会通过的圈地法令为39个，40年代通过的圈地法令为39个，50年代通过的圈地法令为117个，60年代通过的圈地法令为393个，70年代通过的圈地法令为640个，80年代通过的圈地法令为237个，90年代通过的圈地法令为579个。19世纪最初10年通过的议会圈地法令为880个，第二个10年通过的议会圈地法令为216个，30年代通过的议会圈地法令为125个。①

总之，18世纪圈地运动一直持续到19世纪后期，大约到1870年大规模的圈地运动才停止。所以，这场对土地权利的规模式变革和重新分配持续了一个多世纪。至此，敞田和公地基本在英国消失了。这场圈地运动的影响及规模较之16世纪，都更为令人印象深刻。特别是在议会的支持和主导下，几乎全英国的土地都要迎接“圈地法令”的改造。芒图在其《十八世纪产业革命》一书中曾写道，“如果我们在英国法令汇编中翻阅一个约有一百二十年的时期，即从威廉三世逝世起至乔治四世即位止的这段时期，我们就会看到一个老是相同的标题。这个标题，无论是在有关公共利益的法令之中或有关个人利益的法令之中，都随我们向前翻阅而越来越经常地出现在眼前，这个标题如下：‘规定位于……教区中的敞田和公田、草地和牧场以及公有和荒芜土地的分割、分配和围圈的条例’，其中省略号便是某某地方的名称。一开始就写有这种句子的议会法令，数以千百计”。②

① 沈汉. 英国土地制度史. 上海：学林出版社，2005：248-249.

② [法]保尔·芒图. 十八世纪产业革命：英国近代大工业初期的概况. 杨人楩，陈希秦，吴绪，译. 北京：商务印书馆，1983：111.

3. 土地完全私有产权的最终确立

1688年光荣革命后议会掌握了国家大权，由此开始了以强制性制度变迁的方式来确立土地的私有产权。议会圈地正是通过国家的一个个强制性法令来界定这种土地产权，它受到了法律的认可和保护，因为国家具有至高无上的权威性，是在暴力上有优势的组织，国家在提供制度时可以解决“搭便车”的问题，并带来一定的规模经济效应。正如诺思所言，“国家是一种在行使暴力上有比较利益的组织，它对纳税选民拥有的权力决定其地理疆域的延伸。产权的实质是排他的权利。而一个享有行使暴力的比较利益的组织便处于规定和强制实施产权的地位”。① 事实正是如此，有些地方原先在前期圈地中已界定的土地产权，后来又在议会圈地中重新申请法律的认可，以获得对土地的合法权益。可见，确认土地共有产权的消除和完全私有产权的确立，不只是简单地在属于自己的地块上围一圈篱笆就行，而必须通过土地授权令来界定。土地授权令也就是新的地契，新地契使土地所有者的土地完全私有产权受到法律的保护。同时，佃户也持有明确的土地租契，同样受到法律的保护。这样一来，具有完全私有产权的土地可以自由地进行产权交易，参与土地市场的竞争。

表2-2是冈纳对18世纪60年代到19世纪70年代英国各郡圈占公地的情况做的统计，从该表中可以看出英国各地废除敞田制共有产权的规模和进度相差很大。这一方面与1760年前是否已废除敞田制有关，另一方面也与各地的地理环境、生产经营内容的不同等多种因素相关。总之，英国在1761—1820年是废除敞田制的高峰期，在议会陆续颁布的一个个圈地法令的支持下，土地私有产权得到了界定，土地的共有产权在一步步地消除，尤其是后来《一般圈地法》的颁布加速了强制性土地产权制度变迁的进程。但强制性制度变迁在给一部分人带来利益的同时，不可避免地会损害另一部分人的利益。英国在废除敞田制的过程中，损害了原本依靠土地共

① ［美］道格拉斯·C. 诺思. 经济史上的结构与变革. 厉以平，译. 北京：商务印书馆，1992：26-27.

有产权生活的人的利益，制度变迁必然会遇到阻力。为此，英国政府及时做出了相关的制度安排，给那些因新制度实施而受到利益侵害的人以一定的经济补偿，从而保证了强制性制度变迁的顺利进行。英国圈地调查委员会在1875年正式宣布敞田制的终结，基本上完成了从土地不完全私有产权向完全私有产权的过渡。①

表2-2 **18世纪60年代到19世纪70年代英国各郡圈围公地的情况统计**

郡名	圈围公地占土地总数的百分比(%)					
	1760年	1761—1800年	1801—1810年	1811—1820年	1821—1870年	1760—1870年
贝德福德	0.6	24.5	11.5	2.8	4.7	44.1
伯克	1.4	8.8	9.8	9.8	4.3	34.1
白金汉	0.5	20.4	6	2.9	6	35.8
沃里克	7.4	13.3	1.9	1.5	1.1	25.2
伍斯特	0.3	9.7	2.3	4	1.8	18.1
拉特兰	6	37.7	1.8	1.9	2.3	46.7
德比	0.8	10.5	6	2.2	1.8	21.3
多塞特	0.3	4	4.4	1.5	1	13.3
达勒姆	1.5	13.5	1.6	0.5	0.7	17.8
亨廷顿	1.6	28.5	15.8	5.4	4.5	55.8
威尔特	0.9	12.2	5.8	5	2.3	26.2
林肯	1.6	22.2	9.2	3.1	1	37.1
诺斯克	0.2	8.7	8.9	5.7	2.6	26.1
诺森伯克	2	3.8	2.4	0.7	3.6	12.5
北安普顿	6	31.6	7.2	5.8	3.7	54.3

资料来源：Gonner, E. C. K. Common land and inclosure. London: Macmillan, 1912: 279-281.

① 参见邱谊萌. 16—19世纪英国土地制度变迁研究. 沈阳：辽宁大学博士学位论文，2008.

(三)圈地运动与英国城市化

1. 圈地运动的历史作用

(1)圈地运动导致了英国自耕小农阶级的迅速衰落和土地规模化经营的形成。圈地的首要目的是形成集中的大片土地而交由有实力的农场主进行规模化经营，无论是破除敞田制度，通过补偿或直接驱逐的方式置换小农的土地权利，还是取消公地制度，通过协议或暴力的方式收回公地使用权，这场运动的发起者和受益者是迫切需要得到大面积土地的富农约曼和实力乡绅，以及可以通过集中土地以高价出租的领主。而在圈地运动中，利益被剥夺和侵害的大多是自耕小农。反对圈地的呼声和在圈地中遭受困苦和不公的怨声也都来自于底层的小土地保有农。

圈地运动后，英国的自耕小农阶级迅速萎缩。在圈地运动中，自耕小农们既无力阻止圈地的最终实现，也不能反抗在敞地置换中大农场主得到较好的土地，而只能接受他人指定给他们的那块土地。公地也不可抗拒地被瓜分了，虽然他们也得到了其中的一份，但是分配的规则是按照他们在领主公地上放牧动物的头数多少来给他们的，于是，越富有的人分得的权利越多，而他们作为小农得到的权利常常微不足道。自耕小农们在置换到新地产后，还要支付圈地总费用中他们应摊付的那部分，另外需要花费金钱和劳力去修筑篱笆将自己的土地圈围起来，这样除了失去了自己的原有土地权利之外，还另外增加了更多的经济负担，贫困和衰落的命运似乎也就在所难免了。但是，这并不代表结束，地主和农场主们还未从此过程中得到他们期待的一切利益，他们在合并了地产后，便力图把它加以扩大，在没有什么土地可以占据的时候，他们就购买。这个时机，无论是对于作为“大人物”的土地领主，还是对于渴望拥有土地的商人、金融业者以及后来的工厂主来说，都是有利的。圈地运动中土地权利的大变动，使得原本那些最密切地、最忠实地依附土地的小农阶级发生动摇，他们被这场无力抗拒的变化弄得手足无措，同时又受到按照新方法经营的农业企业的竞争的威胁。他们或者出于无奈，或者由于失望，最终以至于即使他们在圈地运动后仍占据一些土地，仍有相当一部分选择将其出卖给地主或农场主们，选择到他处去寻找出路。所以，圈地运动本身置换了小农们的敞地，取消了他们的公地权利，但后续的影响却仍然深远，它导致一大部分即使经过圈地后仍持有小块土地的小农最终仍逃不出出卖土地的结局。① 因此，到 18 世纪下半期，英国农场的数目已大大减少，1740—1788 年有 4 万个以上的小农场被大农场所兼并。土地集中的例子不胜枚举，多塞特郡的某一村庄，在 1780 年还有 30 个左右的小农场，15 年后，这个村庄便分掌在两个企业的手里；在哈福德郡的某一教区里，3 个地主把 24 个面积为 50~150 英亩的小农场兼并在自己手里。②

圈地运动后，英国农村的社会结构发生了变化。在 14 世纪封建土地制度解体之后，经过 15 世纪的发展，16 世纪的英国农村社会形成了“土地领主—乡绅农场主—富农约曼—自耕小农”的阶级结构，最为典型的就是形成了乡绅和约曼这一中间阶层，在制度变迁当中，正是在乡绅和约曼的经营中，农业经济发生了现代转型，他们是推动制度变迁的一个主要群体。此外，传统的土地贵族也选择了与善于农业经营的乡绅合作的立场。他们为了获取土地更大的潜在利益，在坚持高贵血统的同时，也加入了土地产权制度变革的洪流之中。在 17 世纪的发展中，土地领主和乡绅农场主在改革旧土地制度上的利益联系越来越密切，终于联合推动了 18 世纪的圈地运动的发生。据统计，18 世纪初，英国农村社会阶级结构中，自耕小农的人口还占全国人口的 1/8，但是经过一个多世纪后，小土地持有人几近消失，他们中的很少的一部分在圈地运动中坚持下来逐步发展上升为农场主，大部分降为雇佣工人；此外曾经在社会结构中的约曼阶层也消失了，他们上升为农场主的主力阶层。总之，在圈地运动引起的土地权利的重新置换和再分配后，19 世纪

① 付夏婕. 论英国土地法律制度变迁与经济转型. 北京：中共中央党校博士学位论文，2011.

② [法]保尔·芒图. 十八世纪产业革命：英国近代大工业初期的概况. 杨人楩，陈希秦，吴绪，译. 北京：商务印书馆，1983：135.

英国农村的社会结构已经逐渐形成一种三层结构，即“土地领主(地主)—现代农场主—农业工人”。这对于当时的欧洲来说，英国的这一社会结构是特殊的，欧洲其他国家在19世纪都尚未出现这种结构。这种社会结构将现代产权关系带入传统的农业生产，也让资本主义的生产方式走入了农业经济。

圈地运动导致了土地规模化经营的形成。从18世纪末到19世纪，土地兼并和囤积活动在贝德福德郡、柴郡、德文郡、多塞特郡、希罗普郡、斯塔福德郡和威尔特郡都十分引人注目。对于准备大量囤购农场的人来说，圈地运动为他们创造了条件，尤其是1765年起谷物价格的高涨所提供的巨额利润，使这种并购越发地受到刺激。对于很多人来说，这种大农场的形成，其实要比圈地运动本身还要重要，因为一定意义上，圈地运动成为一个迫使农民出卖土地或者开发新地产的方法，而形成规模经营追逐高额利润的大农场才是他们推动这场运动背后的目的。根据学者的统计，100英亩的农场就可以被看作必须采用资本主义生产方式并可以形成机械化运营的农场规模。到1851年时，占地在5~100英亩的农场仅占耕地的21.6%，占地100~300英亩以上的规模化农场占全英国土地耕作面积的44.7%，300英亩以上的大农场则占英国耕地面积的33.7%，而且规模化经营的农场占地面积的比例还在一直上升。①

(2)圈地运动导致了英国农业革命。圈地运动为农业组织革新和农业技术改良创造了条件，伴随着敞田的圈围、小块土地的合并以及大农场的建立，从18世纪初开始，一场令人欣喜的“农业革命”在英国悄然兴起，这一革命彻底改变了英国农业和农村的面貌。首先，圈地运动带来了农业组织方式的变革。圈地运动引起的土地制度变迁，促使土地日益向大农场集中，从而引起了农业组织方式的革命，大农场在经营性质和劳动力使用方面都发生了深刻变化，英国农业走上了以规模经营为基础，以市场供求为导向，以追求利润最大化为目标，以企业组织方式优化配置土地、劳动力、资

① 付夏婕. 论英国土地法律制度变迁与经济转型. 北京：中共中央党校博士学位论文，2011.

本、技术、管理等各种生产要素进行农业生产的资本主义农场化经营道路。其次，圈地运动废除了敞田制，为农业技术改良铺平了道路。从 18 世纪初开始，一场农业技术革命在英国农村广泛开展起来。马代替了牛作牵引的动力，使用马耕地的生产率比牛提高了 25%~50%；土地不再休耕，人们普遍用轮耕法种植大麦、小麦、芜菁、三叶草等作物，芜菁和三叶草都能反肥入土，还能用作家畜的冬季饲料，牲畜粪便则用于施肥，必要时还在土地中加放泥灰土以提高土壤肥力；牛羊的选种使它们的重量增加了一倍以上；传统农具得到改进并引进了新农具，犁的样式和结构得到改进并增加了铁的使用，长柄镰刀代替了短把镰刀，播种机代替了散播。这些革新都有助于提高农业生产率。

圈地运动引起的农业革命使农业产量出现了史无前例的增长，农业劳动生产率大为提高。18 世纪，英国的农业实际产出增长了大约 43%，1870 年英国农业的粮食产量比 1700 年高出 300%，而在土地上劳作的农民的数量只增长了 14%。有关研究表明，1700 年英国一英亩地能养活 0. 18 人，一个农业生产者可养活 1. 7 人。到 1800 年，一英亩地能养活 0. 26 人，一个从事农业的人可养活 2. 5 人。一个世纪中，劳动生产率提高了 47%。这一时期，土地生产率也出现了空前的提高。据统计，从 13 世纪至 16 世纪中叶，英国小麦单位面积产量一直在平均每英亩 6 蒲式耳的水平上徘徊，进入 16 世纪中叶以后，小麦单位面积产量开始直线上升，到 17 世纪中叶达到 12 蒲式耳，一个世纪中小麦的单位面积产量翻了一番。到 17 世纪末，小麦每英亩产量平均已达到 18 蒲式耳，18 世纪末达到 24 蒲式耳，19 世纪中叶达到 27 蒲式耳，从 17 世纪末至 19 世纪中叶，英国小麦单位面积产量又提高了 50%。① 马克思虽然强烈地批评了圈地运动，但他也肯定了圈地运动的积极作用，他在论述农业革命对工业的反作用时说，“虽然种地的人数减少了，但土地提供的产品和过去一样多，或者比过去更多，因为伴随土地所有权关系革命

---

① 黄少安，谢冬水．“圈地运动”的历史进步性及其经济学解释．当代财经，2010(12)．

而来的，是耕作方法的改进，协作的扩大，生产资料的积聚等等”。①

(3)圈地运动推动了英国工业化和城市化。具体分析见下文。

2. 圈地运动对英国工业化、城市化的影响

如何评估圈地运动的后果和历史作用？它对英国工业化、城市化究竟有什么影响？中外学者在这些问题上始终存在着较大分歧。比如，贝雷斯福德反对那种诋毁圈地运动的看法，即认为圈地运动使可耕地转变为牧场，使人口减少和农舍倒塌，也不赞同“羊角和荆棘使英格兰变得凄凉”的悲观见解。他认为圈地是更为有效地进行可耕地生产的一种手段，“它是市场力量的一种呼应”。② 芒图在论及圈地运动与工业革命的关系时认为，“圈地运动和大工业的到来是相互密切联系着的。它们的相互关系不能归结为简单的因果关系，尽管乍看起来它们可能是两件本源完全不同的事，但这两件事在其各自的发展过程中，却是相互影响的。”③椰林认为，“甚至在今日，这个国家大片的重要区域的圈地史都未能作适当的分析，问题比冈纳写作时更大。我们关于近代早期农业经济学的知识仍十分缺乏，甚至许多地区农业经营的主要特点还没有确认。这样，有志于土地和圈地或者说圈地与城市和工业的发展之复杂的联系链条，在任何令人满意的程度上建立起来极为困难”④。

20世纪八九十年代国内学者在研究英国圈地运动的后果和历史作用时，主要强调了圈地运动与大地产、大农场形成的关系，说明了圈地运动的血腥性。计翔翔、洪朝辉认为：“圈地运动是英国贵族通过暴力，对农民土地的大规模剥夺。它通过盗窃、掠夺和欺

① 马克思. 资本论：第1卷. 北京：人民出版社，2004：855.

② M. W. Beresford. Habitation versus improvement：the debate on enclosure by agreement//F. J. Fisher. Essays in the economic and social history of tudor and stuart England. Cambridge：Cambridge University Press，1961：40，64.

③ [法]保尔·芒图. 十八世纪产业革命：英国近代大工业初期的概况. 杨人楩，陈希秦，吴绪，译. 北京：商务印书馆，1983：143.

④ J. A. Yelling. Common field and enclosure in England 1450—1850. New York：Macmillan，1977. 转引自沈汉. 英国土地制度史. 上海：学林出版社，2005：266.

诈的手段，使农民土地和共耕的公地并为大农场，再使土地合并于资本。圈地运动本身就是大土地所有制并吞小土地所有制的过程。"①张天认为圈地运动是"一场清除封建土地制度的革命"，推行圈地运动的资产阶级和新贵族"当时是推动历史前进的阶级，他们所采取的暴力一般说来是属于马克思所讲的那种'助产婆'的暴力，即暴力革命，不应视为反革命暴力。"②汪建丰认为圈地运动是资本主义所有制形成的途径，是一种残酷的手段。"大规模地合法推进的'议会圈地运动'给英国农业造成的变化是革命性的。它不仅表现为用残暴的方法剥夺农民的土地，更表现为用资本主义土地所有制代替封建土地所有制。作为一种传统的掠夺农民的手段，圈地在这时被资产阶级新贵族用来作为最终确立资本主义土地所有制的有效方法。"③

20 世纪 90 年代晚期以后，受到美国制度学派的影响，国内部分学者在谈及圈地运动暴力性的同时，开始关注产权问题。徐浩认为，圈地运动具有暴力性，是资本主义的土地所有权形成的途径。"早期圈地主要发生在敞地制盛行的中部地区，通过暴力手段将耕地变为牧场，但规模不大……18 世纪圈地的目的，主要是使耕地连成一片，把分散的个体经营变成集中的规模经营，把分散的、产权模糊的封建土地所有制转变为资本主义的大土地私有制，以适应商品化农业和农业技术改良的需要……圈地运动旨在变革封建的土地所有权和生产方式。"④叶明勇认为，"英国议会圈地始于 18 世纪中期，持续了约一个世纪，规模空前，其中人口因素和什一税代偿扮演了重要角色，结果英国社会自然经济残余基本被消除，土地所有权得到明晰，农村劳动力全面卷入市场，从而率先确立了资本主义制度"。⑤ 樊红丹认为，"中世纪以来，英国农村的公共权利（公

① 计翔翔，洪朝辉. 圈地运动：农业资本主义发展的"英国式"道路. 江淮论坛，1983(1).

② 张天. 也谈英国"圈地运动"的性质. 史学月刊，1983(3).

③ 汪建丰. 维多利亚时代英国农业之盛衰. 湖州师专学报，1995(2).

④ 徐浩. 地主与英国农村现代化的启动. 历史研究，1999(1).

⑤ 叶明勇. 英国议会圈地及其影响. 武汉大学学报，2001(2).

权)便已普遍存在，对传统农村具有重大的经济和社会意义。18世纪中后期议会圈地运动开始后，公地被大规模地圈围，建立在公地基础之上的公权也随之消失，公权的消除未做到合理的利益调节，因而引发了一系列的社会后果”。①

2000年以后，国内学者开始强调英国圈地运动的渐进性、温和性，研究了圈地运动与工业化、城市化的关系。黄少安、谢冬水认为，“圈地运动是英国农业现代化、工业化和城市化的一个重要组成部分，是历史的进步。圈地运动使英国农业先于工业实现了健康发展，跃进的农业提高了农业生产率，使农业生产率大于维持生存所需的最低口粮标准，生产相同数量的粮食只需投入更少的劳动力，农业产生了足够的剩余，这为工业部门的扩张创造了条件。正是由于圈地运动，英国才成功避免了李嘉图陷阱”。② 谷延方认为，“圈地运动没有显著加速英国城市化进程，其对城市的影响远没有在农村造成的后果深远。它直接推进了英国乡村非农化发展进程，带来了农村社会结构和经济结构的深刻变革，为下一个世纪大规模农村劳动力转移和城市化运动奠定了雄厚基础”。③ 李源认为，“英国城市人口比例并没有因为圈地运动产生的失地农民而暴涨，农民仍然占全国居民的大多数。显而易见，在19世纪之前，英国城市人口比例一直比较平稳，而且稳中有升，因此很难说英国城市化因圈地运动而加速发展”。④

尽管不同学者对圈地运动的后果及历史作用有不同看法，但大部分学者基本上一致认同这一观点：那就是，圈地运动导致了英国的大地产和资本主义的农场经营。关于圈地运动对英国工业化和城市化的影响，学者们还未取得一致的看法。根据已有的研究成果，

---

① 樊红丹. 论英国议会圈地时期公权的消失及后果. 武汉交通职业学院学报，2004(4).

② 黄少安，谢冬水. “圈地运动”的历史进步性及其经济学解释. 当代财经，2010(12).

③ 谷延方. 重评圈地运动与英国城市化. 天津师范大学学报：社会科学版，2008(4).

④ 李源. 从英国圈地运动看城市化. 科教文汇，2011，6(中旬刊).

笔者认为圈地运动对英国工业化、城市化的影响与作用还是十分明显的。具体表现在：

第一，圈地运动引起的农业革命促进了农业生产率的极大提高，从而为工业化和城市化进程中迅速增长的城市人口提供了充足的食物。城市化发生的第一前提是农业生产力的发展。美国经济学家芒罗(Ross H. Munro)认为，城市兴起、成长的主要原因是由于农业生产力扩大而产生粮食剩余；沃伊廷斯基(Woytinsky)指出，一个国家城市化的界限，一般是由该国家的农业生产力决定的。① 一个国家、地区的人口增加，与城市的发展不存在直接关系，城市并不会因为农村人口的增加而自然产生。如果农业生产力不能达到生产余粮的水平，城市就不可能发生；如果农业生产力生产的余粮不能增加，城市就无法发展。

从17世纪末18世纪初到19世纪中期，随着圈地运动的深入，英国农业在技术和制度层面上发生了许多重大变化，史称“农业革命”。英国农业革命具有十分广泛的内容，既包括农业技术的变革，如改休耕制为轮作制、引进与推广新作物、改革农具和农艺等，也包括农业生产经营结构的变革，如改敞田制为大农场制、改革管理体制和调整产业结构等。农业革命推动了18—19世纪英国农业生产的大幅度提高。1700年英国谷物总产量为14770000夸特，1750年为16488000夸特，1800年为21102000夸特，1820年为27873000夸特，② 而到1851年则达33530000夸特；③ 17世纪末，英国小麦亩产量只有16蒲式耳，1885—1894年增加到29.4蒲式耳。④ 1700年时一英亩能养活0.18个人，1800年时能养活

---

① 向德平. 城市社会学. 武汉：武汉大学出版社，2002：139.

② Deane, P., W. A. Cole. British economic growth 1688—1959. Cambridge：Cambridge University Press, 1962：65.

③ Clark, C. The conditions of economic progress. London：Macmillan, 1940：65.

④ Clark, C. The conditions of economic progress. London：Macmillan, 1940：66.

0.26个人，换言之，平均每英亩产量增长了44%。① 在饲料的来源由粗放经营转变为精耕细作经营以及畜种改良的前提下，英国畜牧业也发生了巨大的变化。与17世纪相比较，18世纪后半期，羊肉和羊毛的产量提高了78%；肉类销售量大为增加，例如在史密斯菲尔德(Smithfield)市场，1732年时牛羊的销售量分别为76000和515000头，而到了1854年，分别达到263000和1539000头。② 英国学者杜普莱西斯通过他自己的研究，明确指出，当时的英国农业已经“成为欧洲生产力最高的农业”。③ 1750—1820年英国人口增加了一倍，而粮食产量也增加了近一倍，跃进的农业走在工业化的前面，为工业的扩张创造了条件。

第二，圈地运动引起的农业革命为工业化创造出了必要的劳动力供给。虽然圈地运动本身没有导致农业人口的绝对减少，但是18世纪中叶以后，在由圈地运动导致的农业革命的作用下，英国的劳动力就业结构开始发生重大变化，农业人口开始大规模地从传统农业向现代工业转移，这一不可逆转的社会变革为英国现代经济增长创造了必要条件，伴随工业革命而来的是城市化的飞速发展。

英国人口城市化的过程既是封建小农经济逐步破产的过程，也是资本主义生产方式逐步确立的过程。英国的城市化在某种程度上可以说是以圈地运动为开端的，圈地运动为资本主义生产方式扫除了封建制度的残余，同时也剥夺了自耕农的土地，把大量的农村劳动力驱赶到城市的“血汗工厂”，为资本主义大工业生产提供了廉价劳动力，正如马克思所指出，“大量的人突然被强制地同自己的生存资料分离，被当作不受法律保护的无产者抛向劳动市场。对农业生产者即农民土地的剥夺，形成全部过程的基础。这种剥夺的历史在不同的国家带有不同的色彩，按不同的顺序、在不同的历史时

① Floud, R., D. McCloskey. The economic history of Britain since 1700. Cambridge: Cambridge University Press, 1981: 70.

② Mitchell, B. R. British historical statistics. Cambridge: Cambridge University Press, 1988: 708.

③ [英]罗伯特·杜普莱西斯. 早期欧洲现代资本主义的形成过程. 朱智强，等，译. 沈阳：辽宁教育出版社，2001：232.

代通过不同的阶段。只有在英国，它才具有典型的形式”。① 随着资本主义生产方式的确立，市场的扩大、交通通信技术的发展和资本主义的生产关系造就的无产阶级成了人口流动的加速器，形成了真正现代意义上的人口城市化。恩格斯也在《英国工人阶级状况》一文中指出：“工业的迅速发展产生了对人手的需要；工资提高了，因此，工人成群结队地从农业地区涌入城市。人口以令人难以相信的速度增长起来，而且增加的差不多全是工人阶级。”②除了国内的大批农村人口迁入城市做工之外，恩格斯还指出：“自从爱尔兰人知道，在圣乔治海峡彼岸只要手上有劲就可以找到工资高的工作那时起，每年都有大批大批的爱尔兰人到英格兰来。”③

第三，圈地运动引起的农业革命为英国城市工业经济的起步提供了广阔的市场。这一点在工业化、城市化发展之初表现得比较突出。布罗代尔对此有比较深刻的论述，他认为英国农村很早就与岛国的民族市场结为一体了，英国农村被纳入市场网络之中，直到19世纪初为止，它成功地养活城市与工业居民点；英国农村形成国内市场的主体，而国内市场使正在起步的英国工业首先与天然的销售场所结合。④ 所以，圈地运动引起的农业革命使英国农村对工业品的需求不断增长，跃进的农业不但成功地养活了城市居民，而且还为扩张中的工业提供了广阔的销售市场。纱、麻布、粗毛织品这些原来由农民家庭生产加工以供自己消费的生活资料，现在成了工业的产品，农村地区正是这些东西的天然销售场地。因此，可以说没有圈地运动，英国农业革命就不可能那么容易实现，工业化也

---

① 马克思. 资本论：第1卷. 北京：人民出版社，1975：784.

② 马克思，恩格斯. 马克思恩格斯全集：第2卷. 北京：人民出版社，1957：296.

③ 马克思，恩格斯. 马克思恩格斯全集：第2卷. 北京：人民出版社，1957：374.

④ [法]费尔南·布罗代尔. 15至18世纪的物质文明、经济和资本主义：第3卷. 顾良，施康强，译. 北京：生活·读书·新知三联书店，2002：652-653.

不可能那么顺利地完成。①

第四，工业化大发展促进了城市化进程。英国的工业革命在1750年前后发生，当时大规模的圈地运动正在进行。圈地运动对工业革命的发生和发展有着十分重要的作用。一方面，圈地运动为工业革命提供了大量廉价劳动力。由于圈地运动，农业更趋向于集约化经营，大量的过剩劳动力或者转入乡村工业，或者转向城市。当工业革命在英国西北部纺织品工业区率先发动时，正是大量农村劳动力迁入城市之时。1750年，英国城市人口占全国总人口的21.0%，1800年上升到27.5%。1850年猛增到52.0%。② 人口的增加固然有出生率上升、死亡率下降的原因，但移民在其中扮演的角色是显而易见的，特别是那些经过了乡村工业训练的纺织工人，转入城市后，很快能适应近代大工业的要求。一批新兴工业城市，如曼彻斯特、利物浦、伯明翰、兰开夏等不断崛起，城乡人口比例发生巨大变化，城镇人口逐年递增。

四、英国城市化基本实现阶段及高度发达阶段的农地制度变迁

(一)英国现代农地制度的演变

如前文所述，英国圈地运动最重要的社会后果之一，就是把分散、模糊、具有原始村社性质的土地占有形式，转变为集中的、明晰的现代产权制度，并形成了大地产所有权与经营权两权分离的产权结构，从而为工业化、城市化的发展创造了条件。1750年英国的城市化率仅为17%，到1851年，英国的城市化率就到达54%，已初步实现了城市化；到1901年，英国的城市化水平提高到77%，

① 黄少安，谢冬水."圈地运动"的历史进步性及其经济学解释.当代财经，2010(12).

② 董思思，崔凯.近代早期英国的圈地运动与制度变迁.和田师范专科学校学报：汉文综合版，2009(7).

在西方发达国家中率先进入高度城市化阶段。① 在工业化、城市化扩张的同时，英国现代农地制度也在不断发生演变。具体表现在：

第一，农场规模趋于扩大。大农场的规模如何限定？当时的英国对这一问题曾有过争论。比如，阿瑟·扬提及大农场至少有 300 英亩的面积；他的同龄人汤姆士·巴切勒认为最少应该有 200 英亩，而威廉·马恩尔在 1777 年说占地 100～500 英亩的为"中等规模"的农场，但在 1796 年又提到"中等规模"农场面积 100～300 英亩。综合这些数据，当时的人有一个比较共同的认识，即大农场的规模不能少于 100 英亩。② 实际上，自圈地运动以来，农场规模的确有增大趋势(见表 2-3)，尤其是在此后的 100 多年中，英国农场规模仍朝着规模扩大、数量减少的方向发展(见表 2-4)。

表 2-3　　**1851 年英格兰和威尔士的农场规模**

规模	农场数	占总数的百分比(%)	面积总数	占面积的百分比(%)
1000 英亩以上	771	0.36	1112300	4.51
500～999 英亩	4300	1.99	2841000	11.52
300～499 英亩	11600	5.38	4360900	17.68
100～299 英亩	64200	29.78	11015800	44.67
50～99 英亩	44600	20.69	3206500	13.00
5～49 英亩	90100	41.80	2122800	6.61
合计	215571	100.00	24659300	100.00

资料来源：转引自赖泽源，等. 比较农地制度. 北京：经济管理出版社，1996：30.

① 简新华，等. 中国城镇化与中国特色城镇化道路. 济南：山东人民出版社，2009：91.

② 杨杰. 从上往下看——英国农业革命. 北京：中国社会科学出版社，2009：131-132.

表 2-4　**1970 年英国农场的规模结构**

规　模	占总数的百分比(%)	占面积的百分比(%)
300 英亩以上	6.2	36.3
100~299 英亩	20.9	38.0
50~99 英亩	18.8	14.7
15~49 英亩	27.7	9.0
15 英亩以下	26.4	2.0
合计	100.00	100.00

资料来源：转引自赖泽源，等. 比较农地制度. 北京：经济管理出版社，1996：30.

英国政府对农场规模的扩大起了积极的推动作用。政府采取了支持大农场的政策，以扩大农场规模，增强其竞争力。如 1967 年修订的《农业法》规定，对合并的小农场政府提供所需费用的 50%，对自愿放弃经营的小农场主可以发给 2000 英镑以内的补助金，或者每年发给不少于 275 英镑的终生年金。在政府的政策鼓励、市场的激烈竞争、农业技术的不断进步、现代技术装备投入的大量增加等因素的共同作用下，英国农场数量减少很快。1966 年，英国(不含北爱尔兰，下同)，共有农场 43.1 万个，而 1976 年减少为 28.4 万个，减少 34.1%。其中，50 万公顷以下的小型农场在总数中所占的比例由 87%降为 75.4%，50 公顷以上的大、中型农场则由 13%，上升为 24.6%。①

第二，所有权与经营权相分离的农地产权结构逐渐形成。19 世纪末 20 世纪初，英国已形成了大地产所有权与经营权两权分离的产权结构，它们的人格化代表分别是地主和雇工经营的租佃农场主。此外，仍然存在大量不雇工经营的小租佃农场主，但其所占耕地的份额很小。1887 年，全英国只有 14%~15%的耕地是所有权与经营权合一的。他们多是拥有 10~20 英亩耕地的小业主和兼业农

① 赖泽源，等. 比较农地制度. 北京：经济管理出版社，1996：31.

户。租佃农场主通常对买地不感兴趣，因此，农户所拥有的持有地的比重变化不大，1890—1910 年一直在 12%上下波动。在 50～300 英亩持有地的这个广大的农村中间阶层中，拥有土地所有权者最为罕见。

第二次世界大战后，英国农地所有权的结构出现了新的发展趋势。英国政府鼓励和支持农场经营者购买土地。1960 年，英国租佃农场占农场总数的 46%，自营农场占 54%。到 1977 年，租佃农场的比例下降为 38%，自营农场上升到 62%。农场中租佃和自营的比例变化，也说明了同样的发展趋势(见表 2-5)。

表 2-5　**自有或出租农场土地的数量与规模**　单位：千公顷

项目 年份	自有土地面积	出租土地面积	租佃所占百分比(%)
1950 年	4375	7120	62. 0
1960 年	5680	5870	50. 1
1969 年	5935	5150	46. 1

资料来源：转引自赖泽源，等. 比较农地制度. 北京：经济管理出版社，1996：28.

第三，对租佃权的保护得到加强。在圈地运动之前，退佃农户除种下未收的农作物外，对于附着在土地上的任何东西都不能提出任何权利要求，这极不利于大租佃农场。圈地运动之后，佃户退佃时，地主要对土地上的永久改良设施给予补偿。随着英国现代农地制度的演变，地主对佃户的不合理干扰和损害被逐步取消，1900 年的《持有地条例》更是以法律的形式赋予了佃户播种作物的自由。规定“不管有无习惯或契约规定，只要保证土地整洁并妥加当心，播种就是自由的”。由于租佃权受到法律的保护，英国的农场主更加偏好逐年租佃的制度。在 1879—1906 年农业不稳定的年代中，一年届满就一定可以脱身的办法对于农场主越来越有吸引力了。终身租佃到 1890 年几近绝迹。

英国的农业一直是以地主—佃农制为基础的，地主必须提供土地与建筑，而佃农所提供的是役畜、简单的工具和种子。19世纪中叶，地主的资本曾达到每公顷50镑或60镑，而佃农的资本则不到12镑。20世纪30—50年代，地价基本没上涨，某些地方还下降了。但佃农需要花费比以前多1倍的资金来偿付越来越多的机械、肥料和饲料费用。因此，地主已不再是资本的主要提供者，其作为资本供给者的地位已被银行和来自农业商人的信用贷款所取代。地主与佃农的关系变成纯粹的土地租佃关系了。1918年以后，特别是1945年以后，地主的地位恶化了，农场主的地位改善了。地主面临的是更高的修理成本和对新建筑的要求。但是，地租受到控制。农场主取得越来越大的安全租佃权，这最终导致了实际上的终身租佃。此外，由于农场主在农业利润中所取得的份额越来越大，经济实力日益雄厚，越来越多的农场主把土地购买下来成了所有者。①

(二)英国城市化与农地保护

18世纪末到19世纪中叶，伴随着圈地运动的完成，资本主义生产方式已在英国农业中占绝对统治地位，使得当时英国的农业在欧洲居领先地位。到19世纪初，英国仍然是一个农业比较发达、食品基本自给的国家。随着工业革命的迅速发展，英国开始实行"英国工业、其他国家农业"的国际分工。这时的英国对农地基本不予保护，工业化、城市化所需要的农产品主要依赖国外。在轻视农业的政策的诱导下，农业逐步衰退，英国在食品供应方面严重依赖于世界市场。由此，英国的耕地面积迅速减少。1871年，英国耕地面积为770万公顷，1930年减少为540万公顷，减少了29.87%，农业明显萎缩。

第二次世界大战以后，英国为了扭转农业发展的衰落局面，开始重视对农地的保护。具体措施如下：

第一，加强土地立法，以保护农地。1947年，英国颁布了《城

① 赖泽源，等. 比较农地制度. 北京：经济管理出版社，1996：28-29.

乡规划法》(*The Town and Country Planning Act*)，这个法令直到现在仍然生效。相对于政府无法可依的过去，它使英国的土地使用进入了截然不同的时代：(1)地方政府在开始动手重建前，需先制订一个规划，其中需对辖区内土地的发展及使用做出有针对性的规划以及详细的施行步骤；(2)土地的使用受到严格的管理和控制。简单地说，《城乡规划法》的颁布，将土地的使用“国有化”了，这对一个发达的资本主义国家来说，是相当难得的。此外，英国还制定了《新城镇法》、《村庄土地法》等 10 多部与土地有关的法律，在 1957 年、1964 年、1967 年、1970 年和 1974 年多次颁布了鼓励、确保农业发展的法令。

第二，用农业政策促进耕地保护，鼓励农场向大型化、规模化方向发展。对愿意合并的小农场，可提供 50%的所需费用，对愿意放弃经营农业的小农场主，给予 2000 英镑以下的补贴，或终生养老金。英国每一个地区都设有不同类型的信贷机构从事农业信贷业务。它们以土地或房屋为担保，对购买或改良农田进行农场建筑等提供贷款；购买农业机械、牲畜、土地和农场建筑物的农民，可以使用短、中、长期贷款等三种形式。

第三，实行农产品价格保护政策。战后，英国政府对本国生产的各种农牧产品都规定了价格下限，即最低保护价格。当相关农牧产品在本国市场上的实际销售价格低于最低保护价格时，差额由政府补贴，从而来调控农牧业生产，使之扩大或缩小经营规模，达到保护耕地的目的。

第四，实现农业机械化。1944 年，英国只有农用拖拉机 17.34 万台，联合收割机 2500 台。进入 20 世纪 90 年代，英国已拥有农用拖拉机 50 多万台，联合收割机 4.7 万台，平均每个农业劳动力拥有 1 台拖拉机、0.5 台联合收割机。目前，英国的农业机械配套，农业机具齐全，从耕作到收获、进仓，每个程序都有相应的机械。

第五，实施共同农业政策。英国于 1973 年 1 月 1 日加入欧共体后，积极把本国农产品市场纳入共同体的轨道，建立共同农产品市场，推进与欧共体农业政策的一体化。英国还积极利用欧共体的共同农业政策促进本国农业发展，每年从中获得了 2 亿英镑的援助，占欧共体农业保证基金总额的 23.8%。

第六，开展土地调查，分类定级和科学规划城乡用地。英国对城市工业、农业、林业三大用地部门进行合理安排，严格控制城市建设用地，保护耕地。

第七，开展环保型农业，提高土地质量。从 20 世纪 80 年代开始，英国耕地保护的目标由食物生产转向提高农村环境质量和发展农村经济。政策实施的目标致力于在保护乡村景观的同时，促进城市结构的合理化，有效提供城市基础设施。具体措施为：(1)加强农用地质量评价，这是耕地保护决策的基础。1976 年和 1988 年，针对 1966 年由农业部负责建立的农业土地分类系统的评价的导则和标准进行了修订。伴随地理信息系统技术的出现以及相关气候、土壤等数据的增加，评价的精度不断提高。1999 年以后，调查评价工作由以政府为主转为私人咨询为主。(2)实行环保型农业政策。英国环境部于 1981 年制定《野生生物、田园地域法》，提倡“科学研究指定地区”(多为劣质地)转为草地和林地，由政府支付补助金；1986 年，农渔业粮食部制定《农业法》，指定“环保农业地区”，并予以补贴；乡村发展纲要是保护乡村景观以及农业土地的重要工具，内容包括守护环境方案、守护乡村方案、环境敏感区方案、能源作物方案、有机农场方案等。(3)发展规划为核心的各级规划。英国 2004 年以来的新规划体系(国家层、区域层和地方层)更为强调政府效能的发挥和社会公众的参与，强调可持续发展原则的贯彻执行，对耕地的保护更为重视。国家级规划政策文件包括可持续发展、绿带、住房、交通、工商业、旅游等诸多方面。①

(三)英国城市化进程中的土地发展权制度

土地发展权(Land Development Right，LDR)又称土地开发权，是指通过改变现有土地的用途和利用强度来对土地进行开发的权

① 王珺. 英国耕地保护及对我国城市边缘区耕地保护的启示. 今日南国，2009(6).

利。土地发展权制度则是对改变土地用途和利用强度进行法律规制，以规范由于改变土地用途和利用强度后所产生的经济利益分配和权利归属。① 该制度最早产生于20世纪四五十年代的英国，随后在美国、法国等国相继建立。

1. 英国土地发展权制度的缘起

20世纪以前，英国对土地权利关注的重心在于静态土地权利设置与保护，还没有认识到动态土地权利设置与保护的重要价值。20世纪上半叶，尤其是第二次世界大战之后，随着城市化进程的迅速发展和人口的不断增加，英国开始认识到动态土地权利设置与保护的重要性，并着手研究动态土地权利的配置，土地发展权应运而生。

英国的土地名义上归英王所有，但实际上归私人所有，其土地权利称为土地保有权，保有权人永久享有自由保有权。英国对土地的管理没有专门的部门和法规，工业革命以来，英国的土地开发利用一直由《公共卫生法》、《住宅法》和《城乡规划法》等法规来规范和调整。但随着城市化的发展，一方面出现了城市规划变动导致土地区位的差异变化给土地权利人带来土地收益上的“暴利”或“暴损”等不公平现象，另一方面出现了土地权利人对私有土地产权的滥用和对土地的过度自主开发造成的诸如房屋建筑密集拥挤、环境污染严重、房价暴涨等诸多有悖于公共利益的严重问题。为解决这些问题，英国加强了城市规划和土地利用管理方面的研究，相继于1940年公布了《关于有计划分散产业和人口的巴罗报告》，1942年公布了《关于保护田园部分的斯考特报告》和《阿斯瓦特报告》。这三个报告分别是有关产业、人口、保护田园和土地征用的研究报告，对英国第二次世界大战后的土地开发利用法律制度起了很大作用，特别是《阿斯瓦特报告》的许多成果和建议，对英国土地征收制度方面的改革起了关键作用。为了解决城市重建和土地开发所带来的土地征收问题，英国开始寻求解决的路径。支付土地征收补偿

① 高洁，廖长林．英、美、法土地发展权制度对我国土地管理制度改革的启示．经济社会体制比较，2011(4)．

金是任何政府征用土地所必须面临的难题，也是一个必须妥善解决的问题，否则，极易产生社会不公平和巨大的土地开发成本。当政府公布建设项目时，土地拥有者有可能提高地价，而若按提高后的地价支付土地征收补偿金，显然政府或项目建设者需支付更大的代价，有失公平。①《阿斯瓦特报告》建议设立"改善金(bettermeist)"制度，即当政府采取建设行动使一些人显然得益，法律应当规定政府向这些人抽一笔特别税作为改善金，而对于因政府建设行动而受损的一些人，政府应支付补偿金。问题在于，很难判断公共行动到底是使人受益还是受损。《阿斯瓦特报告》认为：对于这种复杂的问题，解决的办法是，社会采取一种非常简单而果断的办法，即尚未开发的土地——也就是全国的农村土地——应该实行土地发展权国有化。②《阿斯瓦特报告》的许多研究成果被英国 1947 年的《城乡规划法》采纳，其中最突出的一点是，实行土地发展权"国有化"，它是第二次世界大战以后建立的整个规划体系的奠基石。所谓土地发展权国有化是指一切私有土地将来的发展权移转归国家所有，由国家独占。私有土地仍然保持私有，从此，任何私有土地只能保持原有使用类别的占有、使用、收益与处分之权。变更使用类别之权则为国家所有，由国家独占。私有土地所有人或其他任何人如想变更土地的使用类别，在实行开发之前，必须先向政府购买土地发展权。反之，如果政府土地使用计划变更导致私有土地使用类别变更而降低土地的价值时，政府应按地价降低所造成损失的数额予以赔偿。土地发展权的价值，以变更使用后自然增长的价值计算。③ 英国设立土地发展权的目的在于，建立一种对土地开发进行有效控制的机制。1947 年的《城乡规划法》实行土地发展权国有化后，英国开发土地的势头立即得到遏制。但由于开发土地要付出巨

① 刘国臻. 论英国土地发展权制度及其对我国的启示. 法学评论，2008(4).

② 参见李红卫. 城市土地使用与管理——以广州为例的研究. 广州：广东人民出版社，2002：4-5.

③ 参见柴强. 各国(地区)制度与政策. 北京：北京经济学院出版社，1993：107.

大成本，1952年英国保守党政府执政后曾一度废止。此后，由于英国工党和保守党关于经济政策的基本观点不同，该制度几经反复，并有所变化。但总的来说，通过设立土地发展权制度，控制土地开发利用，确保因开发而引起的土地自然增值(部分)归公的基本制度未变。①

2. 英国土地发展权制度的主要特点

英国土地发展权制度设计的突出特点是，以关注公平为核心。为解决城市重建和土地开发所带来的土地征收问题，1942年1月，英国设立阿斯瓦特委员会，该委员会于1942年9月提出了关于补偿和土地增价方面具有重要理论体系的报告——《阿斯瓦特报告》。《阿斯瓦特报告》的基本思想是：(1)土地利用的决定，不能追随私人土地利用的现状，应该以公共部门为主体，根据公共利益，以选定最佳利用为原则。(2)为了实现最佳利用的目的，应该对因公共决定而引起的地价下降给予补偿，还应解决吸收土地增价的问题。对地价产生影响的主要原因，有流通的期待价值和转移价值两种。在流通的期待价值方面，地主对现在地价还没有上涨的土地将来可能通过开发引起地价上涨寄托希望，这种潜在的土地开发设想，使土地需要量增加，公共利益便受到损失，这对整个社会是不利的。为此，对将来土地开发的决定，应该以公共部门为主体，通过正确的土地利用规划选择合理的地域进行建设，使流通的期待价值达到公正。在转移价值方面，许可开发建设的土地，地价便上升，禁止开发建设的土地，地价便下降。但地域整体的地价总额未变。土地利用管理不外是让土地价值转移。因此，把土地增价部分吸收回来充当土地减价部分的补偿，这样宏观调控以后，土地利用控制引起的增价和减价将处于均衡状态。

英国1947年的《城乡规划法》规定一切私有土地将来的发展权(也即变更土地使用用途之权)移转归国家所有，由国家独占，对所有人是公平的，可以防止因无土地或土地的多少及区位的差异而

① 参见孙弘．中国土地发展权研究：土地开发与资源保护的新视角．北京：中国人民大学出版社，2004：46.

造成不公平。相同位置和土壤的两块农地，价值相等，但其中一块土地若经政府宣布可变更为城市建筑使用，其买卖价格可立即暴涨，较其相邻禁止变更使用农地的地价可能高出十倍甚至百倍。就土地所有权人而言，此种幸与不幸或不同的利害关系的形成，完全取于政府主管机关准许或拒绝其农地变更为非农地的态度。拒绝变更使用，虽未剥夺私人的既得财产权，但准许特定位置的农地变更为非农地使用，使其在顷刻之间可实现巨额暴利，无异于授予少数土地所有权人额外的经济特权。享有此种权利者，对土地的投资改良，或改变环境，或改变位置均无任何贡献。因此，私人所受的特殊利益构成不劳而获的暴利。政府授予私人的特权也违反了公平正义的原则，丧失公共政策的立场。同时间接地因私人间利害冲突，地方往往派系对立，利害关系人与主管官员之间串通勾结图利的机会也可能增加。如果发展权与所有权分割处理，发展权属于政府或国家，就可以从根本上消除土地所有权人彼此之间的不公平。①

土地开发者在获得规划机关的开发许可后，必须在一定时间内对土地进行开发，以确保土地规划的实施。如果土地开发者拒绝开发或自身原因导致土地预期开发价值丧失或贬值，国家不予补偿，但如果是在土地开发许可授予私人后因地方规划机关土地使用计划有变或其认为需要撤销或修正土地开发许可从而给土地开发者造成损失的则应给予相应补偿。从此，英国任何私有土地权利人都只能按土地的原有用途使用土地，变更土地用途的权利即土地发展权则归国家独占。对私人来讲，土地发展权国有化并不妨碍土地权利人向国家申请开发权，只是需要获批并交纳相应的开发税。对于国家而言，国家根据城乡规划和土地用途管制，既可将土地发展权出售给私人，也可直接掌握在自己手中，目的是从法律上限制土地私有权的滥用，对土地开发行为进行控制。自此以后，英国的土地用途管制主要不是通过规划限制而是通过是否授予土地发展权来进行管制。但是，1947 年颁布的《城乡规划法》也存在着严重不合理的地

① 刘国臻. 论英国土地发展权制度及其对我国的启示. 法学评论，2008 (4).

方，那就是片面强调公众利益而完全剥夺了土地权利人的开发收益，从而造成该法在 1948 年 7 月 1 日实施后致使英国的房地产市场交易近乎停滞，直至 1951 年保守党上台废止开发税后房地产市场才逐渐复苏。尽管后来英国政府因工党和保守党轮流执政经常否定对方的相关政策从而在很大程度上影响了土地开发价值的分配，并以处理土地增殖收益上的政策多变而闻名，但土地发展权归国家所有却成了英国土地增值收益分配的基础。无论是工党政府还是保守党政府，一方面或以发展征费或以增值征费或以发展利得税或以发展土地税或以规划得益(planning gain)等法律名目来主张国家的土地开发权，另一方面，土地增值部分不由政府全部独占，而是按一定比例在政府和土地权利人之间进行分割，以防挫伤土地权利人开发利用土地的积极性。虽然英国土地发展权制度的设立通过土地发展权国有化消除了土地规划变动导致土地区位差异，从而造成土地权利人利益上的暴利或暴损等不公平现象，但如何在政府与私人之间合理分配土地增值收益问题以实现有效的土地用途管制，从而有效处理土地管制中的公平与效率问题一直都是英国政府关注的问题。①

① 高洁，廖长林. 英、美、法土地发展权制度对我国土地管理制度改革的启示. 经济社会体制比较，2011(4).

第三章　美国城市化进程中的农地制度变迁

一、美国城市化概述

（一）美国城市化进程

美利坚合众国简称美国，位于北美洲南部，北邻加拿大，南连墨西哥，东濒大西洋，西临太平洋，并拥有两块远离美国本土的“飞地”——北美西北部的阿拉斯加州和太平洋北部的夏威夷州。美国总面积为 936.3 万平方千米，人口 3.178 亿(截至 2014 年 3 月)，人口密度约 34.2/km^2(2013 年)，82%的人口为城市人口(2008 年)。

美国工业革命以工作机的研制和使用为标志，始于 18 世纪末。1790 年，罗德岛建立的第一座使用阿克莱特纺纱机的棉纺厂，被公认为是美国工业革命的开端。因为它预示着资本主义生产方式从工场手工业阶段转向机器工业阶段，在美国开始了由商业资本主义向工业资本主义过渡的新时期。美国城市化是工业革命的必然产物，反过来，又促进了工业化的实现。它开始于工业革命初期，完成于 20 世纪 20 年代。美国城市化始终呈直线上升的趋势，其步伐是欧洲望尘莫及的(见表 3-1)。

美国建国初期，城市数量很少，城市人口占全国总人口的比例仅为 5%，只有纽约和费城人口达到 3 万左右。19 世纪初是美国经济的第一个高涨时期。在这一时期，美国城市化水平超过 10%，完成了城市化起步阶段。内战后至 20 世纪初，是美国工业化迅猛

表 3-1 **1790—1980 年美国城市数量和城市化水平**

年份	城市数量/个（≥2500）	城市人口占全国人口的百分比(%)				
		全国	东北部	南部	中央北部	西部
1790	24	5.1	8.1	2.1		—
1800	33	6.1	9.3	3.0		—
1810	46	7.3	10.9	4.1	0.9	—
1820	61	7.2	11.0	4.6	1.1	—
1830	90	88	14.2	5.3	2.6	—
1840	131	10.8	18.5	6.7	3.9	—
1850	236	15.3	26.5	8.3	9.2	6.4
1860	392	19.8	35.7	9.6	13.9	16.0
1870	663	25.7	44.3	12.2	20.8	25.8
1880	939	28.2	50.8	12.2	24.2	30.2
1890	1348	35.1	59.0	16.3	33.1	37.0
1900	1740	39.6	61.1	18.0	38.6	39.9
1910	2262	45.6	71.8	22.5	45.1	47.9
1920	2722	51.2	75.5	28.1	52.3	51.8
1930	3165	56.1	77.6	34.1	57.9	58.4
1940	3464	56.5	76.6	36.7	58.4	58.5
1950	4284	64.0	79.5	48.6	64.1	69.5
1960	5445	69.9	80.2	58.5	68.7	77.7
1970	6435	73.5	80.4	64.6	71.6	82.9
1980	8765	73.7	—	—	—	—

资料来源：李其荣. 对立与统一：城市发展历史逻辑新论. 南京：东南大学出版社，2000：134.

发展和西部大规模开发时期，也是美国城市化快速发展时期。在这一时期，大量新兴工业性城市涌现出来。在中西部，若干分散孤立的中小城镇迅速发展成为一个联系紧密的城市体系，与东北部城市共同构成美国工业布局的心脏地带；在西部，城市从无到有，一些城市，如旧金山、洛杉矶、西雅图、丹佛等，甚至从小城镇发展成较大规模的中心城市。1790 年，2500 人居住的城市只有 24 个，到 1860 年，这种规模的城市就达到了 392 个①。到 1870 年，全国有 25%的人口生活在城市里，至此美国实现了初步城市化②。1790—1880 年，城市数量和规模均以空前的速度增长，至 1920 年，美国城市数量达到新的峰值，全国总人口突破了 1 亿大关，有 51.2%的人口居住在城市里，标志着美国已成为一个城市化国家。

20 世纪中叶，随着服务业的迅速发展，美国的城市化发展进入新的阶段。城市人口比例进一步上升，城市区域也日益扩张，构成所谓大都市区（Metropolitan District）③。1940 年，美国几乎有一半人口居住在大都市区内，至此美国成为一个大都市区国家。1990 年是又一个划时代的年份。这一年，美国有一半以上的人口居住在百万人口以上的大型大都市区里。全国城市体系从 1920 年的 2700 个城市、58 个大都市区发展为 1990 年的 11000 个城市、268 个大都市区。对于美国来说，“城”与“乡”两个传统的地域概念已不能准确地概括其人口的分布趋向，取而代之的是大都市区和非大都市区。此后，美国城市化水平虽然仍在不断上升，但已基本处于平衡状态④。

---

① Jonathan Hughes. American economic history. Glenview, Illinios: Scott, Foresman and Company, 1987: 167.

② 林玲. 城市化与经济发展. 武汉：湖北人民出版社，1995：66.

③ 这一美国城市统计中的重要概念在 1910 年的美国人口统计中首次使用，其内涵后来几经变化，目前大体是指在一定范围内，人口超过 10 万，其中 5 万以上生活在城市的区域。这一标准在实践中已经取代了美国建国以来一直沿用的以 2500 人为底线的城市标准。今天，美国人口的分布区别是大都市区和非大都市区的区别，而非城乡的区别。

④ 国家统计局城市社会经济调查总队，中国统计学会城市统计委员会. 2001 年中国城市发展报告. 北京：中国统计出版社，2002：263.

(二)美国城市化进程的特点

与世界其他国家的城市化相比，美国的城市化具有如下特点：

第一，城市化与工业化、农业现代化和谐发展、同步增长。美国的城市化发展与工业化和经济结构的变化具有很高的关联性。17世纪后期至18世纪，城市的经济活动主要是贸易，城市周围的经济活动主要是农业；19世纪初，城市的经济活动主要是制造业；至20世纪中期，制造业在城市经济中的作用开始下降，取而代之的是服务业，到2000年，服务业就业人口已占总就业人口的74.5%。可见，与英国的城市化一样，美国的城市化也是工业化的必然结果。与英国城市化最大的差异是，美国在实现工业化和城市化的同时，也实现了农业现代化。农业的发展不仅为工业化和城市化发展提供了充足的粮食、原料和广阔的国内市场，而且农业劳动生产率的迅速提高释放出大量的剩余劳动力，满足了城市工业生产对劳动力的需求。因此可以说，农业现代化是美国城市化的基础，没有农业的现代化，便没有美国的城市化①。

第二，以市场和经济一体化为导向的城市化。市场竞争是美国城市化发展的巨大动力。美国经济的重要经验是市场经济为导向。无论是交通网形成的“运河时代”、“汽船时代”、“铁路时代”，还是新技术、新发明、新工艺层出不穷的“科技发明时代”、“知识经济时代”、“信息时代”；无论是东北部的早期城镇发展时期，还是中西部城市的兴起及跳跃性发展时期，优胜劣汰、适者生存的市场竞争法则一直处于主导地位。经过激烈生存竞争而得以立足的城市，其生命力更强，而那些在市场竞争中失去各种优势的城市则变得无足轻重。竞争还使得美国东西部之间的市场逐渐一体化，逐步缩小了东西部之间的经济差距，促进了区域经济的协调发展，强化了全国各地区间、各城市间的联系，形成国内经济专业化和市场经济一体化。

---

① 董继民. 农业现代化与美国城市化. 山东师范大学学报，1998(1).

第三，从城市化到大都市区化的城市化道路①。1920 年，美国有 51.2%的人口居住在城市里，至此，美国已成为一个城市化国家。如果说到 1920 年美国已基本实现城市化，那么 20 世纪 20 年代后美国开始进入大都市区化阶段。美国大都市区化的主要特点是：城市区域不断扩大，而中心区城市人口比重下降，向郊区迁移，大型的大都市区发展尤为迅速。美国大都市区的发展可分为两个时期：第一个时期为 1920 年至 1940 年，在这个时期，大都市区的规模和数量普遍增长。1920 年，美国有 58 个大都市区，其人口占美国总人口的 33.9%，1940 年，大都市区增加到 140 个，占全国总人口的比例为 47.6%，即接近全国总人口的一半。第二个时期为 1941 年至 1990 年，主要表现为大型大都市区的优先增长。在这 50 年中，大都市区数量增加到 268 个，其人口达 2 亿，占全国总人口的 79.6%。其中，人口在百万以上的大型大都市区发展更加迅速，其数量由 11 个增加到 40 个，人口由 3490 万增加 1.329 亿，占当时大都市区总人口的比例达 68%，占美国总人口的比例由 25%上升到 53.4%②。

20 世纪 60 年代以来，美国出现了大都市连绵带(Megolopolis)。大都市连绵带是发达国家城市化进程中出现的一种新的城市地域空间组织形式，是大都市区化进入高级阶段的标志。美国的大都市连绵带主要有：(1)波士顿—华盛顿大都市连绵带，即北起波士顿，南至华盛顿，以波士顿、纽约、费城、巴尔的摩、华盛顿等一系列大城市为中心城市，其间分布的萨默尔维尔、伍斯特、普罗维登斯、新贝德福德、哈特福德、纽黑文、帕特森、特伦顿、维明尔顿

---

① 关于美国城市化和大都市区化的划分时期问题，学术界还未取得一致看法。比如美国城市史研究专家、东北师范大学教授王旭认为，应该以 1920 年为界来划分美国的城市化和大都市区化，而南京大学教授任东来认为，1940 年是一个更容易理解的分期界限。参见王旭. 美国城市史. 北京：中国社会科学出版社，2000；任东来. 从城市化到都市区化：评王旭《美国城市史》. http：//www. acriticism. com/article.

② 国家统计局城市社会经济调查总队，中国统计学会城市统计委员会. 2001 年中国城市发展报告. 北京：中国统计出版社，2002：265.

等城市将这些中心城市连成一体，在沿大西洋海岸600多公里长、100多公里宽的地带上形成一个由5大都市和近200多个中小城市组成的巨大城市带，拥有20%左右的美国人口。(2)芝加哥—匹兹堡大都市连绵带，即分布于中部东北地区的大都市连绵带，它东起大西洋沿岸的纽约，西沿五大湖，南至芝加哥，其间分布有匹兹堡、托利多、克利夫兰、底特律等大中城市。该连绵带与东部大西洋沿岸大都市连绵带相连呈“丁”字形格局，北部与加拿大的多伦多—蒙特利尔大都市集聚区相邻。(3)圣迭戈—旧金山大都市连绵带，位于西南部太平洋沿岸的美国第三个大都市连绵带，南起加利福尼亚的圣迭戈，向北经洛杉矶、圣巴巴拉、圣何塞到旧金山海湾地区和萨克拉门托。波士顿—华盛顿、芝加哥—匹兹堡两大都市连绵带集中了20多个100万人口以上的大都市区和美国70%以上的制造业，构成一个特大工业化区域，被称为制造业带。这一地带是美国工业化和城市化水平最高、人口最稠密的地区①。此外，在美国南部的墨西哥湾地区，以特大城市休斯敦为主体的大都市连绵带也在形成之中。大都市区化体现了大都市区在城市化中的地位和作用，也体现了城市化在地域上的整体特征，是发达国家城市化进程中的一个带有规律性的现象，只不过它首先发生于美国，成为20世纪以来美国城市化的一个主要特点。

第四，东、西部有着明显差异的城市化。美国在19世纪末完成工业革命，但到了20世纪20年代才完成城市化进程。美国城市化首先开始于美国东北部(原来英国的殖民地)，从19世纪50年代开始逐渐向西部推进，扩展到全国。美国东北部城市化与中西部、西部城市化走的是两条截然不同的道路。东北部沿着英国传统的城市化发展道路，经历了从农业到手工业、商业，再到工业的常规发展道路，城市化起步较早。而西部、中西部城市多是“速成型”城市，走的是以矿产资源为依托，先采矿或先修路，然后建立城市的道路。这些城市在竞争中极易衰落下去，城市淘汰率高。但

① 顾朝林. 经济全球化与中国城市发展. 北京：商务印书馆，1999：80-81.

是，存留下来的城市生命力旺盛，适应性强。城市化在 19 世纪开始时，仅集中于东北部海岸，西部、中西部或者还不属于美国版图，或者尚未开发。内战之后，尤其是 19 世纪 80 年代掀起的移民高潮，国内农村人口与国外移民纷纷涌向城市，其中很大一部分到了中西部与西部，推动了城市化的进程。美国东、西部城市化道路的差异主要表现在：(1)东部大西洋沿岸地区与中西部的城市化并不是同步进行的，而是有一个自东而西梯度推移的过程；(2)西部地区的城市化在发展的背景条件、环境条件及政策条件等方面与东部地区有着明显不同。就城市化背景而言，美国西部城市化正值美国工业化迅猛发展时期，它以东部地区强大的工业化实力为依托，加上后来联邦政府投入巨资的直接扶持，因而起点高、速度快，带有跳跃性的特征。这与美国东部先行农业垦殖，而后工业化及城市化的循序渐进的城市化道路是截然不同的。在环境和自然条件方面，美国西部城市化道路也显示出其不同于东部的特点。美国西部矿藏丰富，矿产的开发开启了西部城市化的大门。始于 1848 年的淘金热使加州境内和太平洋山脉地区的一些不毛之地繁荣起来，出现了萨克拉门托、斯托克顿、奥克兰等城镇，一些为矿区服务的综合性城镇也应运而生，这些城镇主要有旧金山、丹佛、波特兰、洛杉矶、普布韦洛等。在政策方面，美国国会 1862 年通过了《太平洋铁路法案》，美国开始了横贯大陆的铁路建设时代。随着铁路的铺设和延伸，原有城市迅速发展，形成了像圣迭戈、洛杉矶、旧金山、西雅图这样的地区中心城市。此外，铁路网络遍布西部各州，为城市的产生和发展提供了契机，一批沿五大铁路线建立的中小城市如雨后春笋般茁壮成长。在西部开发过程中，美国政府给予许多优惠的土地政策，如 1862 年的《宅地法》和《太平洋铁路法案》及 1877 年的《荒地法》。这些土地法案实施之后，政府出售大块土地给民众，以吸纳商人和公司的资金开发西部，加上土地投机者的操纵，在西部出现了一个又一个新市镇，像匹兹堡、辛辛那提、路易斯维尔、马里塔、克利夫兰等诸多中西部城市，都是以土地投机为契机而建立起来的。从这个意义上讲，中西部城市的起源和发展，走的是一条不同于东北部的城市化道路①。

二、美国土地制度的渊源及早期农地制度的演变

1492 年 8 月 3 日，哥伦布受西班牙国王派遣，率领 3 艘百十来吨的帆船，从西班牙巴罗斯港扬帆出大西洋，向正西方向航行。经过 70 昼夜的艰苦航行，哥伦布率领的船队在 1492 年 10 月 12 日凌晨终于发现了“新大陆”(美洲大陆)。自哥伦布首航美洲后，西班牙、荷兰、法国、英国的殖民者纷纷来到美洲大陆。在欧洲殖民者到达北美的时代，那里的印第安人还处于原始公社时期，他们还没有形成类似中南美洲阿兹特克人或印卡人那样强大而统一的主权实体，② 也没有土地私有的概念。他们珍视土地，是因为它可以出产维持生命的物质。对印第安人来说，土地象征着生存、认同和归属感。一般认为，易洛魁六部落实行的是集体拥有和耕种土地的制度。但也有证据表明，易洛魁人中间也有各个家庭开垦、种植和收获的单独的土地。西南地区的普韦布洛印第安人虽然主要以农业为生，但在西班牙人到来之时，他们实行的可能也是共同占有和耕种土地的制度。某些已经进入农耕阶段的印第安人，如奥马哈人，虽然每个家庭都有一块耕地，但是他们并没有任何让渡土地的权力。同一个部落的家庭可以相互交换土地。对于那些无人占据的土地，每个家庭都可以随意耕种。印第安人粗放原始的土地使用和占有方式，给白人殖民者以无法抗拒的诱惑。白人常常以印第安人缺乏对土地的有效使用为借口来掠夺他们的土地。③

欧洲的殖民者都力图统治美洲这块资源丰富的大陆，并根据其

① 林广，张鸿雁. 成功与代价：中外城市化比较新论. 南京：东南大学出版社，2000：243-244.

② 李剑鸣. 美国的奠基时代. 北京：人民出版社，2001：43.

③ 孔庆山. 美国早期土地制度研究(1785—1862). 广州：中山大学出版社，2002：29-30.

“发现即所有”的逻辑，认为土地是属于他们的。欧洲的君主们便依据一定的条件把美洲大陆的土地纷纷授予合股公司和私人地主。这些公司和地主则把欧洲封建制度的各种办法移植到美洲。但是，封建土地制度在北美没能完全占据主导地位。这主要是因为北美地广人稀，领主无法限制人们对土地的自由取得，再加上殖民地劳动力奇缺，领主们为了争夺移民，也不可能对他们课征繁重的封建赋税。经过长时间力量的消长，最后英国在北美占据了优势。到17世纪，英国在大西洋沿岸至阿巴拉契亚山之间的狭长地带，建立了13个殖民地，这就是美国独立时的版图。由于殖民地建立的情况不同和自然条件差异，形成了三类不同的土地占有关系。在北部，土地归业主组织的集团所有，他们将土地分给居民，每户30英亩，叫私田。牧场、森林和荒地属于公共所有，叫公地。北部尽管也存在大地产所有制，但普遍建立的是自耕农性质的小土地所有制。在中部地区，大地产制度和小土地所有制并存。原先荷兰人建立的大地产，被英国国王完整地赏赐给贵族地主。地主或建立使用契约奴和黑奴的大庄园，或把土地分租给自由移民，收取代役租。由于尚有许多空地供移民自由占用，自耕农的小农经济有较大的发展。在南部，贵族和富商建立的奴隶制种植园经济得到充分发展，成为南部经济制度的主体。①

从土地占有制度的演变来讲，北美的新环境可能具有更大的促进作用。对移民来说，他们处在一个全新的原始环境之中，土地的个人私有和利用基本不存在，因而他们有机会摒弃旧的法律和习俗，来创建一套新的土地分配、占有和转让制度。而事实上，他们并没有创建多少新的制度，而是照搬照抄了母国的土地占有制度，因为模仿要比创造容易得多。所不同的是，新的环境使照搬和照抄过来的制度发生了改变。在北美，占有者绝对所有制（free ownership），即人人是自己土地的所有者，代替了英国普遍流行的租佃制。这主要是早期土地极为丰富、人口非常稀少和政治控制虚弱所致。在殖民地初期，即使免费把土地的全部产权授予移民也吸

① 赖泽源，等. 比较农地制度. 北京：经济管理出版社，1996：43-44.

引不到多少人，遑论没有产权的租佃制了。①

美国独立战争推翻了英国的殖民统治，清除了国内的封建制度，为资本主义生产方式的确立和迅速发展扫清了道路。农业则走上了列宁称之为“美国式”的资本主义发展道路。在战争期间和战后，美国没收了亲英派贵族的土地。这些被没收的土地，部分落入投机商等新地主手中，他们往往又将土地分割成小块出售；部分直接分割成为农民的财产。这样，原来的封建土地所有制变成了个体农民的小私有制。②

三、美国城市化进程中的农地制度变迁

美国城市化与农地制度变迁之间关系的演变，总体上看，可分为三个阶段，即城市化起步及加速阶段与农地出售或赠与制度、城市化基本实现阶段与农地规模经营及保护、城市化高度发达阶段与农地制度市场调控，不同的历史阶段具有不同的特点。

（一）美国城市化起步及加速阶段的农地制度变迁（1920年以前）

美国城市化始于工业革命。第一次工业革命发端于1801年，基本完成于1870年。第一次工业革命极大地改变了美国的经济社会形态：一是工业革命推动了城市的扩张和新兴工业城市的兴起。二是工厂制度的兴起，导致农村人口大量涌入城市，转化为城市工业劳动力，致使城市数量和城市人口大幅度增加。美国城市化进程中的第一个高潮就出现在这个时期。城镇人口占总人口的比重由1830年的8.8%急速上升到1870年的25.7%。③ 美国的城市化由此进入快速发展阶段。

---

① 孔庆山．美国早期土地制度研究（1785—1862）．广州：中山大学出版社，2002：69.

② 赖泽源，等．比较农地制度．北京：经济管理出版社，1996：44.

③ 高强．日本美国城市化模式比较．世界经济，2002（3）.

与此同时，美国农地制度的变迁和农业生产技术的进步极大地改善了农业生产条件，为城市化的发展奠定了良好的基础。而工业化、城市化的发展也推动了农业现代化进程。首先，从人均粮食来看，1860 年人均粮食为 800 公斤，1870 年接近 1000 公斤。1920 年以后，由于集约使用土地，人均粮食进一步增长到 1200 公斤左右。美国工业化、城市化所需粮食完全建立在本国农业发展的基础上。其次，农业生产率迅速提高，为大批农业劳动力向城镇转移创造了条件。1820 年，一个农民所生产的产品仅供 4 人消费，到 1920 年供养人数翻了一番。最后，农业为城镇提供了大量资金积累，成为美国城市化初期资金积累的两大主要来源之一(另一主要来源是利用外资)。美国奉行土地私有制和农场制度。① 在这一时期，由于美国国土面积急剧扩大，同时也为了开发新增加的国土，美国土地制度变迁更多地表现为分配性质，即如何和向谁出售或者赠与联邦土地。具体制度措施包括：联邦土地出售制度、联邦赠地制度和军功授地制度等。

1. 联邦土地出售制度

美国独立时，国土仅从东部海岸线延伸至密西西比河，尔后经过一系列殖民战争和购买，国土面积不断扩大。为了充分开发不断增加的国土，作为美国早期土地制度中最重要的一种制度——联邦土地出售制度就应运而生了。1785 年美国颁布了第一个《土地法令》，拉开了出售联邦土地的序幕。随后又相继进行了一些土地法令的修改，于 1862 年出台了《宅地农场法》。从 1863 年 1 月 1 日丹尼尔·弗里曼在内布拉斯加领取第一份宅地到 1890 年大平原被移民住满只用了 27 年。从此大平原被移民分割占有，形成了美国农场农业的雏形。其间，先后通过 1796 年《土地法令》、1800 年《土地法令》、1820 年《土地法令》、1832 年《土地法令》、1841 年《先占权法》、1854 年《地价递减法》、1873 年《育林法》、1877 年《荒地法》、1878 年《木材和砾石法》等主要法令，这些法令都直接或间

① 王家庭，张换兆. 工业化、城市化与土地制度的互动关系：美国的经验. 亚太经济，2009(4).

接地促进了土地的私有化和集中。① 在上述诸多土地法令中，特别值得关注的是1785年颁布的《土地法令》和1862年出台的《宅地农场法》。

1785年5月20日美国国会通过了《西部土地出售法令》，即1785年《土地法令》，其主要内容是：(1)由合众国地理学家领导和组织公地的测量工作。(2)测量员将按正南正北、正东、正西的直线把合众国公地划分成6英里见方的村镇。(3)每个村镇要划分成各为1平方英里或640英亩的地块，并标上1~36的数字。(4)拟议中的土地测量完之后，优先择总数的1/7以满足大陆军士兵的军功授地。(5)剩余土地以每英亩不低于1美元的价格公开拍卖，并用硬币，或按贬值比例折合成与硬币等价的信贷券，或用合众国政府债券偿付。(6)在每个村镇中要为合众国政府保留4块土地，即第8、11、26和29块，以备将来出售。每个村镇的第16个地块留作各该村镇开办学校之用。(7)为合众国政府保留所售土地上1/3的金矿、银矿、铅矿和铜矿，由国会决定其或是出售或是作其他方式处理。

1785年《土地法令》确立了公地出售中先测量、登记注册，然后再通过拍卖出售，以及按村镇(6英里见方)和按地块(1平方英里，即640英亩)为单位出售土地的基本原则。先测量后出售，保证了西部土地出售的有序进行，购买者可以按照地籍图册准确地找到自己所购买的土地。以6英里见方为单位的村镇成为组织西部地方政府、道路修建、税收、选区划分和公校的基础，成为基层政治的核心单位。此外，该法令还确立了每英亩1美元的最低拍卖价。自此之后，美国土地制度的演变，主要是围绕地块的大小、地价的高低这两个轴心上下浮动。这个法令对售地面积的上限没有规定，可以一次购买整个村镇(合31个地块，19840英亩)，或多个村镇，但下限是每次至少购买一个地块(即640英亩，差不多等于中国的4000亩)。这个下限对大多数边疆购地拓荒者而言是无力承担的。

---

① 车凤善，张迪. 美国农地保护政策演变及对我国的借鉴. 国土资源情报，2004(3).

当时各州硬币奇缺，边疆尤甚。边疆拓荒者能有如此数目者可谓寥寥无几。后来，随着西部影响的增大，售地面积逐渐从640英亩缩减到320英亩、160英亩、80英亩和40英亩，以适应边疆拓荒者的要求。地价则在1~2美元浮动。特别是在后来引进了相当优惠的信贷制度，便利了西部拓荒者的购地，促进了国有土地的迅速出售。①

1862年出台的《宅地农场法》的正式名称为《给公地上的实际拓荒者以宅地农场的法令》。该法令规定：(1)任何为一家之长或年龄在21岁以上并且为美国公民者，或按照美国归化法之规定将宣誓欲成为美国公民者，而且从未拿起武器反抗合众国政府或资敌者，自1863年1月1日起将有权进占160英亩未被占有的或者该申请人已申请优先购买权的公地，此种土地在申请人提出申请之时，应是可以根据优先购买权原则按照每英亩1.25美元及其以下价格购买之土地；或者是不超过80英亩未被占有、其价格是每英亩2.50美元的土地(此处指铁路两侧的公地)。(2)任何人在依此法令向土地局官员申请土地时须向该官员宣誓，他或她确为一家之长，或年龄在21岁以上，或将在联邦军队中服役，而且从未拿起武器反抗过合众国政府或者帮助过敌人，所申请进占之土地完全是他或她自己实际定居和耕种所用，并非直接或间接为他人所申请；宣誓完毕，交纳10美元后，他或她将被允许进占所申请之地。自进占之日起满5年者始发证书或地契。(3)依此法令所获得之土地无论在任何情况下都不得用于偿还该土地地契颁发前所欠之任何债务(此为保证宅地之稳定)。(4)自宣誓进占该土地后不满5年之前改变居所或放弃该土地达6个月以上者，该土地将被退还给政府。(5)依此法令之规定，任何人不得获得超过160英亩土地的所有权。土地局官员办理此种土地业务时仍如出售土地一样可获得同等的报酬。该申请人申请时交纳一半的费用，领取地契时再交纳另一半。本法令在任何情况下不得损害或干涉现存优先购买权。在实际

① 孔庆山. 美国早期土地制度研究(1785—1862). 广州：中山大学出版社，2002：104-106.

战争期间，任何在美国正规军或志愿军中服役不少于 14 天者不得因年龄不满 21 岁而被剥夺享受本法令利益之权利。(6)本法令不阻止任何人依此法令获得土地后再按政府规定以最低价格购买联邦土地。①

1862 年颁布的《宅地农场法》受到了广泛的赞誉。如罗伯特·都铎·希尔所说，它几乎毫无保留地将公地向所有人开放。它使任何一个没有资本但能种地的人的潜在经济独立完全成为一个事实。弗雷德里克·默克认为，这个法案实现了改革家们长久以来所抱有的梦想。但是，这个法令的实际执行并没有达到其预期的效果。它并没有使大批拓荒者得到土地。从 1862 年该法通过后至 1872 年的 10 年间，只有 21782 人得到了免费宅地农场，平均每年仅有 2178.2 人得到免费宅地农场。直到 1900 年以前，每年领取免费宅地农场的人数最多不超过 3 万人，常常是每年只有 1 万多人。平均每年大约只有 3/10000 的人得到宅地农场。在 1863—1872 的 10 年间，用现金购买的土地是《宅地农场法》授予的土地的 10 倍。在下一个 10 年，用现金购买的土地是免费宅地农场授地的 3.5 倍。人们宁可花钱买好地，也不愿要免费的坏地。所以，依《宅地农场法》所授农场土地十分有限。《宅地农场法》并不是一个平均地权的改革法令，它既没有产生该法案反对者所担心的那种可怕后果，也没有出现赞成者所预期的光辉前景。美国的“贫穷、悲惨、呻吟、饥饿、污染、罪恶和嫖娼等”，不但没有“完全消失”，反而可能有所加剧。但是，这个法令确实使一部分人在西部得到了免费的农场，这是《宅地农场法》最实在的成果。②

《宅地农场法》的颁布也未能完全杜绝土地投机。它还有一个变通规定，准许宅地申请人在登记后 6 个月按每英亩 1.25 美元折

① 美国法令大全，第 12 卷，第 392-393 页，http://memory.loc.gov/ammem/amlaw/lwsllink.html. 转引自孔庆山. 美国早期土地制度研究(1785—1862). 广州：中山大学出版社，2002：240.

② 孔庆山. 美国早期土地制度研究(1785—1862). 广州：中山大学出版社，2002：240-243.

价购买。结果使许多私人大公司可以通过自己的代理人用低廉的代价取得大量的宅地。据估计，从1881年到1904年分配出去的宅地中约有23%属于这种宅地。在《宅地农场法》颁布之后，联邦政府又颁布了一系列处理西部土地的法令。这些法令并不是为宅地小农制定的，只有利于富裕农民和土地投机者。1873年的《育林法》，允许取得宅地的农民，再申请160英亩林地，如4年内能够在1/4地段上种植树木，即可取得该地段的所有权。1877年的《荒地法》给予"大平原区"移民拥有640英亩土地的权利。经证明在3年内曾经进行过灌溉，并付出一定价款以后即可取得该片土地的所有权。1878年的《木材和砾石法》还允许移民按照政府估定的价格购买160英亩"不适宜耕种"的土地。这些土地法令的颁布一方面加速了西部土地的开发，另一方面也给土地投机提供了极好的机会，常常使一些适合于宅地农场的地段作为荒凉土地或者林木土地出售给富裕农民和土地投机者的代理人，影响了《宅地农场法》的实施。①

2. 联邦赠地制度

建国初期，由于现金短缺，联邦政府便以庞大的土地资源代替短缺的现金投入各项公共事业，或将土地赠与各州用于新建或改进州内的基础设施。这样就使得那些沉睡的、毫无作用的荒原转化为开发西部的手段。这对于美国的经济发展和建设起到了非常重要的作用。

联邦政府为了发展西部交通，曾经将大片土地拨赠给公路、运河、铁路等公司。仅1862—1871年拨给铁路公司的土地就达到127628000英亩。1841年《赠地法》规定，各新州所获赠地的限额为50万英亩，可按320英亩最低限额出售，售价为每英亩1.25美元。所得款项应当用于"修建道路、铁路、桥梁、运河，改造河道和沼泽地"。② 从1841年到1880年17个新州所获赠地总数达到7806554.67英亩。出售赠地的款项主要用于交通运输项目。另外

① 张友伦. 美国西进运动探要. 北京：人民出版社，2005：218-219.

② 美国法典(*Laws of the United States*)，Vol X，第157页。

一笔大数目赠地就是教育赠地。1785 年《土地法令》明确规定，每个村镇的第 16 个地块留作各该村镇开办学校之用，其销售收入必须用于支持教育。由国会通过专项法令直接向公共学校赠与土地始于 1912 年 6 月 13 日。根据这项法令，密苏里领地的 11 个城镇和乡村的公共学校从联邦政府手中得到了赠地。圣路易斯的学校也第一次得到了土地赠款。为了防止低价出售教育地段和挪用所收取的售地款，联邦国会规定了较高的售价，并责成有关州将售地所得划入各该州的教育基金。国会还将出售盐碱地、沼泽地的款项拨给有关州，用于教育事业。在相当长时间内，联邦政府所关注的是中小学教育，在不同时期以不同形式用于支持中小学教育的土地共达 77261525 英亩。

西部土地的迅速开发迫切需要大批的农业技术人才。创办农学院和机械学院的呼声越来越高。1857 年，佛蒙特州的国会议员贾斯廷 · S. 莫里尔向众议院提出了动用公共土地建立农学院和工学院的议案。该议案经过几年的激烈争论，终于在 1862 年获得通过，7 月 1 日经林肯总统签署后正式成为土地法令。依据莫里尔土地法令，有 1000 多万英亩公共土地授予各州和领地，这对创立州立大学和农学院曾经起过巨大的推动作用。1890 年 8 月 30 日联邦国会通过的第二个莫里尔法令也是一个发展农业和工业教育的重要法案。该法案要求联邦政府从出售公共土地所得款项中拨出一部分给各州和领地作为那里的农学院和工学院的经费。总之，联邦政府用土地和出售土地的款项支持教育事业的政策是较为一贯和颇有成效的。许多州立大学、师范学院、矿业学校和军事学校，甚至包括有些私立院校，都是受惠者。究竟有多少公共土地被用于教育，很难找到可靠的数字。据美国学者希巴德的粗略估计，政府直接和间接用于教育目的的土地超过了 1 亿英亩。如此巨大的投入对美国教育事业，特别是农业技术教育所起的推动作用是显而易见的。①

3. 军功授地制度

美国早期土地制度中的另一项重要制度是军功授地制度。所谓

① 张友伦. 美国西进运动探要. 北京：人民出版社，2005：219-227.

军功授地(military bounty land)，是指为了奖励或补偿军队将士为国家提供军事服务而无偿授予的土地。军功授地制度的发展演变，同美国整个国家的政治发展演变是一致的。在建国初期，国家政治控制权由东部沿海诸州把持。随着西部的开发，以及东部沿海诸州又分为南部和北部，西部迅速成为国家政治舞台的一支重要力量，而且往往发挥着比它自身力量更大的作用。西部成为南北政治斗争中的一个重要砝码。西部站在哪一方，哪一方就会在国家的政治斗争中占有优势。对待土地的态度，就是对待西部的一块试金石。在1840年以前，南部基本上赞成慷慨的土地政策，由此获得了西部的支持，因而在国家政治生活中一直处于优势地位。1840年以后，随着北部民主政治的发展，特别是在反对奴隶制的斗争中，北部把争取免费土地的斗争作为反对奴隶制斗争的一项重要内容，这就使北部和西部逐渐走到一起。与此同时，南部逐渐趋于保守和顽固，同西部越来越疏远。1860年前的几个免费土地法案都因以南部为主的民主党人的反对或民主党总统的否决而未能获得通过。西部同东北部的结合，保证了越来越慷慨的军功授地法案的顺利通过，也保证了北部在美国南北内战中的胜利。

军功授地制度也存在不足之处。作为主要奖励对象的士兵并未从这项制度中得到多少实惠，甚至可以说，军功授地的受益者十有八九不是军人。尤其是在建国初期，军人领取军功土地的手续极为繁琐，且时间漫长，独立战争的退伍军人8年后才开始领取他们的军功授地，有时甚至十几年后才能领取。有些穷困的退伍军人被迫将自己手中的军功授地券以每英亩一两美分的价格出售。军人没有得到他们应得的奖赏，国家也未能实现其开放土地的政策目标。而且在某种程度上，由于大片军功授地落入投机者之手，待价而沽，不但不能促进土地的开发，反而影响或阻碍了正常的开发进程。

尽管军功授地制度存在这样或那样的问题，但作为一种处理国家土地的制度，作为化公有土地为私有土地的一种制度，它又是比较成功的一种制度。因为在建国后短短几十年的时间内，依照慷慨的军功授地法案，将近7000万英亩的公共土地似乎眨眼之间就被处理掉了(见表3-2)。而在1862年《宅地农场法》颁布之前，通过大张旗鼓的正规出售制度处理的国家土地只有 156726893 英亩，仅比以军功授地法案处理的土地多 1 倍多一点。由此可见军功授地规模之巨大，影响之深远。①

表 3-2　**1907 年 6 月 30 日前军功授地总亩数及受益人数**

战争或法令颁布年代	受益人数(人)	授地面积(英亩)
独立战争，根据 1800 年以前的法令所授予的人数与土地亩数	16663	2665080
1812 年战争	29186	2845920
1847 年法令	88274	13213640
1850 年法令	189145	13168480
1852 年法令	11992	694400
1855 年法令	263100	34151590
合计	598360	68739110

资料来源：孔庆山. 美国早期土地制度研究(1785—1862). 广州：中山大学出版社，2002：261.

4. 土地投机

美国早期土地制度的演变中出现的土地投机自始至终都是一个影响颇大的问题。土地投机加大了西部移民的经济负担，成为西部开发的一种障碍。因为移民为了从投机者手中获得小块土地往往要付出高出规定价格几倍的价钱。但在政府规定必须大面积出售公共土地期间，这又是小农取得小块耕地的重要途径，甚至是别无选择的途径。在《宅地农场法》颁布以前，他们只得咬着牙承受这种沉重的负担。即使在《宅地农场法》颁布以后，不少移民为了获得一块交通方便的肥沃土地也不得不以高价向土地投机者购买。

美国早期土地制度变迁中土地投机之所以比较猖獗，主要是因

① 孔庆山. 美国早期土地制度研究(1785—1862). 广州：中山大学出版社，2002：244-245，262.

为：第一，联邦政府颁布的大面积出售土地的法令造成大规模的土地投机。俄亥俄公司和西姆斯公司都是在这样的沃土上滋长起来的。它们获得的廉价公共土地动辄几十万英亩，甚至上百万英亩。继这两家公司之后，北美土地公司于1795年同一些州政府达成更大的一笔土地交易。所购的土地分布在许多州，总共约600万英亩之多。同年，康涅狄格公司以每英亩40美分的价格从康涅狄格州政府手中购得其在西部的土地50万英亩。公司以低价从政府手中获得土地，再以高价出售，从中牟取暴利。第二，联邦政府赠送给公路、运河、铁路公司的大量土地也成为土地投机的重要来源。这些土地是用来资助西部交通运输基础设施的，其中大部分土地可供有关公司出售，其售价完全由公司决定。而且这些土地都位于交通沿线两侧，出售很容易。其售价往往高出政府规定的价格几倍。结果使得拥有大量土地的铁路公司成了最大的土地投机商。在《宅地农场法》颁布以后，铁路公司仍然能以高价出售自己的土地。许多移民宁愿不要贫瘠而又偏僻的免费宅地，却愿意出高价获得一小块交通便利的沃土。我们从一家铁路公司的售地统计材料中就可以看出这种情况(见表3-3)。第三，军功授地也是土地投机分子的一大土地来源，它不仅数量大，而且价格很低，通常十几美分就可买到1英亩授地券。美国历史上的土地投机高潮同军功授地的大量发放有密切的联系。虽然这不能算是土地投机的主要原因，但起码起到了推波助澜的作用。第四，数量庞大的教育赠地也不可避免地成为土地投机商的目标。特别是在莫里尔土地法颁布以后，土地投机商在这里嗅到了巨大的商机。该法案规定各州必须出售所得到的公共土地作为州立农学院的开办费。在有大量公共土地的西部州，联邦政府将位于这些州的公共土地按规定的标准划分出一部分给各州，总共为3766000英亩。对缺少公共土地的东部州联邦政府发放土地券，到11个西部州领取公共土地。土地券的总数为783万英亩。这部分土地投入土地市场以后，为土地投机商提供了很大的回旋余地。

表 3-3　**1871—1879 年艾奇逊、托皮卡、圣菲铁路售地情况**

年份	售地数量(英亩)	每英亩售价(美元)	总售价(美元)
1871	71801. 51	5. 91	425013. 75
1872	45238. 81	5. 94	269627. 88
1873	133507. 30	5. 61	748977. 25
1874	200459. 96	4. 49	900973. 30
1875	75415. 33	5. 52	416409. 85
1876	122201. 17	5. 441/2	665455. 17
1877	85047. 18	4. 98	423477. 49
1878	267122. 47	4. 52	1206527. 64
1879	104744. 41	4. 72	494353. 73
合计	1105628. 74		5550815. 84

资料来源：转引自张友伦. 美国西进运动探要. 北京：人民出版社，2005：219-227.

最猖獗的土地投机活动出现在 19 世纪初叶到中叶这段时间。前后出现过三次高潮。第一次高潮出现在 1812 年美英战争以后，1819 年达到顶峰。这一年公共土地的出售达到了创纪录的 400 万英亩。第二次高潮出现在 19 世纪 30 年代，来势更为迅猛。1836 年公共土地的销售量达到 2000 万英亩。由于东部银行直接参与西部土地投机，土地投机的规模超过了第一次高潮。大部分出售的公共土地落入了土地投机商手中。第三次高潮出现在 50 年代。其特点是东部银行参与的程度超过了第二次高潮时的参与程度，土地投机规模更大。土地证券的作用也越来越大，出现了集中的有垄断性质的证券销售网络，使金融资本可以轻而易举地控制大规模的土地投机。特别是到 1852 年，土地证券交易得到国会认可，可以直接进入债券市场。军功授地和后来的教育土地证券的流通因而被纳入了金融体系。19 世纪 50 年代的三项军功法令颁布的授地达到 48014470 英亩，而且都是以证券形式颁发的。这就使得大宗的军功授地交易、转让可以在东部的证券交易所进行。东部的土地投机商不必亲自到西部去，也无需派出代理人或者通过西部的合伙人就可以轻而易举地完成土地投机活动。他们只需要筹足资金就可以在证券交易所以几十美分1英亩的地价购进军功授地券，然后在西部取得每英亩价值5美元至10美元的相应面积的公共土地。①

人们通常认为，土地投机当然不是什么好事，只会对农户造成伤害，而使少数投机分子大发横财。但也有一些投机者为了赚更多的钱，对自己准备购买的地段进行细微的探查，弄清楚土地的肥沃程度、林木分布、水源和交通条件，然后吸引拓殖者来购买土地。尽管他们的目的是赚取高额利润，但所做的探查工作对于开发处女地、建立移民点却都是非常有益的。正如美国学者希巴德所说："事实上，如果没有这些土地投机者，我们西部荒野的一半能否如此快地拓殖出来都值得怀疑。"②

总之，这一时期以联邦土地出售制度、联邦赠地制度和军功授地制度为主要内容的美国农地制度变迁，不仅使美国家庭农场数量急剧增加，而且也吸引了大规模的国际移民。据估计，1851—1920年，平均每年从欧洲迁入美国大陆的移民就达39万之多。这些国际移民中一半以上是来自英国、德国和法国的工人和专业技术人员，他们为美国带来了先进的冶铁、纺织、炼油等工业知识和技术，同时也为美国城市化发展提供了充足的劳动力。这一时期，美国工业化的迅猛发展，也促使相关产业在空间上不断集聚，城市化进程加快；交通运输网络的完善又加强了美国东西部之间的经济联系，使得东部地区工业化和城市化的成果可以向西部地区推进。到1920年，美国城市人口的比重第一次超过了农村人口，达到51.2%，③ 标志着美国成为一个城市化国家。

① 张友伦. 美国西进运动探要. 北京：人民出版社，2005：236-239.

② Hibbard, Benjamin H. A history of the public land policies. New York: The Macmillan Company, 1924.

③ 新玉言. 国外城镇化——比较研究与经验启示. 北京：国家行政学院出版社，2013：39.

（二）美国城市化基本实现阶段的农地制度变迁（1920—1950 年）

19 世纪后期，美国发生了以电力、化学、石油提炼、汽车和飞机制造为标志的第二次工业革命，使得美国基本实现工业化。一般认为，美国工业化是在 1890—1920 年完成的。1890 年，美国工业在工农业总产值中的比重达到 80%，重工业的产值已与轻工业相当。1894 年，美国的工业产值相当于整个欧洲工业产值的一半。这一阶段也是美国城市化发展迅猛的时期，到 1920 年，城市人口第一次超过农村人口，达到 51.2%，美国成为一个城市化国家。与之相对应，在这一历史时期，受到城市化快速发展和工业化基本完成的影响，美国的农业生产也得到迅速发展。但是，土地投机和私有化反过来加速了美国自由竞争市场经济的形成，使无计划开垦土地、开发资源成为可能。在 19 世纪末期竞争激烈的情况下，垄断资本家不顾一切地追求高额利润，这便造成了自然资源的破坏和浪费；而自然资源和财富不断集中，使开垦和开发的规模越来越大，随着技术手段的不断进步，造成的破坏和浪费也越来越多、越来越严重。到 19 世纪末，森林由 815 亿英亩减至 4 亿英亩，20 世纪初，平均每年流入河流和海洋的沃土达 10 亿吨，水灾旱灾频繁，野牛和候鸟灭绝，矿产资源严重浪费，城市开始出现严重的环境污染。

在此背景下，美国土地制度变迁的重点由土地分配转向土地保护。特别是随着大平原大规模的开发和移民迁徙，加上连续几年的干旱，1934 年刮起了“黑风暴”，土地保护也开始被人们所重视。1934 年，美国国会通过《泰勒放牧法》，限制在公有林地放牧区过度放牧，以免造成水土流失。1935 年将土壤侵蚀局划归农业部，并改名为土壤保护局。1936 年 2 月，国会通过《水土保持和国内生产配给法》（*Soil Conservation and Domestic Allotment Act*），该法将农作物分为“消耗地力的”（如谷物、棉花、烟草等）和“增强地力的”（包括豆科作物和牧草），要求农场主少种消耗地力的农作物，并给专门种植增强地力作物的农场主以补助，从而把土壤保护和收入政策紧密结合起来。

20世纪30年代初，针对严重的水土流失，为合理利用、保护、开发土地资源，美国初步提出了土地利用潜力分类系统（LCC）。后几经演变，于1961年正式提出土地潜力分类系统，成为国际上第一个土地评价工作系统，并利用该系统对所属土地进行了生产潜力评价，为农场、城市和区域规划提供了基础性资料。1956年提出的《土壤储备计划》，是第二次世界大战后最重要的土壤保护法之一。它的目的是要通过短期和长期两种休耕计划减少过剩农产品的生产，以达到“保护和增加农场收入，保护土壤、水、森林以及野生动物等自然资源不被浪费和破坏的目的”。这个计划包括两个方面的内容：（1）耕地面积储备计划。农场主休耕一部分“主要农产品”土地，政府则对农场主的损失给予补贴，该计划为期3年。（2）土壤保护储备计划。农场主在1956—1960年同政府签订土地退耕计划，合同有效期为3~5年不等。①

进入这一历史阶段，美国可以耕种的公有土地基本上已经分配完毕，农场集中化经营趋势日益明显，1920年，农场数量为64514万个，平均每个农场148英亩，到1950年，农场数量减为51818万个，平均每个农场216英亩，经营规模明显扩大；另外，由于出现大量的开发、砍伐森林等环境破坏行为，水土流失现象加剧，大量化学制品的使用也加速了土壤破坏程度。基于此，土地制度的变迁由分配性质向土地保护转变。这种趋势一直保持到20世纪90年代才发生相应的变化。20世纪30年代初是美国土地政策的转折点。从这时起，美国政府的注意力从单纯的公有土地的分配明显地转到了土地资源的保护方面。综合上述分析，美国政府在这一历史阶段进行农地保护的主要政策措施有：（1）限制过量放牧和采伐树林；（2）利用价格支持和销售限额控制农业生产；（3）推行“土壤银行”政策，使大量土地休耕、退耕；（4）政府进行示范工程大力修建拦水坝和排水渠，在水土流失的地区种植植被等。

① 车凤善，张迪．美国农地保护政策演变及对我国的借鉴．国土资源情报，2004(3)．

(三)美国城市化高度发达阶段的农地制度变迁(1950年至今)

从1950年开始，随着传统制造业的衰落、第三产业的大发展、交通技术的进一步革新以及网络经济、信息时代的到来，美国进入去工业化时代。“去工业化”一方面表现为全国工业生产行业的就业者数量不断萎缩，另一方面则表现为在制造业兴盛时代繁荣发达的许多城市陷入停滞甚至衰退状态。从全美国的情形看，伴随“去工业化”发生的是区域城市发展格局的重大变化。基本表现是城镇人口下降，乡村人口上升，或城镇人口增长速度大幅下降，乡村人口迅速增长的“反常”现象。特别是过去人口增长稳定而迅速的大都市区，人口绝对流失现象严重，小城镇和乡村人口增长明显。人口城乡布局出现了与长期以来向城镇集中的趋势截然相反的态势，这就是所谓的人口“非都市转折”。这使得美国的人口从市区向郊区转移，从东北部、中西部老工业区的大都市区迁往非大都市的西部和南部地区，即逆城市化运动。到1970年，美国第一次出现郊区居民多于中心城市居民的现象，打破了工业过于密集的局面，使工业由集中走向相对分散，这也是城市化向纵深发展的结果。由此，美国从1950年开始进入城乡一体化阶段。1920年东北部城市化率已达到75.7%，属于高度城市化，此后城市化进程缓慢，而西部和南部一直保持旺盛增长势头，到70年代南部达到64.6%，西部为82.9%，超过东北部。

美国20世纪30年代以来的土地立法、农业价格和收入支持政策把农业政策结合在一起，通过进一步强化第三阶段的政策手段在土地保护方面发挥一定作用，特别是在调整和控制农业产业结构方面最为明显，农场集中化趋势加剧。支持政策存在的重大问题是增加巨额财政负担，使联邦政府背负沉重的经济包袱。受到“去工业化”、“逆城市化”和“再城市化”的影响，美国土地保护政策，特别是20世纪90年代前后，在调控手段上发生了重大变化，开创了以市场为导向的政策方向。这一时期的政策主要包括1985年《食物保障法》，即实行灵活的农产品价格支持，使它逐渐向市场价格靠拢；1990年《食物、农业、资源保护和贸易法》，最主要的目的仍然是进一步削减联邦政府用于农业的开支，通过扩大农产品出口帮助农场主维持收入的增加。1996年《农业完善和改革法》，联邦政府减少干预和平衡预算，修改了长期无法运转的计划，同时农民也开始意识到扩大国外市场和使用新的经营方式的重要性。①

在这一历史阶段，美国农地制度的变迁主要体现在以下三个方面：

第一，农地占有关系发生了新变化。在1959年以前的美国历次农业普查中，都按农地所有权的状况将农场分为四类：土地完全归农场主所有的业主农场；土地部分归农场主所有，部分租用的部分业主农场；土地全部租用的农场；雇佣经理人经营的经理农场。土地全部租用的农场中又根据地租形态分为现金佃户农场和分成制佃户农场。分成制佃户农场是指农场主从土地所有者那里租得土地及其他生产资料，作物收获后按很高的比例同地主分成。这种农场在南方盛行，是一种带有封建残余的土地租佃关系。经理农场是指土地所有者委托经理人雇佣劳动力代为经营的农场。（见表3-4）

表3-4　**1910—1950年美国土地占有权关系的变化**　单位：万户

年份	各种农场	完全业主		部分业主		经理		现金佃户		其他佃户	
		绝对数	%	绝对数	%	绝对数	%	绝对数	%	绝对数	%
1910	636.2	335.5	52.7	59.38	9.3	5.81	0.91	71.23	11.2	164.2	25.8
1920	644.8	336.7	52.2	55.86	8.7	6.84	1.06	48.00	7.4	197.5	30.6
1930	628.9	291.2	46.3	65.68	10.4	5.59	0.89	48.92	7.8	217.5	34.6
1940	609.7	308.4	50.6	61.58	10.1	3.64	0.59	51.44	8.4	184.7	30.3
1950	538.2	309.0	57.4	82.49	15.3	2.35	0.44	21.28	4.0	123.1	22.9

注：其他佃户主要是分成制佃户农场。

资料来源：赖泽源，等. 比较农地制度. 北京：经济管理出版社，1996：46.

① 王家庭，张换兆. 工业化、城市化与土地制度的互动关系：美国的经验. 亚太经济，2009(4).

从表 3-4 可以看出，在 1910—1950 年，美国土地占有权的主要变化趋势是完全业主和部分业主的比例上升。60 年代后，经理农场和分成制佃户农场急速下降，以致分别在 1959 年和 1969 年以后不再列入农业统计了。70 年代以后，农场的上述变化趋势进一步发展。根据美国 1978 年的农业普查资料，土地全部自有的农场占农场总数的 58. 6%，其面积占农场总面积的 33. 1%；土地部分自有农场的个数和面积分别占 28. 8%和 54. 9%，土地全部租用的农场的个数和面积分别占 12. 7%和 12. 1%。1982 年农场结构的这种变化更为突出。土地全部自有农场、部分自有农场和租佃农场的比例分别为 25. 4%、64%和 10. 6%。其所占面积的比重分别为 34. 7%、53. 8%和 11. 6%。当年美国农场租佃的土地面积为 1. 55 亿公顷，占全国农地总面积的 34%，其中 87%的土地是为农场主以外的土地所有者拥有的。这说明，随着战后特别是 70 年代土地价格迅速上涨和农业现代化投入的增多，越来越多的农场主在随着经济规模扩大而需要扩大其所经营的土地面积时，只能依靠部分租入土地来满足。

第二，农场规模趋于扩大。美国的农场以小型农场居多，但生产的集中程度很高(见表 3-5)。

表 3-5　　**1982 年按土地面积分类的美国农场规模**

	农　　场		土　地　面　积	
	农场数(千个)	占总数的百分比(%)	土地面积(万公顷)	占总数的百分比(%)
总　计	2241	100. 00	39946	100. 00
10 英亩以下	188	8. 4	28	0. 1
10~49 英亩	449	20. 0	490	1. 2
50~99 英亩	344	15. 4	1004	2. 5
100~179 英亩	368	16. 4	2020	5. 1
180~259 英亩	211	9. 4	1850	4. 6
260~499 英亩	315	14. 1	4572	11. 5

续表

	农场		土地面积	
	农场数（千个）	占总数的百分比(%)	土地面积（万公顷）	占总数的百分比(%)
500~999 英亩	204	9.1	5687	14.2
1000~1999 英亩	97	4.3	5360	13.4
2000 英亩以上	65	2.9	18924	47.4

资料来源：转引自赖泽源，等. 比较农地制度. 北京：经济管理出版社，1996：47.

如果以 180 英亩(72 公顷)和 1000 英亩(400 公顷)为界，把农场分为小、中、大三类，在 1982 年的 224.1 万个农场中，小农场占 60.2%，中等农场占 32.6%，大农场占 7.2%。每个农场平均拥有土地 178.3 公顷。土地占有的集中程度很高，在农场占有的 3.99 亿公顷土地中，占全部农场 3/5 的小农场只拥有土地的 8.9%，而占农场总数 1/14 的大农场，却拥有 68.8%的土地。其中，占农场总数 2.9%，占地 800 公顷以上的特大农场，拥有 47.4%的土地。

美国农场的发展趋势是规模越来越大，农场总数越来越少。根据美国《历史统计》资料，美国农场的规模从 1860 年开始逐步扩大，当年农场的平均规模为 54 公顷，1950 年为 87 公顷，1970 年为 151 公顷。但其扩大的速度逐步放慢，50 年代平均每年扩大 3.3 公顷，60 年代为 3.1 公顷，70 年代为 2.2 公顷，80 年代前三年平均每年只增加 1.2 公顷。①

第三，突出生态和农地保护。随着人口的增长和经济的发展以及城市化进程的加快，城市不断向四周农村扩张，加剧了城乡矛盾、城乡土地利用竞争以及土地投机行为，农地的大量流失也在所难免。农地流失在时间上集中于城市化的高峰期，与城市人口增长高峰具有高度的同步性。1940 年美国普查表明，在 1930—1940 年，全国 92

① 赖泽源，等. 比较农地制度. 北京：经济管理出版社，1996：45-48.

个最大城市人口增加了160万，而其他的县城也增加了150万人；这些城市的中心城区人口仅增加了4%，而其郊区人口增加了14%；这一期间全国农地减少了4.2万英亩。美国学者唐纳德·J. 博格对美国1929—1954年农地城市流转的研究表明，这一期间，每增加1个城市人口，农地城市流转量为0.26英亩。20世纪50年代以来，美国进入了一个快速城市化阶段，城市增长无序，农地城市流转迅速。1960—1970年，美国城市土地增加了900万英亩，1970—1980年城市土地增加了130万英亩。若认真分析美国城市化区域(urbanized area)土地面积的变化及其人口变化，更可以清楚地看出城市化与农地流失的关系。1950—1960年美国城市化区域面积年均增加1217.4万英亩；1960—1970年每年增加1010.2万英亩(这里仅包括全国248个大的城市化区域，而一些小的城镇侵占的农地并未包括在内)。而人口的变化是1950—1960年人口增加2658.21万；1960—1970年人口增加2261.23万(见表3-6)。

美国在快速城市化过程中，优质农地大量减少，以及与此相关的城市附近的开敞空间、风景资源、野生生物、小流域的保护、生物多样性维护、公共健康问题和粮食、纤维与木材的生产能力越来越成为公众关注的话题。针对这一系列问题，美国联邦政府及州和地方政府采取了一系列措施来控制城市规模，防止优质农地向城市流转。早在20世纪30年代，美国政府就制定了《水土保持和国内生产配给法》。50年代中期，联邦政府加大了对耕地的保护力度。60年代美国政府已开始关注农地流转问题。70年代优质农地受到了足够的重视。70年代中期美国农业部恢复设立了“土地利用委员会”。土地利用委员会的主要职能就是致力于用综合的政策工具来保持优质农地和其他价值①，如通过利用土地利用控制、土地获得、

① 其他价值的含义是：在城乡生态经济交错区中，农地的价值实现有两种选择：其一是在市场力的作用下，农地中的“自由地”向高价值的土地用途，如工商业及住宅用地方向转移；其二是政府采取一系列措施来控制农地转移，保护农地。保护农地的价值由两大部分组成：一是市场价值，即农地提供的农副产品的可计量的市场价值；二是非市场价值或开敞空间保存的环境价值。这些价值包括“保存”与“转移或开发”之间的环境质量差异、公共健康、生物多样性的维护等的价值。

表 3-6 **美国城市化区域的土地扩张与人口增长**

1970 年城市化区域	1950 年	1960 年	1970 年	变化情况	
				1950—1960 年	1960—1970 年
面积(1000 英亩)					
至 1970 年城市化区域总计(248 个)	12804. 6	24978. 5	35080. 8	12173. 9	10102. 3
其中：1950 年城市化区域(157 个)	12804. 6	22615. 5	30547. 4	9810. 9	7931. 9
1960 年新增城市化区域(56 个)	—	2363. 0	3300. 1	—	937. 1
1970 年新增城市化区域(35 个)	—	—	1233. 3	—	—
20 个最大城市化区域	6455. 7	11586. 4	14956. 9	5130. 7	3370. 5
人口(1000 人)					
至 1970 年城市化区域总计(248 个)	69252. 2	95834. 3	118466. 6	26582. 1	22612. 3
其中：1950 年城市化区域(157 个)	69252. 2	90156. 3	107844. 8	20904. 1	17688. 5
1960 年新增城市化区域(56 个)	—	5678. 0	7675. 1	—	1997. 1
1970 年新增城市化区域(35 个)	—	—	2926. 7	—	—
20 个最大城市化区域	42134. 3	54003. 9	63408. 7	11869. 6	9404. 8

资料来源：美国普查局. 美国人口普查报告. 转引自张安录，杨钢桥. 美国城市化过程中农地城市流转与农地保护. 中国农村经济，1998(11).

土地释放、税收及其他财政政策等政策工具来保护农地。1975 年 7 月美国农业部在全国的“优质农地保留讨论会”综述报告上指出：“美国农业部在全国的城市化、经济发展及农地保留问题上应该起到一个主要的清晰的和重要的作用，应该提倡尽可能最大地保留农地生产能力基础，以生产粮食、纤维和木材，最大限度地控制任何减少国家生产这些商品的能力的行为。”1976 年 6 月 21 日美国福特管理中心(Ford Administration)农业行动秘书长约翰·A. 克内贝尔签署了秘书长备忘录第 1827 号文件、附件 1《优质农地、放牧地及林地说明》，包含 6 项美国农业部有关优质农地保护的建议：(1)提倡保护优质农地，以免其过早或不必要地向其他土地利用方式转移；(2)确认环境影响评价步骤及过程，统筹考虑和评估主要联邦政府行动对优质农地、放牧地及林地的影响；(3)强调储备、评估、分析国家农地、牧地及林地的计划；(4)着手进行与州、地方政府及大学的合作，以确立农地在提供粮食、纤维及木材中的作用；(5)美国农业部各机构的行动和计划应考虑地方、州及国家的优质农地保护；(6)农业部计划应重新评估，以使之与该附件相一致。进入 80 年代，美国联邦政府制定了《农地保护政策法》。1996 年美国通过的《联邦农业发展与改革法》的重要内容之一就是修订有关环境保护条款，使可耕备用地计划适应市场的变化。它进一步简化和理顺了农业环境保护计划，其中对农业影响最大的是备用地保护计划。在新农业法支持下，农场主可根据市场情况，决定将部分符合耕作条件的土地作为保护地而获得备用地保护计划的补贴。①

人口增长、快速工业化和城市化、大量耕地流失、汽车的普及等，对土地资源利用产生了深刻的影响，农地与生态的保护日益受到重视。自 20 世纪 30 年代中期美国西部沙尘暴暴发后，联邦政府即开始通过立法划定自然保护区和土壤保护区。20 世纪 60 年代后，人口增长与郊区化趋势加剧，导致大面积农业用地转为城市和

---

① 张安录，杨钢桥. 美国城市化过程中农地城市流转与农地保护. 中国农村经济，1998(11).

其他建设用地，引发了反对城市过度扩张和保护基本农田的运动，多数州政府制定了基本农田保护法规，市、县则开展了较为广泛的划定基本农田区的活动，耕地、牧场、果园都受到很好的保护。为了更好地保护生态环境，美国还形成了独具特色的保护缓冲带：或在河湖、溪流、沟谷岸边和城市外围设置护林带，或在田园边保留草地化汇流区，或构成农林复合耕作体系。这既能为野生动物提供栖息保护地，也符合景观农业、生态农业的要求。①

四、美国城市化进程中的土地发展权制度

(一)美国土地发展权制度的由来

20世纪上半叶美国经济迅猛发展，城市化速度加快，人口大量增加，促使不堪重负的城市向外扩张，占用了大量耕地，农用地数量迅速减少，美国很多农业州农地流失速度达到了惊人的程度。为解决这一问题，美国借鉴德国土地用途管制做法，于1936年出台了《水土保持和国内生产配给法》，强化了政府对土地利用的管理。到20世纪60年代，美国政府(主要是各州及地方政府)逐渐意识到土地用途管制制度对减少农地流失，控制城市建设对郊区农地的蚕食作用不明显。农地流失状况仍然很严重，在采取土地用途管制制度较早的新泽西州，农地仍以每年1万英亩的速度减少。马里兰州的蒙哥马利县(Montgomery County)，到20世纪60年代末仍然失去了18%的农地。美国农地流失不仅仅体现在面积方面，而且体现在农用地越来越被分割成小块土地和优质耕地大量减少。土地用途管制制度不能完全奏效的一个重要原因是其缺乏激励机制。政府要求农地所有者按照规划不对土地进行开发，或不允许出售给房地产开发商，但并没有给予农地所有者以经济上的补偿。农地所

① 李茂. 中美土地利用规划对比分析//中国社会科学院农村发展研究所宏观经济研究室. 农村土地制度改革：国际比较研究. 北京：社会科学文献出版社，2007：69-72.

有者认为，政府的土地用途管制制度不仅使他们背上了不公平的负担，而且侵犯了他们的私有财产权，越来越多的农地所有者对政府土地用途管制制度不满。20纪60年代末，美国政府在实行土地用途管制制度的基础上，仿照英国的做法，设置土地发展权，建立了土地发展权制度。土地发展权制度实施40余年，遍及全美国。①该制度自实施以来，有效地保护了耕地，后又扩展至保护生态环境和有历史意义的建筑、风景资源等。②

（二）美国土地发展权制度及其特点

土地发展权的基本观念是发展土地的权利，是一项可与土地所有权分割而单独处分的财产权。进言之，所谓土地发展权就是土地变更为不同性质使用之权。创设土地发展权后，其他一切土地的财产权或所有权以目前已经编定的正常使用范围为限，也就是土地所有权的范围，以现在已经依法取得的既得权利为限。此后变更土地使用类别的决定权则属于发展权。这一构想最初源于采矿权可与土地所有权分离而单独出售及支配。土地发展权创设的主要目的在于保护农地，保护自然资源，保护生态环境，保护社会公共利益，因而土地发展权又称为农地发展权。美国土地发展权制度设计的最大特点是价值取向注重效率。无论是土地发展权转移制度还是土地发展权征购制度，都规定土地发展权归原土地所有者所有。在这种制度条件下，无论土地发展权被政府征购，还是转让给房地产开发商，农地所有者在继续耕种原土地的同时都能得到一笔可观的收入，这大大激发了原农地所有者保护农地的积极性，体现了制度设计注重效率的价值目标。

（三）美国土地发展权制度的运作

美国的土地发展权通过两种制度运作，一是土地发展权转让

① 刘国臻．论美国土地发展权制度及其对我国的启示．法学评论，2007（3）．

② 陈名村，孙颖．美国土地发展权制度对我国的借鉴意义．决策 & 信息，2008（8）．

(Transferable Development Right, TDR), 二是土地发展权征购(Purchased Development Right, PDR)。

1. 土地发展权转让制度的运作

运作的起初要划定土地发展权转让区和土地发展权受让区。土地发展权转让区是根据规划需要保护的区域或者禁止进行商业开发的区域，通常是农业用地、自然环境脆弱的地区、野生动植物栖息地、历史性建筑等。被划定为土地发展权转让区的土地所有者有两种选择：一是保留土地发展权，只按原规划规定对土地进行使用；二是转让土地发展权，获得经济补偿。转让土地发展权后的土地所有者可以继续耕种，但不能改变土地用途，如不能开设工厂、修建房屋等。土地发展受让区是根据规划可进一步进行土地开发的区域，通常是城市中心地带。划定了转让区和受让区后，政府就要确定土地发展权的价值。土地发展权的价值是该土地包含土地发展权在内的全部价值与不包含土地发展权在内的土地价值之差，具体确定有一个通用的计算公式。通用的计算公式把土地发展权转换成土地发展权受让区一定的建筑密度。土地发展权转让制度使土地发展权转让区土地得到保护的同时，使土地所有者得到了一定的经济补偿。

2. 土地发展权征购制度的运作

(1)申请与初步审查。由拟出售土地发展权的土地所有者向当地政府农业保护委员会提出申请。农业保护委员会审查基本情况，特别是土地用于农业生产的面积。

(2)综合评估与价格确定。农业保护委员会综合评估土地的生产能力是否适合农业产品生产，能否维持长期生产与其他相关土地的距离和周围环境以及土地的历史特色等。在综合评估的基础上按照基本的计算公式确定价格。有的州允许通过谈判，协商确定土地发展权的价格。

(3)签约。征购双方就征购事宜的有关条件和细节达成一致后签字，这些细节包括允许土地所有者将来在该土地上为特殊目的如子女居住用建造一定的房舍等。经签字的土地发展权征购协议具有法律效力。

(4)备案与监督。征购协议签字生效后要进行备案。为了保证受保护的土地能够按照征购协议约定的条件进行保护，农业保护委员会要对受保护土地的使用情况进行监督。土地发展权被征购后，土地所有者仍可以出售土地所有权，但无论所有权转让多少次，新的土地所有者都必须遵守土地发展权征购协议约定的土地使用限制条件。

(5)资金来源。征购资金来源主要有两个途径：公共资金和非公共资金。公共资金占绝大部分，主要是政府相应的项目资金，如联邦政府的“农地保护基金”、政府财政拨款、税收、债券和彩票收入等。非公共资金包括企业或个人捐助的资金。①

(四)英美土地发展权制度的比较分析

1. 土地发展权归属的比较

(1)英国模式。此种模式的土地发展权归国家所有。土地发展权肇始于英国。1947 年，英国《城乡规划法》规定：一切私有土地将来的发展权转归为国家所有，由国家独占，而私有土地的所有权不变。私有土地所有人或利用人如果要将土地变更为非农建筑之用，则在进行建筑之前，必须向政府购买土地发展权。发展权的价值按变更使用后自然增长的价值计算。

(2)美国模式。这种模式的土地发展权归土地所有者私人所有。在美国，土地发展权是土地所有权的一部分，但可与之分离。为了保护耕地，防止城市对郊区耕地的吞噬，为了彰显土地发展权的实际价值，美国政府依靠其雄厚的经济实力，采取向土地所有者购买发展权的方法，对需要保护耕地的城乡结合部位，政府向土地所有者购买发展权。土地所有者在出售土地发展权后可以继续耕种这块土地，但是不能改变其用途，如建房、盖厂、开商店等等。如果城市规划改变这块土地的用途，则有两种处理方案：一是土地所有者从政府手中购回土地发展权以便自己开发建设，或将土地所有

① 刘国臻. 论美国土地发展权制度及其对我国的启示. 法学评论，2007(3).

权出售给开发商；二是政府向土地所有者征用这块土地，使之成为政府国有土地，再由政府进行建设规划。除了国家购买土地发展权，政府还建立了土地发展权市场，充分利用市场机制，由限制发展地区和可发展地区组成两大市场主体，促进土地发展权的自由贸易。

2. 土地发展权实现的比较

(1)英国土地发展权的实现。英国在 1947 年的《城乡规划法》中明确规定私有土地所有权，以现在的使用及现值作为权益的界限和标的，将来发展权(变更使用权)属于国家。在实行所谓土地开发许可制(panning permission)之下，衍生了土地发展权可移转的观念。因此，创立了一种有关土地发展权的移转制度。英国所创制的发展权移转制度是由公有的发展权移转为私人。土地所有权人如果想开发其土地，必须向政府主管机关申请开发许可。政府授予开发许可之前，土地所有权人必须缴纳土地开发税。借助开发税的征收，可将因开发许可所增长的开发价值全部征收归公。自该法实施之后，因拒绝开发而丧失预期的开发价值则不予补偿。因为发展权是属于国家的，国家拒绝私人的开发许可申请，并没有剥夺私人的发展权。但对于原有的使用可能造成的不便，则给予合理的补偿。

(2)美国土地发展权的实现。美国的土地发展权制度包括土地发展权征购制度(PDR)和土地发展权转让制度(TDR)。土地发展权征购是指国家为了保护农地、环境敏感地带和历史古迹，按照市场价格购买发展受限制地区土地所有者的土地发展权。土地发展权被征购之后，发展受限制地区的土地仍归原土地所有人所有，但是，土地的用途仅限于对土地现状的利用，而不能对土地作不利于保护农地、环境敏感地带和历史古迹的深度开发，如因为保护农地而购买土地发展权之后，原农地所有人便不能再将农地转变为建设用地，而只能就农业用途利用土地。土地发展权转让制度的实施需要政府主导建立一个发展权市场。发展权市场的主体包括限制发展地区的土地所有人和可发展地区的土地所有人。其中限制发展地区又称为发展权转让区(sending area)，可发展地区又称为发展权受让区(receiving area)。发展权转让区和发展权受让区都由政府根据土地利用规划指定。发展权市场建立之后，可发展地区的土地所有者若想对土地进行更进一步的开发，需要向限制发展地区的土地所有者购买足额的土地发展权。限制发展地区的土地所有者售出土地发展权之后，便须永久性地保持土地的现状，不得对土地进行更进一步的开发。通过发展权的买卖，限制发展地区的土地所有权人通过市场机制获得了利益补偿，消除了限制发展地区和可发展地区因为土地用途管制而产生的利益不平衡。发展权移转制度通过市场机制补偿限制发展地区的土地所有者，实现了低成本甚至零成本的土地管理，减轻了政府的财政负担。①

土地发展权的不同归属反映了对土地增值收益归属的不同认识。土地发展权的归属不外乎有三种：一是归属土地所有权人，二是归属国家，三是根据不同的情况分别归属国家或私人。土地发展权的不同归属方式反映出不同国家在追求不同的公共政策目标。第一种处理方式，如美国模式，有利于实现土地利用的高效率和农地保护，防止城市向农村过度扩张；第二种处理方式，如英国模式，有利于追求社会公平，防止外生政策变化导致地价暴涨暴跌，影响土地所有者收益大起大落；第三种处理方式则是对前两种方式的兼顾。但无论如何处理，土地发展权的不同归属方式实际上反映了西方社会对土地增值收益究竟是归公还是归私的利益之争。

对土地增值收益归公的论述最早可以追溯到 1870 年英国的约翰·穆勒，他在当时已经注意到土地私有制中的诸多不平等现象，认为要消除这些不平等现象，除了土地业主对土地进行投资或在地上修建物业带来的增值外，其余的应全部归国家所有。1879 年，美国的亨利·乔治在继承穆勒理论的基础上，在《进步与贫困》一书中提出了“单一土地税”的观点，即只要不是改良土地活动导致的原始土地或处女地涨价了，国家就应该对该块处女地的涨价部分征收 100%的土地税。因为这部分增值收益完全是一种不劳而获，不应该归土地所有者所有而应交给国家，也就是土地“涨价归公”。

---

① 刘明明. 土地发展权的域外考察及其带来的启示. 行政与法，2008 (10).

而且，国家只征收这种单一的地价税，私人永远不用再向国家交纳别的税收。他认为，这种单一税不仅是维持国家正常运转的全部费用来源，而且还可以消除不平等和贫困，促进经济发展和社会进步。虽然现在已很少有经济学家支持乔治的“单一土地税”的建议，但他提出的按原始土地价值征收地价税的观点也就是土地涨价归公的观点至今仍然有着广泛的影响。

土地增值收益归私的思想一直是西方世界的主流。不少学者认为，城市从来都是建自于农村，城市化就意味着总有一部分农业用地不管是主动还是被动都要转变为城市用地，因此增值应天然地归属于原土地所有者，这有利于土地所有者高效利用土地，促进经济发展。从土地管制对土地收益影响的司法实践来看，早期的土地管制作为国家警察权的行使，对被限制开发的土地损失是不给予补偿的，因为国家行使警察权主要是为了防止某些财产本身或财产权的行使会对社会造成危害。但后来的司法实践却认为，由于被分区管制的土地并没有对社会造成损害，此时政府管制的效果等同于征收土地，政府应当对被管制者给予补偿，因为分区管制实际上是为了实现某些公共利益而从土地所有者身上取走部分财产权，比如，将某块区域的土地划定为农业区，实际上就禁止了该块土地转变为住宅等用地的机会。因此，对为了保护农田、保护生态或为了社会公共利益等做出牺牲的土地所有者，必须有所补偿。

总体上，“涨价归公”论阐明了土地自然增值产生的社会经济根源，但忽视了土地所有者受到不公平待遇应获得补偿的权利；“涨价归私”论阐明了土地所有者拥有土地增值收益对提高土地利用效率和促进经济发展的巨大作用，但忽视了土地增值过程中的社会经济因素。事实上，从英美等国家的实践来看，涨价归公与涨价归私之间的矛盾并非不可调和，二者在制度设计上完全可以相互融合，成为土地发展权制度的组成部分，对土地开发中的增值收益，根据各国的实际情况，宜归公则归公，宜归私则归私，也可公私兼顾。①

---

① 高洁，廖长林. 英、美、法土地发展权制度对我国土地管理制度改革的启示. 经济社会体制比较，2011(4).

综上所述，美国工业化、城市化推动了美国农业现代化进程。美国自工业革命起，城市化进程才开始加速。同时，发展中的城市以其聚集效应为工业发展提供了良好条件，并且提供了一个总量不断扩大、由较高收入的城市就业人口组成的市场，对工业持续增长起到了拉动作用。城市化还通过不断吸收农村人口而改造传统的农业生产方式，使经济走向现代化。美国城市化与工业化的互动建立了美国良好的经济结构体系，并促进了美国经济的快速发展。在城市化过程中，随着大量农业劳动力从农村转移到城镇，农地制度的变迁朝着土地日益集中、农业经营规模不断扩大的方向演进。同时，农业的进步也受益于城市的技术革新。美国工业化、城市化是实现与农业协调发展，推动土地制度变迁的一个重要基础，促进了土地产权的清晰和土地市场的完善，使得在工业化、城市化过程中能不断推进产业集中和集聚。美国工业化推进城市化快速发展的同时也促进了农村、农业的平衡发展，有效调节了美国城乡收入差距。

从整体上来看，美国城市化与农地制度关系的演变经历了三个阶段：

(1)在城市化起步及加速阶段，由于美国国土面积急剧扩大，同时也为了开发新增加的国土，美国土地制度变迁更多地表现为分配性质，即如何和向谁出售或者赠与联邦土地。所以，这一时期的美国土地立法(包括联邦土地出售制度、联邦赠地制度和军功授地制度等)显得尤其慷慨，其主要目标就是如何使人们能够廉价便捷地获得联邦土地，迅速实现联邦土地的私有化。

(2)在城市化基本实现阶段，第二次工业革命使得美国城市化迅猛发展，与之相对应，美国的农业生产也得到迅速发展。但是，土地投机和私有化反过来加速了美国自由竞争市场经济的形成，使无计划开垦土地、开发资源成为可能，造成了自然资源的破坏和浪费；而自然资源和财富不断集中，使开垦和开发的规模越来越大，随着技术手段的不断进步，造成的破坏和浪费也越来越多、越来越严重。鉴于此，美国土地制度的变迁就由分配性质转向土地保护。这种趋势一直保持到 20 世纪 90 年代才发生相应的变化。特别是

20世纪30年代初是美国土地政策的转折点。从这时起，美国政府的注意力从单纯的公有土地的分配明显地转到了土地资源的保护方面。

(3)在城市化高度发达阶段，人口增长与郊区化趋势加剧，导致大面积农地转为城市和其他建设用地，引发了反对城市过度扩张和保护基本农田的运动，多数州政府制定了基本农田保护法规，市、县则开展了较为广泛的划定基本农田区的活动，耕地、牧场、果园都得到了很好的保护。同时，美国土地保护政策在调控手段上发生了重大变化，开创了以市场为导向的政策方向。20世纪60年代末，美国政府在实行土地用途管制制度的基础上，仿照英国的做法，设置土地发展权，建立了土地发展权制度，有效地保护了耕地，后又扩展至保护生态环境和有历史意义的建筑、风景资源等。

总之，美国工业化、城市化与土地制度变迁基本上实现了协调发展。由于美国工业化、城市化与农地制度在整个历史过程中保持了比较良好的互动关系，城市化、工业化的发展推动了土地制度的变迁，促进了农业生产的发展，反过来，农地制度变迁和农业生产的发展也推动了城市化、工业化的发展。①

① 王家庭，张换兆. 工业化、城市化与土地制度的互动关系：美国的经验. 亚太经济，2009(4).

第四章　日本城市化进程中的农地制度变迁

一、日本城市化概述

（一）日本城市化进程

日本领土由北海道、本州、四国、九州4个大岛和其他6800多个小岛屿组成，因此也被称为“千岛之国”。日本陆地面积约37.79万平方千米。日本是发达资本主义国家中人口密度最高的国家之一，其国土面积约67%是森林，农地（耕地、园地、牧草地等）仅占13%，由于地理地貌的关系，森林很难转化为城市用地和农业用地，而城市用地大多是从农地转换而来的。在人均国土资源极为有限的条件下，日本在较短时间内达到了与美国差不多的工业化、城市化水平，同时付出了较小的用地代价。①

日本是典型的国土面积狭小和资源贫乏的国家，在处理城市和乡村、城市人口和农村人口的关系上有其独特的经验，其城市化道路也显示出自身的特点。

日本的城市化起源于明治维新时期（the Meiji Period，1868—1912年），并且与工业化相伴而平行发展。明治维新给日本经济发展带来新的活力，工业发展急剧膨胀，从19世纪后期纺织工业的崛起到第二次世界大战后重工业的迅速发展，逐步形成了著名的太

① 郝寿义，王家庭，张换兆．工业化、城市化与农村土地制度演进的国际考察：以日本为例．上海经济研究，2007(1)．

平洋沿岸的工业地带，同时带来了人口向这些地区的聚集，城市化迅速发展(见表 4-1、图 4-1)。

表 4-1　　**日本历年城市化水平(%)**

年份	1900	1925	1940	1950	1965	1970	1980	1989	1998	2000
城市化率	15	20	38	50	67	71	76	77	79	80

资料来源：国家统计局城市社会经济调查总队，中国统计学会城市统计委员会. 2001 年中国城市发展报告. 北京：中国统计出版社，2002：256.

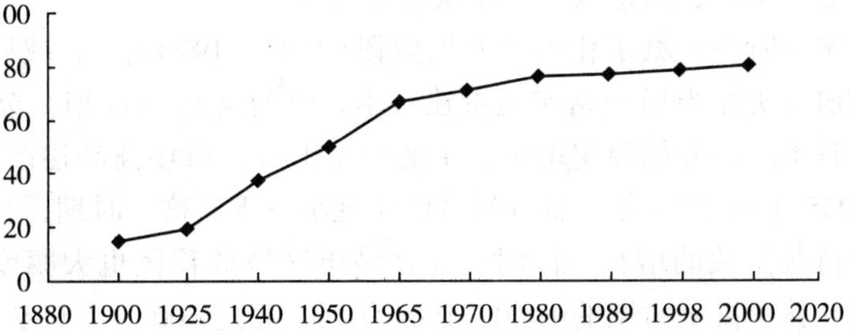

图 4-1　日本的城市化进程

资料来源：同表 4-1。

表 4-1 和图 4-1 显示日本城市化进程呈现出与其他国家相类似的“S”形曲线，且表现为明显的阶段性。根据日本历史上不同时期的特征，可将整个日本城市化进程划分为四个阶段：

第一阶段：城市化起步阶段(1868—1930 年)。在这一阶段，日本着手政治经济体制变革，开始向西方国家看齐，进行工业化发展和扩张。至 1900 年，轻工业部门(如纺织业)迅速发展，其在整个工业产值中所占的份额近 85%。从 20 世纪开始，重工业，如钢铁工业，开始扩张。第一次世界大战期间，日本工业产值增长了 3 倍，并快速完成了工业资本积累。至此，日本工业的产出水平开始超过农业。日本工业的持续增长导致对工人需求的增加。在 1920—1930 年，超过半数的日本就业者到第二、第三产业就业，有近 1/4 的人口居住在城市。

第二阶段：城市化快速发展阶段(1930—1945年)。经过这一阶段，几乎50%的人口居住在城市区域，标志着日本已进入城市化国家行列。这一时期，日本的新兴工业，如汽车制造业，在政府的鼓励和扶持下开始成长起来，船舶制造业等重工业持续快速增长，化学工业与电机工业也保持持续增长的局面。工业的持续增长使日本城市人口不断增加。至1940年，城市人口所占比重已达38%。第二次世界大战遏制了日本城市人口的增长趋势，大量人口从城市逃亡至农村以躲避轰炸。到1945年底，城市人口出现明显的下降。战后重建激活了日本经济，再次引发大量日本国民移居城市以寻求工作，城市人口开始恢复性上升。

第三阶段：城市化高速发展阶段(1945—1970年)。战后，日本政府及美军当局开始实施重建日本及恢复经济的计划，至1955年，日本经济开始稳定增长，工业产量上升，市场商品逐渐充裕。从1955年到1973年，日本经济已实现翻三番。这一时期，日本经济保持两位数的增长，同时，前往城市区域的移民也大幅度地增加。在移民高峰时期的1960—1964年间，超过300万人口从农村、集镇和小城市进入东京—大阪—名古屋大都市区。至1970年，日本的城市人口占总人口的比重已超过70%，这标志着日本已成为城市人口占支配地位的国家之一。

第四阶段：城市化高度发达阶段(1970年以后)。在这一阶段，日本城市人口达到饱和状态，并在大都市区域外的更大范围内实现人口城市化。20世纪70年代中期，农村向城市的移民总量迅速下降，大都市人口保持在相对稳定的水平上。一些人群开始从他们定居的大都市中迁出，搬迁至一些地方性的中心城市，还有的开始迁至小城市(镇)，致使一些小城市(镇)出现人口上升的现象。而大阪、名古屋等大都市区在这一时期一直处于人口负增长的局面，东京则在1993年出现首次人口负增长。这表明日本已进入高度发达的城市化阶段。

(二)日本城市化的特点

第一，城市化与工业化及经济发展水平适度同步发展。日本从工业原始积累和发展到规模工业的形成经历了100多年，这也是城市化发展的100多年，工业增长最快的时期也是城市化水平迅速提高的时期。可以说，日本和其他大多数发达国家一样，走的是一条城市化与工业化及经济发展水平适度同步发展的城市化道路(见表4-2)。

表4-2　　日本的城市化与经济发展指标

年份	城市化水平(%)	GNP(亿美元)	人均GNP(美元)
1940	38		
1950	50	100	120
1960	63	430	460
1970	71	1960	1890
1980	76	10401	8885

资料来源：转引自国家统计局城市社会经济调查总队，中国统计学会城市统计委员会. 2001年中国城市发展报告. 北京：中国统计出版社，2002：259.

表4-2反映了日本的城市化与经济增长的关系：经济快速增长，城市化水平也迅速提高。在城市化加速发展阶段(1940—1970年)，日本的国民生产总值每年都至少增长7%以上，从1960—1970年则以惊人的超过10%的速度增长，并于1967年跃居资本主义国家第二位。

第二，工业化为城市化提供了强大动力。从明治维新到第二次世界大战前，日本的工业得到迅猛发展，尤其是制造业的发展对于吸纳剩余劳动力，提高城市化水平起到了关键作用。第二次世界大战后，制造业的比重虽然有所下降，但同时第三产业开始迅速发展。日本在完成城市化初级阶段后，从事第二产业和第三产业的劳动力比重都同时在增加，但后者增加速度较快。从1950年到1970年，从事第二产业的劳动力比重增加13.3个百分点，而第三产业增加了17.6个百分点(见表4-3)。可见，第三产业的发展在推动城市化进一步发展过程中的作用越来越大。从70年代开始，日本的经济向更高的层次发展，制造业也从劳动密集型向技术密集型转化，新技术的推广使用和技术改进大大提高了生产效率，进一步促进了工业的发展和经济结构的变革，第二产业比重开始不断下降，第三产业的发展更为成熟，成为城市化向高级阶段发展的后续动力。

表4-3　**1950—1985年日本城市化水平和就业结构(%)**

年　份	城市化水平	第一产业	第二产业	第三产业
1950	50	48.3	21.9	29.7
1960	63	30.0	27.8	39.3
1970	71	17.4	35.2	47.3
1980	76	10.4	34.8	54.6
1985	76	8.9	34.1	56.5

资料来源：转引自国家统计局城市社会经济调查总队，中国统计学会城市统计委员会. 2001年中国城市发展报告. 北京：中国统计出版社，2002：259.

第三，大都市圈是城市化的主要空间特征。日本是世界上人口密度很高的国家之一，人口密度达338人/平方公里(2006年)，比中国人口密度(138人/平方公里，2006年)高得多。日本岛国独特的地理位置决定了其城市化的基本模式。大城市主要集中在从太平洋东北向西南延伸的一侧，以东京为中心的日本东海道大都市带，从东京，经横滨、名古屋、大阪、神户、长崎，形成城市连绵区，面积约10万平方公里，占全国总面积的20%，人口7000万，占全国总人口的61%。可见，城市圈(带)的形成和发展对日本城市化进程起到了至关重要的作用。

第四，注重建立和发展城市体系，走大、中、小城市共同发展的城市化道路。日本在城市化进程中，不仅注重发展有条件的大城市和特大城市，而且还积极发展中小城市。日本的城市发展经历了

3 次跳跃式的城市增长阶段，并带来城市化水平的较快提高。第一次是在 1935—1945 年的第二次世界大战期间，城市增加 79 个，由于战争原因，城市化水平下降；第二次是 1945—1955 年战后恢复时期，城市大幅度增加 285 个，城市化水平提高了 28. 5 个百分点；第三次是 1965—1975 年经济飞速发展时期，城市增加 83 个，城市化水平提高了 11 个百分点(见表 4-4)。表 4-4 显示，1995 年，日本 20 万人口以下的城市为 559 个，占全部城市数的 84%，人口占城市总人口的 40%，而 100 万人口以上的城市虽只有 11 个，却占城市人口的 25. 8%(见表 4-5)。

表 4-4　**日本城市增长状况**

年份	城市数(个)	城市增加数(个)	城市人口(千人)	城市人口比重(%)
1920	83		10097	18
1925	101	18	12897	21. 6
1930	109	8	15444	24
1935	127	18	22666	32. 7
1940	168	41	27578	37. 7
1945	206	38	20022	27. 8
1950	248	42	31203	37. 5
1955	491	243	50288	56. 3
1960	556	65	59333	63. 5
1965	561	5	66919	65
1970	579	18	74853	72. 2
1975	644	65	84967	75. 9
1980	647	3	89187	76. 2
1985	652	5	92889	76. 7
1990	656	4	95644	77. 4
1995	665	9	98009	78. 1

资料来源：转引自国家统计局城市社会经济调查总队，中国统计学会城市统计委员会. 2001 年中国城市发展报告. 北京：中国统计出版社，2002：261.

表 4-5 日本不同规模等级的城市及其人口

20 万人以下		20 万~50 万人		50 万~100 万人		100 万人以上	
城市数	人口	城市数	人口	城市数	人口	城市数	人口
559	3877	84	2681.2	11	713.7	11	2529

资料来源：转引自国家统计局城市社会经济调查总队，中国统计学会城市统计委员会. 2001 年中国城市发展报告. 北京：中国统计出版社，2002：261.

第五，城乡协调发展的城市化道路。在城市化进程中，日本政府在制定相应的城市发展政策的同时，注重农地制度改革，提高农产品价格，保护农民的利益，提高农民收入，采取城乡均衡发展的方针，既完成了城市化进程，又实现了农业现代化。

二、日本城市化起步前的农地制度变迁（1868 年以前）

日本农地制度在城市化起步前发生过三次重大变迁。第一次农地制度变迁发生在大化改新前后。大化改新后建立的律令体制中，土地制度的核心是公地公民的班田收授法。第二次农地制度变迁发生在 10 世纪前后，班田制彻底瓦解，庄园制确立，庄园领主获得了对庄园土地及土地上的人的一元化支配权；庄园的经营方式由原来的雇佣经营为主，经由“散田请作体制”发展成为“名田”经营。第三次农地制度变迁发生在丰臣秀吉执政时期，即日本近世封建制时期。这一时期，丰臣秀吉实施的“太阁检地”通过创建石高制，“村切”等铲除了封建割据混战的经济根源——兵农合一的土地制度，推动了兵农分离，并最终实现了日本统一。日本封建社会的土地所有制在经历了上述三次变迁后，形成了石高分封制和寄生地主制两种不同形式的农地制度。

（一）石高分封制

从大化改新时期确立的土地国有制——班田制，演变为土地私有的庄园领主制，而这种庄园领主制度在经历了10—14世纪的兴衰后，最终被德川幕府时期确立的等级领主制代替。德川幕府时期的等级领主制也可以称为土地分封制，或石高分封制。石高制是以将生产力换算为稻米生产量的石高而形成的米年贡制为前提条件，谋求以强制种稻和以米为贡物地租形态进行体制化的剥削。石高制发挥领主对农民支配体系的职能，与之并行的是对家臣团的统治和掌握，通过以石高分封制为基础实现了幕藩领主制的权力构成，即幕藩制等级制度，根据统治者强大的原则，全国土地所有权最终被编制成金字塔形状，而将军位于封建土地所有体系的顶点的结构。其本质是将农民束缚在土地上，为领主阶级生产年贡米，所纳年贡是整个封建主阶级赖以生存的财源基础。以兵农分离和石高制的实行为基础的等级领主制，不仅实现了将军对全国土地的独占权，而且扫清了中间剥削阶层，直接对农民进行剥削，榨取全部剩余劳动。这种土地所有制度在初期是进步的，尽管农民负担很沉重，但由于排除了中间阶层的盘剥，大多数农民从幕府那里得到了份地，成为独立的小自耕农，因此提高了农民的生产积极性。但是德川幕府中期以后，随着农业生产力的提高，商品经济在农村的滋生和蔓延已经成为无法抑制的趋势，使得石高分封制的劣势越来越明显，直至彻底瓦解。

(二)寄生地主制

日本通过地税改革确立了近代土地所有制，然而它并未朝着资本主义大土地所有制方向发展，而是逐渐形成了半封建性的寄生地主土地所有制。在封建领主土地所有制中，封建领主将直接生产者(农民)束缚在土地上，并剥夺他们的人身自由，形成人身依附关系。而农业资本主义生产方式的前提是，实际的耕种者是雇佣工人，他们受雇于一个只是把农业作为资本的特殊场所，在一个特殊生产部门投资经营的资本家，即租地农场主。租地农场主须向土地所有者交纳一定的地租。即资本主义的农业生产关系表现为农业资本家从土地所有者那里租来土地，雇佣工人进行生产。也包括土地所有者不把土地租给农业资本家，而是自己雇佣工人进行生产。最终，工人得到劳动力价值——工资，资本家获得工人生产的剩余价值的一部分——利润，而土地所有者占有剩余价值的另一部分——地租。日本地税改革后的寄生地主土地所有制也存在地主雇工自营和出租土地两种经营方式。自营地主无疑是兼有土地所有者和农业资本家双重身份，土地所有者和直接生产者是一种雇佣关系。出租地主与佃农之间的关系也不同于封建领主与农民的关系。地税改革后，农民是自由人，地主与农民不是人身隶属关系，而是契约关系。无论从土地所有者和直接生产者的身份关系，还是从二者的经济关系看，地税改革后的寄生地主制已不完全是封建性质的了。它是从属于资本主义制度的一种具有封建因素的过渡性的土地制度。但是，当日本进入垄断资本主义发展时期，寄生地主制下发展缓慢的农业与迅速发展的资本主义产业之间的矛盾日益尖锐。浓厚的封建性决定了寄生地主制在近代日本社会的发展演化过程中必将走向没落。①

三、日本城市化起步阶段的农地制度变迁（1868—1930年）

日本工业化开始于1868年的明治维新。日本工业化发展的第一阶段主要是依靠农业支持而实现的，表现为通过征收高额农业税汲取农业剩余以扶持工业的发展。到1920年，日本开始由农业国向工业国转变，工业化的发展使日本城市化迈入起步阶段。经过近30年的工业发展，人口逐渐向城市集中，城市人口从1889年占总人口的10%上升到1920年的18%。1920—1930年，大约有半数的工人在第二和第三产业工作，1/4的日本人居住在城市。②

在城市化起步阶段，为支持城市化、工业化的发展，日本明治政府实施了土地改革，即废除封建领主土地所有制，确立资本主义

① 李礼. 中日农地制度比较分析. 经济金融，2009(5).

② 郝寿义，王家庭，张换兆. 日本工业化、城市化与农地制度演进的历史考察. 日本学刊，2007(1).

的土地私有制。这次土地改革满足了部分农民的土地要求，在一定程度上缓和了阶级矛盾，提高了农民的生产积极性，为发展农业生产创造了条件。但是，明治政府实行的重税导致日本大批农民失去土地而流入城市，成为无产者和半无产者，为资本主义发展提供了大量的雇佣劳动力。具体分析如下：

德川幕府时代，农民约占日本总人口的80%，处于无地状态，他们靠租佃封建领主的一小块土地进行分散经营，维持一家生计。他们依附于领主，按时缴纳年贡，向领主缴纳十几种杂税和承担各种封建义务。习惯上的年贡是四公六民，即收获量的40%上缴给领主，但实际上常常是五公五民，六公四民，甚至高达八公二民，年收获量的80%作为实物地租缴给领主。此外，还有名目繁多的苛捐杂税和劳役。幕府对农民实行五人组的连环保制度，把五户农民用连环保方式控制起来，相互之间要对拖欠贡赋和犯罪行为负责。农民既要向封建领主纳贡，还要承受新地主的压迫与剥削。重压之下，农民被迫不断起来暴动，进行反抗。据不完全统计，从1603年到1853年，全国各地共发生暴动约1100次，其中最后50年中就有400次之多，每次参加暴动人数多达几千、几万以至十几万。农民不断暴动也是后来明治政府进行土地改革的一个原因。

幕府政权被推翻后，明治政府首先面临的一个重大的问题就是如何解决土地问题。因为以封建领主土地所有制为前提的封建贡赋制度，严重阻碍了商品经济的发展。同时，新政权急需充足的国家财政收入支持，而那个时代国家财政收入的主要来源就是租税。明治政府首先着手土地改革，目标是确立资本主义的土地私有制。1871年，明治政府宣布废藩置县，这就取消了封建领主对土地和农民的领有权，建立起全国的中央集权的统一政权，为以后的土地制度改革提供了根本保证。1872年，明治政府下令，废除自1643年以来颁行的关于禁止土地买卖的法令，允许人们自由买卖土地。同年，又发布关于丈量土地及颁布土地执照的法令，宣布废除旧封建领主对于土地的所有权，而确认土地的实际占有者的土地所有权，并向他们颁发土地执照，无主土地一律收归国有。这就意味着不仅在幕府末期出现的新兴地主取得完全的土地所有权，而且多少年来一直受封建领主直接剥削的广大自耕农和富农也成为真正的土地所有者，土地私有权从法律上确立下来。这一年的七八月份，政府还发布了几项重要的改革措施。宣布自8月份起废除封建幕府制定的农民为驿站配备驿马的规定以及其他一切课役，以减轻农民负担。废除过去不许农民经商的禁令，准许自由从事商业。还颁令禁止人身买卖行为。通过这些改革，日本近代资本主义土地所有制正式确立起来了。

土地改革不可避免地要推动地税改革。地税改革实际上早在1871年就进行了准备，该年6月25日，明治政府太政官发布全国水旱田的租税一律用货币交纳的布告。1871年秋，政府宣布取消对农业生产的各种限制，允许农民自由种植各种作物。1873年7月，明治政府召开地方官会议，讨论地税问题。会后颁布了《地税改革条例》、《地税改革实施规则》，确定了地税改革规则。地税改革的主要内容是：第一，废除过去以土地收获量为标准，水田纳米、旱田纳款的旧税制，改行水、旱田一律按地价的3%纳税，地价由政府规定。另征收附加税作为村费使用，标准为地税的1/3。第二，丰年、荒年税额不变，不问土地归谁经营，一律向土地所有者征税。随后，政府于1875年3月设立地税改革事务局，7月又制定了《地税改革条例细则》。这项改革结束了幕府时期乱征租税的情况，从法律上宣告了封建领主土地所有制的最后解体，确立了日本近代新土地税制。这项改革自1874年12月正式实施，到1876年已完成60%以上，1881年全部完成。

日本明治政府的土地制度改革意义重大，影响深远。首先，这次土地改革确立了日本近代资本主义土地所有制，促进了日本资本主义的形成与发展，为日本以后经济高速发展奠定了根本基础。其次，土地与地税改革，大大解放了日本农业生产力，使日本农业生产有了较快的发展。这突出表现在：改革后，日本耕地面积扩大。1874年其耕地面积为412.98万町步，1880年增加到450万町步，1890年增到502.98万町步。16年之内日本耕地增加了22%。这对土地面积狭窄的日本来说，已是不容易的事情了。单位面积产量有了提高。土地改革后，日本主要粮食作物产量大大提高。1880年，每公顷稻田的平均产量为1849.7公斤，至1910年提高到2391.4公斤，提高了29.3%。每公顷麦田的平均产量从1878年的858.9

公斤，增加到1910年的1463.9公斤，增长70.4%。主要农作物总产量增加了。1878—1910年稻米总产量从379.2万吨增加到699.5万吨，麦类总产量由126.3万吨增到257.2万吨，分别增长了84.5%和103.6%。最后，改革也导致日本大批农民失去土地而流入城市，成为无产者和半无产者，为资本主义发展提供了大量的雇佣劳动力。据统计，明治时期，农村为日本近代产业提供了约700万劳动力，每年平均约达27万人。从1886年至1889年，农民及其家属大约有100万人以上流入大小城市。这些流入城市的农民，一方面成为资本主义发展必不可少的廉价劳动力，另一方面，他们与仍然在家乡耕作的父老乡亲一起构成日本国内一个庞大的消费群体，为日本资本主义发展提供了广阔的国内市场。①

总之，明治政府实施的农地改革废除了封建领主土地所有制，确立了资本主义个人所有制，满足了部分农民的土地要求，在一定程度上缓和了阶级矛盾，提高了农民的生产积极性，为发展农业生产创造了条件。但是，明治政府实行的重税使自耕农纷纷丧失土地，沦为佃农。例如1883—1908年自耕农从37.3%降至32.9%，而佃农则从20.9%上升至27.2%，土地日益集中到地主手中，农民生活恶化。明治政府实行偏重工业而忽视农业发展的畸形经济政策，使战前日本农业十分落后，国民经济也畸形发展。②

四、日本城市化快速发展阶段的农地制度变迁（1930—1970年）

(一)以确定私有产权，落实“耕者有其田”为主旨的两次农地改革

从1920年开始，日本的农业开始具有自我积累的发展能力，

① 陈新田. 日本明治维新时期土地制度改革初探. 赤峰学院学报，2005(1).

② 刘毅，胡兆凡. 日本明治时期与战后初期农地改革差异比较. 理论界，2007(12).

工业化进入了第二个发展阶段。工业化的发展进一步带动了城市化的发展。1937 年后劳动力加速向重工业城市集中，著名的四大工业带——京滨工业带、中京工业带、阪神工业带、北九州工业带到 20 世纪 30 年代已形成，所谓“四极集中”，使人口城市化率到 1940 年已达 37.9%。由于第二次世界大战日本的城市化率直到 20 世纪 50 年代依旧停留在 38%，10 年间城市化率增长极其缓慢，但日本自 50 年代开始进入城市化快速发展阶段。这一阶段，工业化、城市化对农地制度的影响进一步扩大。特别是地主土地所有制和土地租佃制为主的封建制度已经成为工业化、城市化发展的障碍，大大影响了农业的发展，引起日本社会的不稳定，需要通过大量的改革措施来协调工业化、城市化与农地制度的关系。① 为适应经济发展的要求，战后日本政府先后进行了两次以确定私有产权，落实“耕者有其田”为主旨的农地改革。

1. 第一次农地改革

第二次世界大战结束后，日本就开始了土地改革。1945 年 11 月，日本制定了《农地制度改革纲要》，但未能获得内阁会议通过。12 月，盟军总司令部向日本政府下达了《关于农地改革的备忘录》，要求日本在 1946 年 3 月 15 日之前提出农地改革方案，并对改革方案的主旨进行了规定：(1)不在乡的地主向耕种者转让土地所有权；(2)佃农以公正的价格从地主那里购入农地；(3)佃农用与其收获相适应的年赋购入农地；(4)脱离佃农身份者，应受到合理的保护，以免其再次沦为佃农。此后，经过修订的土地改革法案获得了国会通过，战后日本第一次农地改革启动。

日本战后第一次农地改革中制定的《改订农地调整法》的主要内容是：(1)在乡地主(包含居住于相邻市町村的地主)保有土地的面积限定在 5 町步(北海道为 12 町步)，其超过部分以及不在乡地主的全部土地由政府强制收买，并将其有偿分配给农民。(2)土地的买卖和转让等事务由农会负责办理。(3)地租用货币支付。(4)

① 郝寿义，王家庭，张换兆. 工业化、城市化与农村土地制度演进的国际考察：以日本为例. 上海经济研究，2007(1).

都道府县及市町村都设立农地委员会，其委员通过选举产生。此法把原来改革方案中"土地租金全面货币化"改为"在双方当事者共同认同的情况下可以实物交纳"，并使预定改革涉及的土地面积由占全部佃耕地面积的60%减少到占全部佃耕地面积的30%。也就是说，这次农地改革不仅照顾了地主的利益，还保留了封建土地制度的残余。所以，佃农、自耕农反对此项改革方案，部分地主也不满意，美国占领军也不赞同。结果，这次改革未能实施。

2. 第二次农地改革

由于美国占领军不同意第一次农地改革方案，对日理事会①不得不继续研究日本土地改革问题。随后，前苏联和英联邦分别就日本农地改革提出了方案。1946 年 9 月，根据英联邦提出的方案，日本制定了《自耕农创设特别措施法》和《农地调整法改正法律案》。这便是日本的第二次农地改革。较之第一次农地改革，第二次农地改革有以下不同：第一，地主保有土地的面积由 5 町步减少为 1 町步，改革涉及的土地面积占全部佃耕地总面积的 80%。第二，土地买卖必须由政府进行，个人不得擅自买卖土地。第三，保有土地的单位由家庭同一辈分中的几个人变为同一辈分中的一个人。第四，限制了最高地租额，即水田最高租额为其产量的 25%，旱地最高租额为其产量的 15%；佃农拥有请求减少地租的权利。可见，第二次农地改革在扶植自耕农、保护佃农、抑制地主权利等方面的用意比较明确，措施也切实可行。②

该次土地改革方案实施后，全国耕地面积中自耕地和佃耕地的比例发生了重大变化，在"1945 年是 54%比 46%，而到了 1950 年该比例是 90%比 10%。从自耕农与佃耕农户数上看，自耕农户数

① 日本是战败国，因而包括其土地改革在内的许多事务要获得盟国占领军的同意。1945 年底，英、美、苏三国外长举行了莫斯科会议，决定在华盛顿成立由 11 个国家组成的远东委员会，在东京设立由美、英、苏、中四国组成的对日理事会，若理事会的任一成员对盟军总司令最高统帅(麦克阿瑟)的改革方案提出异议，则最高统帅须停止执行，直到委员会取得一致意见。

② 汪先平. 当代日本农村土地制度变迁及其启示. 中国农村经济，2008(10).

由1945年的172.9万户上升到1950年的382.2万户，从数量上看增加了120%，在总农户数中所占的比例由31%上升到62%。与此相反，佃自农户数①从20%减少到7%，佃耕农户数则由28%减少到5%”(见表4-6)。② 日本战后农地改革，无论是从农地的面积还是从农户数量上看，都清楚地展示了“耕者有其田”和以自耕形态为主体制度的构建取向。

表4-6　**自耕农、佃农构成比例**　单位：千户

	自耕农	自佃农	佃自农	佃耕农	例外规定	合计
1945年	1729	1114	1102	1574	18	5537
	(31%)	(20%)	(20%)	(28%)	(0.3%)	(99.3%)
1950年	3822	1591	411	312	41	6177
	(62%)	(26%)	(7%)	(5%)	(1%)	(101%)

资料来源：关谷俊作. 日本的农地制度. 金洪云，译. 上海：上海三联书店，2004：4.

总之，战后日本通过一系列农地改革，废除了封建的农地制度，创设自耕农，改善租佃关系。总体上看，这一阶段日本工业化、城市化的代价较小，耕地面积的进一步扩张，主要源于耕地整顿的继续和町村合并的继续。一是耕地整顿(第二高峰)。1923—1933年(大正12年至昭和8年)，推广水田干田化作业，于20世纪30年代达到高峰。二是第二次町村合并(见表4-7)。主要动力源自各地城市化的开展及城市外延的扩大。1920年以前大城市仅仅吸收新增人口的3成，而此后的15年吸收7成以上，日本的总

① 战后，日本在农地制度改革中将农户分为自耕农、自佃农、佃自农和佃耕农四种类型。划分的标准是：所有地在90%以上的为自耕农；所有地在50%至90%的为自佃农；所有地在10%至50%的为佃自农；所有地不满10%的为佃耕农。

② ［日］关谷俊作. 日本的农地制度. 金洪云，译. 上海：上海三联书店，2004：3.

体城市化率在1886—1920年期间从10%增加到18%，34年仅增加了18个百分点，而1920—1938年期间从18%增加到38%，18.年增加了20个百分点。到1940年，城市增加至168个，人口占总人口的37.7%，20年间增加了一倍，农村人口占62.3%。第二次町村合并的特点是在城市特别是大城市周围通过土地区划整顿进行。城市向外拓展的同时进行町村合并，整理农田对合理布局用地，减少耕地占用有积极意义。①

表4-7　　**1888—1985年日本市、镇(町)、村数变迁**

年度	合计	市	镇(町)	村
明治21(1888)	70472	37	12002	58433
明治22(1889)	13386	39	715	12632
明治26(1893)	15144	43	1328	13773
明治31(1898)	14778	52	1169	13557
明治36(1903)	13532	60	1121	12351
明治41(1908)	12453	66	1164	11223
大正2(1913)	12348	69	1246	11033
大正9(1920)	12244	83	1365	10796
大正14(1925)	12018	101	1532	10385
昭和25(1950)	10500	254	1889	8357
昭和30(1955)	4877	496	1873	2508
昭和60(1985)	3254	652	2001	601

资料来源：郝寿义，王家庭，张换兆．工业化、城市化与农村土地制度演进的国际考察：以日本为例．上海经济研究，2007(1)．

20世纪50年代，日本进入了工业化发展的第三个阶段，工业化基本完成。这一时期，城市化进入快速发展阶段，城市化率从

① 郝寿义，王家庭，张换兆．工业化、城市化与农村土地制度演进的国际考察：以日本为例．上海经济研究，2007(1)．

1950 年的 37%上升到 1977 年的 76%，年均增长 1.5 个百分点。1956—1973 年是日本工业发展的黄金时期，18 年间工业生产增长 8.6 倍，平均每年增长 13.6%。并且，以此形成了三大城市圈，使日本成为城市和郊区人口占多数的国家。1955 年城市人口比例升至 56.1%，农业人口下降至 41%，1963—1973 年，农村平均每年向农外部门提供 80 万个劳动力，将近 60%的劳动力在第二和第三产业工作。1960—1970 年的城市化水平以年均 2.51%的速度增长，到 1970 年，72.1%的日本人口居住在城市中。①

城市化的快速发展对农地制度提出了新的要求。一方面，城市化快速发展需要占用大量的耕地以满足城市工业和服务业的发展要求，农地转用现象变得越来越严重。另一方面，工业化的完成也标志着日本开始进入工业反哺农业阶段，农民开始共享工业化、城市化成果。为此，日本政府在这一阶段制定了一系列有关农地的所有、利用、开发、交易、转用、管制、规划与保护等各个方面的法律，形成了以农地管制制度、农业用地区域设定与振兴制度、农业振兴、综合发展制度和农地开发整理制度等为主要内容的日本当代农地制度。

（二）日本当代农地制度的形成及主要内容

日本的农地制度，最早可以追溯到 1899 年的《耕地整理法》，而制度的雏形，则是从 1938 年的《农地调整法》到战时农地立法这一期间逐渐形成的。但是，成为当代日本农地制度主体的各项制度，实际上是在战后，以农地改革为出发点发展起来的。② 继 1938 年颁布《农地调整法》后，日本政府在随后的半个多世纪里又相继颁布了一系列有关农地保护和利用方面的法律，如《租佃管制法令》（1939 年）、《农地开发法》（1941 年）、《自耕农创设特别措

① 郝寿义，王家庭，张换兆．日本工业化、城市化与农地制度演进的历史考察．日本学刊，2007(1)．

② ［日］关谷俊作．日本的农地制度．金洪云，译．上海：上海三联书店，2004：38-39.

施法》(1946年)、《土地改良法》(1949年)、《农业委员会法》(1951年)、《农地法》(1952年)、《农业基本法》(1961年)、《农振法》(1969年)、《城市计划法》(1969年)、《国土利用计划法》(1974年)、《生产绿地法》(1974年)、《增进农用地利用法》(1980年)、《村落地域建设法》(1987年)、《市民农园建设法》(1989年)、《农业经营基础强化促进法》(简称《农促法》)(1992年)、《地方分权法》(1994年)、《食品·农业·农村基本法》(1999年)等。其中,《农地法》、《农促法》、《农振法》、《土地改良法》是日本农地制度的主体,可以说,日本当代农地制度就是由这四种法律及与之相配套的法律组成的。① 这些法律构成纵横交织的制度体系,这个制度体系又有许多互相衔接的子制度系统,各子制度系统不仅获得了与之配套的单项立法的支撑,而且还互为支撑。这些制度规范对象明确,规范条款翔实,可操作性强,可谓事事"有法可依"。可以说,日本每一类农地在每一时期都是制度建设和管理的对象。② 日本当代农地制度是一个内容极为丰富的制度体系,涉及农地的所有、利用、开发、交易、转用、管制、规划与保护等各个方面。下面仅就日本农地管制制度、农业用地区域设定与振兴制度、农业振兴、综合发展制度和农地开发整理制度进行简要分析。

1. 以《农地法》为核心的农地管制制度

《农地法》是日本农地制度的核心。该法的主要内容是对农地实行管制,目的是保护耕作者的权利,保证优质农地用于农业,促进农业生产力发展。《农地法》规定的管制如下:①土地权利转移管制。该法规定,农地所有权、佃耕权、租赁权的转让和重新设置等都需要知事审批,对违规行为要进行处罚。也就是说,凡是农地权利转移必须有知事的批准和市町村农业委员会的同意,凡是未经审批的农地权利转移合同都予以废除,凡是农地权利转移中的违法

① [日]关谷俊作. 日本的农地制度. 金洪云,译. 上海:上海三联书店,2004:39,378-380.

② 汪先平. 当代日本农村土地制度变迁及其启示. 中国农村经济,2008(10).

行为都必须受到处罚。②土地用途转移管制。该法规定："以耕作以外的使用为目的取得农地所有权、租赁权、场地使用权时，必须有知事的批准，同时设置了对违法行为的处罚规定。"①即便土地用途转移的申请是可能的，也要受到农林省的限制，即严格管制农地向非农行业流转。③佃耕地所有限制。离乡地主的全部耕地以及在乡地主的佃耕地超过一定面积的部分，由政府征收，并出售给佃农。凡是符合限制条件的佃耕地都由政府征收并出售。④租赁关系调整。该法对佃租定额货币缴纳制、减额请求权和租佃合同文字化等进行了规定。⑤未开垦地处理。该法规定，政府征收并出售未开垦地。由此可见，《农地法》涉及农地的所有、利用、交易、转让等各个领域，把农地权利转移管制、转用管制、佃耕地所有限制、租赁关系调整、未开垦地处理等组合为一体，形成一个常规性的、完整的农村土地管制制度。

《农地法》自颁布以来先后进行过六次修改，每次修改都对日本农业经济发展产生了重大影响。1962 年，《农地法》第一次修改，增设了"农业生产法人"和"农地信托事业"条款。这一规定不仅把 1961 年的《农业基本法》中相关规定进一步具体化和规范化，也为后来制定的《农协法》中的"农业合作法人制度"提供了制度基础。但是，《农地法》中的"管制"与《农业基本法》中的"培育自主经营"、"结构政策的基本方针"(1967 年)、"综合资金"(1968 年)、《关于农业振兴地域法律》(简称《农振法》)(1969 年)和《农业人②养老金基金法》(1970 年)存在一定程度上的不协调。1970 年，日

---

① 转引自[日]关谷俊作. 日本的农地制度. 金洪云，译. 上海：上海三联书店，2004：170.

② 在日本与农业相关的法律中，对于农业中的"人"存在着多种多样的用词。例如：农业经营者、农业人、农产品的生产者、农民、农业从业人员以及这些人的家庭和成员，甚至包括"农户"。在《农地法》中使用的是"耕作者"；在《农业基本法》中，主要使用"农业从业人员"一词；在《食品·农业·农村基本法》中主要使用"农业人"这个词；在 2001 年修订后的《农协法》中，把作为个人的"农民"和经营农业的法人一并称为"农业人"；此外还有《农促法》中的"认证农业人"。总之，日本不同农地制度中赋予"农业人"以适当的地位和称呼，而最合适的用词应是作为农业生产经营主体的"农业经营者"。

本对《农地法》进行了第二次修改，这次修改在坚持其“管制”基本理念的同时，设置了一些放宽管制和例外的条款，以促进农地流转。这次修改增设的“农业经营代理制度”是继1962年的“农地信托事业”之后的又一促进农地流转的措施。1980年，《农地法》第三次修改，这次修改伴随着《增进农用地利用法》的制定和《农业委员会法》的修改而进行。这次修改设置了“佃租定额货币缴纳制”可以“免予适用管制”的条款；放宽了农业生产法人的条件；明确了农地权利转移管制的审批者。1992年，《农地法》第四次修改，这次修改是与《农促法》的实施同时进行的。这次修改主要是放宽对农业生产法人条件的要求。1998年，《农地法》第五次修改，这次修改推动了农地转用审批基准法制化。这次修改的内容为1999年制定的《地方分权一揽子整理法》所吸收。2000年，《农地法》第六次修改，这次主要修改了农业生产法人制度，并对土地权利转移管制和用途转移管制所涉及的土地面积做了弹性的规定。不过，这些修改都排除了以取得保存资产、投机为目的农地权利的转移，也排除了不从事农业生产的个人、组织或法人取得农地权利转移的可能。①

2. 以《农振法》为核心的农业用地区域设定与振兴制度

随着城市化进程的推进，各种建设用地需求迅速增加。为了提高土地利用率，20世纪70年代末，日本实施了全国土地利用划分制度，这就是1969年制定的《农振法》和《城市计划法》。1974年制定的《国土利用计划法》实际上是有关日本国土利用综合规划的法律制度。《农振法》的立法意图，就是通过指定农业振兴地域或农地区域来保证农业用地，并达到该地域农业和农村振兴的目的。该法的主要内容是指定农业振兴地域或农地区域，明确农业振兴地域的实施主体(市町村)，规定农业振兴地域要制订振兴计划，并规定在5年内完成地域指定和农业振兴计划制订工作。“根据《农振法》的规定，以土地基础建设、农业现代化设施建设、农地保有合

① 汪先平. 当代日本农村土地制度变迁及其启示. 中国农村经济，2008(10).

理化建设等改善农业结构的措施为中心，以振兴地区农业为目的的各项政策，必须在农业用地区域或农业振兴区域集中实施。此外，以《农振法》的农业振兴地域建设计划为前提，为了改善市町村农业结构和推行地区农业政策，还制定了具体的预算。"①可见，《农振法》的主要内容是《农业基本法》中农业结构政策的继续和发展。

为了确保农业振兴地域的农业振兴和农地免予流失，1975 年，日本首次修改了《农振法》。此次修改的主要内容是：①增加了有关农用设施用地的规定；②增加了在审批"农业振兴地域建设计划"时由市町村实施农地权利交换或合并的规定，③增设了"特定使用权设立和开发行为审批"等新规定。1984 年，《农振法》第二次修改，增加了"改善农村生活环境"的规定，完善了由市町村实施的土地权利交换或合并制度，增设了"关于农业设施合理配置"和"关于农用排水设施维持"的新规定。1999 年，《农振法》第三次修改，增设了农地区域变更的基本标准，这次修改再次明确了"保护农地"的基本目标。

3. 以《农促法》为核心的农业振兴、综合发展制度

日本的《农地法》倾向于农地使用管制，而《增进农用地利用法》鼓励农地流转，这样，日本农地制度迎来了"管制"和"促进流转"两种制度并存的时代。1989 年，日本对《增进农用地利用法》进行了修改，这次修改"通过在制度中引进农业结构改善目标和扩大经营规模计划认证制度"，为促进农地流转指明了方向。1992 年，农林水产省发表了题为《新食品 · 农业 · 农村政策的新方向》的报告，报告指出："今后农业结构和经营对策的基本方向是，在农业结构上确定一种承担大部分农业经营、有效稳定的'经营体'，这种'经营体'应能够实现主要农业人与其他产业劳动者具有相同水平的年劳动时间，其主要从业人员具有与同地域其他产业从业人员

① ［日］关谷俊作. 日本的农地制度. 金洪云，译. 上海：上海三联书店，2004：17.

相同水准的人均生活收入。"①农业"经营体"提出后,《增进农用地利用法》再次被修改,并于1993年更名为《农业经营基础强化促进法》(简称"《农促法》"),日本农地制度又出现了重大变迁,即农地法律的结构沿着"促进农业经营基础的强化"而不是"农用地的增进利用"这一新目的而发生了变化。"农业经营"替代"农用地"成为政策对象。具体说来,《农促法》由如下五部分组成:①由都道府县知事制定的农业经营基础强化促进基本方针和由市町村制定的农业经营基础强化促进基本构想;②农地保有合理化事业及农地保有合理化法人;③改善农业经营计划的由市町村认证和接受认证后的农业人的培养措施;④通过市町村实施农业经营基础促进事业;⑤有关休耕地的措施等。②《农促法》将农地流转或增进利用的一切手段囊括其中,合成为系统的强化农业经营基础的措施;确定了都道府县和市町村为农业经营基础的支持主体、农地保有合理化法人和特定农业人为强化农业基础的实施主体,规定了农业经营计划的认证制度和认证农业人的培育制度等。《农促法》使日本农地制度超越了"农用地的增进利用",开始了向"农业经营基础强化促进"的新变迁。这样,日本农地制度排除了以耕作以外目的获取农地的权利,保持了优质农地用于农业生产,实施了有利于农业生产的土地改良,促进了有助于经营规模扩大的农地流转,提高了全国农地的利用效率。日本农地制度已经发挥了预期的作用,也得到了充分的评价和广泛的认同。

4. 以《土地改良法》为核心的农地开发整理制度

土地改良是日本农地制度建设的重要内容之一,它源于农业用水排水建设和耕地整理开发。1890年和1899年,日本政府分别颁布了《水利合作社条例》和《耕地整理法》;1902年出台了《北海道土功合作社法》。第二次世界大战前,这些法律从不同的领域、地

① [日]关谷俊作. 日本的农地制度. 金洪云,译. 上海:上海三联书店,2004:27.

② [日]关谷俊作. 日本的农地制度. 金洪云,译. 上海:上海三联书店,2004:28.

域引导日本土地改良。1949年，日本制定了《土地改良法》。《土地改良法》的基本内容有：①把参加土地改良事业的资格人，不是定为农用地的所有者而是原则上定为耕作者，体现以耕作者为中心的制度。但需要补充说明的是，由于农用地开垦事业的对象是非农用地(未开垦地)，所以原则上只有其土地的所有者才具有参加事业的资格。②关于个人参加土地改良资格的规定。个人拟参加土地改良，要提出申请，在获得2/3以上参加资格人同意(对于农用地开垦事业中的非农用地，需要有参加资格人的全部同意)时方可获得参加土地改良的资格。③设定土地改良的种类。例如，设置、管理、废除、更改农业用水排水设施及其他为保全和使用农地所必需的设施，维修、建设农道，整理地块，开垦农地，填海开垦，排水开垦，修复受灾的农地或设施，交换或合并农地权利，进行其他为保全农地所需要的改良。④明确土地改良的实施者。除了改良区个人、市町村实施的土地改良外，还有国家或都道府县通过其他组织实施土地改良以及根据业务规模、技术难度实施的他项改良等。在坚持基本理念和制度结构的前提下，《土地改良法》先后被修改11次，这些修改以扩大土地改良种类和完善实施程序为主要内容。这是日本农地制度中修改次数最多的一部法律，足以表明日本对土地改良及其制度建设的重视。除了《土地改良法》规定的土地改良实施主体外，还有特殊的法人“公团”也实施了土地改良，例如“水利资源开发公团”和“绿色资源公团”①。“公团”实施土地改良，基于两点优势：第一，“公团”除了有政府出资或补贴外，还可以通过

① 设立于1955年的“爱知用水公团”主要负责爱知和丰川这两个地区用水事务，其管理的业务后来由1962年成立的“水利资源开发公团”接管。“水利资源开发公团”除了从事开发或利用水利资源、建设及管理设施外，还可以开展国家委托或都道府县计划的土地改良。建立于1955年的“农地开发机械公团”，主要是为农地开垦和改良提供高性能的机械；它所实施的土地改良由“农用地开发公团”(1974年设立)接管。“农用地开发公团”于1988年更名为“农用地建设公团”，负责农地综合建设和农地紧急保全建设。1999年，“绿色资源开发公团”接替“农用地建设公团”，除了实施农地综合建设和紧急保全建设外，还开展了退耕还林和其他土地改良等。

贷款优先获得资金支持；第二，“公团”可以将几种或几类土地改良与设施建设、设施管理等综合在一起，进行系统的土地改良。所以，“公团”在实施土地改良时，“具有与政府同等的地位”，它们参加土地改良是由单项法律制度予以确认的。这样，《水利资源开发促进法》、《森林开发公团法》和《土地改良法》一并构成日本土地改良法律制度体系，共同规范着农地开发整理和水利设施建设。上述法律和《农地法》一起构成日本农地制度的基本内核。①

五、日本城市化高度发达阶段的农地制度变迁（1970年以后）

20世纪70年代，日本经济增速放慢，进入后工业化时代，第二产业的产值在国民生产总值中的比重逐年下降，而第三产业逐渐成为国民经济的重要组成部分。从70年代开始，服务于第三产业的工人数量大幅增加，农村人口从4819万人减少到2005年的1750万人，仅1990年到2005年的15年中就减少了1046万人。到2004年第三产业的产值占总产值的71.8%，吸纳的劳动力占总就业人数的66.9%。与此同时，日本城市化也进入高度发达阶段，并出现了一些新特点：一是城市化水平继续提高。城市人口比重2005年超过86%。就业率于1985年超过了60%，1995年达到64.7%。但是随着日本经济的衰退，就业率也逐年下降，到2005年下降至57.6%。二是城市化发展进入分散型城市化阶段，表现为中小城镇的崛起和大城市向周边扩张的所谓“逆城市化”。三是东京的一极膨胀与再城市化。原因是：一方面，“传统”产业继续分散布局甚至向国外转移，导致劳动力和人口流动发生变化；另一方面，新兴产业在大城市中心地区集聚，导致再城市化的发生。②

① 汪先平. 当代日本农村土地制度变迁及其启示. 中国农村经济，2008(10).

② 郝寿义，王家庭，张换兆. 日本工业化、城市化与农地制度演进的历史考察. 日本学刊，2007(1).

在进入后工业化时代和城市化高度发达阶段，大量农村人口已经转移到城镇，再加上地价高涨、耕地面积减少和耕地利用率下降，日本的农地制度变迁朝着两个方向演进：一是日本政府通过制定大量政策、法规以及采取有关措施来促进农业的发展，实现耕地的规模化经营；二是日本政府采取了一系列有效措施，不断完善耕地保护与经营制度。

(一)20 世纪六七十年代以来促进土地所有权流转和规模经营为主旨的农地制度改革

《农地法》在日本经济恢复时期对农业乃至国民经济的稳定发展起到了不可替代的作用。但随着工业化和城市化的快速发展，该制度的弊端逐渐显露：该法限制了每户的耕作面积及地主的租佃面积，因而不利于农地的规模经营；该法限制了农地的转让，进城就业者无法转让其土地，又不愿意抛弃，因而出现许多兼业农民(即除农业劳动和农业收入外，还有其他非农业劳动和非农业收入的农民)。同时，受人口高龄化、劳动力向城市转移、农业接班人减少等因素的影响，还出现了许多耕地抛荒现象，导致耕地利用率降低。

为了解决上述问题，日本于 1962—2000 年先后 6 次对《农地法》进行了修改，并制定了《农业基本法》、《关于农业振兴地域的法律》、《农业经营基础强化促进法》、《增进农用地利用法》等一系列相关法律。试图通过一系列改革，增设农业生产法人，放宽对农地占有和流转的限制，以加快土地流转，促进规模经营。

1962 年对《农地法》的首次修改主要包括以下几个方面的内容：①将农户拥有土地面积的最高限制放宽到 3 公顷，附加的条件是农业经营所需要的劳动力半数以上由家庭劳动力提供；②设立农业生产法人制度，允许由农户发起的各种农业生产组织购买和租用农地，但对拥有土地的最高面积有限制。③建立了“土地信托制度”，目的是促进土地买卖和租赁业务的发展。但是，由于一方面当时的经济发展水平尚未达到大量农民可以摆脱土地保障的水平，另一方面农民对政府的政策不信任，担心出租的土地被剥夺所有权(战后的农地改革中，许多农户出租的土地被政府强制购买，这在农民心里留下了很深的阴影)，这次改革的效果并不理想。

20世纪60年代后，一方面，日本经济的高速增长以及工业化、城市化的迅速发展，使得农业用地被大量占用，农地总面积不断减少。1960—1992年，日本共减少可耕地112.2万公顷，减少了17%。另一方面，经济高速发展也创造了大量的非农就业机会，农民兼业化现象十分普遍(见表4-8)，兼业收入占农户收入的50%以上。离农人口剧增，农业生产者高龄化，农地抛荒现象严重。因此，日本农地法律和政策开始转向以土地的利用权转移为中心内容，鼓励土地的租借和流转，突出表现是1970年对《农地法》的修改。

表4-8　**专业及兼业农户数量发展情况(全国)**　单位：千户

	合计	专业农户	第1类兼业农户	第2类兼业农户
1955年	6043(100.0%)	2105(34.9%)	2275(37.6%)	1663(27.5%)
1960年	6056(100.0%)	2078(34.3%)	2036(33.7%)	1942(32.0%)
1965年	5665(100.0%)	1219(21.5%)	2081(36.7%)	2365(41.8%)
1970年	5402(100.0%)	845(15.6%)	1814(33.4%)	2743(50.8%)
1975年	4953(99.9%)	616(12.4%)	1259(25.4%)	3078(62.1%)
1980年	2661(100.0%)	623(13.4%)	1002(21.5%)	3036(65.1%)

注：①专业农户：家庭成员中没有从事兼业的农户。

②第1类兼业农户：家庭农业收入高于兼业收入的农户。

③第2类兼业农户：兼业收入高于家庭农业收入的农户。

资料来源：[日]关谷俊作. 日本的农地制度. 金洪云，译. 上海：上海三联书店，2004：21.

1970年日本政府对《农地法》进行了第二次修改，主要内容包括：①取消了农户购买或租地的最高面积限制。日本政府认为随着农业逐步实现机械化，农户完全有能力耕作更多的土地。但同时还对购买和租用农地的农户进行了严格的资格限定，不允许出现雇工从事农业活动的情况。②取消了对各种农业生产组织购买和租用土地面积的最高限制，允许由农户合作、合资组织起来的农业生产法人自由购买和租用农地，合作社可以经营社员委托的土地。③放宽了土地租用的条件，部分取消了农地委员会对土地出租的管制，增加了租赁双方的自主权。同时，解除了对土地租金的最高限制，当地农地委员会只给出指导性的租金，供出租双方参考。为了方便农户之间土地的出让和出租，还专门成立了不以盈利为目的的农业土地管理公司，为租赁双方提供相关服务，由政府对农业土地管理公司提供资金补助。但是，这次农地制度改革仍旧没有取得理想的效果。在改革后的几年里，全国土地出租的面积不仅没有增加，反而呈现下降的趋势。出现这种情况的原因是，一方面农民对政府依然不够信任，担心出租的土地被剥夺所有权的心理阴影仍没消除；另一方面则是快速的城市化导致土地的价值被显著地提高，农民普遍不愿意放弃对土地的权利，担心由此产生变故。

六七十年代的两次以促进土地使用权、经营权流转为中心的农地制度改革没有取得预期效果，农地经营规模的扩大陷入停顿，耕地的利用率下降，地价却在上涨，也未能顺利地培育起成为农业生产中坚力量的核心农户(见表 4-9)。日本政府开始意识到，农户还不会轻易出卖农地，靠转让所有权来促进土地流转非常困难，必须把思路转到依靠土地使用权和经营权流动促进农地规模经营上来。此后，日本政府把改革的重心放在稳定所有权，放开使用权和经营权上。1975 年日本政府在一些农业振兴区域开始实施“农地利用促进事业”，其目的是发挥地方的自主权，赋予市町村自主调整农地关系的权力，以促进农地的流动。1980 年，日本政府颁布了《增进农用地利用法》，主要内容包括两点：①进一步制定优惠措施，鼓励农户出租或出卖土地。如缩短土地租赁期，租赁期限结束即告土地的租赁关系结束，从而建立起让出租人放心租出土地的制度，也有利于租赁者获得成片农地。在放宽农民处置土地的自主权的同时，还规定中途出租者可以收回出租地，而不必支付离佃费。① 此外，政府还对出租者提供与租期相对应的租金补助，出租期越长，

① 指土地出租者从土地租赁者手中收回所出租的土地时支付给租赁者的补偿金。

则单位农地面积上的补助额越高。②积极开展农地委托经营，由大户和生产合作组织接受农户委托的农作业务，由此来推动规模经营的发展。与此相对应，又对《农地法》进行了新修改，放宽了农业生产法人有关从业人员的条件，以扩大规模经营，培养后继农业生产者。通过以上一系列的改革，日本农地的流转率开始加速，农地出租面积由1970年的7.6%上升到1985年的20.5%，经营面积在2公顷以上的农户所占的比例由1970年5.9%提高到1980年的7.3%。到2001年底，认定农业生产者的数量达到了178000户，经营规模在5公顷以上的农户增加到45800户。此后，日本政府对农地制度保持了动态调整的做法，目的是不断适应农业国际化竞争压力。①

表4-9　**按农地经营规模分类的农户数量发展情况(都、府、县)**　单位：千户

	少于0.5 ha	0.5~1.0 ha	1.0~1.5 ha	1.5~2.0 ha	2.0~3.0 ha	3.0ha以上	合计
1955年	2285 (39.3%)	1955 (33.7%)	981 (16.9%)	376 (6.5%)	179 (3.1%)	30 (0.5%)	5806 (100.0%)
1960年	2275 (39.1%)	1907 (32.7%)	1002 (17.2%)	404 (6.9%)	201 (3.5%)	36 (0.6%)	5825 (100.0%)
1965年	2096 (38.3%)	1762 (32.2%)	945 (17.3%)	407 (7.4%)	214 (3.9%)	41 (0.8%)	5465 (99.9%)
1970年	2030 (38.8%)	1619 (30.9%)	874 (16.7%)	407 (7.8%)	244 (4.7%)	63 (1.2%)	5237 (100.1%)
1975年	1995 (41.4%)	1436 (29.8%)	727 (15.1%)	349 (7.2%)	236 (4.9%)	76 (1.6%)	4819 (100.0%)

① 高建设. 二战以来日本农地制度变迁路径浅析及启示. 吉林工商学院学报，2011(3).

续表

	少于 0.5 ha	0.5~1.0 ha	1.0~1.5 ha	1.5~2.0 ha	2.0~3.0 ha	3.0ha 以上	合计
1980 年	1921 (42.3%)	1304 (28.7%)	652 (14.4%)	328 (7.2%)	240 (5.3%)	95 (2.1%)	4540 (100.0%)

注：①1955 年的数据中不包括奄美大岛，1970 年以后包括冲绳县。

②少于 0.5 公顷的农户中包含例外规定的农户。

资料来源：[日]关谷俊作. 日本的农地制度. 金洪云，译. 上海：上海三联书店，2004：22.

(二)日本城市化进程中的农地保护制度

日本政府历来都高度重视农地的保护，1899 年就制定了严格的《耕地整理法》并分别在 1909 年和 1914 年两次修改。目前日本颁布的有关土地管理方面的法律共有 130 部之多，其中涵盖了包括《农地法》、《农振法》、《农促法》、《土地改良法》等在内的与农地相关的整个制度，这些法律大都随经济社会发展几经修正，逐渐形成了完善的体系。从日本农地制度的发展历程来看，以 1952 年制定的《农地法》为首的、以严厉管制为中心的农地制度，在 1961 年制定《农业基本法》之后，走上了放宽管制和促进土地流转的道路，这正是日本的耕地数量由增到减的重要转折点，同时也是农业规模化经营和现代化水平不断提高的转折点。①

根据统计资料和相关文献，日本的耕地面积自明治维新后一度逐渐扩大。日本的耕地面积分别经历了 1920 年前、1930—1940 年和 1950—1960 年 3 个增长时期，最高均达到了 $600\times10^4 hm^2$ 以上，占到国土总面积的 16%左右(见图 4-2，I-III)。在耕地面积增加的同时，经济指标和人口数量一直在持续增加，城市化虽然也有波动，但 1920 年以前及 1930—1940 年和 1950—1960 年 3 个阶段中城市化水平均在增长。1920 年城市化水平达到 18.04%，1930—

① 金洪云. 日本的农村振兴政策. 中国党政干部论坛，2006(4).

1940 年城市化水平年均增长 5.7%，1950—1960 年年均增长 6.9%。这在一定程度上说明，在工业化和城市化过程中经济发展及城市化并不一定与耕地面积互为逆向变动，其原因除了严格的农地保护制度外，最主要的可大致归纳为两点：(1)日本走的是一条典型的集中型城市化道路，城市化过程是人口从农村及小城镇地区向太平洋东岸城市移动的过程。东京、名古屋和阪神三大都市圈土地面积仅占全国土地面积的 10%，但集聚了近 60%的人口、55%的工业生产、70%的商品批发和 72%的大学生。(2)日本在城市化快速发展时期，实施土地开发、耕地整顿和町村合并。通过耕地整顿和町村合并，行政村大幅度减少，为解决工业发展用地不足问题，日本工业主要布局在沿海地带，并进行大规模的填海造陆工程。①

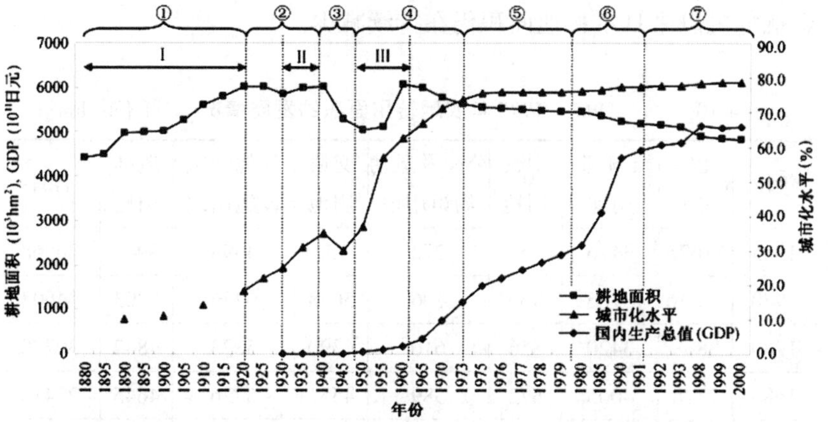

图 4-2　1880—2000 年日本耕地面积与 GDP 以及城市化水平的关系

资料来源：孙强，蔡运龙．日本耕地保护与土地管理的历史经验及其对中国的启示．北京大学学报：自然科学版，2008(3)．

耕地流失同经济发展关系紧密，具有明显的周期性。1953—1973 年是日本经济高速增长期，大量农村人口流入大城市，前期

① 孙强，蔡运龙．日本耕地保护与土地管理的历史经验及其对中国的启示．北京大学学报：自然科学版，2008(3)．

宜农荒地开发速度快于耕地流失速度，耕地面积稍有增加，1963—1973 年宜农荒地开发速度远远慢于耕地流失速度，耕地面积迅速减少。1973 年石油危机使日本进入中速增长期。1973—1990 年农村人口流入大城市的数量大大减少，耕地流失速度逐步降低，宜农荒地开发逐步减少，数量也少于耕地流失，耕地面积缓慢减少。1990 年日本大城市的房地产泡沫破裂使经济进入低速发展期，流入大城市的人口数量大大降低，而产业郊区化的发展使耕地流失速度第二次加快，加上宜农荒地资源开发殆尽，前期耕地迅速减少。日本 20 世纪 60—90 年代农地转用面积的发展情况反映了日本耕地流失状况(见表 4-10)。2000 年以来，随着城镇化的完成和后工业化社会的来临，日本的城镇扩张占用耕地面积大大减少，耕地减少的主要原因变为耕地撂荒，耕地利用率在逐年降低，2008 年全球金融危机以来日本耕地面积仍在持续减少。①

表 4-10　　**1965—1995 年农地转用面积的发展情况**　　单位：hm^2

年份	住宅用地	工矿业用地	学校用地	公园及运动场馆用地	交通用地	其他建筑设施用地	造林用地	合计
1965	11675	3476	867	272	735	4998	4946	26968
1970	11346	3766	966	706	5678	6236	5903	34603
1980	8838	3420	856	610	6390	5823	4842	30778
1985	7328	4005	572	589	4551	5726	4645	27416
1990	8528	6166	349	754	4235	8623	6579	35235
1995	8724	4462	208	967	3942	6692	4004	28999

注：该表中的农地转用面积，是根据《农地法》批准及申报的面积。

资料来源：[日]关谷俊作. 日本的农地制度. 金洪云，译. 上海：上海三联书店，2004：220.

① 梁书民. 日本的土地制度与农业政策及启示. 农业经济问题，2011(9).

日本是一个农地资源特别稀缺的国家，基于这样的国土条件，日本在城市化进程中始终注重对耕地的保护，行政当局也采取了一些有效的措施。第一，不断完善耕地保护与经营制度。如前文所述，日本有关土地管理方面的法律共有130部之多，而且，这些法律大都随经济社会发展几经修正，逐渐形成了完善的农地制度体系。这些制度在确保和改良优质农地，进行有助于经营规模扩大的农地流转及促进农地的有效利用方面，都发挥了应有的作用，并通过这些法律制度，确保了农业经营的基础。第二，通过《城市计划法》与《农振法》将土地区分为城市用地与农业用地，并对不同的农地资源予以不同的保护，以保证优良的农地资源不被挪作他用，优质农田永久性地用于农业生产；第三，管制城乡用地，这主要是根据《城市计划法》确定城市内部不同地域的土地利用与根据《农振法》、《农业法》的要求来明确农业地域的土地利用，此外还限定森林地域的土地利用、自然公园的土地利用等；第四，日本通过《生产绿地法》，利用税收杠杆对都市规划区内的农用地进行有效保护，鼓励都市农业发展。日本《市民农园整备促进法》规定由当地市町村的农业委员会划定市街化区域内的市民农园区域，鼓励城市居民从事农业生产。《生产绿地法》和《市民农园整备促进法》保障了建成区小规模农业用地的有效利用。第五，多渠道增加土地资源，通过对战前荒芜农地的复耕、填海造陆以及利用发达的科学技术增加山区、丘陵地带的有效利用空间和可用地面积等措施来增加农地与工业用地。这在经济高涨期间表现得尤为突出，仅1970年就增加了5万hm^2耕地，在一定程度上有效地弥补了因“农地非农化”而减少的农地资源。①

日本的耕地保护与城市化发展互动的历史经验告诉我们，从短期来看，城市扩张是以占地为主的，城市化与耕地不单纯是简单的占用与被占用的关系。而从长期来看，城市化使农村人口大量转移到城市，使城市人口大量聚集，减少农村占地，发挥集聚效应，从

① 简新华，张国胜. 日本工业化、城市化进程中的“农地非农化”. 中国人口·资源与环境，2006(6).

而达到减少耕地占用的目的。日本的经验表明，在城市化进程中有效地保护农地，最为关键的是要选择与国土资源环境和条件相适应的城市化发展方式和速度。日本的耕地保护与城市化进程是息息相关的。随着日本经济高速增长，人口向城市集中，工商业迅速得到发展，政策制定者们也开始认识到利用国土的必要性。与这种变化相对应，针对农村和城市分别制定出不同的土地利用制度，城市化发展过快或过慢对耕地保护利用都是不利的。应该保持城市化与工业化同步发展，结合城镇发展速度及规模，及时合理调整村镇结构，重点突出中心镇、中心村，同时加大土地整理的力度，杜绝零散布局，有效保护和增加耕地面积。事实证明，只要选择了正确的城市化发展道路和进程，就能够充分发挥城市化集约用地的优势，从而直接减少耕地占用，也有利于耕地保护。

综上所述，日本农地制度变迁与工业化、城市化基本上实现了协调发展。在城市化起步阶段，农民占日本总人口的绝大部分，基本处于无地状态，为支持城市化、工业化的发展，日本明治政府的首要任务是废除封建领主土地所有制，确立资本主义的土地私有制。通过土地改革，部分农民的土地要求得到了满足，阶级矛盾也在一定程度上得到了缓和。土地改革提高了农民的生产积极性，为发展农业生产创造了条件，并为工业化、城市化的快速发展奠定了基础。在城市化快速发展阶段，工业化、城市化对农地制度的影响进一步扩大。特别是地主土地所有制和土地租佃制为主的封建制度已经成为工业化、城市化发展的障碍，大大影响了农业的发展。为此，日本政府通过大量的改革措施来协调工业化、城市化与农地制度的关系。一方面，日本政府先后进行了两次以确定私有产权，落实“耕者有其田”为主旨的农地改革，旨在扶植自耕农、保护佃农、抑制地主权利，为工业化、城市化的发展奠定了坚实的基础。另一方面，日本政府制定了一系列涉及农地的所有、利用、开发、交易、转用、管制、规划与保护等各个方面的法律，形成了内容极为丰富、规范对象明确、规范条款翔实、可操作性强的日本当代农地制度，促进了工业化、城市化的发展。在城市化高度发达阶段，日本经济的高速增长以及工业化、城市化的迅速发展，使得农业用地被大量占用，农地总面积不断减少。同时，离农人口剧增，农业生产者高龄化，农地抛荒现象严重。为此，日本政府一方面通过制定大量政策、法规以及采取有关措施来促进农业的发展，实现耕地的规模化经营；另一方面采取一系列有效措施，不断完善耕地保护与经营制度。

第五章　巴西城市化进程中的农地制度变迁

一、巴西城市化概述

(一)巴西城市化进程

巴西位于南美洲东部，是南半球面积最大的国家。面积845.7万平方千米，仅次于俄罗斯、加拿大、中国和美国，居世界第五位。截至2014年7月，巴西人口达2.028亿，仅次于中国、印度、美国和印度尼西亚，也是居世界第五位。无论从相对数还是从绝对数比较，巴西都是一个地地道道的地大物博而人口密度小的国家。①

巴西城市起源于巴西最早的土著居民印第安人文明时期，初步发展于葡萄牙殖民统治时期。葡萄牙殖民者在沿海港口和矿区相继建立了一些城市，如作为葡属巴西首府的萨尔瓦多和里约热内卢，还有黑金镇、戈亚斯、库亚巴等著名的矿区城镇。巴西于1822年获得独立，但在独立后的数十年里由于经济裹足不前，巴西的城市发展还无从谈起，直到19世纪下半叶，随着咖啡经济的迅速发展和早期的工业发展以及欧洲、北美的资本和大量移民的涌入，巴西经济才呈现出繁荣景象，并启动了巴西城市化进程。这一时期巴西城市化的主要特点是：

---

① 吕银春. 经济发展与社会公正：巴西实例研究. 北京：世界知识出版社，2003：5.

(1)城市数目显著增加，一大批新兴城市相继出现。期间，大约有500个新兴城市建立。(2)城市规模明显扩大，一批旧城市呈现新的活力。圣保罗城市人口增长最快，从1890年的6.4万迅速增至1920年的57万，1895年后该城人口每5年增长25%以上。首都里约热内卢在30年内从一个拥有55万人口的城市发展为人口过百万的城市，成为巴西最大的城市。(3)东南部城市带初现端倪。由于东南部地区咖啡经济的迅猛发展和早期工业集中于这一地区，东南部城市化的步伐明显加快。由里约热内卢、圣保罗、贝洛奥里藏特构成的城市带开始凸显。不过，从总体上看，这一阶段巴西城市化速度较慢，城市化的范围有限，城市对乡村的吸纳力不强，城市人口的比重不大。巴西城市人口从19世纪80年代大约占总人口的10%增加到1920年的25%左右。因而，拥有少量人口的少数城市与占人口80%~90%的广大乡村形成鲜明对比，呈现二元社会经济结构特征。这种二元社会经济结构是葡萄牙殖民统治的产物，巴西独立后几乎原封不动地秉承下来，且长期未有重大改变，成为巴西城市化进程的重要制约因素。

20世纪30年代至80年代是巴西城市化的快速发展时期。这一时期，巴西实行进口替代工业化战略，工业发展十分迅速，城市化速度也不断加快。巴西城市人口的比重不断增加，1940年增至31%，1950年达36%，1960年为46.2%，1970年占55.8%。同时，城市数目激增，城市规模明显扩大。到1960年，巴西已有2763个城市。1950—1960年，拥有10万~20万人口的大城市由9个增加到19个，拥有2万~10万人口的中等城市由90个增至142个。1940年，里约热内卢人口达151.9万，占全国总人口的3.7%，1950年增加到345万，占总人口的6.5%，1960年达到493万，占总人口的6.8%。1970年，圣保罗人口达到806万，占全国总人口的8.4%。1950年，在世界30个最大城市的排序中，里约热内卢位居第16位，圣保罗排在第23位。1975年圣保罗(1070万)跃居第6位，里约热内卢(890万)上升至第11位。这一时期，城市人口的增长主要是由于乡村人口迁徙和城市人口的自然增长，它是巴西城市化的关键时期，是巴西从落后的传统乡村社会过渡到先进的现代城市社会、进而逐渐摆脱二元社会经济结构的至关重要的时期。

20 世纪 80 年代后巴西城市化进入高速发展阶段。主要表现在以下三个方面：(1)全国人口急剧向城市特别是少数几个大城市和特大城市集中。1980 年圣保罗人口达到 1250 万，占全国总人口的 10.3%，1990 年增至 1842 万，占总人口的 12.2%。2001 年，圣保罗以 1829.8 万人口成为仅次于东京(2645.6 万)的世界第二大城市，里约热内卢(1076.3 万)位居第 15 位①。(2)城市数量不断增多，相当数量的城市人口规模增大。1990 年巴西拥有 15 万人口的城市大约有 60 个，其中拥有 100 万人口的城市有 13 个，50 万~100 万人口的城市有 11 个，20 万~50 万人口的城市有 31 个。(3)城市化水平超过拉丁美洲平均水平。从城市人口所占比重看，1980 年、1990 年和 1996 年巴西城市人口比重分别达 66.8%、75.6%和 80.3%，而拉丁美洲平均城市人口比重分别为 65%、72%和 75.7%。②

(二)巴西城市化的特点

巴西城市化源自 19 世纪中叶，进入 20 世纪 30 年代后城市化步伐才明显加快，至 20 世纪 80 年代已基本完成城市化。巴西城市化道路有如下几个特点：

第一，先慢后快的城市化道路。巴西城市化始于 19 世纪中叶，较之大多数非发达国家，巴西城市化起步较早。由于当时巴西城市人口占巴西总人口的比重不大，故巴西城市化起点较低。巴西城市化的进程起先比较缓慢，后来不断加快。到 1920 年巴西的城市人口缓慢达到 25%。不过，巴西城市人口从 25%增到 70%，只用了

---

① United Nations Population Division. World urbanization prospects: The 2001 revision, http://www.un.org/esa/population/publications/wup2001/wup2001report.htm.

② 吴洪英. 巴西现代化进程透视：历史与现实. 北京：时事出版社，2001：246-264.

近70年的时间，快于欧美发达国家，英国用了90年，法国用了120年，美国用了90年。

第二，超前过速的城市化道路。从城市化与工业化及经济发展水平的关系来看，巴西城市化速度大大超过工业化速度和经济发展水平。20世纪70年代中期，巴西制造业就业人口占总就业人口的20%，而城市人口却占总人口的61%。1994年，巴西人均GNP为2970美元，城市人口比重已与高收入国家持平，达77%，而同期高收入国家人均GNP为23420美元①。这说明相对发达国家而言，巴西的城市化发展大大超过了巴西经济所能承受的能力和经济发展水平，走的是一条过度型城市化道路。城市化的超前过速，不仅造成城市化的过度膨胀和虚假现象，导致一系列城市病，而且造成巴西社会经济发展不协调。

巴西城市发展过度主要是由推力因素而非拉力因素引起的。不平等的土地占有制度迫使农村人口向城市流动，是巴西出现过度城市化的主要原因之一。巴西实行封建拉美型土地制度，土地高度集中在少数人手里，农民只占有极少量的土地。1980年，巴西1公顷以下的微型农户为47万户，占全国总农户的9.1%，只占有土地28万公顷，仅占全国注册土地的0.1%，而拥有1万公顷以上的农户仅2345户，占全国总农户的0.04%，却占有土地6000万公顷，约占全国注册土地的16.4%。此外，巴西全国还有1500万农业劳动者完全没有土地②。与这种土地集中相适应，巴西大规模农业企业广泛采用机械化生产，形成了对农村劳动力的巨大的“推力”，而城市现代部门又没有能力吸纳日益增多的求职者。因此，流入城市的劳动者很难在城市正规部门谋到职位，而不得不在生产率低下的非正规部门找到一个仅仅能糊口的工作。结果出现城市人口膨胀，城市贫困与乡村贫困并存的“生计型城市化”（subsistence

① 世界银行. 1996年世界发展报告：从计划到市场. 北京：中国财政经济出版社，1996.

② 陆国俊，金计初. 拉丁美洲资本主义发展. 北京：人民出版社，1997：204-207.

urbanization)。

第三，非均衡发展的城市化道路。巴西城市化发展的非均衡性主要表现在两方面：一是城市布局欠合理(见表 5-1)。从表 5-1 可以看出，1990 年巴西 58 个主要城市有 28 个分布在东南部①，11 个分布在南部，东南部和南部等经济社会发达地区包揽了全部 58 个主要城市中的 39 个，占全部主要城市的 67%，而中西部、东北部和北部等经济社会发展落后地区只有 19 个主要城市，占 33%。此外，1990 年巴西人口 200 万以上的全国最大 4 个城市中，排前 3 位的圣保罗(人口 1113 万)、里约热内卢(人口 604 万)和贝洛奥里藏特(人口 242 万)都分布在东南部，只有萨尔瓦多(人口 205 万)位于东北部。二是城市化集中程度较高，城市人口主要集中在沿海大城市，特别是圣保罗和里约热内卢这样的特大城市。这两个大城市人口共占全国总人口的 10%。

表 5-1　　**巴西主要城市分布情况(1990 年)**

人口规模 地区	100 万以上	50 万~100 万	20 万~50 万	15 万~20 万	各地区城市数	所占比重(%)
东南部	4	7	14	3	28	48
南部	2		8	1	11	19
东北部	3	4	5		12	21

① 1941 年巴西官方统计机构根据巴西的自然地理、经济发展水平、人文因素将巴西全国划分为五大地区：中西部地区、东北部地区、北部地区、东南部地区和南部地区。前三个地区为经济社会发展落后地区，后两个地区为经济社会发达地区。巴西的行政区划为 26 个州和一个联邦区。具体分布是：中西部地区包括 3 个州和 1 个联邦区：戈亚斯州、马托格罗索州、南马托格罗索州和巴西利亚联邦区；东北部地区包括 9 个州：马拉尼昂、皮奥伊、北奥里格兰德、伯南布哥、塞阿拉、阿拉戈斯、帕拉伊巴、巴伊亚和塞尔希培州；北部地区包括 7 个州：阿克里、阿马帕、亚马逊、帕拉、朗多尼亚、罗赖马和托坎廷斯州；东南部地区由 4 个州组成：圣埃斯皮里图、里约热内卢、米纳斯吉拉斯和圣保罗；南部地区由 3 个州组成：巴拉那、圣卡塔琳娜和南奥里格兰德。

续表

人口规模 / 地区	100 万以上	50 万～100 万	20 万～50 万	15 万～20 万	各地区城市数	所占比重（%）
北部	2		2		4	7
中西部	2		1		3	5
合计	13	11	30	4	58	100

资料来源：根据吴洪英. 巴西现代化进程透视：历史与现实. 北京：时事出版社，2001：252-255 中的有关数据整理而得。

巴西城市化的非均衡发展，是历史、地理、经济、文化和自然条件等一系列因素作用的结果。长期以来巴西全国被分为发展程度截然不同的两部分：先进的沿海巴西（主要是东南部地区）和落后的内地巴西（东北部和北部地区）。正如美国经济学家萨缪尔森所说，巴西与其说是一个不发达国家，毋宁说是一个经济发展极不平衡的国家①。在巴西北部地区，基础设施极其缺乏，交通也不发达，经济发展十分缓慢，1997 年人均产值为 2267 美元。在殖民地初期，东北部地区曾一度是巴西经济较繁荣的地区。但随着经济中心的转移，再加上常年干旱，它在经济上一蹶不振，并成为巴西最贫困的地区，1997 年人均产值为 2220 美元。东南部地区是巴西经济和社会发展最迅速的地区，目前它的国内生产总值占全国国内生产总值的 60%左右，1997 年人均产值为 8381 美元②。巴西城市化的非均衡发展，也是葡萄牙殖民统治的产物。像圣保罗、里约热内卢、萨尔瓦多等这些世界著名大城市，并不是由当地城镇自然发展起来的，而是由葡萄牙殖民者根据其殖民统治的需要建立起来的。这类城市盛行欧洲文化，排斥印第安人和黑人文化，与周围地区相对疏远，与其他城市发展不同步。这些由葡萄牙殖民者建立和发展起来的港口城市，既是巴西城市化的重要基础，又是巴西城市化的

① 尚玥佟. 巴西贫困与反贫困政策研究. 拉丁美洲研究，2001(3).

② 吕银春. 巴西对落后地区经济的开发. 拉丁美洲研究，2000(5).

推动力，同时也是影响巴西城市化均衡推进的障碍①。

第四，城市病严重。所谓城市病，是指在城市化过程中，大量的乡村人口涌入城市，而城市由于基础设施、生活服务条件和就业机会等不能及时满足和适应大量聚集人口的需要，从而引起一系列社会、经济问题，诸如城市人口膨胀、住宅紧张、交通拥挤、犯罪率上升、失业率增加、环境恶化等等。由于城市规划的滞后和人口的迅速膨胀，城市环境遭到严重破坏。例如，在巴西，许多大城市的城内和周围，有许多非法占地建造的、杂乱无序的居民区。在居民区内，人口密集，房屋简陋，设施缺乏，垃圾成堆。此外，工业的高速发展与汽车使用的增加，极大地污染了城市环境。例如，圣保罗已成为世界第四大污染严重的城市。上述情况引发了一系列的社会问题，例如，暴力、贩毒、盗窃、卖淫等罪恶活动增多②。

二、巴西城市化进程中的农地制度变迁

(一)巴西土地制度的演进及特点③

自1532年马丁·阿丰索·索萨在圣维森特建立第一块殖民地时起，葡萄牙便开始了对巴西这块土地近300年的殖民统治。在殖民地时期，对土地的占有成了财富和地位的象征。1822年，巴西以相对而言的非暴力形式从葡萄牙那里获得了独立，但独立后的巴西几乎原封不动地秉承了殖民地时期的大地产制。直到1888年废除奴隶制后，奴隶才获得自由。帝国时期的土地制度特点可以归纳为：以奴隶制为基础的、以甘蔗种植园为特色的大地产制的盛行。这种“大地产制不仅是生产体系的一个组成部分，而且是整个社会

① 吴洪英. 巴西现代化进程透视：历史与现实. 北京：时事出版社，2001：262.

② 国家发改委产业发展研究所美国、巴西城镇化考察团. 美国、巴西城市化和小城镇发展的经验及启示. 中国农村经济，2004(1).

③ 本节内容参见曾宪明. 工业化、城市化中的土地问题——以巴西为例. 生产力研究，2011(1).

组织的基本要素”。① 巴西大地产制形成和延续的原因是复杂的，归纳起来，主要有以下四点：

第一，巴西承袭葡萄牙的土地占有制，且一成不变，使得土地高度集中(见表5-2)。在殖民地时期，宗主国葡萄牙在巴西实行土地分封制，前提是在一定时期内必须对土地进行开发。随着粗放的出口农业的发展，土地占有成为致富的重要途径。

表5-2　　**巴西土地占有形式的规模分布(%)**

年份	10公顷以下		10~100公顷		100~1000公顷		1000公顷以上	
	农户数量	用地面积	农户数量	用地面积	农户数量	用地面积	农户数量	用地面积
1940	34.3	1.5	51.3	16.7	12.8	33.5	1.5	48.3
1950	34.4	1.3	51.0	15.3	12.9	32.5	1.6	50.9
1960	44.8	2.3	44.7	19.0	9.4	34.4	1.2	44.2
1970	51.3	3.1	39.4	20.4	8.4	37.0	0.9	39.6
1975	52.2	2.8	38.1	18.6	9.0	35.8	0.8	42.9
1980	50.4	2.5	39.1	17.7	9.5	34.8	0.9	45.1
1985	53.0	2.7	37.2	18.5	8.9	35.0	0.9	43.8

资料来源：何百根，梁文宇. 拉丁美洲农业地理. 北京：商务印书馆，2003：236.

从表5-2中可以看出，在1940—1985年的45年中，10公顷以下的小农，其农户数和面积比重有所上升，1985年农户数占总农户的一半以上，而持有土地占总农牧用地面积的3%以下；10~100公顷的小农，数量占37.2%，面积占总农牧用地面积的18.5%；100~1000公顷的中等农户，数量占8.9%，面积占总农牧用地面积的35.0%；而1000公顷以上的大庄园和资本主义农场(种植

① 刘婷. 巴西的土地问题与经济发展. 拉丁美洲研究，2006，28(2).

园)，数量占总数的0.9%，土地占总农牧用地的43.8%。①

第二，巴西大地产制不应只归咎于伊比利亚半岛的土地所有制，实际上，大地产制在巴西历史演进中得到了不断强化。19世纪20年代实行私人所有制的土地只是1914年实行私人所有制的一小部分。在将近一个世纪里，实行私人所有制的土地急剧扩大。边疆地区新土地的开拓、公开出售，靠近村庄的公共土地的分配，都加强了承袭殖民时期的传统的土地占有制。整个19世纪劳动力短缺的延续不断，为国家提供了限制大多数公民获得土地所有权的一个正当理由。即使把大地产置于一个高度透明和活跃的土地市场上出售，也不能改变土地高度集中在少数人手中的局面，因为大地产通常是整体而不是分割出售的。② 因此，在独立以来的一个多世纪里，巴西大地产制不仅没有被削弱，反而不断得到强化。

第三，大地产阶级不时行使政治权力，甚至动用国家权力来加强其特权地位，左右土地法规的制定，保证其对土地的高度集中占有。1850年巴西帝国政府颁布《土地法》，推行土地购买政策。该法及一系列相关土地法令规定：获得公共土地只能向政府购买取得；欧洲移民在未还清来巴西的旅费之前不得购买土地；未被充分利用或占有的土地必须作为公共土地交还给政府；公共土地以竞争拍卖方式出售；购买土地必须交纳现金等。很显然，颁布这些法规的宗旨不在于改变历史上所形成的土地高度集中状况，实现耕者有其田，而是要达到两个基本目的：一是保证大庄园主对土地的占有；二是保证大庄园主的欧洲移民劳动力不至于流失。因为公共土地的竞争拍卖大大提高了土地价格，有能力购买土地的仍然是原有的大庄园主；欧洲移民要偿清来巴西的旅费，一般需要在大庄园劳动10~15年才可能积累部分资本购买小块土地。这样，高地价的确定使农村劳动者难以购买土地，从而既保证了大庄园主对土地的

① 何百根，梁文宇. 拉丁美洲农业地理. 北京：商务印书馆，2003：236.

② [英]托马斯. 独立以来拉丁美洲的经济发展. 张凡，等，译. 北京：中国经济出版社，2000：111-114.

占有，也阻止了农村劳动力的减少和工资上涨。① 1891 年巴西宪法规定，原属于中央的未垦土地划给土地所在的州所有，这就为地方寡头占有土地打开了方便之门。

第四，政府土地改革计划往往遇到巨大阻力，而且阻力往往来自统治阶级内部，许多土改法令和措施不能得到有效实施，巴西广大劳动者希望通过土改获得土地的愿望难以实现。与其他拉美国家一样，政府、议会、法院的官员、议员绝大多数是有产阶级，有的人本身就是大大小小的庄园主，如巴西联邦议员大约 1/3 就是庄园主。巴西《请看》周刊指出"看到共和国总统签署大量征用土地的法令，人们会得出一个印象，现在要真的采取行动了。但这只是幻想。签署法令意味着将开始持续很多年的法律对抗，只有 5%的征用土地法令没有引起法律争执……因为法院往往是农场主的盟友"。② 总之，100 多年以来的巴西历届政府很少制定过完整的土地法律，各种政治力量提出的一些有关土地改革的提案，也都没有被特权阶层把持的议会通过。土改问题大多数国家已在 19 世纪解决，而巴西拖到 21 世纪尚未解决，成为其经济与社会发展的严重障碍。

从巴西土地制度的发展和变化过程，可以看出以下几个最突出的特点：(1)农村中土地高度集中的状况贯穿了巴西几百年的历史，社会的发展变化没有给土地占有情况带来根本性的转变；(2)与不合理的土地所有制相伴产生的是少数富人生活极度奢侈，广大农民却极度贫困，农村中的贫富分化状况极为严重；(3)大片土地被闲置，土地利用率很低。在此基础上启动的工业化、城市化，从一开始就摆脱不了土地问题的制约。

---

① (a)吕银春. 经济发展与社会公正：巴西实例研究报告. 北京：世界知识出版社，2003：90；(b)Becker，Bertha K.，Egler，Claudio A. G. Brazil，a new regional power in the world-economy. Cambridge：Cambridge University Press，1992：32；(c)张宝宇. 巴西现代化的起始与社会转型. 拉丁美洲研究，2003(5).

② 郭元增. 拉丁美洲严峻的土地问题. 当代世界，1996(11).

(二)巴西工业化与农业发展关系的考察

1. 巴西工业化的起步

巴西的工业化是从非耐用消费品工业起步的，其特点是轻工、食品和其他非耐用消费品生产企业增长较快，生产的主要产品包括纺织品、皮革制品、家具、食品饮料等。据统计，1889 年巴西已拥有 636 家工厂，雇佣工人 54000 多人。在第一次世界大战期间，由于欧洲列强忙于战争，对咖啡、糖、肉、皮革以及橡胶、矿产品的需求大量增加，进一步刺激了巴西工业化的发展。到 1920 年前后，尽管从经济结构上看，巴西仍是一个以农产品为主的初级产品出口国，但已经建立起自己的非耐用消费品工业体系，为进一步工业化提供了条件。20 世纪 30 年代至 50 年代中期，巴西大量投资于原材料生产，重视能源建设，兴办交通等基础设施，并借助国家资本创办国营企业，迈开了发展重工业的步伐。同时开始实施面向国内市场的“进口替代工业化”战略，采用重工抑农政策，制造业部门获得较快发展，工业结构逐步从以非耐用消费品为主过渡到以生产资料工业以及制造业为主。1947—1960 年，巴西国内生产总值年平均增长率为 7.3%。20 世纪 50 年代后期，巴西开始改变原来靠出口初级产品的农业国地位，向工业—农业国迈进，在高压统治下全面推进国家的工业化和现代化，使巴西的经济在 1968—1973 年出现了战后以来的第二次飞跃，被誉为“经济奇迹”。在这 6 年中，巴西 GDP 年增长率分别为 11.2%、10%、8.8%、12%、11.1%和 14%，年均增长率达到 11%以上。①

2. 农业在巴西工业化初期的作用及主要农业政策

农业为巴西工业化的发展做出了重要贡献，并主要表现在外汇贡献、基础设施贡献以及工业品消费市场贡献等方面。巴西工业化源于咖啡种植业的发展。1830 年以后，咖啡成为巴西第一位的外贸出口货物，为巴西换回了大量外汇。19 世纪中叶，巴西咖啡种

---

① ［巴西］路易斯·佩雷拉. 巴西的发展和危机. 武汉：武汉师范学院历史系巴西教研室，1983：119.

植迅速发展，年产量达到300万袋，向世界各国提供的咖啡占到世界咖啡总产量的40%左右，巴西成为世界上最大的咖啡供应国。“当时，国民收入的提高，大部分来自咖啡。与此同时，国内储蓄大增，已经可以向新兴产业投资了。”①此外，这一时期，巴西棉花、橡胶的生产和出口也都大大增加。由于当时巴西政府明令禁止买卖奴隶，咖啡园主、橡胶园主等只能把用于购买奴隶的资金转而投入工商业活动。这样，在咖啡、橡胶、棉花、甘蔗等种植业的基础上，初步形成了巴西资本市场和金融市场，为工业化的产生和发展创造了资金条件。同时，由咖啡种植园主和外国资本为咖啡业而修建的铁路、发电站及其他的基础设施，产生了在当地生产制造零配件的需求。需求的多样化，对刺激工业起了很重要的作用。与其他发展中国家一样，在工业化过程中，为了快速积累资金，巴西也采取了扶工抑农政策，主要包括以下几个方面：(1)土地政策。巴西农业政策的焦点在于土地问题。由于历史原因，巴西的土地占有极为不平等。绝大部分土地一直为少数大地主所控制。土地的高度集中，造成了大量无地或少地的贫困群体。再加之巴西政府一直重视出口农业，忽视面向国内市场的小农，对农业的优惠政策大都落在大中型农业企业手中，农村中小农户和无地农民处境艰难，贫富差距日益扩大。(2)投入政策。在20世纪70年代以前，巴西发展的重点是重化工业以及交通运输业等。尽管农产品出口为巴西带来了源源不断的外汇，但是这些外汇收入并没有用于农业再投资，而是被投向当时处于优先地位的工业领域，在财政投入分配上农业所占份额很少。由于长期缺乏投资和技术革新，农业生产效率低下，农业产量不是通过提高生产效率，而是通过“扩大农业边疆”的道路来维持的。新开发的土地并没有分配给中小农业生产者，而是集中到了本国或外国的大农牧业集团手中。与此同时，不同规模经营单位之间的发展也极不平衡。农业现代化程度较高的农牧场通常拥有优质土

① 转引自翟雪玲，赵长保. 巴西工业化、城市化与农业现代化的关系. 世界农业，2007(5).

地，能进行大量投资和采用先进技术，而为数众多的个体农民仍然停留在传统的耕作方式上。(3)农业现代化发展模式。巴西人口众多，其农业现代化却选择了一条资本密集型的道路。1950年前后，巴西开始推进农业现代化，目前已经具备了现代农业的主要特征，如规模经营、机械作业、较高的劳动生产率和土地产出率等。巴西的咖啡、甘蔗、甜橙的产量和出口量均居世界首位，大豆、杂豆产量位居世界第二位，玉米产量居世界第三，是世界上第二大养牛国和第二大牛肉出口国。但巴西农业现代化却并没有改变大量农民以及整个农村的贫困状况。巴西的土地高度集中，农牧业经营单位以大、中型农场为主，规模化经营程度原本较高。在工业化过程中，巴西实行的是进口替代工业化战略，原料与初级产品出口创汇的地位不断强化，又进一步刺激了企业规模化经营的热情。在这种情况下，巴西农业越来越向资本密集方向转变，对劳动力的数量需求降低，对劳动者的素质要求提高。大量的无地或失地农民，失去了农业就业机会，农村劳动力被进一步排挤出来，被迫流入城市。

(三)巴西土地制度对城市化发展的制约

巴西城市化源自19世纪中叶，进入20世纪30年代后城市化步伐才明显加快，至20世纪80年代已基本完成城市化。到1990年，巴西的城市化率为74.8%，拥有15万人口的城市大约有60个，其中拥有100万人口的城市有13个，50万~100万人口的城市有31个，圣保罗和里约热内卢分别以拥有1842万和1430万人口居世界30个最大城市的第四位和第七位。2005年巴西的城市化率上升到84.2%。若单从城市人口占全国总人口的比重来看，巴西城市化任务已基本完成，成为发展中国家中城市化程度较高的国家。城市化的高速发展并没有从根本上改变巴西持续几个世纪的土地占有制度。2003年巴西的土地占有结构依旧：面积低于10公顷的农户占全部农户的31.6%，他们的土地占全部土地的1.8%，而面积超过2000公顷的农户只占农户总数的0.8%，但他们的土地占全部土地的31.6%。全国大部分良田掌握在大庄园主手里，其规模最大的可以达到几万、十几万公顷。①

工业革命以来的国际经验表明：一个国家实行何种土地制度，对该国的城市化和非农化将产生重大影响，而土地占有的集中程度对城市化进程的影响尤为显著。② 巴西土地制度对城市化发展的制约主要表现在三个方面：

第一，造成过度城市化。从城市化与工业化及经济发展水平的关系来看，巴西城市化速度大大超过工业化速度和经济发展水平。1994年，巴西人均GNP为2970美元，城市人口比重已与高收入国家持平，达77%，而同期高收入国家人均GNP为23420美元③。这说明相对发达国家而言，巴西的城市化发展大大超过了巴西经济所能承受的能力和经济发展水平，走的是一条过度型城市化道路。这种过度型城市化主要是由农村的“推力”而非城市的“拉力”引起的。巴西土地的高度集中以及与之相应的大规模农业企业机械化生产方式的广泛采用，使巴西选择了一条资本密集型的农业现代化道路，形成对农村劳动力的巨大“推力”。大量的无地或失地农民，失去了农业就业机会，加上许多中、小农户在激烈的竞争与兼并过程中纷纷破产，农村劳动力被迫流入城市。由于城市人口聚集速度过快、数量过大，而城市现代部门又没有能力吸纳日益增多的求职者，因此，流入城市的劳动者很难在城市正规部门谋到职位，而不得不在生产率低下的非正规部门找到一个仅仅能糊口的工作，造成了严重的过度城市化问题。

第二，导致日趋严重的城市病。土地占有严重不平等，造成大量无地农民，是催生城市病的一个主要原因。在巴西“咖啡加牛奶”的农业寡头统治时期，农民自己的土地时时有被剥夺的危险：咖啡树一旦种植到他们耕地的周围，他们就将失去土地。在工业

---

① 韩俊，崔传义，赵阳．巴西贫民窟对中国城市化的启示．瞭望新闻周刊，2005(28)．

② 曾宪明．我国现行农地制度安排对城市化进程的制约因素分析．生产力研究，2006(7)．

③ 世界银行．1996年世界发展报告：从计划到市场．北京：中国财政经济出版社，1996．

化、城市化高速发展时期，许多势单力薄的小农户因在竞争中破产，而成为无地农民。大量无地农民为了生存被迫流入城市，但城市工业的发展又不能提供足够的就业机会，由于他们在农村丧失了土地，这种流动又是单向的，不可能再回流到农村，一些人就由农村的无地农民转而成为城市的公开失业或隐蔽失业的贫困群体。由于城市规划的滞后和人口的迅速膨胀，城市环境遭到严重破坏，引发了一系列的社会问题。此外，工业的高速发展与汽车使用的增加，极大地污染了城市环境。

第三，导致城市化的非均衡发展。巴西土地问题的另一个突出表现是造成地区发展的不平衡性。长期以来，由于对土地开发利用缺乏科学统筹，巴西全国被分为发展程度截然不同的两部分：先进的沿海巴西和落后的内地巴西。巴西城市化的非均衡发展主要表现在两方面：一是城市布局欠合理。二是城市化集中程度较高，城市人口主要集中在沿海大城市，特别是圣保罗和里约热内卢这样的特大城市。这两个大城市人口共占全国总人口的10%。1950—1980年的30年间，巴西城市化水平从40%提高到66.2%。发达国家比巴西多花了20年才实现同样的增幅。在同样的城市化水平增幅内，发达国家的人均国民生产总值增长了2.5倍，而巴西等拉美国家只增加了60%。2004年巴西的城市人口占总人口的比例为84.6%，同期世界平均水平仅为48.7%。这表明巴西的城市化进程与经济发展水平严重脱节。现在巴西农村仍有1000多万无地农民，如何转移这部分人口仍然是巴西政府迫切需要解决的问题。

（四）巴西城市化进程中的土地改革

1. 巴西土地集中状况

巴西是一个地广人稀的国家，在其850万平方公里的国土中，绝大部分气候温和多雨，土地平坦肥沃，是发展农牧业的理想场所。巴西可耕土地达4亿公顷，但用作农业的耕地只有5900万公顷，农业发展潜力巨大，被称为21世纪“世界粮仓”。巴西土地虽然面积广阔，但土地的占有十分不平等，大部分土地集中在少数大地主手中。1990 年巴西土地占有的基尼系数高达 0. 86，而印度为 0. 59，孟加拉国是 0. 42，阿根廷是 0. 85，哥伦比亚是 0. 77，英国是 0. 62，美国也只有 0. 75。根据巴西土地开垦与土改局的数据，1995 年巴西共有农场 311 万个，占地面积 3. 3 亿公顷，其中占地面积在 1000 公顷以上的大型农场占总农场的数量不到 1. 4%，占地面积达到了总面积的 50%；占地面积小于 100 公顷的小型农场占总农场数量的 86%，占地面积却不到总面积的 18%。一些巨型地产主占有拥有土地数量高达数百万公顷，比世界上许多国家的国土面积还大，如帕拉州农业企业家塞西利奥 · 多雷戈 · 阿尔梅达一家拥有 400 万公顷土地(世界上有 43 个国家的国土面积小于 400 万公顷)；阿克雷州农场主彼得罗 · 阿帕雷西多的土地有 210 万公顷；伯南布哥州的科埃略家族拥有土地 130 万公顷；圣保罗州的奥托家族拥有土地 43. 8 万公顷。此外，巴西农村约 1/3 的人口(共计 480 万农户，1200 万人)一寸土地也没有。令人触目惊心的是巴西土地集中秩序十分混乱，充满了暴力和血腥，大地产主和政府官员相勾结通过暴力手段掠夺小地产主的土地。法国著名经济学家勒内 · 杜蒙教授在考察了巴西农村以后，曾经详细而真实地记述了巴西土地集中过程中存在的弱肉强食现象："人们为了掠夺土地是不择手段的。首先采取的是恫吓。向土地持有者表示愿意支付为数很少的赔偿金，这笔钱还不足以赔偿他们开发土地的劳动价值。如果他们还不想放弃自己的土地，就放火焚烧他们的教堂，接着烧掉房屋，最后杀掉他们，毫不留情。"

2. 巴西土地集中的路径依赖

巴西土地集中根源于葡萄牙的殖民时期。当时葡萄牙王室将所有土地和土地所有权纳入王室所有，但却无力经营此大片土地。因此，王室颁发给私人所谓的使用权状。使用权状不具有永久性，同时有固定数量，规定土地不能废耕，产物的 1/10 缴交王室为租金。拥有使用权状的人负责农业土地生产，特别是供应母国的原料，如甘蔗或棉花。这种授权制度在巴西形成了许多大型热带栽培农场，是巴西大种植园的最初形式。因此巴西大地产制度是具有历史原因的。1850 年巴西政府将使用权状改为私产，同时将所有剩余土地定义为国有地，只能经由买卖才能成为私产。这种土地分配方法，一方面强化了殖民时代的土地结构，另一方面，通过土地买卖原则，使无资本的老百姓根本无法获取耕地。获得利益的只有富裕的咖啡生产大农场，它们不仅获取了廉价土地，还因此获得了廉价的过剩劳动力。1961 年古拉特出任巴西总统，大力推行土改，企图重新分配土地，甚至把自己的部分土地拿出来分给无地农民。结果，古拉特的土改措施激怒了大庄园主，1964 年 4 月大庄园主控制下的军队发动军事政变推翻了民选总统，开始了长达 21 年的军事独裁统治，大地产制度不但得以持续，还因为大地主直接控制了政权而得到加强。20 世纪 90 年代以来，巴西虽然恢复了民主制度，但是庄园主在巴西政治中仍然拥有决定性的力量，联邦议员中大约 1/3 是庄园主，“法院往往是农场主的朋友”，这就使得巴西的土地改革十分缓慢。1996 年 11 月 19 日，联邦政府颁布农村土地税新规定，对拥有 5000 公顷以上未耕地的庄园将课以相当于地价的 20% 的税；如果庄园主在 5 年内不纳税，其土地将被充公而纳入土改计划。然而此举受到庄园主利益集团的强烈反对。他们扬言在讨论政府改革方案时将不予以合作。巴西土地问题的解决仍是遥遥无期。①

3. 巴西土改的历史回顾

在巴西历史上，很早就产生了两种关于土地占有规范的主张。一些人主张免费或低价分配公有和私有土地，以形成大批小农；另一些人则主张提高地价，阻止小农的产生，让少地或无地农民成为大规模农业充裕的劳动力。显然，后一种主张是保守的、落后的、反动的，它代表着农村寡头势力的利益。然而，它却一直占据着重要地位。1835 年和 1850 年，巴西议会分别通过了有利于农村寡头势力利益的两个法律。1850 年通过的法律规定，不得以低价出售土地，不得公开拍卖上地，更不得卖给奴隶。这是典型的维护大地产制的法律。然而，随着时间的推移，巴西落后保守的农村土地制

① 周红利. 巴西土地分配研究. 中国集体经济，2010(9)下.

度并没有阻止大量小农的出现。人口的增长，奴隶制的废除，旧有的大庄园的危机和瓦解，使大批小农、中等庄园主应运而生。20世纪初咖啡生产的过剩，加速了一批大庄园的破产。1930年热图利奥·瓦加斯政变上台，是对巴西南部、东南部各州土地寡头势力的严重打击，这次"革命"被称为巴西新旧农村结构的分水岭。尤其是巴西东北部的"上校们"(当地人对大庄园主的称呼)也不像以前那样颐指气使了。1934年，瓦加斯政府颁布的宪法要求土地具有"社会作用"，地产的经营不得与集体的利益相违背。宪法规定，政府有权在给予补偿的情况下，征收土地。这就打破了旧有的土地观念。1937年和1946年公布的另两部宪法，均提到占地农并维护了占地农的利益。1946年《宪法》第147条还提到"推行合理的土地分配原则，人人享有同等的机会"。

然而，在1854年至1962年的100多年中，巴西历届政府均未制定过完整的土地法。1947—1962年，各种政治力量曾提出过45个关于土地改革的提案，但没有一个被议会和政府通过。1946年9月，巴西共产党的议员们在讨论制定新宪法时，提出了一项包括限制大地产的最高限额、土地的社会作用、分解大地产、用道路两边及其他荒地进行土改4个方面的议案，但均被否决。

1951年瓦加斯第二次执政后，指定成立"全国土地政策委员会"，专门研究土地问题。他在向议会所作的咨文中明确要求进行土改。他指出"土改的根本目的是使巴西农业劳动者获得土地，避免农村群众无产阶级化，消除有害于经济和社会的土地经营方式带来的后果"。1952年，瓦加斯再次就土改问题作出指示，禁止在接近城市的农业区进行土地投机。然而，在瓦加斯去世后，他关于土改的思想未能得以落实。

若昂·古拉特总统执政时重新开始重视土改问题。他在1964年的咨文中指出，土改"已是一种不可抗拒的思想力量"，是一项"不能再拖延的任务"。他在1963年的国情咨文中再次强调，农村大部分人口生活状况极差，改变这种状况的出路是土改，"进行公正的土改是本政府的义务"。但是，他的土改方案还是被议会否定了，而且由于他的激进的民族主义立场不能为国内外右派势力所容忍，最终他的政府被军人政变推翻了。

然而，巴西军政府却出人意料地坚持实行土改政策。1964 年底，布朗库政府公布由戈麦斯·达·席尔瓦起草的《土地章程》，至今该文件仍对土地改革起着指导作用。《土地章程》承认，1960 年，占农户 1%的大庄园主垄断着全国一半以上的土地，而占全国农户一半以上的小农仅拥有全国土地的 1/4。《土地章程》认为，这种现象必须通过土改加以纠正。然而，军政府的《土地章程》遭到瓜纳帕拉州长拉瑟达、米纳斯吉拉斯州长马加良斯·平托和圣保罗州长阿德马尔·巴罗斯的激烈反对。即使如此，以后几届军政府还是逐步将土改工作付诸实施。从盖泽尔政府起，每年都有一些无地和少地的农民获得了土地，但这并不能从根本上解决农民的土地问题。①

4. 步履维艰的巴西土改进程

巴西土改真正开始起步是在军人执政时期，但成就甚微。据报道，从 1970 年 9 月至 1980 年 9 月的 10 年间，巴西政府仅给 195544 户农民颁发了土地证，分配土地 880 万公顷。1983 年 3 月 1 日，若奥·菲格雷多总统在给议会的国情咨文中指出：1982 年政府向 227261 户农民颁发了土地证，分配土地 1100 万公顷。在菲格雷多执政的最后两年中，土改进展缓慢，巴西农村冲突逐步升级。在萨尔内总统执政的“新共和国”时期，要求“实行土改民主化”的呼声越来越高，新政府为在土改问题上有所突破，采取了与历届政府不同的土改方式：(1)把大地产主作为土改的主要对象，使大地产主占有的、长期闲置不用的大片土地通过法律形式转入无地农民手中，试图从根本上改变农村土地分配不合理的现象。(2)土改首先从圣保罗、巴拉那、米纳斯、南里约等一些传统农业生产基地开始，因为这些地区的生产基本设施和生活条件都比边疆地区好得多，政府无需投放大量的资金用于基本建设，就能使大片尚未利用的土地得到开发。(3)政府从大地产主手中征收的土地优先分配给本地区的无地农民，停止或暂缓推行大规模向内地移民的计划。

① 郭元增. 巴西的土地争端与土地改革. 拉丁美洲研究，1991(2).

(4)农民直接参与本地区土改方案的制订和实施。(5)建立一套土改组织机构，对土改进行统一管理。

于是，巴西政府于1985年10月公布了“全国土改计划”，声称要在15年中给710万户无地农民分配土地。为保证土改顺利进行，巴西政府于1986年3月增设了土地改革与开发部，负责协调全国土改计划的实施。在全国土地开垦和土改局的指导下，各州都相继成立了由农民、农校教师、有关技术人员和政府官员组成的土改委员会，负责本州土改计划的制订和实施。巴西现行土改计划的宗旨是：(1)从根本上改革不合理的土地所有制，促进土地分配合理化，逐步取消大地产主；(2)扩大种植面积，提高生产能力，以满足本国市场的需求；(3)为农村提供新的就业机会，扩大劳动就业市场；(4)控制人口倒流，减缓因农村人口大量流入城市对城市造成的压力；(5)根除因争夺土地所引起的各种争端，缓和农村的紧张气氛。

依据土改法规定：凡利用率在80%以下的私人土地均在征收之列。政府以公债形式分20年向土地所有者偿付地价；有关的基本设施一次作价，政府以现金分期付给。分到土地的农民按政府征收土地价款的60%分20年向政府偿还。头5年，农民只享有土地使用权，5年后政府正式发给土地证，农民才享有土地的所有权。南方各州是巴西的农牧业生产基地，其土地使用率都高于全国其他各州，因此，政府依据各州的不同条件，结合全国农业发展战略方针，规定南方各州无地农分得的土地都少于其他地区。具体规定为：北部地区，无地农可分到27公顷，中西部地区为36公顷，东北部地区为30公顷，南部和东南部地区约为16公顷。为帮助分得土地的农民发展生产，政府还免费提供开荒、平整土地等劳务。巴西农村技术服务公司和全国农牧业研究公司与各地方土改委员会达成协议，由上述公司定期向农民提供多种形式的技术服务。自1985年12月实施土改计划以来，政府已征收私有土地85万公顷，已分配到土地的农产达4万户。根据土改计划，巴西土改第一期为4年(1985—1989年)，4年期间，共需征收私人土地4310万公顷，占全国农业土地面积的16.5%，受益农户达 145 万户。①

但是，在萨尔内总统执政的 5 年中，土地改革遇到了重重困难，结果与目标相差甚远。据巴西劳工党的《全国新闻报》1988 年 4 月报道，从 1985 年至 1988 年间，萨尔内政府应征收 2772 万公顷土地，分配给 90 万户农民，但结果却只征收了 227.6 万公顷土地，仅 64455 户农民分得土地。到 1989 年 1 月，即在萨尔内宣布土改计划 3 年零 4 个月之后，仅征收了 420 万公顷土地，77351 户无地农民得到了土地证。也就是说，征收的土地不到计划的 10%，得到土地的农户仅占计划的 5.3%。科洛尔就任总统不久即宣布要在执政的 5 年中使 50 万户农民获得土地。这对于一个拥有 1200 万无地农民的国家来说，只不过是杯水车薪。但实践证明，他的土改计划实施得并不顺利。1990 年 7 月 3 日，全国移民与土改局长若泽·雷纳尔多宣称，“我们不会搞过量的征收来进行疯狂的土地改革”，并指出，新政府将“先利用萨尔内政府征收来的 200 余万公顷土地进行分配，因此在 1991 年上半年以前不打算征收土地”。8 月初，巴西牧师土地委员会指出，由于科洛尔执政的 5 个月中，未颁发一张土地证，它对总统的土改计划表示怀疑。②

在土地问题十分严重的巴西，贫苦农民也从未停止过斗争。1972 年由巴西共产党领导的北部农村游击战争得到农民的支持和同情，但因与政府军力量过于悬殊，在坚持 3 年后被政府军击败。而无地和少地农民与农场主的冲突一直接连不断。埃菲社发自巴西利亚的一条消息说，自 1964 年以来，在无地农民和庄园主及其代理人政府的军警部队之间的冲突，已造成 1500 多名农民死亡，其中 800 多人是在最近 10 年中被杀害的，当然政府军方面也有损失。埃菲社在另一则消息中说，北部帕拉州、戈亚斯州和马托格罗索州交界地带，1982 年至 1987 年的 5 年中就有 223 名贫穷的农民在冲突中被杀害，因而这里有“恐怖的边界地带”之称。巴西各地农民与农场主及军队警察之间的冲突有增无减。据报道，仅 1995 年以

① 黄松甫. 浅谈巴西的土地改革. 世界农业，1987(5).
② 郭元增. 巴西的土地争端与土地改革. 拉丁美洲研究，1991(2).

来的一年半时间里，巴西各地就发生290多次土地争端。1995年8月在隆多尼亚州的一次冲突中，有11名农民被杀害；1996年4月8日在帕拉州的冲突中，一次杀害农民19人，伤45人，引起全国关注，巴西无地农民运动领导人要求卡多佐总统为这次严重事件负责。埃菲社说，巴西“由于土地占有的不合理，农村冲突发展到了可能导致社会爆炸的地步”。①

直到21世纪，巴西农民还在为自己的利益“战斗”。2006年6月6日，数百名没有土地的巴西农场工人手持棍棒、石块冲进国民议会，砸碎窗户和家具，要求国会推行农业改革。6日的示威冲突持续了1小时左右，抗议的农民掀翻了联邦议会大楼门口的一辆汽车，并砸碎大楼的窗户玻璃，然后冲到联合会议会场外的大厅上。一些抗议者闯入会场，但很快被保安赶了出来。据报道，大约700名农民参与了当天的抗议活动，其中有约500人被捕，另外有25人受伤。

巴西国会众议院议长阿尔索·雷贝洛说，在示威者冲进国会之后，他们调来警卫拘留这些示威者，并要求警察和军队支援。但组织示威的“解放无地者运动”领导人马科斯·普拉谢德斯说，他们本来想和平地进入国会，要求加速土地改革进程，“但安全人员堵住了我们，并袭击我们”。

巴西的无地农民团体2006年在全国范围内升级了抗议活动。他们希望迫使巴西总统卢拉在当年10月的总统大选前出台政策，确保贫穷农民获得更多的土地。但巴西总统卢拉在随后发表的一份声明中，谴责了抗议活动“是对民主的蓄意破坏”。卢拉正寻求在当年的总统大选中连任。卢拉2003年当选总统后，曾许诺购买闲置土地，然后将这些土地分配给穷苦的巴西家庭。但巴西“无地农民解放运动”组织批评说，政府的行动太慢，没有兑现在2006年之前为40万家庭分配土地的承诺。根据1988年的巴西宪法，闲置农田可以在所有者得到经济补偿之后被征用。土地问题是巴西的一个老大难问题，主要在于土地分配不均，3.5%的土地所有者持有

① 郭元增. 拉丁美洲严峻的土地问题. 当代世界，1996(11).

56%的可耕地，而40%的贫苦农民持有的土地仅为1%。近些年来，巴西农民争取土地和自身权利的运动已经逐步演变成暴力行动。2003年成为冲突最激烈的一年，在这一年的前11个月里，有81人死于武装冲突。①

三、巴西工业化、城市化进程与土地制度的历史演进对我国的启示②

首先，要准确理解工业化、城市化和土地制度的相互关系。巴西的经验教训告诉我们，工业化、城市化能否健康发展，与农村的土地制度有密切关系。工业化、城市化的快速发展必然对土地产生大量需求，因此必须适时推进土地制度改革，为工业化、城市化进程提供必要的制度保障。我国至今依然是农业人口众多的农业大国，人地关系越来越紧张的资源约束，使农村土地制度安排始终是我国农业与农村发展的关键，并直接影响到我国城市化进程。因此，在工业化、城市化进城中，必须控制好城市扩张的速度，努力使城市化、工业化和人口的聚集相协调。

其次，在工业化、城市化进程中要妥善处理好农民的土地问题。农村土地制度的任何变革，都必须确保农民的土地权益，使农民在城乡之间能够“双向”流动，对城市化的健康发展至关重要。巴西的经验教训提醒我们，在巴西经济发展进程中，小农的土地所有权得不到保障，“一旦他们耕种的土地遭到大地主的觊觎，就只有被迫放弃”③。被排挤出土地的农民不得不流入城市，他们进了城，找不到工作，又无法退回农村而变为城市贫民。在我国工业化、城市化进程中，也存在“一旦农民耕种的土地遭到开发商或某

---

① 黄力颖，洪燕华. 巴西农民强闯国会要土地. 东方早报，2006-06-08.

② 本节内容参见曾宪明. 工业化、城市化中的土地问题——以巴西为例. 生产力研究，2011(1).

③ [巴西]埃利萨·P. 赖斯. 巴西：土地问题100年. 国际社会科学杂志：中文版，1999(3).

些政府部门的觊觎，就只有被迫放弃”的现象，由此衍生了严峻的失地农民问题和其他社会问题。因此，我国任何农地制度变革都必须确保农民土地权益，在农民到城镇落户未取得稳定的就业、收入保障以前，决不能轻易剥夺农民的土地承包权，使农民能在城乡之间“双向”流动，有助于防止大量的无地农民集中于城市，形成贫民窟，产生严重的社会问题。

再次，城市化并不能自动解决农民问题，关键是为进城农民创造适宜的制度环境。巴西的情况表明，并不是农村人口进了城就解决了农民问题，进城农民就不了业，没有社会保障，只不过是由农村的贫困人口变为城市的贫困人口。中国农村人口向城镇转移数量之大，是世界上任何一个国家所没有过的。形成城市对农村发展的带动机制，实现工业反哺农业，关键是为农民进城创造更多的就业机会，使农民在城里有长期稳定生存的手段。只有这样，城市化发展才是可持续的。①

最后，要让农民分享工业化、城市化的成果。在巴西，一些人时常以农村人口在总人口中的比例日益减少这一事实为根据，认为土地问题已失去意义和紧迫性。还有不少人强调现代化的结果必然导致农民的消失；就全世界范围而言，农民的斗争是注定要失败的。有学者曾指出，无论农民为现代化做出过多么重大的贡献，他们到处都是现代化的牺牲品。但是，严肃的社会科学研究不仅必须阐明农民走过的历史道路，而且还要提出这一社会阶层可以选择的其他途径。农民虽然受到难以理解的现代化力量的冲击，但还是表现出了应付各种挑战的耐久力。② 巴西近十几年来，各地特别是边远地区土地纠纷不断发生，而且得不到解决，加之地方司法机关执法不力，致使农村的暴力事件成为普遍现象。巴西所发生的情况表明，长期将农民排除在现代化进程之外，其土地诉求得不到及时、

---

① 韩俊，崔传义，赵阳．巴西贫民窟对中国城市化的启示．瞭望新闻周刊，2005(28)．

② ［巴西］埃利萨·P．赖斯．巴西：土地问题100年·国际社会科学杂志：中文版，1999(3)．

合理解决，现代化进程将是不可持续的。目前我国正处于工业化、城市化快速发展阶段，数以千万计的农民已经因征地而成为“种田无地、上班无岗、低保无份”的三无农民，如果任由这种现象持续下去，数量庞大的失地农民将成为影响社会稳定与和谐的重要隐患。因此，改革征地制度，严格控制征地规模，从源头上减少失地农民的数量，实现城乡土地“同地同权同价”，保障农民以土地参与工业化和城市化的权利，让农民分享现代化的成果，是我国顺利完成工业化、城市化的重要保证。

第六章　印度城市化进程中的农地制度变迁

一、印度城市化概况①

(一)印度城市化进程

印度位于南亚次大陆，面积328.7万平方千米，居世界第七位，2014年，印度人口达12.48亿，仅次于中国。

印度是世界四大文明古国之一。公元前2000年前后创造了印度河文明。约在公元前14世纪，原居住在中亚的雅利安人中的一支进入南亚次大陆，并征服了当地土著。约公元前1000年，开始形成以人种和社会分工不同为基础的种姓制度。公元前4世纪崛起的孔雀王朝开始统一印度次大陆，前3世纪阿育王统治时期疆域广阔，政权强大，佛教兴盛并开始向外传播。中世纪小国林立，印度教兴起。自11世纪起，来自西北方向的穆斯林民族不断入侵并长期统治印度。1526年建立莫卧儿帝国，成为当时世界强国之一。

---

① 印度根据以下几点定义城市：(a)拥有行政区划，法人地位，行政级别及公开宣布的市政委员会的地区；(b)或能满足下列标准的地区：(1)至少拥有5000人口；(2)至少有75%的男性人口从事非农职业；(3)每平方公里的人口密度至少是400人。此外，大型项目集聚地、工业区、铁路枢纽及重要的旅游景区也被视为城市区域。参见鲁达尔·达特，K. P. M. 桑达拉姆. 印度经济(上). 雷启淮，等，译. 成都：四川大学出版社，1994：100-101；国家统计局城市社会经济调查总队，中国统计学会城市统计委员会. 2001年中国城市发展报告. 北京：中国统计出版社，2002：274.

1600年英国侵入，建立东印度公司。1757年开始沦为英国的殖民地，1849年全境被英国占领。1857年爆发反英大起义，次年英国政府直接统治印度。1947年6月，英国将印度分为印度和巴基斯坦两个自治领。同年8月15日，印巴分治，印度独立。1950年1月26日，印度共和国成立，为英联邦成员国。

印度是一个人口较多的农业国家，目前，仍有近70%的人口生活在乡村，是世界上城市化水平较低的国家之一，而且其城市化步伐也比较缓慢。印度的城市化进程可分为三个阶段：

第一阶段是1920年之前的城市化萌动时期。这一阶段城市化水平极其有限，长期徘徊在10%左右，而且城市化的基本动力来源于商业交易活动而不是工业。

第二阶段(1921—1947年)，印度的城市化水平一直持续上升。这主要是因为：其一，印度人口开始从高死亡率中得以恢复元气；其二，1917年以后印度实行逐步自治，到20世纪20年代，印度工业取得了显著的发展。1924年的《钢铁保护法案》促进了Tatas钢铁在国内的市场份额由17%上升到30%；纺织机的数量在4年后的1923年翻了一番。可见，工业化作为城市化进程的引擎作用已经显现。

这两个阶段的印度城市化具有典型的殖民地特征。英国殖民者为了在这里倾销过剩的工业品和掠夺原材料，主要以港口为中心，向内地农、矿产区修筑铁路，在主要沿海港口形成了一些畸形发展的大城市，如孟买、加尔各答、马德拉斯等，它们实际上成为英帝国主义掠夺、奴役殖民地的政治经济中心。19世纪后期英国开始在印度进行大量投资，尤其是大规模修筑铁路以后，又带动了一系列工商业城市的发展，因而城市工商业、服务业相对繁荣，城市人口比重逐渐提高。但是这些城市的发展先天不足，与国内市场和区域经济发展严重脱节，容纳不了来自农村的大量移民，因而从一开始便产生了严重失业等一系列城市问题。

1872年，印度城市人口为1789万，占总人口的比重为8.72%，1901年这一比重达到了10.84%。到1941年，印度的城市人口增长到4415万，城市化水平上升到13.9%，依然处于相当低的水平(见表6-1)。①

表6-1　**印度1872—1941年总人口和城市人口增长率**

年份	总人口(百万)	城镇人口(百万)	占总人口比重(%)	总人口增长率(%)	城镇人口增长率(%)
1872	206.1	17.89	8.72	—	—
1881	153.8	23.88	9.41	23.14	32.89
1891	235.9	22.32	9.46	-7.1	-6.53
1901	238.4	25.85	10.84	1.06	15.82
1911	252.1	25.94	10.29	5.75	0.35
1921	251.3	28.09	11.2	-0.3	8.29
1931	279.0	33.46	12.0	11.20	19.12
1941	318.7	44.15	13.9	14.23	31.95

资料来源：G. Kaushal. Economic history of India, 1757—1966. New Delhi: Kalyani Publishers, 1979: 44-51；印度人口普查(1981)//简新华，等. 中国城镇化与中国特色城镇化道路. 济南：山东人民出版社，2009：159.

印度城市化的第三阶段是在1947年独立之后。在印度独立并完成工业化法案的制定以后，外国经济对印度本国的经济影响受到限制，同时国内弱小的民族工业受到保护。这一时期是印度现代历史上最为成功的时期。具体表现在经济长期持续增长，死亡率大幅度下降，教育设施快速增加，以及倡导接受现代技术等方面。所有这些，不仅在总体上促进了城市化的发展，而且也促进了许多新兴城镇的诞生。如行政中心、难民集中地、钢铁城、矿业城镇、卫星城市等②。

① 简新华，等. 中国城镇化与中国特色城镇化道路. 济南：山东人民出版社，2009：159.

② Swapna Bannerjee-Guha. Growth of a twin city: planned urban dispersal in India//Frank J. Costa, et al. Urbanization in Asia: Spatial dimentions and policy issues. Honolulu: University of Hawaii Press, 1989: 169-188.

在印度独立后的50多年的发展进程中，印度经济建设取得了显著的成就，不仅建成了粗具规模的独立工业体系，而且农业也有了长足的进展，某些领域的科技水平居于世界前列，而且城市化水平也有显著提高。从1950年到2005年，城市人口比重提高了约11.7个百分点。但是与其他国家和地区相比，印度的城市化进展显得相当缓慢，不仅与发达国家的水平差距悬殊，而且与发展中国家和地区相比也显得明显滞后(见表6-2)。

表6-2　**1950年以来印度城市人口与农村人口增长情况**

年份	城市人口（千人）	前5年间城市人口年均增长率(%)	农村人口（千人）	前5年间农村人口年均增长率(%)	城市化率(%)
1950	60936	—	296626	—	17.0
1955	69467	2.62	325629	1.87	17.6
1960	79287	2.64	363058	2.18	17.9
1965	93016	3.19	402141	2.04	18.8
1970	109652	3.29	445259	2.04	19.8
1975	132406	3.77	499295	1.85	21.3
1980	159111	3.67	529745	1.63	23.1
1985	186520	3.18	579533	1.80	24.3
1990	217004	3.03	632411	1.75	25.5
1995	248799	2.74	686773	1.65	26.6
2000	282480	2.54	738604	1.46	27.7
2005	316942	2.30	786428	1.25	28.7

资料来源：United Nations. World urbanization prospects: The 2005 revision.

(二)印度城市化的特点

与世界上其他国家的城市化相比，印度的城市化具有如下特点：

第一，城市化速度极其缓慢。城市化在印度首先出现是1791—1921年前后，直到1931年，印度的城市化水平一直较低。自1931年起，交通运输部门的扩张性发展促进了制造业和服务业的快速发展，城市化开始逐渐上升。1941年和1951年城市人口比重快速上升，主要是因为印度分裂后大量难民涌入城市，导致城市人口大幅度净增长。1961年统计上对城市定义的重新修订，使城市人口比重有所下降。从1970年至1980年的10年间，城市化进程较快，但到了1980年至1993年，城市化速度放慢，年增长率仅为0.3%①。印度城市化的步伐虽然缓慢，但从来没有出现过大的起伏。它的城市化年增长率高的时候从没有超过2%，而低的时候也从未到过负值(见表6-3)。这与印度经济低速增长的表现正好相一致。印度常常被一些学者比喻成是大象，一个动作迟缓的庞然大物。而“印度教增长率”更一度成为经济学界的一个专有名词，泛指长期低速运行的经济②。

表6-3　**1951—2000年印度城市化的增长率**

年份	1950—1955	1955—1960	1960—1965	1965—1970	1970—1975	1975—1980	1980—1985	1985—1990	1990—1995	1995—2000
增长率	0.40	0.40	0.92	0.99	1.52	1.58	1.06	0.97	0.96	1.20

资料来源：United Nations. World urbanization prospects，1998. 转引自刘小雪. 中国与印度的城市化比较，http：//www.cass.net.cn/Chinese/s28_yts/word ch-en/ch-lps200202/ch-200202lxx.htm.

第二，印度较低的经济发展水平难以对城市化水平的提高形成支撑，其城市化的动力主要不是工业化和城市的“拉力”，而是农村状况恶化形成的对乡村人口的“推力”。印度虽然在“二五”和“三

① 国家统计局城市社会经济调查总队，中国统计学会城市统计委员会. 2001年中国城市发展报告. 北京：中国统计出版社，2002：173-274.

② 刘小雪. 中国与印度的城市化比较，http：//www.cass.net.cn/Chinese/s28_yts/wordch-en/ch-lps200202/ch-200202lxx.htm.

五"时期制订了工业化纲要，计划重点发展重工业和基础工业，然而这些工业的就业潜力是非常有限的。它们的增长并没有带动吸收农村劳动力向城镇转移，也就是说，工业化促进城市化的作用是很小的。同时人口占72%、面积占95%以上的广阔农村又处于极度贫困之中。大部分耕地(77%)仍然多少是中世纪甚至是原始耕作技术，85%的农业耕地仍是单一作物，能够出售农产品的耕地面积不超过10%。90%的耕地是为了糊口。大部分土地仍靠天吃饭，单产量仍是世界上最低的国家之一。正如印度普及福利运动活跃的领导人J. P. 纳拉杨所说："在印度乡村，触目所及，一片贫困、凄惨、不平、剥削、落后、停滞、烦恼和绝望。"①农村的贫困推动着乡村人口流向城镇，但进城的农民由于受资金、技术与信息的限制，绝大多数只能在城市非正规部门就业。印度国民经济中服务业产值所占份额要高出工业20个百分点，服务业从业人员比例也比工业高7.4%。由于受到劳动力自身素质以及资本规模的限制，服务业中有相当部分还停留在托达罗所划定的传统产业阶段。因此，传统产业(即非正规经济部门)就业比例高一直是印度城市经济的一个特点。1991年开始经济自由化进程之后，印度公有部门的就业机会减少，有组织的私人部门就业增长缓慢。与此同时，城市人口的增长速度仍然较快，因此，新增加的城市人口只能越来越多地在非正规部门就业。在过去的十年中印度城市非正规部门就业比例一直保持在60%左右②。因此有学者认为，印度已"过度城市化"。印度的城市增长在很大程度上可以归结为农村状况的恶化"推动"人口流向城市，而不是城市的发展优势"拉动"乡村人口移居城市。

第三，城市体系发育不良，大城市人口过度膨胀，而中、小城市的发展未能得到足够的重视。表6-4中的数据表明，第一类城市人口(人口超过10万)的比重已从1901年的25.7%上升到1981年的60%。第二、三类城镇的人口相对比重保持基本不变，但第四、

① 陈峰君. 东亚与印度. 北京：经济科学出版社，2000：227-230.

② 刘小雪. 中国与印度的城市化比较，http：//www.cass.net.cn/Chinese/s28_yts/wordch-en/ch-lps200202/ch-200202lxx.htm.

五类和第六类城镇的人口比重下降很快，即从1901年的47.2%下降到1981年的13.6%。这说明，印度一直存在着人口向较大城镇集中的趋势。人口超过百万的大城市发展迅速。1971年，印度有9个大城市人口超过100万，1981年增加到12个，1991年增至23个。这23个城市的人口占城市总人口的33%。大孟买排在第一位，人口有1260万，随后是加尔各答，人口1090万。德里在1981年人口仅有570万，1991年增至840万，10年间增长46.2%。1981—1991年的10年间23个人口过百万的城市人口共增长约68%，人口增长率最高的是海德拉巴(67.0%)，其次是勒克瑙(63.0%)、斋浦尔(49.2%)、普拉(47.4%)、德里(46.2%)①。大城市过度增长，而中小城市发展的资源严重不足，小城市受到冷落，没有机会发展，打破了人口与其生存资源之间的平衡，结果必然导致城市病。

表6-4　**印度城市化趋势：1901—1981年各级城镇人口在城市总人口中所占比重(%)**

年份	Ⅰ	Ⅱ	Ⅲ	Ⅳ	Ⅴ	Ⅵ
	10万以上	5万~10万	2万~4.9999万	1万~1.9999万	5000~9999	5000以下
1901	25.7	11.3	15.8	20.9	20.1	6.2
1911	27.2	10.5	16.3	19.9	19.3	6.6
1921	29.4	10.4	16.1	18.3	18.7	7.1
1931	30.6	12.0	17.0	18.1	17.1	5.3
1941	37.9	11.4	16.5	15.8	18.1	3.2
1951	44.3	10.3	15.8	13.8	13.0	3.1
1961	50.8	11.0	17.4	13.0	7.0	0.8
1971	56.2	11.2	16.3	11.2	4.6	0.5
1981	60.4	11.7	14.4	9.5	3.6	0.5

资料来源：鲁达尔·达特，K.P.M.桑达拉姆.印度经济(上).雷启淮，等，译.成都：四川大学出版社，1994：103.

① ［印度］鲁达尔·达特，K.P.M.桑达拉姆.印度经济(上).雷启淮，等，译.成都：四川大学出版社，1994：103-104.

第四，城市病日趋严重。如前所述，印度大城市的急剧膨胀，不可避免地导致城市病。现在印度有 1/3 的城市人口集中在全国 23 个人口过百万的城市里。城市人口中大部分在非正规经济部门就业，收入微薄，使本来就稀疏的市政管理因缺少资金来源而更加难以为继。印度的许多大城市包括德里、孟买、加尔各答和马德拉斯都患上了严重的“城市病”——拥挤的人潮、堵塞的交通、短缺的水电供应，以及成片的贫民窟。在印度的一些大城市里，基础设施短缺、环境污染以及贫富分化加剧等问题已经严重影响到了城市的可持续发展，因而也都是迫切需要解决的问题。(1)城市基础设施短缺。1951 年印度 55%的城市人口生活在 50 万人口以上的都市，到 1991 年这个比例上升到了 76%。1981 年全国只有 12 个人口超百万的城市，1991 年达到 23 个。仅孟买、加尔各答、德里和马德拉斯 4 个巨型城市的人口就占近全国人口的 4%。在城市人口增加的同时，城市基础设施的建设却没有得到相应的重视。目前有 16%的城市人口没有自来水，有 54%的城市居民没有就近的排污系统。在孟买、加尔各答等大城市，住房紧张的问题十分突出，房价持续走高，无力支付的人只好栖身于贫民窟或中国城市习称的“棚户区”。据估计，作为印度第一大城市的孟买有 2/5 的人住在临时搭起的贫民窟里。在北孟买达拉维的大棚户已达 30 万。在加尔各答，有 20%的人无家可归，露宿街头①。(2)城市生态环境日趋恶化。印度城市空气污染严重。污染源主要来自居民生活用燃料、工业废气排放、汽车尾气。仅印度首都新德里每天就有 24 人死于空气污染。对印度所有人口过百万的城市进行的空气质量检测表明，竟有半数以上的城市空气质量到了“危险”的级别。(3)城市贫困问题依然严峻。印度城市贫富分化历来有之。1997 年印度计划委员会估计，印度贫困人口 3.5 亿。印度历来有“失业之国”、“文盲之国”、“乞丐之国”之称。在城市，穷人的状况与前一代人基本相同。在孟买和加尔各答等大城市，50%~60%的城市人口生活水平低下，他们生活在环境恶劣、极度贫困而且人口稠密的阴影之中。

① 陈峰君. 东亚与印度. 北京：经济科学出版社，2000：227.

正如《政治家报》所报道的那样，“每一个中下阶层的家庭都面临着饥贫交迫、负债累累的暗淡前景，生活毫无改善的希望”①。城市贫困已引起越来越多的关注。因为贫困的存在不仅限制了市政当局增加收入的可能，更重要的是它限制了对正规住房以及其他基础设施的需求。

第五，印度城市化进程几乎完全由市场调节，政府的作用相当有限。印度一直以民主自由为荣，对于人民自主流动的权利不仅没有限制而且还受到法律的保护。城乡人口自由流动的结果就是大城市的无限膨胀，而中小城市发展缓慢。印度政府试图采取分散的工业化战略，以达到遏制大城市的膨胀和促进落后地区发展的目的，结果像其他大多数发展中国家一样，分散的工业化战略的实施不仅没有达到预期目的，反而导致城市失业增加、就业更加不足、住房严重短缺、贫民窟增多以及城市环境恶化等一系列问题。这一切表明，印度未来的城市化发展困难重重。仅靠市场调节，难以为日益膨胀的城市人口提供足够的栖身之地，也难以扭转正在恶化的城市经济和社会环境，更难以阻止乡村人口源源不断地甚至是加速地涌入城市特别是大城市。所以印度政府必须制定切实可行的经济发展战略和城市化政策，从而控制人口增长、促进农村发展、遏制大城市过度膨胀②。

二、印度城市化起步前的农地制度变迁

(一)古代印度的土地制度

古代印度的土地制度是土地农村公社(以下简称村社)所有制

① 陈峰君. 东亚与印度：亚洲两种现代化模式. 北京：经济科学出版社，2000：227.

② V. Nath. Urbanization in India：Retrospect and prospect, in urbanization in Asia：spatial dimentions and policy issues//Frank J. Costa, et al. Honolulu：University of Hawaii Press, 1989：27-46.

和土地国有制。印度的村社是在由部落社会向农业社会过渡即部落社会向国家过渡的过程中产生的。村社有多种形式，根据公社居民所从事的主要职业，可分为农业公社、渔业公社、畜牧业公社和手工业公社。根据公社拥有土地的多少，可将印度公社的发展分为三个阶段，五种形式：(1)氏族公社——实行土地共有共耕制；(2)氏族支系公社即家庭(族，下同)公社——实行家庭共有共耕制，土地氏族共有共耕制逐渐消亡；(3)家庭公社——按继承法，实行按与家族长血统关系的远近程度分配份地的不平等份地制度；(4)家庭公社，实行按各家庭实际耕作占用范围的大小分配份地的不平等份地制度；(5)农村公社——起初，定期分配土地，后来停止分配土地，耕地为公社社员所私有，森林牧场仍为公社所有。①

古代印度的土地国有实质是王有，而不是奴隶主个体私有。在《政事论》中有关王室土地的具体种类包括如下六种：(1)通过各种途径转归国王的宅地和耕地；(2)转为居住地或移民地的原来无人占的生熟荒地；(3)储备森林；(4)矿山；(5)地下宝藏；(6)水。② 土地国有制的基础是土地村社所有制，主要从以下几方面进行考虑：首先，从国有土地的组成看，村社占有的土地，是国有土地的基本组成部分；其次，从国家的财政收入看，主要来自农村公社向国家缴纳的租税；最后，从所有制结构的内部关系看，实际掌握和使用土地的是农村公社及其村社农民。村社的土地可以分为两部分：一部分是村社公有共用的土地，其中包括村社居住区的各种公共建筑用地、水利工程、村社周围的森林、牧场、荒地和修耕地；另一部分是公有私耕的耕地。既然土地国有制是从村社(部落)所有制发展来的，是土地由原始的公有制向私有制过渡的一种形式，所以它必然带有同部落所有制既有联系又有区别的特点。说土地国有制同部落所有制有联系，就是土地国有制以土地村社所有

① 黄思骏. 印度土地制度研究，北京：中国社会科学出版社，1998：25-25.

② 王治功. 古代印度土地所有制及其历史启示. 汕头大学学报：人文社会科学版，2007(23).

制为基础；说土地国有制同部落所有制有区别，就是从法律上看，已产生了国王是全国最高土地所有者的法权观念。在印度历史上，土地由原始的公有制向私有制转化是个渐进的过程，在这种转化未完成以前，始终存在公私两重性的特点。随着时间的推移，私有制的成分（比重）增加，公有制的成分（比重）减少。① 在印度，由原始社会向阶级社会的过渡中，土地制度经历了由共有共耕到共有私耕即私人占有再到私有的发展过程。②

由于印度国土辽阔，政治经济发展不平衡，即使在同一时期，印度各地也存在着发展水平不同（指公私比重不同）的农村公社。根据英国殖民者侵入印度时看到的情形，在18世纪，印度就存在两种村社，即土地公有的村社和土地归个体所有的村社。英国人巴登-鲍威尔在《印度村社》一书中说："必须承认有两种类型的村社：一种是存在共有或公有现象的村社，另一种是不存在共有或公有现象的村社。"巴登-鲍威尔称前者为"共有制村社"（Joint Ownership Village）；称后者为"分有制村社"（Separate Ownership Village）或称莱特瓦尔制村社（Raiyat wari Village）。按他的解释，所谓共有制村社，就是"村社的整个地域，构成一个地产单位"，也就是说，对整个村社有一个"共同的所有权"。分有制村社与之不同的主要之处在于"各农户所保有的耕作地段，加在一起，并不构成一个统一的'所有权单位'"，也就是说，村社土地并不构成一个单一的地产单位，土地归各家所有。共有制村社主要分布在旁遮普、西北省和奥德；分有制村社主要分布于孟加拉、孟买和信德、马德拉斯、阿杰米尔、库尔格、中央省、贝拉尔、阿萨姆。③

印度村社的社会阶级结构以种姓制为核心，其构成较为复杂。每个村社通常包括四个阶层，即婆罗门和非婆罗门高级种姓、商人

① 黄思骏. 印度土地制度研究. 北京：中国社会科学出版社，1998：23.

② 靳婷. 浅谈印度土地制度. 中国人口·资源与环境，2011(21).

③ 黄思骏. 印度土地制度研究. 北京：中国社会科学出版社，1998：28-29.

和农民、差役和工匠，以及贱民。每个阶层包括两三个至十多个种姓。在这四个阶层中，处于最高地位的是婆罗门和非婆罗门高级种姓，村社的土地主要掌握在他们手里，他们是村社中的地主，是村社中“居于支配地位的种姓”和统治者。处于第二位的是商人和农民。商人种姓的地位一般高于农民。作为村社成员主要部分的农民已经分化，其中有的自己有土地，有的自己没有土地，他们在农村中常是人口最多的种姓，他们为婆罗门或其他高级种姓的地主耕种土地。处于第三位的是村社差役和工匠。村社差役和工匠按祖传世世代代为村社服务，所以通常称之为服务种姓。地位最低的是“贱民”。一般来说，一个村社中有两三个“贱民”种姓。他们除了从事村社中最低贱的职业，如鞣皮、杀牲、做清道夫、搬运死尸外，主要是当雇工，为有土地的人家种地。由于他们从事最低贱的职业，在宗教上被认为是最污秽和最不洁的，所以又称“不可接触者”。①

(二)殖民统治时期印度的农地制度变迁

1. 柴明达尔的起源及性质

柴明达尔(Zamindar)一词原是波斯文的复合字，Zamin 指土地，dar 指持有者，合起来意为土地持有者。大约从 14 世纪开始，印度史籍里开始使用柴明达尔这个词，主要指土著部落酋长或印度教王公；到莫卧儿时期，越来越多地指国家的田赋征收人；到 17 世纪主要指田赋征收人。所以莫卧儿时期的柴明达尔包括两种人：一种是不受帝国直接统治的土著部落酋长或印度教王公，另一种是帝国直接统治地区的国家田赋征收人。前者是相对独立自主的豪门，后者习惯上被称为普通柴明达尔，即英属印度柴明达尔包税地主的前身。普通柴明达尔分布在印度各地，作为政府和农民之间的中间人向村社或农民征收田赋。一开始，柴明达尔对其领地没有所有权，只有一定数量的占有权和使用权。但后来政府为了使柴明达尔交足田赋，允许他们在领地内享有行政、司法和军事权力。他们

① 黄思骏. 印度土地制度研究. 北京：中国社会科学出版社，1998：37-39.

为土邦征税，土邦允许其保留税收之外的部分作为报酬。这种与土地有关的权力可以继承、转让和出卖。

普通柴明达尔除了对其领地获得固定收入外，还可以向领地的农民征收杂税，作为一种临时的附加收入。杂税名目繁多，如人头税、结婚税、出生税、房税和其他杂税，通称“阿布瓦布”。杂税如同田赋一样，大部分上缴政府，小部分归已。所以柴明达尔是莫卧儿时期封建统治阶级的有机组成部分，作为封建地方势力，他们扎根于农村，把持了地方政权，同土地和农民的关系比较密切，对其领地有世袭占有权和统治权。①

2. 英属印度的土地整理

在英国殖民统治时期，为了从印度获取最大化赋税，从18世纪90年代到19世纪90年代，英国殖民当局在印度先后进行了三种形式的土地整理(Land Settlement)②：柴明达尔制(Zamindar System)土地整理、莱特瓦尔制(Ryotwari System)土地整理和马哈尔瓦尔制(Mahalwari System)土地整理。英属印度的土地整理希望达到两个目的：一是确定谁是土地所有者，二是确定土地所有者应缴的田赋。土地整理彻底摧毁了印度农村公社，在印度普遍确立了封建地主土地所有制，即柴明达尔制、莱特瓦尔制和马哈尔瓦尔制。

(1)柴明达尔制土地整理

英属印度的土地整理是在莫卧儿印度土地制度的基础上进行的。莫卧儿帝国把大部分土地赏赐给征服印度的有功的军事人员，这种赏赐地称为贾吉尔(Jagir)，贾吉尔的持有者称为贾吉尔达尔(Jagirdar)。贾吉尔制度早在德里苏丹国家时期就已实施，那时称“伊克塔”和“图尤尔”。16—17世纪中叶，贾吉尔成为莫卧儿印度土地占有的基本形式。在贾汉吉尔统治时，贾吉尔约占全国耕地的

① 黄思骏. 印度土地制度研究. 北京：中国社会科学出版社，1998：184-188.

② 英国侵入印度后，占印度1/3土地、1/4人口的大小五百多个土邦，形式上保持独立，实际上受英国控制；其余占印度2/3土地、3/4人口的地区由英国直接进行统治。所谓英属印度的土地整理是指英国直接统治地区的土地整理，不包括五百多个土邦，这些土邦仍保持原有的土地制度。

70%。17世纪，柴明达尔地权制度在印度广泛流行，作为田赋征收人的柴明达尔成为莫卧儿时期柴明达尔的主体。但就当时整个莫卧儿印度来说，贾吉尔达尔地权制度是基本形式，柴明达尔地权制度是次要形式。不过，在印度东部柴明达尔地权制度占统治地位，而孟加拉的柴明达尔地权制度最为典型。英国殖民者入侵印度前，在孟加拉，政府从来不同村庄或莱特(农民)直接接触，而是通过柴明达尔向农民征收田赋。柴明达尔领地有大中小之分，大的拥有五六十个乡区甚至一百多个乡区，中的拥有一二十个或二三十个乡区，小的只有一两个乡区乃至一个乡区的一部分。大中柴明达尔在居住村都有所有地，在居住村以外只有征收田赋权。但他们不是直接向农民征收田赋，中间还有不少层次。孟加拉的大中柴明达尔领地从其最高持有者到村一级的田赋官员共有8级。小柴明达尔往往是村庄的头人，直接占用和使用土地。他们既是村一级的田赋征收人，又是土地持有者。可见，在村以上存在征收田赋的地权结构，在村以下存在持有地的地权结构。①

18世纪中叶，英国东印度公司占领了孟加拉的24-帕尔贾纳斯(24-Parganas，县名)，开始在那里直接征收田赋。英国殖民者为了榨取尽可能多的田赋，不顾孟加拉复杂的地权结构和田赋制度，企图以柴明达尔的身份直接管理和征收田赋，结果以失败告终。在没有达到预期榨取田赋的目的后，英国东印度公司又转而依靠原来的柴明达尔，并从1786年开始酝酿以柴明达尔为对象的永久土地整理(Permanent Settlement)，即确认孟加拉的各类柴明达尔包税人(不管其出身、经历如何)为土地所有者，田赋一经估定，则永久不变。

经过充分酝酿以后，英政府于1789年9月、11月和1790年2月分别对孟加拉、比哈尔、奥利萨制定了以10年为期的土地整理条例。1791年11月，政府公布了一部修订的、完整的以10年为期的土地整理条例法典，规定孟加拉、比哈尔、奥利萨1790—

① 黄思骏. 印度土地制度研究. 北京：中国社会科学出版社，1998：190-192.

1791 年的田赋总额为 268 万英镑。这个数额是土地整理前田赋总额的二至三倍。显而易见，英国殖民政府在孟加拉实行以柴明达尔为对象的永久性土地整理，“都不是为了耕种土地的人民群众的利益，也不是为了占有土地的掌管人的利益，而是为了从土地上征税的政府的利益”。①

英国殖民者除在上述地区实行永久性柴明达尔制土地整理外，还在一些地区实行临时性柴明达尔制土地整理。两者都以柴明达尔为对象，主要区别在于前者田赋估定以后则永久不变，后者田赋估定以后则定期修改。

就这样，在孟加拉，原来世世代代耕种土地的农民被剥夺了土地的占有权，而原来是包税人的柴明达尔在法律上成为地主。随着生产的发展和荒地的开垦，经过永久性土地整理的柴明达尔所得的地租和田赋越来越多，而政府的赋额是固定不变的，不能因此而有所增加。所以英国殖民当局后来不得不实行定期修定赋率的莱特瓦尔制和马哈尔瓦尔制。

(2)莱特瓦尔制土地整理

莱特(Ryot)原为阿拉伯文 Raiy，意为农民。莱特瓦尔制土地整理就是以莱特为对象进行的土地整理。其具体做法是政府对莱特耕种的土地进行测量、分级、估税，与莱特直接订约，由莱特直接向政府缴纳田赋。田赋不是固定不变的，通常是 30 年核定一次。莱特只要按时向政府缴纳规定的田赋，就可以永久占有和使用土地。

莱特瓦尔制主要实行于南印度的马德拉斯地区和西印度的孟买地区。另外，在贝拉尔、阿萨姆等地也实行莱特瓦尔制。马德拉斯省的莱特瓦尔制与孟买省的莱特瓦尔制基本上是一致的，主要区别在于估税所依据的标准不同。前者以农田的总产量或净产量为依据来确定赋额，后者则按土质和土壤深度评定农田等级，进而以此为标准确定赋额。尽管马德拉斯省的莱特瓦尔制与孟买省的莱特瓦尔

① 马克思，恩格斯．马克思恩格斯全集：第 9 卷．北京：人民出版社，1961：242-243.

制估税的标准和方法有差异，但赋率大体上是一致的，都占农田总产量的45%~50%。① 过重的赋额使农民普遍负债，农业衰退，饥荒不断。因此，马德拉斯省有“印度的黑暗省”之称，孟买省也在1875年爆发了浦那农民暴动。

(3)马哈尔瓦尔制土地整理

马哈尔(Mahal)是印地语，意为村庄、庄地。马哈尔瓦尔制土地整理就是以庄地、村庄或村社为对象进行土地整理。其特点是，村庄的所有地为村庄自治体的财产，合伙持有者的整体共同和分别地向政府缴纳田赋。联合省(阿格拉省和奥德省)不属于塔鲁克达尔的村庄、中央省和旁遮普省的土地整理都属马哈尔瓦尔制。但在这三个省又有些具体差别：联合省称马哈尔瓦尔制、中央省称马尔古扎尔制(Malguzar System)，旁遮普省称联合村制(Joint Village System)。

①联合省的马哈尔瓦尔制。1822年，英印政府颁布第七号条例作为联合省的马哈尔瓦尔制土地整理所要依据的原则。其要点是：土地整理按村庄或庄地(Mahal)进行，如果庄地为地主所有，则田赋占地租总额的83%；如果庄地为村社农民共同租佃，则田赋占地租总额的95%；税务长有无限的权力，他有权处理地主与佃户间的诉讼，规定应缴地租的数额，核算主佃之间的账目，决定关于土地、地租、租佃以及主佃之间债务上的一切问题。由于赋额太高，按1822年第七号法令进行的土地整理最终一败涂地。1833年第九号条例成为联合省马哈尔瓦尔制土地整理的真正准则。该条例规定，田赋减少到占地租总额的2/3，有效期为30年。但是，田赋为地租总额的2/3仍然过重，难以执行。所以1855年的《萨哈兰浦尔条例》规定田赋以地租总额的一半为最高限度。后来，“田赋以地租的一半为度”成了田赋没有永久性规定地区的全印度公认的原则。

---

① 黄思骏. 印度土地制度研究. 北京：中国社会科学出版社，1998：198-203.

1873年，英印政府批准了西北省①“田赋法”即1873年第十九号法令，并根据该法令重新改定田赋。其办法是以“地籍清查”代替“土地清查”。赋额查定员经过实地调查，改定和纠正每份庄地的租额，政府田赋征额定为在地租总额的45%~50%。田赋查定的方法由以前的从整到零改为现在的从零到整，也就是说，以前先规定税区总的税额，然后再确定每块庄地的赋额，而根据1873年的“田赋法”，先确定每块庄地的赋额，然后由各庄地的赋额得出整个税区的总赋额。这样做的结果，使田赋征额建立在实际地租的基础上，而不是像过去那样，建立在臆断地租的基础上。②

②中央省的马尔古扎尔制。中央省的马尔古扎尔制土地整理实施于1863—1867年，依据的原则为三条：承认中央省马尔古扎尔的土地所有权；田赋征额以地租总额的一半为度；田赋查定以30年为期。马尔古扎尔(Malguzar)原是收税人，又是村长，在土著政府下权力很大。只要他继续占用庄地，他在村庄内部管理方面，如安置农户、赶走农户、增加租额、种植果树、建筑池塘，是有绝对权力的。但是，他对村庄的土地没有出售和抵押的权力，也就是说，他对村庄的土地只有占有权，没有所有权。然而，1863—1867年的土地整理在法律上承认马尔古扎尔为土地所有者。同时他也是村一级的田赋承包人，因此，其地位同基层柴明达尔相似。

1893年中央省实行新的田赋查定。但这次田赋查定是一种倒退。马尔古扎尔的土地所有权受到了限制，他们不能自己规定庄地上佃农的租额，而是由田赋查定员确定佃农对地主的租额。“田赋以地租一半为度”的原则也遭到破坏，田赋提高到地租总额的50%~60%。执行的结果是，全省各县的租额与1863年相比提高了3%~23%，而田赋增长了20%~105%。1895年决定地方附加税由原来占田赋的10%增加到占田赋的12.5%。田赋查定的期限由30

---

① 马哈尔瓦尔制主要实行于联合省西部的阿格拉省和东部奥德省不属于塔鲁克达尔的村庄，而西北省为阿格拉省的前身。

② 黄思骏. 印度土地制度研究. 北京：中国社会科学出版社，1998：205-207.

年改为 20 年。①

③旁遮普省的联合村制。在英国入侵前，旁遮普省还普遍存在村社制度。1846—1849 年英国逐步兼并了旁遮普省，在那里进行了以村社为对象的土地整理。政府与村社首脑或其代表发生联系，确定整个村社的赋额，然后再分摊给各户。田赋是由村社集体缴纳的，各户对集体负责，集体对各户负责，彼此承担义务。田赋查定一次即改定一次。赋额从开始为总产值的 1/3，减为 1/4、1/6。1871 年通过的旁遮普省田赋法规定的赋额是普通没有租期保障的佃户常年所缴的实际地租的一半。1895 年赋额查定的期限由 30 年改为 20 年。

(4)英属印度的土地整理的后果

英属印度的土地整理的影响巨大而深远。第一，它使英国殖民者获得稳定而高额的土地收入。不管是在孟加拉、马德拉斯，还是在孟买，土地整理的赋额都要比整理前增长两倍以上。第二，土地整理使印度的柴明达尔获得了极大的政治和经济利益。莫卧儿时期的柴明达尔无权随意向农民增加赋税，经过英国的土地整理，规定孟加拉等地的柴明达尔上缴政府的赋额永久不变，但并没有规定他们向农民征收的田赋也应该永久不变。柴明达尔向农民征收田赋时，一般都要比政府规定的赋额高。而且政府为使柴明达尔按时上缴田赋，还特别颁布法令：如果莱特不能按时缴纳田赋，柴明达尔有权扣押和出卖莱特的财产。政府还建立正规警察和法院保证柴明达尔有效地利用这些法律对莱特强行征收田赋，从而使赋税率迅速提高。这样，柴明达尔就可以不断地向农民增加田赋和地租额，但他们交给政府的赋额却是固定不变的，所以他们的中间剥削收入越来越多。据统计，在印巴分治之前的孟加拉和北方邦，佃农缴给地主的地租和地主缴给政府的田赋之比为 23∶1。可见，无论在政治上还是经济上，柴明达尔都从英国殖民者那里获得了好处，所以他们效忠英国，成为英国殖民统治的社会支柱。第三，土地整理加重

---

① 黄思骏. 印度土地制度研究. 北京：中国社会科学出版社，1998：207-208.

了印度农民的负担，使他们普遍贫穷。榨取尽可能多的田赋是英属印度土地整理的主要目的，所以不管实行哪一种土地整理，赋额都是很高的。尽管土地整理普遍实行所谓“田赋以地租一半为度”的原则，但实际征收的比规定的要多。这主要是因为：首先，查定田赋往往是田赋官员的臆断，也就是说，田赋查定虽有一定的规定和标准，但税务员并不执行，由他说了算。其次，在莱特瓦尔制和马哈尔瓦尔制地区，赋额是不固定的，每改定一次赋额，就增加一次田赋，其增长额往往超过耕地面积的扩大和生产的发展。再次，到了 1871 年，除田赋外还增收地方附加税，税率为田赋的 10%。这就破坏了“田赋以地租一半为度”的原则，结果对土地征课的总额达地租的 56%~58%，甚至达到地租总额的 60%。1882 年 10 月 17 日，李明勋爵(Lord Ripon)规定：“凡是一经测量和查定了田赋的县份，土地税除了因物价上涨这一公正理由外，概不增加。”这就给增加田赋敞开了大门。印度事务大臣虽然于 1885 年 1 月取消了李明的规定，但新的规定依然为田赋的增加敞开大门。因为新规定强调，政府有权分享土地自然增值的利益，物价上涨是地价增高的标准和尺度之一，赋额提高应当主要根据地价的增高。正是由于上述种种原因，“田赋以地租一半为度”的原则从来没有实行过，从马德拉斯的情况看，往往是全部地租。最后，英国殖民政府常常对农民进行严刑拷打，逼缴田赋，结果使农民普遍负债，农业衰退，土地荒芜，饥荒连绵不断。土地整理造成农民的极端贫困，加剧了民族矛盾和阶级矛盾，迫使农民进行反抗斗争。1857—1859 年爆发的印度民族大起义和 1875 年爆发的浦那农民暴动，都是土地整理后的高额田赋造成的。第四，土地整理摧毁了印度农村公社，普遍确立了土地私有制。英国入侵印度前的莫卧儿时期，虽有三种不同的土地占有形式，即国王的封建领地、贾吉尔达尔的非世袭领地和柴明达尔的世袭领地，但实际占有和使用土地的是农村公社上层和村社农民。莫卧儿时期的农村公社有两种类型，一种是共有制村社，另一种是分有制村社。前者的基本特征是村社上层共同占有土地，集体缴纳田赋，由婆罗门或非婆罗门高级种姓组成的潘查亚特(Panchayat)管理村社事务。后者则不同，土地由各家占有，田赋由占地的农户分别缴纳，但土地不能完全自由买卖和转让，村社事务由村长直接管理。至于村社耕地之外的荒地、牧场、森林，在共有制村社仍属公共所有，村社共同使用；在分有制村社，已分给各家使用，但不能改作他用。

英属印度的土地整理，尤其是莱特瓦尔制的土地整理，确定了个体农户的地权，莱特只要按时缴纳规定的田赋，他就可以占有土地，而且莱特只要在他占有土地期间，就可以买卖、典押或出租土地；而森林、荒地、牧场、矿山等则归国家所有。所有这些都是同传统的村社占有和使用土地的制度不相容的，这就破坏了村社长期存在的基础。此外，莱特瓦尔制地区的高额田赋，迫使农民不得不出卖土地或借债来缴纳田赋，一旦农民还不起借款，土地就转入高利贷者手中。这就加快了土地的转手，促使了土地私有制的发展，进一步打击了村社占有和使用土地的制度。再加上经过莱特瓦尔制土地整理后，村社机关被撇开，殖民政府直接与农民订约，村社的民政、司法都由殖民官吏接收，那么村社作为一种自治机关也就失去了存在的必要。农村公社既丧失了得以长期存在的基础——集体占有和使用土地，又被剥夺了管理职能，所以其最终解体也就不可避免。在柴明达尔制地区，大体上也是土地的转移和村社职能受到限制，致使村社最终解体。

总之，英属印度的土地整理彻底摧毁了农村公社，普遍确立了土地私有制。但这种土地私有制还不是最终的近代意义上的土地私有制，这是因为在柴明达尔制地区，虽然通过土地整理，在法律上承认了柴明达尔的土地所有权，但事实上没有土地所有权；柴明达尔底下的永佃户虽然在法律上没有土地所有权，但事实上有土地所有权。统一地权，最终确立近代意义上的土地私有制，那是通过20世纪50年代印度国大党进行的土地改革，消灭中间人地权制度即柴明达尔制度以后才解决的。①

① 黄思骏. 印度土地制度研究. 北京：中国社会科学出版社，1998：209-218.

3. 英属印度的租佃制度

上述“英属印度的土地整理”讨论的是英国殖民者与土地所有者的关系，本小节“英属印度的租佃制度”则主要分析土地所有者与佃农的关系。只讲前者，不讲后者，不足以全面反映英属印度农村的土地关系。由于英国殖民当局在英属印度进行土地整理时所实行的三种土地制度到印度独立前夕主要是柴明达尔制（占私人所有农业土地的57%）和莱特瓦尔制（占私人所有农业土地的38%），马哈尔瓦尔制所占比重很小（只占私人所有农业土地的5%），而随着时间的推移，马哈尔瓦尔制和莱特瓦尔制已没有什么区别，所以本节在分析英属印度的租佃制度时，只选择柴明达尔制和莱特瓦尔制的典型地区进行具体分析。

(1)柴明达尔制地区的租佃制度

如前文所述，柴明达尔制是英印殖民政府通过中间人柴明达尔向农民征收田赋的制度。它有两种具体形式：一种是赋额永久固定的永久性柴明达尔制，主要实行于孟加拉、比哈尔、奥利萨、联合省东部的贝拿勒斯和马德拉斯省北部一些地区；另一种是赋额定期修改的临时性柴明达尔制，主要实行于联合省西部，以及阿萨姆和孟买省少数地区。通过土地整理，柴明达尔在法律上被授予土地所有权，他们可以继续征收田赋，从而成为包税地主。但他们仍只对居住村的自有地享有所有权，对居住村以外承包田赋的地区只有征收田赋权和由此而产生的统治权，包括行政、司法权。柴明达尔通常自己不耕种土地，把自有地和承包田赋地出租给农民耕种，收取地租。自有地上的地租完全归已，承包田赋地上的地租小部分归己，大部分作为田赋缴英印殖民政府。柴明达尔制地区的租佃制度的典型代表为孟加拉和联合省的租佃制度。下面具体分析孟加拉的租佃制度。

孟加拉的租佃制度有如下四个特点：

第一，从柴明达尔到实际耕种者之间转租层次众多，租佃关系复杂。如果说在英国统治孟加拉前土地转租的层次至多只有8层的话，那么实行以柴明达尔为对象的永久性土地整理后，这种转租的层次有时多至三十四以至50层，通常有十多层。每个这样的转租户在出租的时候，都要收取一笔相当于全年地租的25%或少些的金额作报酬。所有这些次级的地租条件一般都是和最初的一样，它们是永久的、可继承的和可转让的，并且按固定的地租而保有。这种中间人转租制度之所以会大大发展起来，主要是因为在土地整理初期因赋额太高，不少柴明达尔因不能按时缴纳田赋，其地产被政府拍卖，城市里有游资的商人、资本家就到农村按固定赋额购买老柴明达尔的地产，成了新柴明达尔。他们在农村购置了大量地产，但又生活在城市，不直接管理地产，成了不在村地主。于是他们纷纷把土地转租给第二者，第二者再转租给第三者，层层转租，多至几十层。“于是就产生了一个完善的中介人的等级制度，这种等级制度的全部重担都压在不幸的农民身上。”①

第二，租佃形式多种多样，分成制较为普遍。孟加拉的租佃制可分为两种类型：一种是有占有权的租佃制，另一种是没有占有权的租佃制。有占有权的租佃制包括以下几种形式：按固定地租转租的帕特尼(Patnee)租佃制，不按固定地租转租的豪拉(Howla)租佃制和曼达尔制(Mandali System)。曼达尔制同豪拉租佃制一样起源于开垦荒地。柴明达尔将大片荒地授予称之为阿巴达尔(Abadkar)的殷实莱特，由他来承担开垦荒地的任务，他要付给柴明达尔一笔规定的一次付清的款项作为地租。阿巴达尔在授予他的荒地上建立起以他命名的村庄，使其他莱特在他名下定居下来以开垦荒地。作为村庄的头人，他被称为曼达尔，并保持一个有永佃权、世袭权和转让权的保有地业主的地位。柴明达尔与曼达尔经常调整他们之间的协议条件，但柴明达尔从不干涉曼达尔与他下面佃户的关系。没有占有权的租佃制有三种形式：蒂卡乔特(Thika jot)。蒂卡是合同的意思，乔特是地租的意思。持有这种租地的佃户称蒂卡达尔(Thikadar)。蒂卡达尔承担全部耕作费用和风险，他按固定数量而非固定比例缴纳实物地租，租额一般占常年总产量的1/3。巴加乔特(Barga jot)，即分成租佃。持有这种租地的佃户称巴加达尔

① 马克思，恩格斯. 马克思恩格斯全集：第9卷. 北京：人民出版社，1961：243.

(Bargadar)，他负责供给耕牛、犁和其他所需农具以及种子和肥料，负担全部耕作和灌溉费用。他所缴纳的地租是一种分成制的实物地租，通常是产量的一半。克里香乔特(Krishan jot)。这是分成租佃的又一种形式。其特点是：耕牛、犁、肥料、种子等由地主供给，耕种者(Krishan)只出劳力。农民支付的分成制地租高达产量的2/3，另加全部稻草。农民只得产量的1/3作为工资。克里香名义上是个佃农，实际上是个订约的雇工。这种租佃形式盛行于5英亩或5英亩以上的较大的田场。

第三，在政策上经历了由扶持柴明达尔到扶持永佃农的变化。在英属印度土地整理初期，柴明达尔成为包税地主，其地位得到提高，向莱特征收租税的权力得到强化。但由于英印殖民政府和柴明达尔之间在地租和田赋分配等方面存在矛盾，英印殖民政府分别于1859年、1885年和1928年在孟加拉颁布了三个租佃立法，对柴明达尔的地租剥削进行适当限制，对永佃户的利益进行适当保护。这样，在实行柴明达尔制的孟加拉，柴明达尔对农民的残酷压榨受到一定程度的遏制，佃农的租佃利益得到一定的保障，并逐渐形成了一个强大的永佃户阶层。

第四，在阶级力量的对比上，柴明达尔日益衰落，以永佃农为主的新型地主逐渐抬头，并取得统治地位。在孟加拉农村存在五个阶层，它们可以归并为三大类，即地主(包括包税地主柴明达尔和缴租地主)、佃农(包括永佃农和非永佃农)和无地劳动者。随着时间的推移，包税地主柴明达尔日益衰落。在土地整理初期，由于赋额太高，柴明达尔有将近一半的地产因缴不起田赋而被拍卖，城市里有游资的商人、资本家购进了他们的地产成了新柴明达尔；他们因家住城市，把购进的地产(包括包税地和自有地)出租出去；后来新老柴明达尔由于各种因素又变卖自有地，所以在孟加拉真正占有土地的不是包税地主和缴租地主，而是永佃农。永佃户中有相当大的一部分实行分成耕种，征收实物地租，其剥削量远远超过包税地主和缴租地主，成了农村的新型地主。这些新型地主在城乡之间放债做生意，掌握城乡之间的商业和金融，控制了大量的商品粮。他们有的在邦政府里身居要职，同邦政府的官员营私舞弊。所以，到印度独立前夕，他们事实上已成为孟加拉农村的政治经济主宰。①

(2)莱特瓦尔制地区的租佃制度

莱特瓦尔制是英印殖民政府直接向莱特(农民)征收田赋的制度，主要实行于马德拉斯、孟买、阿萨姆等地。莱特瓦尔制地区拥有较多土地的农户自己往往不耕种土地，而把部分或全部土地出租出去，收取地租。这里所讲的莱特瓦尔制地区的租佃制度，指的是该地区莱特地主如何出租土地，以及他们同佃农关系的制度。莱特瓦尔制地区的租佃制度主要在马德拉斯、孟买和旁遮普省等地实施。

①马德拉斯省的租佃制度。马德拉斯省北部实行柴明达尔制，中部和南部实行莱特瓦尔制。前者占全省耕地面积的27%，后者占全省耕地面积的73%。马德拉斯省泰米尔语地区莱特地主主要用两种租佃形式出租土地：一种是分成制租佃形式，即佃农负担全部耕作费用和全部的耕作劳动，作物收获时分得产量的一半连同稻秸或棉秸；地主负责缴纳田赋，分得收获物产量的另一半作为地租。另一种是采取固定的实物或货币的租佃形式。固定的实物地租一般不少于收获物的一半，佃户负担全部耕作费用，作物收割后按50%的比例缴租。租佃往往采用书面合同的方式，通常以一年为期，一般第二年可以重订。如果佃户不能付出全部耕作费用，地主代垫一部分现款，收获后用谷物偿还，利息至少是15%，附加在固定的实物地租上。

②孟买省的租佃制度。孟买省盛行两种租佃形式：一种是不固定的货币和实物地租制；另一种是实物分成制。分成制一般实行对半分成。在孟买省北部地区，分成制地租有三种类型。最常见的一种是“阿尔达贝格”(Ardha Bhag)，它是一种地主和佃农对分制的地租。佃户负担全部耕作费用，地主负责向政府缴纳田赋。作物收获后扣除田间的直接费用，其余的由双方平分。第二种分成制地租

① 黄思骏. 印度土地制度研究. 北京：中国社会科学出版社，1998：219-231.

称为“特里贾贝格”(Trija Bhag)。地主先分得收获物的1/3，其余2/3留给佃户，佃户负担田间的直接费用。第三种分成制地租称为“潘奇杜贝格”(Panch du Bhag)。按照这种分成制，先从收获总量中扣除田间的直接费用，然后再把所剩余的产品分为5份，地主得3份，佃农得2份。

③旁遮普省的租佃制度。旁遮普省以自耕农著称，但土地主要集中在地主手中，佃农占有相当的比重。到20世纪20年代，旁遮普省的土地分配相当集中，占全省4.86%的地主拥有全省57.11%的土地；占全省人口50.33%的自耕农只拥有全省30.44%的土地；其余12.45%的土地为政府所有。政府和地主的土地出租给各类佃农耕种。旁遮普省的佃农有四种。政府的两种佃农分别是有转让权的佃农和有固定租期的佃农，耕种全省12.45%的土地。地主的两种佃农即逐年更换租约的佃农和有永佃权的佃农耕种全省57.11%的土地。其中，永佃农耕种8.15%的土地，逐年更换租约的临时佃农耕种48.96%的土地，这些临时佃农多半又是分成制佃农。旁遮普省的分成租佃制称“巴泰”制(Batai System)。佃户通常自备犁和耕畜，地租额因灌溉方式的不同而异，大致为总产量的1/3和1/2。①

(3)租佃制的性质和形式

尽管柴明达尔制地区与莱特瓦尔制地区的租佃制有各自不同的形式和特点，但它们在本质上却是一致的。主要表现在以下三个方面：第一，土地所有权都集中在少数上层地主手中。在柴明达尔制地区这一点尤其明显。据1948年联合省柴明达尔制废除委员会报告统计，在联合省总数200万柴明达尔地主中只有3万人，即占总数1.5%的大地主拥有全省58%的耕地，他们平均占地687英亩。其中390名最大地主每人平均占地21000英亩。而在这390名最大地主中又有67名特大地主平均占地71000英亩。在莱特瓦尔制地区，土地所有权集中在少数上层地主手中的情况也相当突出。1939

① 黄思骏. 印度土地制度研究. 北京：中国社会科学出版社，1998：235-242.

年，旁遮普省拥有5英亩土地的所有者占土地所有者总数的63.7%，但只拥有全省土地的12.2%；而拥有50英亩或50英亩以上的土地所有者占土地所有者总数的2.4%，却拥有全省土地的38%。1952—1953年度，孟买省拥有不超过5英亩的土地所有者占土地所有者总数的53%，但只拥有全省土地的14%，而拥有25英亩或25英亩以上的土地所有者只占土地所有者总数的8%，却拥有全省土地的40%。1950—1951年度，马德拉斯省8%的较大土地所有者拥有全省土地的31.34%。第二，拥有土地的地主并不耕种土地，而是出租全部或大部分土地，收取地租。第三，出租地主通过经济的手段（主要凭借土地所有权）和超经济的手段（主要凭借税务法院或民事法院）实现地租。此外，柴明达尔制地区和莱特瓦尔制地区在租佃形式上也有一致的地方，那就是都普遍实行对半实物分成制。这是印度农村生产力落后的表现。①

三、印度独立以来的农地制度变迁

（一）印度独立后的土地改革

印度独立后不久，政府就着手筹划农地制度改革。1949年，印度国大党公布了该党土地管理委员会的报告，这项报告成为印度各邦土改立法的依据。1953年印度中央政府建立了中央土改委员会，作为土改指导机构。这样就在全国开始了农地制度改革。印度的农地制度改革主要包含以下几个方面：

1. 废除“中间人”地权制度

废除“中间人”地权制度包括废除柴明达尔包税地主制和贾吉尔达尔、因南姆达尔赏赐地地主制。废除“中间人”地权制度涉及16个邦，占印度全国耕地面积的一半左右。其中以西孟加拉、北方邦、比哈尔和拉贾斯坦邦最为重要。前三个邦是柴明达尔制度典

① 黄思骏. 印度土地制度研究. 北京：中国社会科学出版社，1998：246.

型的地区，后一个邦是赏赐地制度典型的地区。废除柴明达尔包税地主制的具体做法如下：

(1)政府不是采用行政手段强制没收柴明达尔的土地，把它分给无地、少地的农民，而是付给柴明达尔大量补偿金以取消柴明达尔的田赋征收权及其对土地的实际控制权。同时，把他们实际控制(占有)的荒地、森林、矿山、牧场和部分耕地转归国有，也由政府给予补偿金。补偿金的数额在各邦也是不平衡的。据统计，全国11个邦给包税地主补偿金的预定总额和重建费、利息达66.466亿卢比，其中西孟加拉、比哈尔和北方邦为57.734亿卢比，占总数的76.3%。① 需要特别指出的是，这笔补偿金并不是由政府负担的，而是由原柴明达尔底下的佃农负担的。这是因为柴明达尔在向政府交出自耕地以外的土地时，原有土地上的佃户不仅要承担过去所缴的田赋，而且要将旧时租额的一半转缴政府。佃户如果买进他所耕的土地则需向政府出高价购买。政府往往以这一笔收入的4/5作为补偿金给柴明达尔，而其余的1/5作为废除中间人的行政费。国大党政府正是以这笔补偿金为代价，于20世纪50年代末60年代初，取消了柴明达尔在1.6亿英亩土地上的田赋征收权和实际控制权。②

(2)允许柴明达尔保留一定数额的自有地，并以“自耕”的名义收回出租地，扩大自有地而成为土地所有者，即成为拥有完全私有地权的地主。英国统治时期的柴明达尔大体上都有两种土地，一种是自有地，另一种是承包田赋的土地。柴明达尔对承包田赋的土地在法律上享有土地所有权，但事实上只有征收权和为了实现征收权而取得的统治权(主要是行政司法权)。所谓“自耕”包括使用“帮工”或雇工在内。于是包税地主纷纷驱逐佃农，收回出租地“自耕”，或强迫佃农改为“帮工”。这一现象在北方邦尤其典型。1950

① 王春良. 论印度独立后土地制度与农业的演变. 烟台大学学报：哲学社会科学版，1993(8).

② 黄思骏. 印度土地制度研究. 北京：中国社会科学出版社，1998：290.

年北方邦政府通过的《北方邦废除柴明达尔法和土改法》规定，“在北方邦的所有柴明达尔地产无保留地移交和归属于邦政府”。具体做法是除自有地和小丛林外，在给予补偿的条件下取消“中间人”的一切权力、头衔和利益。这个法律到 1952 年 7 月 1 日才开始生效。该法律生效前包税地主想尽各种办法以“自耕”的名义收回出租地，扩大自有地，结果有 94%的柴明达尔包税地主宣称自己是自有地和丛林的所有者。他们在占有的 3300 万英亩的土地中保留了将近 700 万英亩的土地，成为新地主。他们在不向国家支付分文的条件下，在将近 700 万英亩的土地上获得了完全的土地所有权，包括继承、转让和典押等权利。政府取消了他们对其余土地的征收权及其统治权，给了 19.8 亿卢比的补偿金，40 年付清。政府还确认了 24 万缴租地主(占地 70 万英亩)和 100 万高级永佃户的土地所有权，使他们成为新地主。①

(3)使永佃户获得土地所有权，成为名副其实的新地主。北方邦的土改使柴明达尔包税地主成为新地主，西孟加拉邦的土改则把从柴明达尔租来土地的“永佃户”变成了拥有土地私有权的新地主。这种永佃户在土改前往往是某一村庄的经济政治上的实际统治人，但法律上并不占有土地。按土改法的规定，柴明达尔包税地主的包税权被废除，永佃户变成新地主，直接向政府缴纳田赋。赋额定为稻田不超过产值的 1/5，其他作物的农田不超过产值的 1/10，赋额确定后 20 年不变。

废除“中间人”地权制度还包括废除赏赐地地主制。在废除柴明达尔制的同时，印度各邦政府还取消了被称为“贾吉尔达尔”和“因南姆达尔”的赏赐地地主制。莫卧儿皇帝曾把很大一部分土地赏赐给有军功的大小将士，后来对文职官员也作此赏赐，以代替俸禄。这就形成了一大批赏赐地地主——贾吉尔达尔。此外，皇帝还对宗教、慈善事业也赏赐予土地，这种土地持有者称因南姆达尔。这种赏赐地主与柴明达尔地主不同，他们向农民征收地租和捐税作

① 黄思骏. 印度土地制度研究. 北京：中国社会科学出版社，1998：290-292.

为自己的俸禄，不必向国家(皇帝、政府)缴纳田赋，而且他们还霸占荒地为己有。耕种赏赐地主土地的农民，一般不是永佃户。殖民统治时期的土邦王公都属赏赐地地主。在柴明达尔制占主体的邦内，也掺杂有赏赐地主。土改前，这种赏赐地主最多的邦是拉贾斯坦，占地 83%。其次是安德拉邦和海德拉巴土邦。土改法对待赏赐地主的规定，一般与对待柴明达尔地主相似，其自有地和直接耕种(经营)的土地以外的土地所有权被取消，给予高额补偿金，由政府直接向农民征收田赋和各种地税。但是，在一般情况下，因为这些赏赐地主多为土邦王公和文武官员的后代，所以政府给予的补偿金和自有地比废除柴明达尔更优厚。废除赏赐地主后该土地上的佃农，多数因为贫困而并不直接获得私有土地，只有富裕农有力量向国家购买土地，其地价相当于田赋的 15～20 倍，但可分 10 年付清。①

2. 进行租佃改革

在废除“中间人”制度的同时，一些邦按照联邦政府的要求着手进行租佃制改革。在原柴明达尔制地区，有的邦禁止土地出租(老弱病残除外)，但不包括分成制，有些邦允许出租。在原莱特瓦尔制和马哈尔瓦尔制地区，则存在着大量的租佃关系。据 1953—1954 年度全国抽样调查推算，全国佃耕地仍占耕地总面积的约 20%，这还不包括非正式佃农(只有口头契约的临时佃农)的耕地。印度学者 G. 帕塔萨提估计，废除柴明达尔制后，连同莱特瓦尔制、马哈尔瓦尔制地区在内，全国租佃地仍占耕地总面积的近 1/5，出租者约有一半不在村，租种者 1/3 以上是分成农，其余为一般佃农和次佃农。至于非正式佃农有多少，无法估计。所有佃农都强烈要求改善其地位，这是政府不能不考虑的。所以联邦政府要求，无论是原柴明达尔制地区，还是非柴明达尔制地区都要把租佃改革作为土地改革的一项主要任务。

从 1953 年起，印度各邦政府先后通过了一系列有关“租佃改

① 王春良. 论印度独立后土地制度与农业的演变. 烟台大学学报：哲学社会科学版，1993(8).

革”的法案，其主要内容是：规定地租率不得超过产量的 1/4 或 1/5；禁止强迫佃农无偿服役；禁止勒索杂税和附加地租；一般佃农(不包括分成农和次佃农)连续耕种租佃地若干年(有的规定 6 年，有的 12 年，有的不足 6 年)者，可获得永佃权或对所耕种土地的购买权；地主收回佃耕地自营要有一定限量，必须留给佃农能维持生活的最低限度的土地等。①

各邦在租佃改革的具体规定上尽管有所不同，但大致包括如下三项内容：一是限制地主向佃农征收的地租额；二是保障佃农的土地佃耕权，防止地主随意驱佃；三是试图最终给佃农土地所有权，即使他们成为长期租佃的土地的主人。但这项改革遇到的抗阻比废除柴明达尔制还要大。因为租佃改革不仅与原柴明达尔制地区保留大量土地的大土地所有者利害相关，而且涉及这些地区新兴的富农的利益，还涉及所有非柴明达尔制地区地主和富农的利益，甚至与各种小土地出租者利害相关。相关联的人不但人多势众，而且在国大党内、在各邦立法院和政府中有强大的势力，因而可以在法律范围内和法律范围外，以各种形式进行阻挠和破坏。地主纷纷以自耕的名义夺佃或迫使佃户“自愿”退佃。结果，地主夺佃几乎不受限制，使限制地主收回出租地的立法形同虚设。有关地主向佃农征收的地租额的限制性规定以及使佃农得到永佃权和对所耕地购买权的规定基本上停留在纸面上，不能执行。只有少数邦地租率较低的规定得到执行，也只有少数佃农得到永佃权，其中较富裕的购买了佃耕地。地租之外非法勒索的现象在许多地区依然存在。佃农的地位不但没有得到保障和改善，反而有很大数量的佃农失去了佃耕地，成为无地工人，或失去了正式的佃权，成为非正式的或者说不受法律保护的临时佃农。

租佃改革虽然没有取得预期成果，但还是在一定程度上实现了改革目标。比如，有些佃农过高的地租率所有下降，强迫服役和非法勒索减少，有些佃农得到了永佃权或土地所有权。许多不在村地主为了摆脱租佃改革的困扰，纷纷卖出土地。这部土地转到农村有

① 林承节. 独立后的印度史. 北京：北京大学出版社，2005：151-152.

钱人和富裕农民手中。虽然对佃农没有直接好处，但从所有权与经营权的结合，从改善农业经营的角度看，还是有积极意义的。①

3. 规定“土地持有的最高限额”

废除“中间人”制度和租佃改革并没有从根本上解决土地大量集中于少数人手中，多数人无地或少地的问题。于是，国大党把土改重点转移到实行土地持有最高限额上来。1959 年 1 月，国大党那格浦尔年会通过了实行“土地限额”的决定，要求各邦政府在 1959 年年底以前制定出土地持有最高限额的立法，规定现有土地的最高限额和今后所得土地的最高限额，超过限额的剩余土地由国家交给“村评议会”(Panchayat)，由“村评议会”分给无地、少地的农民耕种，或交给农民合作社耕种。

实行土地持有最高限额大致可分为两个阶段：1960—1972 年为第一阶段，1972 年以后为第二阶段。在第一阶段，国大党政府只是对实行土地持有限额提出了原则性要求，并没有就土地持有最高限额的计算单位和标准等做出明确规定，各邦的立法可以说是各行其是。比如，有的邦以家庭为单位，有的邦以个人为单位作为土地持有最高限额的单位。在决定最高限额的标准时，有的邦以农产品的总收入或纯收入为依据；有的邦以农田的好坏为依据，好田少，坏田多；有的邦不分土地好坏，好田坏田一样多。结果，不仅一个邦内部定的限额弹性很大，而且各邦的标准也有很大差异(见表 6-5 和表 6-6)。

表 6-5　　**现有土地的最高限额(以限额大小为序)**

邦　名	英亩(公顷)	
1. 喀拉拉	15～37.5	(6.07～15.18)
2. 马哈拉施特拉	18～126	(7.28～51.01)
3. 古吉拉特	19～132	(7.69～53.44)
4. 查谟和克什米尔	22.75	(9.21)

① 林承节. 独立后的印度史. 北京：北京大学出版社，2005：152-153.

续表

邦　名	英亩(公顷)	
5. 比哈尔	24~72	(9.71~29.14)
6. 西孟加拉	25	(10.12)
7. 曼尼普尔	25	(10.12)
8. 特里普拉	25~75	(10.12~30.36)
9. 奥利萨	25~100	(10.12~40.48)
10. 迈索尔	27~216	(10.93~87.44)
11. 安德拉	27~324	(10.93~131.12)
12. 中央邦	28~84	(11.35~34)
13. 喜马偕尔	30	(12.4)
14. 拉贾斯坦	30	(12.4)
15. 马德拉斯	30~120	(12.4~48.58)
16. 北方邦	40~80	(16.19~32.27)
17. 阿萨姆	50	(20.23)
18. 旁遮普	60	(24.28)

资料来源：印度政府计划委员会. 第三个五年计划. 德里：1961：236-238. 转引自黄思骏. 印度土地制度研究. 北京：中国社会科学出版社，1998：305.

表 6-6　　**今后新得土地的最高限额(以限额大小为序)**

邦　名	英亩(公顷)	
1. 北方邦	12.5	(5.06)
2. 古吉拉特	14~132	(5.66~53.44)
3. 喀拉拉	15~37.5	(6.07~15.18)
4. 马哈拉施特拉	16~156	(6.47~63.15)
5. 安德拉	18~216	(7.28~84.44)
6. 查谟和克什米尔	22.75	(9.21)

续表

邦　名	英亩(公顷)	
7. 西孟加拉	25	(10.12)
8. 曼尼普尔	25	(10.12)
9. 特里普拉	25~75	(10.12~30.36)
10. 奥利萨	25~100	(10.12~40.48)
11. 中央邦	28~84	(11.33~34)
12. 马德拉斯	30~120	(12.14~48.58)
13. 阿萨姆	30	(12.14)
14. 比哈尔	30~90	(12.14~36.43)
15. 德里	30	(12.14)
16. 旁遮普	30	(12.14)
17. 迈索尔	土地纯收入 3600 卢比	

资料来源：转引自黄思骏. 印度土地制度研究. 北京：中国社会科学出版社，1998：306.

从表 6-5 和表 6-6 可以看出，各邦规定的土地持有最高限额数相差悬殊。总体上来看，绝大多数邦限额标准定得过宽。此外，各邦的最高限额法还有形形色色的豁免规定，大致说，属于以下情况的土地，如机械化农场、经营良好的农场、投资多的农场、连成一片的大农场、种植园、果园、糖厂所有的甘蔗田、奶场所有的放牧场、牧场、慈善机构的土地等，均不受最高限额限制，土地再多，也允许保留。由于标准太宽，又有大量的例外，再加上各邦立法拖拉，执行不力，给大土地所有者逃避法律留下了足够的时间和空间。大土地所有者采取了种种办法化整为零，或将自己的土地转移到亲友名下，或临时转变为果园、奶牛场、甘蔗地。由于当时并没有完备的土地记录，这种转移并不困难。结果，政府能征收的超过限额的土地所剩无几。如旁遮普邦，政府最初估计可征收 20 万英亩，但到 1962 年实际能分配的土地仅有 16000 英亩。泰米尔纳杜邦估计有 125000 英亩剩余土地，政府实际只能征收 24000 英亩。

西孟加拉邦原估计有 60 万英亩超额土地，最后政府只征收到 10 万英亩。① 印度《1976 年国家农业委员会报告》指出："各邦的最高限额立法加在一起，就全印范围讲，交出了 100 公顷的剩余土地，这对拥有 14100 万公顷净播种面积的印度来说，是一种微不足道的剩余。此外，大部分剩余土地是不能耕种的。即使这样少量的土地在名义上宣布为剩余土地，但到目前为止只有一部分在无地农民中进行了分配，还有一部分仍由土地所有者占有，或者在各种未经许可的占有或诉讼下已被浪费掉了。"②

针对 1960 年前后制定的土地持有最高限额法完全无效的情况，1970 年 9 月组建的印度中央土改委员会全面审查了各邦的土地持有最高限额法，并于 1971 年 8 月提出了关于实行土地持有最高限额的新建议：最高限额应以五口之家的家庭为单位，这包括丈夫、妻子和三个未成年的孩子。如果一个家庭的成员超过五口，那么对这种超过的成员可适当增加土地，但这个家庭拥有的土地总面积最多不得超过一个家庭最高限额的两倍。适当降低限额，五口之家的最高限额，水浇地(至少可以保证两熟作物的灌溉)可在 10~18 英亩的范围内变动；其他各类土地(指各类旱地)最高限额不得超过 54 英亩。全面审查各种例外规定，明确建议撤销机械化农场、经营良好的农场不受限制的规定。

1972 年 7 月国大党政府在中央土改委员会建议的基础上，制定了实行土地持有最高限额的"国家指导路线"。其主要内容包括：(1)降低土地持有最高限额：一年至少能保证两熟灌溉的最好土地，最高限额可在 10~18 英亩内变动。使用私人水源的水浇地可略高于使用公共水源的水浇地，其比率为 1.25∶1。也就是说，如果使用公共水源的水浇地可以有 1 英亩的话，那么使用私人水源的水浇地可以有 1.25 英亩，但最多不得超过 18 英亩。一年保证一熟灌溉的土地，其最高限额不超过 27 英亩。其他各类土地即旱地，

① 林承节. 独立后的印度史. 北京：北京大学出版社，2005：156.

② 转引自黄思骏. 印度土地制度研究. 北京：中国社会科学出版社，1998：307.

其最高限额不超过 54 英亩。在有埋藏深管井潜力的地区，旱地的最高限额可低于 54 英亩；在沙漠和山地，其最高限额可适当放宽。如果土地所有者的所有地由各种不同类型的土地组成，那么较好的土地折算成最低等级的土地，总额不超过 54 英亩。(2)统一最高限额的使用单位，一律以家庭为单位。家庭以五口之家为标准。五口包括丈夫、妻子和三个未成年的孩子。超过五口，对超过成员可适当增加土地，但不管超过多少人，这个家庭拥有土地的总面积不超过标准家庭的两倍。如果在实行最高限额前，家庭的土地分别以丈夫和妻子的名义占有，那么在实行最高限额后，其土地以相应的比例占有。每个成年儿子作为单独的限额单位。(3)减少不受限额限制的规定。(4)地主为了逃避土地限额立法而私下进行的土地转移行为无效。(5)对因实行土地持有最高限额法而征得的剩余土地，应优先分配给那些主要由表列种姓和表列部落所组成的无地农工。(6)对分配的剩余土地所支付的补偿金应由所分得土地的人承担，其补偿金额应大大低于市场价，大体上应规定在新分得土地的无地农工能支付的范围内。(7)1972 年 12 月 31 日前，各邦务必公布根据新的“国家指导路线”修改过的土地持有最高限额法，其追溯有效期不晚于 1971 年 1 月 24 日。(8)所有修改过的土地持有最高限额法应列入宪法第九附表，使之不受民事诉讼的牵制。

根据上述实行土地持有最高限额的“国家指导路线”，1972 年下半年至 1973 年，各邦大体上都对原有土地持有最高限额法进行了修改，从此进入了实行土地持有最高限额的第二阶段。从实际执行的情况看，同第一阶段比有所好转，但依然没有多大起色，这可以从表 6-7 中看出来。①

4. 合并分散的小片土地，消灭耕地交错现象

虽然印度早在取得独立以前就已开始实行农地连片的措施，可是直到 1958 年初，只在几个邦收到一些成效。由于农村存在巨大的社会经济不平等，而且农地的占有和使用关系又极其复杂，要想

① 黄思骏. 印度土地制度研究. 北京：中国社会科学出版社，1998：307-309.

消灭耕地交错现象，达到规模经济，显然还会遇到严重的阻碍。

表 6-7　**截至 1986 年 12 月土地持有最高限额法执行情况**

	面积(英亩)	占宣布为剩余土地的百分比(%)
1. 宣布为剩余的土地	7606131	
2. 已接受的剩余土地	5820723	76. 53
3. 已分配的剩余土地	4465960	58. 71
4. 已宣布但尚未接收	1785408	23. 47
5. 已接受但尚未分配	1354763	17. 81
6. 已宣布但尚未分配	3140171	41. 28
不能分配的原因		
1. 正在诉讼	1448120	19. 03
2. 为公共事业保留	337205	4. 43
3. 不适宜耕种	382639	5. 03
4. 其他原因	732650	9. 63
5. 总计	2900614	38. 13
能够用于分配	239557	3. 15

资料来源：转引自姜述贤. 独立以来印度农村土地关系的变化. 南亚研究季刊，1987(4)：3-4.

5. 建立农业生产合作社

国大党政府早在印度独立后不久就设想过农村土地的四种经营模式，即家庭农场、联户合作耕种、集体农庄和国营农场。其中联户合作耕种和集体农庄都与建立农业生产合作社有关。1959 年 1 月国大党那格浦尔会议通过的关于“农业组织模式”的决议，要求各邦建立农业合作社。具体目标是要在印度每一个村庄建立一个村评议会、一个合作社和一个学校。农业合作社可分为四类：信贷合作社、销售合作社、服务合作社和生产合作社。其中生产合作社主要有两种类型：联合耕种社(Joint Farming Societies)和集体耕种社(Collective Societies)。参加联合耕种社的有贫苦农户(包括无地农户)、中等农户(中等土地所有者)和大农户(大土地所有者)。他们把各自的土地集中起来联合耕种，但土地仍然为各农户所有。在联合耕种社里，一般来说贫困农户都参加体力劳动，中等农户参加经营管理多于参加体力劳动，大农户大约有半数参加经营管理但很少参加体力劳动。大农户中有很大一部分是为了逃避土地持有最高限额而加入联合耕种社的。

参加集体耕种社的无地农户多于有地农户。集体耕种社通常是在新开垦的荒地上为安置无地农户而组织起来的。这类合作社的土地所有权既不属于农民，也不属于合作社，而是属于政府。社员原先对土地有占有权和使用权。入社之后，土地为合作社集体使用，社员个人则失去占有权和使用权。

联合耕种社和集体耕种社基本上都实行按劳分配和按红分配相结合的分配方式。首先，社员按日出工领取工资。其次，他们还进行按劳分红和按土地分红。其中按劳分红所占的比重较大。它根据社员的劳动总量和劳动性质分配，多劳多得，劳动好的有奖，从事技术工作的报酬较高。按土地分红是根据社员入社土地的多少和好坏进行分红。红利主要来自销售农产品的净利润的一部分(另一部分转入合作社的储备基金)。在集体耕种社里，社员除领取日工资外，年终还按其所领取的日工资总额进行分红。

在印度政府的扶持下，各邦先后建立了一批农业生产合作社。到20世纪60年代末70年代初，联合耕种社和集体耕种社的发展分别达到顶峰，随后进入停滞状态。至1978年，全印度共有9697个农业生产合作社，其中联合耕种社4947个，社员16.1万，耕种面积33万公顷(81.51万英亩)；集体耕种社4750个，社员16.3万，耕种面积24万公顷(59.28万英亩)。这对印度全国约有60万个村庄、1.43亿公顷净播种面积(20世纪70年代最高数)、5.2175亿农村人口(1981年人口普查数)来说，是个微不足道的数字。而且在这些合作社中，大部分处于亏本或不盈利状态。事实证明，印度国大党及其政府在印度农村建立农业生产合作社的打算和努力，也同实行租佃改革和土地持有最高限额一样，基本上是失败的。①

（二）对印度土地改革的评价

如何评价印度的土改，这是一个国内外学者见仁见智的问题。对印度土改的评价，一定要结合印度的具体历史条件，既要看到其积极的一面，又要看到其存在问题的一面。印度土改虽然进行得不彻底，没有完全实现印度中央政府希望达到的目标，但它依然取得了一定成效，具体表现在：

第一，经过土改，统一了田赋征收制度，增加了国家的财政收入。废除柴明达尔制和贾吉尔达尔等赏赐地地主制以后，印度全国都实行莱特瓦尔制，从而统一了田赋征收制度，一律由邦政府直接征收田赋，因此各邦财政收入迅速增加。土改后全国征得的田赋总额几乎增加了一倍。据统计，1950—1951 年度田赋收入为 4.96 亿卢比，到 1960—1961 年度就增至 9.72 亿卢比，10 年之内增加了 96%。

第二，土改限制和削弱了封建统治，为印度农业资本主义的发展奠定了基础。首先，废除"中间人"的土改立法，取消了 259 万"中间人"的征收权，接管了他们拥有征收权的土地 1.6 亿英亩。这不仅在经济上限制了他们的剥削，而且也在政治上削弱了他们的统治。土改后租佃制的比重减少，而自耕（或自营）的比重增加，也反映了印度农村封建剥削程度的减轻。其次，土改简化了地权，最终确立了土地私有权，为发展资本主义农业准备了必要的前提条件。最后，由于土改立法允许地主收回土地"自耕"，引起逐佃浪潮，使无地雇农人数迅速增长，这也在客观上为发展资本主义农业创造了另一个必要的前提条件。

第三，土改也实现了某种程度上的土地再分配，土地集中的程度有所下降。土改使得大约 2000 万户佃户成为直接的土地所有者，

① 黄思骏. 印度土地制度研究. 北京：中国社会科学出版社，1998：309-312.

约1400万英亩的土地进行了再分配，有300多万户佃农和分成农在620万英亩的土地上获得租佃权的保障。但印度的土改总体上取得的成效不大，主要使农村的地主富农得到好处，广大农民并没有得到土地。

印度土改存在的问题还是多于其取得的成效，因为它不是采取消灭封建地主阶级，实行“耕者有其田”的革命性措施，而是采取限制和削弱农村封建统治，逐步改造封建半封建的地主为资本主义的经营地主，使印度农业缓慢地走上了由封建半封建的农业向资本主义农业转化的改良道路。其结果是，国家和农村的少数地主、富农得益，而广大贫苦农民并没有得到好处。① 正如《印度农村调查记》作者内阿所说，“1947年以来印度所通过的关于土改的法案比任何其他国家都多，但基本上未改变政权性质和贫富悬殊的情况，也未改变一向控制农村经济的传统阶级关系”。② 到20世纪80年代，印度的土地仍然主要集中在占农村人口少数的农村上层手中。按照印度全国抽样调查的分类标准，印度农村所有权持有地按大小可分五类：1公顷以下为边际持有地，1~2公顷为小持有地，2~4公顷为半中持有地，4~10公顷为中等持有地，10公顷以上(含10公顷)为大持有地。持有这五类土地的农户分别称边际土地持有户即边际农、小土地持有户即小农、半中土地持有户即中农(或下中农)、中等土地持有户即中农、大土地持有户即大农。印度第8次全国抽样调查结果显示，到20世纪80年代初，占所有权持有地户总数78.96%的边际农和小农只占全国所有权持有地总面积的28.71%，而占所有权持有地户总数8.88%的中农和大农却占全国所有权持有地总面积的47.91%。③

至21世纪初，印度的土地问题依然没有得到很好的解决。

① 黄思骏. 印度土地制度研究. 北京：中国社会科学出版社，1998：324.

② 朱昌利. 印度的土地改革——发展中国家土改的一种模式. 南亚研究季刊，1989(2).

③ 黄思骏. 印度土地制度研究. 北京：中国社会科学出版社，1998：323.

2007 年 3 月，因为抗拒政府征用农田区建工业区，印度西孟加拉邦农迪格拉姆地区的农民与警方发生激烈的暴力冲突，导致至少 14 人死亡，3000 多人流离失所。在 2007 年 1 月，印度警方也曾试图进入农迪格拉姆地区收回政府征地，但是遭到了当地农民的阻拦，双方各不相让，最终演变成一场冲突。共有 7 人死于此次冲突，另有 100 多人受伤。警方最终因无法达到目的而被迫离开。这一事件的直接导火线是，印度政府为了吸引外资和推动经济增长，决定在全国约 200 个地区设立工业区，其中大部分土地是农田。农迪格拉姆当地的农民为了保护自己的农田，甚至在村里挖起战壕，设立路障，以阻挡警察的闯入。据悉，政府打算征用农迪格拉姆地区的 9000 公顷农田分别兴建一个石化工厂和造船所。①

造成印度土地改革成效甚微的原因是多方面的。印度官方认为土地改革失败的原因主要是当政者缺乏政治愿望以及来自基层的压力不够，其他的原因有：缺乏有效的行政机构；缺乏正确的和最新的土地档案；民法、刑法和司法机构均过分强调私有财产不可侵犯；土改实施机构缺乏财政支持；中央在土改政策上缺乏适当的协调和指导等。国外学者在对邦一级的土地改革政策执行情况进行分析的基础上得出结论，认为印度土地改革计划的主要弱点在于政策的制定与执行之间存在巨大的鸿沟，邦政府缺乏执行土地改革政策的政治意愿。② 综合国内外学者的研究，一般认为，印度土地改革成效甚微的主要原因是：

第一，它是由印度国家政权的阶级性质决定的。掌控印度国家政权的是资产阶级和地主阶级，他们的代表在各级政府中都大有人在。在广大农村，把持地方政权的基本上也是地主。所以，在印度土改的过程中，许多土地改革立法是在有地主阶级参与的情况下制定的。

第二，印度农民缺乏组织，没能展开争取土地的大规模斗争。

---

① 印度的土地问题. 中国社会导刊，2007-05-01.

② ［美］F. 托马森·詹努兹. 印度土地制度改革的失败. 施尧伯，译. 南亚研究，1988(3).

由于农业的分散性特点，也由于宗教和种姓造成的隔阂，加上地主对农村政治、经济和社会权力的控制，处于弱势地位的贫苦农民未能普遍地自发组织起来。同时，在全国范围内，也缺乏真正为农民利益进行斗争的全国性政治组织把农民大规模组织起来。这样，印度农民不仅没能利用政府制定的土地改革立法维护自己的正当利益，更没能以大规模组织起来进行斗争的方式，要求政府进行彻底的土地改革。因为没有受到强大的政治压力，加上地主阶级的顽强抵制，印度政府便失去了坚决地不妥协地完成土地改革的外部动力。因此，要使土地改革彻底进行，农民缺乏大规模的斗争是不行的。

第三，印度政府土地改革政策条款、土地改革政策与印度农村的实际之间存在矛盾。在印度农村，地少人多，土地的供给和人们的需求之间存在很大差距，人们处在土地饥饿症中。在这种背景下，如不消灭租佃制，平均分配土地，限制地租的做法自然不会取得成功。在地主把持地方政权，而中央政府又不采取措施或不能剥夺地主权利的情况下，要求地主让出部分土地便困难重重。①

① 殷永林. 论印度土地改革的成败和影响. 思想战线，1995(5).

第七章　中国城市化进程中的农地制度变迁

一、中国城市化概述

（一）中国城市化进程

尽管中国人修城筑市的历史已有4000多年，但到1949年新中国成立时，全国只有86个城市，城市化水平只有10.64%，而当时世界城市化的平均水平是29%，欧美等发达国家的城市化水平早已超过60%。显然，新中国是在一个起点极低的基础上开展城市化的。关于新中国成立以来城市化问题的研究文献如汗牛充栋，综合有关研究成果，① 可将新中国成立以来中国城市化历程分为两个时期：1949—1978年城市化的缓慢发展时期和1978年以来城市化加速发展时期。

---

① 有关文献参见：(a)高珮义．中外城市化比较研究．天津：南开大学出版社，1991；(b)朱铁臻．城市发展研究．北京：中国统计出版社，1996；(c)刘传江．中国城市化的制度安排与创新．武汉：武汉大学出版社，1999；(d)王放．中国城市化与可持续发展．北京：科学出版社，2000；(e)成德宁．城市化与经济发展：理论、模式与政策．北京：科学出版社，2004；(f)王春光，孙晖．中国城市化之路．昆明：云南人民出版社，1997；(g)杨立勋．城市化与城市发展战略．广州：广东高等教育出版社，1999；(h)林广，张鸿雁．成功与代价：中外城市化比较新论．南京：东南大学出版社，2000；(i)薛凤旋．中国城市与城市发展理论的历史．地理学报，2002(6)．

新中国成立以来中国城市化的缓慢发展时期又可以分为三个阶段：(1)1949—1957年城市化正常发展阶段。经济恢复与大规模工业建设，需要大批农业劳动力转移到工业部门，相应地出现了一批新城镇，城市化呈稳步上升趋势，城镇人口迅速增长。1957年城市人口比重提高到15.4%，比1949年增加近5个百分点。(2)1958—1963年城市化剧烈波动阶段。由于人口增长对城市的压力日益增大，为了城市社会稳定和适应当时供给不足的社会经济状态，国务院在1958年颁布了《户口管理条例》，严格划分出农业户口和非农业户口，控制农业人口迁往城市。这是中国此后关于户籍管理的基本法律依据。但为了“大跃进”的需要不得不从农村大量招工，结果使城镇人口在1958—1960年迅速提高4个百分点(1960年达到19.3%)。由于“大跃进”的失败与自然灾害又将新招职工大量下放，1963年城镇人口比重下降到16.8%。这一时期城镇人口比重的“大起大落”主要是经济发展战略的失误造成的，但是“户籍管理”制度在城市化中的“篱笆作用”已经显示出来。(3)1964—1978年城市化停滞阶段。经济调整与“文革”时期的经济混乱，使城市化进程陷于停滞。城市人口的绝对数量虽然增加4295万人(由1964年的12950万人增加到1978年的17245万人)，但城市化率不升反降(1978年为17.92%，比1963年高1.5个百分点，比1964年低0.5个百分点)。这一阶段城市化率的停滞，大大缩小了农村人口由“农业户口”转变为“非农业户口”的渠道，提高了城市户口的“含金量”，充分显示了以户籍制度为核心的城乡隔离体制(本质是阻止农民进城)的威力，使中国城乡形成了典型的“二元经济”与“二元社会”。

这一时期中国的城市化具有以下特征：(1)城市化从整体上是受抑制的和严格管制的。与快速的工业化相比，城市化步伐缓慢，拉大了与世界城市化水平的差距。(2)城市发展主要受计划经济体制和行政级别的影响。计划经济体制下的投资与城市的行政级别相关。行政级别越高，得到的投资和发展的机会越大。相反，中小企业与小城镇得到的投资较少，计划体制又束缚了它们自身发展的活力。(3)这一时期的城市化主要体现为大中城市的发展，小城市

(城镇)的发展缓慢甚至衰退。1949—1979 年，特大城市、大城市人口占全部城镇人口的比重为 62.6%。(4)在城市发展观念上，由于担心城市人口与福利对财政的巨大压力，我国把城市基础设施与生活服务建设视为“非生产性”的，是“吃闲饭”的社会负担，从整体上限制城市人口的增加，导致城市化的滞后。可以说，改革开放以前的“城市化”是“自上而下”的，受到严格的计划管制而不能正常发展。

1978 年改革开放以后，中国的城市化进入了加速发展时期。1978 年，党的十一届三中全会及时作出了全党工作重心转移到社会主义现代化建设上来的战略决策。随着农村改革的逐步推进，城市改革也开始起步。1984 年，小城镇发展问题第一次受到中央政策的肯定与支持，其标志是该年 1 月发布的《中共中央关于 1984 年农村工作的通知》和 10 月发布的《国务院关于农民进入集镇落户问题的通知》，至此，与乡镇企业发展相匹配的城镇化战略进入人们的视野。从 1984 年党的十二届三中全会以后，到 1992 年中共十四大召开以前，以城市改革为重点的经济体制改革推动着城镇化的发展。1998 年 10 月，《中共中央关于农业和农村工作若干重大问题的决定》中，第一次提出了“小城镇、大战略”。2000 年 6 月，“小城镇、大战略”，被《中共中央国务院关于促进小城镇健康发展的通知》进一步具体化，特别是 11 月，党的十五届五中全会把“积极稳妥地推进城镇化”列为“十五”期间必须着重研究解决的战略问题，使中国的城镇化迈入一个新的发展阶段。

改革开放以来，中国城市化进程彻底摆脱了长期起伏、徘徊不前的局面，城市化水平不断上升。这一时期中国的城市化具有以下几个特点：(1)城市与城镇数量迅速增加。1978 年全国城市为 193 个，1990 年增加到 464 个，2003 年达到 660 个，25 年增加城市 467 个，平均每年增加 18.7 个。这些新增城市主要是大规模“地改市”、“县改市”的结果。(2)小城镇数量迅速增加。改革以来乡镇工业的异军突起和农村商业流通与服务业的发展，促进了小城镇的兴起和繁荣。1983 年，取消政社合一的人民公社体制，恢复了乡

(镇)建制，并放宽了建制镇的设立标准，为小城镇的迅速发展创造了宽松环境。1988 年，全国建制镇数量达到 11481 个，是 1983 年(2968 个)的 3.9 倍。到 1999 年，全国建制镇数量达到 19216 个，还有近 3 万个乡政府所在地的集镇。小城镇的发展，成为推动我国“农村城市化”的主力，也是“自下而上”城市化的主要体现。(3)城镇人口数量迅速增长，城市化率持续攀升。30 多年来，中国城市化以每年约一个百分点的速度增加，从 1980 年的 19%增加到 2014 年的 54%。根据联合国最新的估计，中国 2014 年的城镇人口约 7.58 亿人，占总人口的 54%，到 2050 年，城镇人口将达 10.5 亿人，占人口的 76%，涨幅惊人。作为一个人口基数巨大的发展中国家，中国改革开放以来城市化的步伐是不慢的。

(二)中国城市化进程的特点

自新中国成立以来，中国的城市化经历过正常发展阶段，也经历过快速发展阶段，还经历过停滞甚至倒退阶段。可以这么说，新中国成立以来中国走了一条崎岖不平的城市化道路，这条道路的突出特点是：

第一，在相当长时期内，中国城市化滞后于中国工业化及经济发展水平。对于中国城市化是否滞后于中国工业化及中国经济发展水平，学术界大致有三种不同的看法：一是发展滞后论；二是基本适度论；三是发展超前论。① 笔者认为，相对于工业化进程而言，我国城市化进程是滞后的。从整个发展过程来看，我国的城市水平是很低的，而且城市化进程十分缓慢。1952—1992 年，我国的城镇人口占总人口的比重 40 年时间只提高了 15 个百分点。与之相比，1950—1991 年，世界平均城市化水平提高了 17 个百分点，其中发展中国家作为一个整体，在这 41 年中，城市化水平提高了 21 个百分点，远高于我国的城市化增长速度。

---

① 有关中国城市化发展水平评价的不同观点的详细论述可参见钟水映，李晶. 经济结构、城市结构与中国城市化发展. 人口研究，2002(5).

与其他发展中国家和地区的城市化水平相比，中国的城市化进程较慢。按照《1994年世界发展报告》，中国的人均GNP是470美元，处在40个低收入国家的第28位(从低收入到高收入排列)。这个按照汇率计算的人均收入的确存在严重的准确性问题。20世纪80年代中国经济发展在世界上是最快的国家，按《1994年世界发展报告》提供的资料，1980—1992年，中国的国内生产总值(GDP)平均每年以9.1%的速度增长。中国的城市化发展速度也比其他收入水平差不多的国家要慢。例如，低收入国家(中国和印度除外)城市人口比重从1965年的16%上升到1992年的29%，增加了13个百分点；与此同时，中国从17.98%上升到26.14%，只增加8.43个百分点。

从城市化与工业化的关系看，中国的城市化也长期滞后于工业化。1952年我国非农业部门在国民收入中的比重是42%，非农业劳动力比重是16.5%，城市人口比重是12.5%。到1992年，非农业产值比重增加到70.8%，非农劳动力比重也上升到41.5%，而城市人口比重只增加到27.6%，40年时间，分别增加了28.8、25、15.1个百分点。而且，在1952年，非农业劳动力比重与城市人口比重只相差4个百分点，到1992年这个差距达到14个百分点，差距越来越大，这充分表明城市化与工业化越来越不同步。韩国1960—1991年，非农产值比重从63%增加到92%，非农劳动力比重从34%增加到80%，相应地，城市人口比重从28%上升到72%，分别增加29、46、44个百分点。中国台湾省1952年非农业部门在国内生产净值中的比重为62%，城市人口比重是47%，到1992年，非农业部门产值比重是95%，城市人口比重达到80%，40年时间，产值比重和城市人口比重都增加了33个百分点。

尽管自1978年改革开放以来中国城市化速度大大加快，但如果考察新中国成立后60多年的城市化进程，则中国的城市化步伐仍然是比较缓慢的。下面我们比较新中国成立后历年的城市化率和工业化率，以说明新中国成立以来中国的城市化发展状况，见表7-1、表7-2、表7-3。

表 7-1　**1949—2012 年中国的城市化率(按城镇人口占总人口的百分比计算)**

年份	城市化率(%)	年份	城市化率(%)	年份	城市化率(%)
1949	10.64	1979	18.96	2005	42.99
1952	12.46	1982	21.13	2006	44.34
1955	13.48	1985	23.71	2007	45.89
1958	16.25	1988	25.81	2008	46.99
1961	19.29	1991	26.37	2009	48.34
1964	18.34	1994	28.62	2010	49.95
1967	17.74	1997	29.92	2011	51.27
1970	17.38	2000	39.22	2012	52.57
1973	17.20	2003	40.53		
1976	17.44	2004	41.76		

资料来源：中国统计年鉴 2012，http：//www.stats.gov.cn/tjsj/ndsj/2012/indexch.htm.

表 7-2　**1952—2011 年中国的工业化率 I**
(按第二产业的产值占 GDP 的百分比计算)

年份	工业化率(%)	年份	工业化率(%)	年份	工业化率(%)
1952	20.9	1979	47.4	2004	46.2
1955	24.4	1982	45.0	2006	47.7
1958	37.0	1985	43.1	2006	47.9
1961	31.9	1988	44.1	2007	47.3
1964	35.3	1991	42.1	2008	47.4
1967	34.0	1994	47.9	2009	46.2
1970	40.5	1997	50.0	2010	46.7
1973	43.1	2000	50.2	2011	46.6
1976	45.4	2003	52.2		

资料来源：(1) 1952—2003 年的数据来自国家统计局. 中国统计年鉴 2004. 北京：中国统计出版社，2004：54；(2)2004—2011 年的数据来自中国统计年鉴 2012，http：//www.stats.gov.cn/tjsj/ndsj/2012/indexch.htm.

表 7-3　**1952—2011 年中国的工业化率 II**
（按第二产业的就业人数占总就业人数的百分比计算）

年份	工业化率(%)	年份	工业化率(%)	年份	工业化率(%)
1952	7.4	1986	21.9	2000	22.5
1957	9.0	1987	22.2	2001	22.3
1962	8.0	1988	22.4	2002	21.4
1965	8.4	1989	21.6	2003	21.6
1970	10.2	1990	21.4	2004	22.5
1975	13.5	1991	21.4	2005	23.8
1978	17.3	1992	21.7	2006	25.2
1979	17.6	1993	22.4	2007	26.8
1980	18.2	1994	22.7	2008	27.2
1981	18.3	1995	23.0	2009	27.8
1982	18.4	1996	23.5	2010	28.7
1983	18.7	1997	23.7	2011	29.5
1984	19.9	1998	23.5		
1985	20.8	1999	23.0		

资料来源：中国统计年鉴 2012，http：//www.stats.gov.cn/tjsj/ndsj/2012/indexch.htm.

从表 7-1、表 7-2 和表 7-3 可以看出，新中国成立以来，中国的城市化率长期低于按第二产业的产值与 GDP 的百分比计算的工业化率 I，而且工业化率提高的速度大多数年份快于城市化率提高的速度。可见，新中国成立以来中国的城市化始终滞后于工业化。另外，按第二产业的劳动力占总劳动力的百分比计算的工业化率 II 之所以大大低于工业化率 I，主要是因为新中国成立后我国实行的是重工业优先的发展战略。因为重工业是资本密集型产业，吸纳的劳动力较少，再加上户籍制度人为限制农村劳动力向城镇流动、向非农产业转移，所以尽管工业产值大幅度增加，工业劳动力却增加不多。①

对于中国城市化发展缓慢及城市化滞后的原因，中外学者从不同的角度进行了分析。如美国学者劳伦斯、塞尔等从意识形态角度分析中国城市化进程缓慢的原因，提出了反城市主义学说(anti-urbanism or de-urbanization)，认为根深蒂固的反城市主义意识形态是中国城市化发展缓慢的主要原因。②③ 英国学者柯克比则认为，“反城市主义”论是浅薄而矛盾的。新中国城市化的缓慢增长并非遵从意识形态领域抽象的革命原则所致，而是过分注重既定的工业化大目标的缘故。为了实现这一大目标，中国忽视了城市基础设施的建设和农村经济的扩大生产，而将大量资金集中于重工业建设，削弱了城市进一步发展的后劲。④

国内学者认为，中国城市化发展滞后的主要原因是对城市化认识的偏差和指导思想的失误、传统工业化道路的缺陷以及制度上的障碍。⑤ 从认识和指导思想看，(1)没有认识到工业化与城市化同步发展的客观规律；(2)对发达国家特别是发展中国家城市化过程中出现的各种问题如失业严重、人口拥挤、交通堵塞、住房紧张、环境污染、社会犯罪、贫富不均等所谓“城市病”看得过于严重，对城市化的正面作用考虑得太少；(3)对城市化概念的片面理解，没有把中小城市及城镇作为城市体系中的一部分，造成城市结构偏差。改革开放以来我国又走向另一个极端，即城市化发展又过分强

---

① 简新华. 论中国特色的城镇化道路//武汉大学经济发展研究中心. 发展经济学研究：第二辑. 北京：经济科学出版社，2004：114.

② Ma，Laurence J. C. Anti-urbanism in China. Proceedings of the Association of American Geographers，1976：114-118.

③ Cell C. P. De-urbanization in China：The urban-rural contradiction，Bulletin of Concerned Asian Scholars，1979，11(1)：62-72.

④ Kirkby R. J. Urbanization in China：Town and country in a developing economy 1949—2000 A D. New York：Columbia University Press，1985.

⑤ (a)简新华. 论中国特色的城镇化道路//武汉大学经济发展研究中心. 发展经济学研究：第二辑. 北京：经济科学出版社，2004：114-117；(b)钟水映，李晶. 经济结构、城市结构与中国城市化发展. 人口研究，2002(5)。

调小城镇的作用，把小城镇的发展看成是吸纳乡村人口的主要渠道。偏向小城镇发展而控制大城市的城市化战略，客观上抑制了城市化发展水平的提高。

传统工业化道路的缺陷是中国城市化滞后的另一个重要原因。在计划经济时代，中国走了一条由国家计划推动、重工业优先发展、以粗放型增长方式为主、过分追求高速度、排斥城市化、片面强调自力更生、资源消耗高、经济效益差的工业化道路。这种传统的工业化道路片面强调国家计划推动而否定市场作用、片面强调资本和技术密集型产业而忽视对农村剩余劳动力有较强吸纳能力的劳动密集型产业，结果重工业得到优先发展，而轻工业及城市发展的资金则严重缺乏，城市化进程大大落后于工业化步伐。

最后，劳动就业制度、户籍管理制度、粮食供应制度、住房、医疗及其他福利制度等一系列制度，不允许劳动力自由流动、自主择业，限制农民向城镇流动和迁移，造成城市与农村长期处于分割状态，最终也阻碍了城市化的发展。

城市化滞后带来了一系列的消极后果，严重地阻碍了我国的经济发展和现代化进程。(1)城市化滞后显著加大了农村的人口负担，加剧了人口与土地之间的紧张关系，恶化了农村乃至全社会的生态环境，难以实现可持续发展；(2)城市化滞后使农业劳动力严重过剩，影响了农业经营的规模化、产业化和劳动生产率的提高，严重地妨碍着农业现代化的实现；(3)低下的比较收益制约了农民收入的增长和农村市场的开拓，并迫使农民大量涌入城市，给城市管理带来严重的冲击，阻碍着城市现代化进程；(4)城市数量不足，城市发展滞后，人口在农村分散居住，难以形成大规模的第三产业的需求，严重制约着第三产业的发展，不利于中国当前最为严峻的就业问题的解决；(5)城市化滞后，城市得不到应有的发展，城市所具有的经济、政治、文化等多方面的功能，城市所能产生的规模效应、集聚效应、扩散效应、辐射效应等多种效应，以及城市在土地、淡水等各种资源和交通、通信、科教、娱乐等各种基础设施方面的利用效率都无法充分发挥，城市的物质文明、政治文明和精神文明难以向农村普及。①

第二，中国走的是一条政府主导型城市化道路。当代中国的城市化可以说是一种典型的政府主导型城市化，城市化历程从来不是一个完全由市场推动的过程，而是一个受到高度行政干预的过程，是在市场力和行政力的交织和制衡中逐步推进的。政府通过一系列制度安排和政策设计对城市化进程进行干预，对城市化进程产生影响的制度、政策或战略主要有所有制形式、经济体制、经济发展战略、社会资源分配制度、人口迁移政策和城市发展方针等，例如国家对各种所有制经济的政策、对计划经济和市场经济的选择、工业化战略、地区发展战略、就业制度、社会保障和福利分配制度、教育资源分配制度、城乡人口迁移制度、城市规模政策、城市设置标准的规定等，共同构成了城市发展制度环境。因此，政府主导型城市化的根本特征在于，政府对行政手段具有很强的依赖性，用行政手段调节城市化发展往往是政府的重要工作内容，计划经济时代实行的户籍制度、就业制度、福利分配制度都是政府主导型城市化的主要产物；改革开放以来，频繁的行政区划调整(例如县改市、市管县、撤县建区、撤乡并镇等)和各类特区、开发区的建设实质上是政府主导型城市化的另一种方式。在强有力的行政干预下，城市发展的速度、水平、方向和模式都深深地打着制度变迁的印记；城市化发展历程中的种种曲折、波动、停顿、滞后、跃进和泡沫都与制度安排和政策导向密切相关；同时城市化历程也能够清楚地反映市场力和行政力的博弈过程。

几十年来，尽管政府对城市化过程进行行政干预的初衷和目标已经发展了根本的变化，尽管影响中国城市化的两股基本力量(市场力和行政力)的关系始终处在不断调整之中，但中国城市化的基本属性依然是政府主导型城市化。在改革开放前相当长的时期内，行政力甚至是影响城市化进程的唯一力量，行政力的作用方向也一度严

---

① 简新华. 论中国特色的城镇化道路//武汉大学经济发展研究中心. 发展经济学研究：第二辑. 北京：经济科学出版社，2004：114；李文. 城市化滞后的经济后果分析. 中国社会科学，2001(4).

重背离工业化和城市化发展的规律，城市化进程因而曲折、波动，甚至停顿。改革开放以来，市场经济从无到有，逐步发展，市场力对城市化的推动作用越来越显著，制度变迁的基本方向是顺应工业化和城市化规律，行政力对城市化的影响逐步从阻力向助力转化，两股力量作用方向的吻合度不断提高，城市化也经历了从长期停滞、缓慢启动到当前的快速推进的过程。尽管有这些明显的变化，但中国的城市化过程至今仍然没有脱离强有力的行政干预轨道。一个更为有趣的现象是，随着市场经济体制的逐步建立，对于发展效率的认同和需求程度不断提高，城市化的内在规律和正面作用逐步得到政府的认可和肯定，这本应是行政力对城市化过程的影响逐步弱化、市场力不断强化、市场主导型城市化逐步取代政府主导型城市化的契机。然而，也恰恰由于政府对城市化的意义和价值给予了前所未有的肯定，对城市化的行政干预不仅没有弱化，反而呈现不断加强的趋势，政府主导型城市化正在以新的方式得到强化。①

被经济学界一直主张少干预的小政府，在城市化中却找到计划经济时代政府的感觉。城市化成为严格在政府计划控制下的过程，政府成了城市化的第一推动力。这是一种非常危险的认识。在这种认识中包含这样一些隐患：将城市化的推进过程纳入计划模式的控制之下。不可否认城镇建设需要严格而科学的规划，城镇建设需要在规划控制下进行，虽然城市化包括城镇建设的推进，但城镇建设绝不等同于城市化。但目前在“城市化=城市补课性的规模扩大化”的认识下，陷入了将城市化理解为单纯的城镇建设，进而将城市化推向计划模式的危险。一些报纸上，在关于推进城市化的讨论中，甚至明确提出了中国实现城市化必须达到的一系列计划指标。如有的学者从中国至2050年达到中等发达国家水平的目标中，推出了中国城市化率必须达到70%～80%的结论。这就意味着中国的城市化率要以每年0.78%～0.98%的速度增长，有7.2亿～8亿的人口将从农业转移到城镇。从前瞻性的角度提出中国城市化的一些数据，是无可非议的，问题是这些前瞻性的研究及其指标是在缺乏市

① 徐琴. 政府主导型城市化的绩效与成本. 学海，2004(3).

场化前提下提出的。按照计划式逻辑，存在着这样一种可能，即在这些城市化指标的诱导下，推演到某个地方，本着提前、赶超的原则，就会有指标层层加码的结果。中国要实现70%~80%的城市化率，可能不是50年，而是20年。① 在一些地方，以实现城市化指标为主要经济发展目标的方案已纷纷出台。例如湖南省1997年已提出“聚集式发展”，培育大型中心城市和壮大县城。山东省在2000年提出“合理发展大城市，重点发展中小城市，积极发展小城镇”的思路。广西提出“十五”期间城市化要“采取超常规速度向前发展”，城市人口比重由20%增至28%。河北省拟将城镇人口比重从目前的29.5%提高到2005年的37%和2010年的43%，江苏省计划从1999年的34.3%提高到2005年的45%，湖北省2005年的指标是38%，广东省计划2010年达到50%，等等。② 沿着政府主导型的城市化道路走下去，一个大跃进式的城市建设高潮就会出现。

在过去的10多年中，中国许多城市的发展成就超过了此前几十年的总和。这种超常规的城市化推进和突出的发展绩效，在很大程度上得益于政府的行政推动，这无形中又鼓励着各级政府更加依赖行政手段。当前，中国政府把城镇化水平作为衡量各级政府工作的重要指标，这在客观上提升了各级领导对城镇化水平重要性的认识。但是，一些地方仅仅满足追求城镇化水平这个数字的提高，大铺摊子、不重内涵、盲目无序扩大用地规模，并造成一些地方“有城无市，有市无业”的“空壳城镇”现象。拥有15万人口的安徽省六安市叶集镇，修建了一个占地100多亩的广场。由于镇里财政紧张，一些被征土地的农民至今没有得到足额补偿款，以致形成一道奇特景观：一边是号称皖西最大的豪华城市广场，一边是农户透风露雨的低矮茅舍。这些失地农民找不到新的就业门路，陷入了种田无地、上班无岗的困境。浙江省安吉县48万人口中，有40万是农业人口，近几年，这个县以“经济开发区”名义征地上万亩，大量

---

① 中国城市化的陷阱：政府主导下的城市规模扩大化，http：//www.anxiang.gov.cn.

② 王远征. 中国城市化道路的选择和障碍. 战略与管理，2003(5).

土地征用时没有批文，属于非法征用的“黑地”。

在地方政府主导的城市化进程中，土地的开发成本很低。从农民手里买到的一级市场土地价格是最背离市场定价原理的。现在许多政府部门不仅是垄断了一级市场，而且通过收购二级市场等措施推动了地价上涨，这些问题的关键，源于土地价格是不由市场供求关系决定而派生出来的。在低成本和政绩观的驱使下，以城市范围无限制的外延扩展和空间的无序蔓延为主要特征的粗放型经营，在中国的城市化进程中颇有市场。资料表明，20 世纪 80 年代中期至 90 年代中期的十年间，中国城镇用地规模平均扩展了 50.2%，一些城市已经超过 200%。根据国际上比较合理的城市用地增长率与人口增长率 1.12∶1 的比例，我国已经高达 2.29∶1，造成单位用地的平均产出远低于国际的平均水平。而这种粗放型经营的表征之一，就是建设“政绩工程”。资料显示，2002 年各级领导班子换届后，各地就开始了新一轮“政绩工程”的基建投资热潮。国家统计局发布的数据表明，2003 年 1—2 月城镇 50 万元以上项目完成固定资产投资 3287 亿元，比上年同期增长 53%，创 1994 年以来同期增幅最高值。1—2 月国有及国有控股投资 1999 亿元，占固定资产投资的 60.81%，增长 55.2%，其中中央项目投资只增长 12.1%，而地方项目投资增长却高达 64.9%，增幅同比提高 24.7 个百分点。在这种情况下，2003 年中央不得下决心进行宏观调控。截至 2003 年 6 月中旬，全国共清理出各类开发区 6741 个。与此相配合，国土资源部有关负责人强调，中国将实行最严格的土地管理和耕地保护制度。而随着土地政策的收紧，城市房价一路攀升。最新的统计快报显示，中国 2003 年前八个月商品房平均价格同比增长 13.5%，比 2003 年一季度上涨 6.9%；商品住宅平均价格 2525 元/平方米，同比增长 11.2%，比一季度上涨 4.7%。于是，宏观调控成了一把“双面刃”：一方面，约束了地方政府“毫无节制的粗放型经济增长”；另一方面，这种“一刀切”的政策也在某种程度上阻碍了城市化的发展——道理很简单，房价步步上升，最终抬高了农民进城的门槛，增加了农民市民化的成本。①

---

① 中国需要走怎样的城市化道路，http://www.cnqd.net.

政府主导下的盲目城市化，存在城市泡沫的危险。泡沫经济就是在过高预期下超过实际需求的投资形成的虚假繁荣。在一个新经济高潮到来之前，以对未来看好的预期，拉动经济增长是正常的，也是经济发展所必需的。但是这种预期必须适度，如果超出一定限度，就会成为泡沫经济的根源。在“十五”期间城市化战略的指导下，整个社会对城市化的预期看好，在城市建设投资形成的乘数效应拉动下带动经济增长，也是无可非议的。但城市化决不等于城市建设规模的简单扩大化，而是需要经济发展来填充，城市化的核心内容应该是市场化。而在中国城市化过程中，存在着政府投资的力量远远大于市场和民间的力量，城市化仅仅依托城市建设的乘数效应来推动的问题，当城市化外壳比其所需要填充的内容成长得更快时，未来中国城市化的结果就可能只具有城市化的外壳。只有城市外壳的城市化就是城市泡沫。因此，如何克服政府主导型城市化的缺陷而发挥其优势，实现政府主导型城市化向市场主导型城市化的转换，是走好中国特色城市化道路必须解决的重大问题。

第三，中国的城镇体系结构不均衡，即城市结构存在偏差。具体说来就是，改革开放以前中国的城市结构有所谓“头重脚轻”之感，即大城市多，小城市过少。改革开放以后中国的城市结构又走向了另一个极端，即小城镇的增长速度大大超过大中城市。①1952—1980年，特大城市数量年均增长2%，大城市年均增长4%，中等城市年均增长4%，小城市则年均减少0.33个百分点。由于“大跃进”的影响，大城市和特大城市的数量1960年比1957年分别增加了1/3和1/2，而中等城市数量反而有所减少。在其后的国民经济调整和“文革”中，特大城市中的“逆城市化”最为显著，1970年的人口仅相当于1957年的人口。80年代后，由于发挥中心城市

① 长期以来，我国通常的统计方法，是把100万人口以上的城市列为特大城市，50万~100万人口的城市列为大城市，20万~50万人口的城市列为中等城市，20万人口以下的列为小城市。20世纪90年代以后，把100万人口以上的特大城市又划分为100万~200万人口的特大城市和200万人口以上的超大城市。

的作用，特大城市的数量及人口才有显著增加。尽管几十年中强调“积极发展小城市”，但1978年的小城市数量及人口均低于1957年的水平，直至80年代后才有显著增加(见表7-4)。

表7-4　**中国城市规模及分组人口的变动(1957—1993年)**

年份	合计(个)	100万人口以上		50万~100万人口		20万~50万人口		20万人口以下	
		数量(个)	人口(万人)	数量(个)	人口(万人)	数量(个)	人口(万人)	数量(个)	人口(万人)
1957	178	10	2531	18	1289	36	1073	114	1112
1960	199	15	3506	24	1690	32	1496	128	1161
1965	171	13	3007	18	1291	43	1399	97	1054
1970	176	11	2571	21	1505	47	1477	97	1110
1978	192	13	2995	27	1997	60	1821	92	1085
1986	353	23	49395	31	2237. 1	96	2905. 8	203	2181. 0
1993	570	32	6673. 3	36	2404. 1	161	4824. 1	341	3707. 7

注：城市规模按市区非农业人口分组。

资料来源：许学强，周一星，宁越敏. 城市地理学. 北京：高等教育出版社，1997.

为了改变这种结构，20世纪80年代以来，中国实施了以小城镇为重点的城镇化推进战略。1978—2000年，年均增加城市21. 4个，年均增加建制镇824. 5个。特别是“严格控制大城市规模，合理发展中等城市，积极发展小城镇”的城市发展方针的实施，使得小城镇的增长速度大大快于大中城市。根据统计年鉴提供的资料计算，从80年代初至20世纪末，小城镇年均增长8%，中等城市年均增长6. 5%，而大城市和超大城市年均增长仅为3. 5%。

20世纪80年代以来，“小城镇，大战略”似乎成为中国城市化的灵丹妙药，全国各地趋之若鹜。于是，小城镇得到了异乎寻常的发展。1949年，全国有建制镇2500多个，经过36年的发展，到1985年也只有建制镇2851个，加上未设建制的县城377个，共有3228个。而到1992年，建制镇就达到14182个，短短几年时间就比1985年增加了约4倍；如果加上30000多个非建制镇，小城镇总数就达到44000多个，增长则更多。建制镇数目在1999年达到19000多个，加上非建制镇总数接近60000个，这两组数据均处于峰值状态(此后开始回调)。① 这种不平衡的增长格局是刻意抑制大城市发展，重点发展小城镇的城市化发展战略实施的结果。但小城镇由于其城市经济规模有限、经济结构单一、城市功能欠缺，无法形成对劳动力的巨大吸纳能力。现代城市中对吸纳劳动力就业最有前途的服务部门，只有在一定的经济规模和相应的经济结构上才能形成和发展，在小城镇中是很难形成这些部门发展的环境的，因此，我们的小城镇偏向的城市化战略压制了现代社会城市中最有活力的现代服务业的发展，从而也阻碍了中国城市化的进程。这就是说，表面上，从城市数量的角度，我们在一定程度上解决了“头重脚轻”的问题，但数量庞大、结构单一、对农村劳动力吸纳能力低下的小城镇又成为中国城市化发展的障碍。这种“头轻脚重”的现象，严重制约了中国城市化水平的提高。此外，在小城镇发展过程中，布局分散的乡镇企业未能较好地向小城镇集中，导致农村工业化的组织形式与农村城镇化的组织形态严重脱节，使得小城镇的集聚效应难以显现，损失了大量的第三产业就业机会，降低了城镇人口增长的速度，形成了低质低效的农村城镇化格局。

第四，城镇地区布局不均衡。城镇的布局主要取决于自然资源、人口、经济等条件。由于中国的经济、人口地域上的不平衡，城镇布局也不平衡，并且随着经济重心的进一步东移，不平衡也在加剧。1949年，东、中、西部城市的比重分别占52.3%、37.9%、9.8%。新中国成立后，国家有意识地加速中西部地区的发展，使城市布局的严重不平衡性有了一定改变。特别是五六十年代出于战备的考虑，对于福建和广东等“前线”地区，国家基本没有什么投资，而“大三线”和“小三线”地区则投入了不少资金，奠定了这些地区的钢铁、电力、汽车制造等工业基础。到改革开放初期的1978年，东、中、西部城市的比重分别变为35.8%、43.5%、

① 秦尊文. 小城镇道路：中国城市化的妄想症. 中国农村经济，2001(12).

20.7%，其间东部地区城市数量大幅度减少，中西部地区则有所增加。但是改革开放以来，我国提出以经济建设为中心，优先考虑经济效益，遵从“梯度开放”和“中心极”发展理论，投资重点集中在东部沿海地区，同时还以优惠政策吸引了大量外资进入这些地区，极大地推动了东部地区的城市化，形成了珠江三角洲、长江三角洲、京津唐地区等城市带，西部地区则发展缓慢，地区的不平衡性进一步加大。到 1998 年，东、中、西部城市的比重又分别变为 44.9%、37%、18.1%。也就是说，改革开放以后，东部地区城市数量所占比重增加了 9.1%，而中西部则分别降低了 6.5% 和 2.6%。① 因此可以看出，西部城市化水平与东部的差距很大，而且有进一步扩大的趋势。

中国城市布局的非均衡性在今后相当长时期内会依然存在。由于中国各地的经济社会发展水平和城市化的差异在短期内难以消除，东中西部的城市化发展目标会有所不同。具体说来，东部城市发展要与产业结构升级结合起来，以提高城市化的质量为主要目标；中部地区要致力于扩大城市吸纳乡村人口的容量，完善城市基础设施，积极引导、鼓励大城市的规模适度扩大，重点发展中等城市，适当发展小城镇，使中部地区成为提高我国城市化水平的主战场；西部地区因受自然条件的限制，不能要求在短期内就形成规模等级齐全、职能分工合理、空间结构完善的理想城镇体系，城市化发展的中期目标是要以现有城镇为重点，通过人口和经济活动空间分布的大调整，形成与生态环境相适应的城市布局模式。

二、中国城市化缓慢发展阶段的农地制度变迁

（一）波澜壮阔的土地改革（1949—1952 年）

土地改革是中国共产党领导农民废除封建土地所有制，实现农

① 李翔. 推进我国城市化进程中的几个问题. 广东行政学院学报，2003(6).

民个体所有制的革命，是新民主主义革命的主要内容。土改的实质是，“把土地从封建剥削者手里转移到农民手里，把封建地主的私有财产变为农民的私有财产，使农民从封建的土地关系中获得解放”。①

1. 土地改革的原因

中国革命的首要问题是农民问题，而农民问题的实质就是土地问题。谁能解决农民的土地问题，谁就能得到农民的拥戴。所以解决农民的土地问题，是取得中国革命胜利和中国社会生产力发展的关键。然而，在半殖民地半封建的旧中国，农村土地高度集中在封建地主、富农手中。占全国农村总人口10%左右的地主、富农，占有土地70%以上，而占全国农村总人口约90%的贫农、中农只占30%的土地。② 占地较多的地主、富农一般只经营其占地总面积30%以下的土地，其余约70%的土地租给农民耕种，形成了高度集中的土地所有权和极其分散的租佃关系并存的格局。其中，占地最多的地主，一般并不经营土地，而是将土地出租给无地或少地的农民耕种。佃农租种地主和富农的土地，用自己的生产工具从事农业生产和经营，但要把土地收获物的一半或一半以上作为地租交给地主和富农。旧中国的地租通常有三种形式：实物地租、劳役地租和货币地租。实物地租是主要的地租形式，可分为定额和不定额两种。定额实物地租佃农一般要上缴收获物的50%~60%；不定额实物地租地主和佃户按一定比例对收获物分成，一般情况下地主分得四成至五成，有时也高达六成。

旧中国不合理的封建土地制度直接导致两个结果：一是农业生产极其落后。在高额地租的盘剥下，很多农民靠高利贷过日子。高利贷的利率，通常半年为30%，高的达50%甚至100%。此外，佃户还要受“贱买贵卖”的商业资本盘剥，同时还要向国家交纳繁重的赋税和提供无偿劳役。这就使得旧中国的农民根本没有能力改变农业生产条件，有时连简单的再生产也难以维持，这是造成中国农

① 毛泽东. 毛泽东选集：第三卷. 北京：人民出版社，1991：1074.

② 王琢. 中国农村土地产权制度论. 北京：经济管理出版社，1996：1.

业长期落后和停滞的根本原因；二是农民生活极端贫困。新中国成立前，全国粮食生产最高年产量只有1385亿千克，1949年下降为1063亿千克，而当时全国总人口为4.75亿，人均占有粮食只有223.9千克。中国素以农立国，却解决不了人民的吃饭问题，其根本原因在于，封建土地制度严重束缚了中国的农业生产力。因此，只有彻底废除封建土地制度，才能解放农业生产力，人民才有出路。①

2. 新中国成立前的土地改革状况②

新中国成立前的土地改革可分为三个阶段：第一阶段为大革命失败到抗日战争的全面爆发(1927—1937年)，第二阶段为抗日战争时期(1937—1945年)，第三阶段为抗战胜利到新中国成立前夕(1946—1949年)。

(1)大革命失败到抗日战争全面爆发期间的土地革命

大革命失败到抗日战争全面爆发期间的土地革命又可分为四个阶段：第一阶段为土地革命的初步开展(1927—1929年)。在这期间，共产党在“夺取中心城市”的直接目标无法实现后，开创了工农武装割据的新局面，走上了“农村包围城市”的道路，进行了土地革命的初步实践；第二阶段从1929年秋到1931年秋，土地革命深入开展，革命根据地逐渐扩大发展。这期间土地革命开展得比较迅速、深入，各个根据地彻底消灭了封建剥削制度，改变了极不合理的封建土地占有关系，广大贫困农民实现了拥有土地的愿望；第三阶段为“查田运动”。由于过“左”政策的执行，“查田运动”的积极作用不如消极作用，以至于该运动不了了之；第四阶段为政策的调整阶段，时间为1935年到抗日战争的全面爆发。总体来讲，主要改变了“富农分坏田”的政策。

(2)抗日战争时期的土地改革

① 李明秋，等. 中国农村土地制度创新及农地使用权流转机制研究. 北京：中国大地出版社，2004：108.

② 参见曾令秋，胡建敏. 新中国农地制度研究. 北京：人民出版社，2011：55-59.

随着日本侵略战争的日趋猖獗，从第二次国内革命战争末开始，中国共产党以减租减息政策来“求得群众生活的改善”，并放弃对地主土地进行没收的政策。减租减息政策的实施，引起抗日根据地农村社会阶级关系的重大变化，改变了农村的土地关系和阶级关系。这一政策一直执行到全面内战开始。

(3)抗战胜利到新中国成立前夕的土地改革

抗战胜利后，中国共产党为了争取和平，在所领导的解放区内继续实行减租减息和开展反奸清算运动。为了满足农民的要求，根据《五四指示》，各个解放区开展了土地改革运动。《五四指示》考虑到用和平的方式争取国内团结，在实现“耕者有其田”后，给予地主一些较宽松的政策。由于全面内战的爆发和革命形势的发展，1947 年党的全国土地会议制定了《中国土地法大纲》，宣布了“废除封建剥削土地制度，实行耕者有其田的土地制度”。但是《中国土地法大纲》在实施过程中，极大地受到了“左”的错误思想的影响。1947 年 2 月，中国共产党在陕北米脂县柏家沟召开的中央会议上，讨论了土地改革和群众运动中的具体政策，对土地改革中出现的“左”倾错误进行了纠正。中共中央分别于 1948 年 2 月和 5 月发布了《老区半老区①的土地改革与整党工作》、《新解放区土地改革要点》和《1948 年的土地改革工作和整党工作》三个指示。各个区经过土地改革，广大农民的生产积极性空前高涨，极大地促进了农业生产的发展，农民的觉悟和组织程度大大提高，人民主权得到巩固。到 1949 年新中国成立前夕，已在 1.45 亿人口地区完成了土地改革。

3. 新中国成立后的土地改革(1950—1952 年)

1950 年 6 月，中国共产党召开了七届三中全会，会上通过了在全国范围内开展土地改革的决议。中央人民政府先后颁布了《中华人民共和国土地改革法》、《关于划分农村阶级成分的决定》和《城市郊区土地改革条例》，明确规定了土地改革的方针、路线和政策。

① 老区指日本投降以前的解放区；半老区指日本投降至大反攻时解放的地区；新区指解放战争进入反攻后开辟的地区。

1949年9月29日通过的《中国人民政治协商会议共同纲领》规定：中华人民共和国必须取消帝国主义国家在中国的一切特权，没收官僚资本归人民的国家所有，有步骤地将封建半封建的土地所有制改变为农民的土地所有制。1949年10月10日，中共中央华北局发布的《关于新解放区土地改革的决定》指出：新区已无必要通过减租减息的过渡办法达到平分土地并规定：没收地主土地及财产，没收富农多余土地及财产，留给地主、富农与农民同样的一份土地与财产。1950年1月13日，政务院第15次会议通过《关于处理老解放区市郊农业土地问题的指示》。1950年11月10日发布了《城市郊区土地改革条例》，其基本精神以《中华人民共和国土地改革法》为准，针对城市郊区土地制定了一系列政策。1950年3月10日，政务院第23次会议通过的《关于春耕生产的指示》指出：在未实行土地改革的新区，地主仍有土地所有权，他们在依法减租后向农民收租是合法的；逃亡地主等的土地由当地人民政府代管或由原来耕种的农民耕种，不得荒废土地。毛泽东于1950年3月12日在《征询对待富农策略问题的意见》的电文中指出，待到几年之后再去解决半封建富农问题。1950年6月6日至9日，中共七届三中全会在北京召开，毛泽东作的《为争取国家财政经济状况的基本好转而斗争》的书面报告指出，土地改革的完成是获得财政经济状况根本好转的首要条件。为此，全党和全国人民必须有步骤很有秩序地进行全国土地改革工作。同时，土地改革中对待富农的政策应当有所改变，即由征收富农多余土地和财产的政策改为保存富农经济的政策。6月28日通过了《中华人民共和国土地改革法》，并于30日公布施行。该法共六章四十条，同1947年9月党的全国土地会议通过的《中国土地法大纲》相比，有许多变化，概括来讲，就是“三个改变”和“四个增加”。“三个改变”是：一是将征收富农多余土地和财产，改为保护富农所有自耕和雇人耕种的土地及其他财产，不得侵犯。富农所有之出租的小量土地，亦予保留不动，但特殊地区，经省以上人民政府的批准，得征收其出租土地的一部分或全部。二是将没收地主的全部财产改为没收地主的土地、耕畜、农具、多余的粮食及其在农村中多余的房屋。但地主的其他财产不予没收。三是将中农的土地由彻底平分改为保护中农(包括富裕中农在内)的土地及其他财产，不得侵犯。“四个增加”是：增加了对小土地出租者的政策规定，即将小土地出租者保留土地的标准由原来的150%提高到200%；增加了对城市郊区部分土地收归国有的政策；增加了对现代农场、牧场等不予没收，但土地所有权原属于地主者，经省以上人民政府批准，收归国有；增加了照顾少数民族的政策，如规定清真寺所有的土地，在当地回民的同意下，得酌予保留。1952年9月28日，《人民日报》发表廖鲁言的文章《三年来土地改革运动的伟大胜利》，指出全国范围的土地改革运动已基本结束。

综上所述，新中国成立后的土地改革，是中国人民在中国共产党领导下，彻底铲除封建剥削制度的一场深刻的社会革命。通过这一运动，在短短两年多的时间里，摧毁了延续中国历史几千年的封建土地制度，实现了“耕者有其田”，使全国3亿多农民无偿分得了约7亿亩土地和大批生产资料，而且不必每年再向地主缴纳约3000万吨以上粮食的地租。土地改革是中国历史上最为深刻的社会经济变革之一。其发动群众之广泛，规模之巨大，进程之迅速，变革之深刻，不仅在中国的历史上，就是在世界历史上，都是非常罕见的。

从制度变迁的方式来看，中国的土地改革是强制性制度变迁和诱致性制度变迁共同作用的结果。《中共“八七”会议告全党党员书》指出：“要用‘平民式’的革命手段来解决土地问题，几千百万农民自己自下而上的解决土地问题，而共产党则应当做这一运动的领袖。”从这个意义上看，土地制度变革是最广大旧中国农民最迫切的愿望。但是土地制度变革涉及各阶级利益的重新分割，因此要保证这种制度变迁的顺利进行，必须有强有力的武装力量做后盾，以斗争、战争的方式促进旧制度的瓦解。总之，中国的土地改革彻底摧毁了两千多年的封建土地制度，消灭了地主阶级，农民翻了身，得到了土地，成为土地的主人。同时，土地改革也巩固了人民政权，大大解放了农村社会生产力，农业生产得到迅速恢复和发展，为国家的工业化建设准备了条件。

（二）农业集体化时期的农地制度变迁（1953—1978年）

农业集体化是指将农民个人占有的生产资料逐步转变为农民集体共同占有的过程，就土地制度而言，是将农民个人所有的土地转变为集体所有，在经营方式上实行合作经营和集体经营。农业集体化时期的农地制度变迁可分为农业合作化和人民公社化两个阶段，这一时期持续时间最长，对农村经济影响也最深刻。①

1. 农业合作化：土地的农民个体所有制向社会主义公有的转变

（1）农业合作化的原因

中国农业走合作化道路，既有理论依据，又有其现实根据。从理论上看，马克思、恩格斯、列宁的农业合作制理论对毛泽东等中共第一代领导人有较大影响。这一理论有两个核心内容：一是小农经济落后论。小农经济是在狭小和原始的生产力基础上的生产方式，它的存在是以土地等生产资料的分散为前提的，以自给自足的自然经济为基础。马克思指出，这种生产方式“既排斥生产资料的积聚，也排斥协作，排斥同一生产过程内部的分工，排斥社会对自然的统治和支配，排斥社会生产力的自由发展。它只同生产和社会的狭隘的自然产生的界限相容”。② 因此，无产阶级取得政权后，“一开始就应当促进土地私有制向集体所有制的过渡，让农民自己通过经济的道路来实现这种过渡；但不能采取得罪农民的措施”。③ 这一点对毛泽东影响很深。早在1943年11月29日陕甘宁边区大会上，他就指出：在旧中国农村中，“几千年来都是个体经济，一家一户就是一个生产单位，这种分散的个体生产，就是封建统治的

---

① 李明秋，等. 中国农村土地制度创新及农地使用权流转机制研究. 北京：中国大地出版社，2004：113.

② 马克思. 资本论：第1卷. 北京：人民出版社，1975：830.

③ 马克思，恩格斯. 马克思恩格斯选集：第2卷. 北京：人民出版社，1972：634.

经济基础，而使农民陷于永远的穷苦。克服这种状况的唯一办法，就是逐渐地集体化；而达到集体化的唯一道路，依据列宁所说，就是经过合作社”。① 二是小生产两极分化论。小农经济是建立在生产资料私人占有基础上的小商品经济，受价值规律的自发支配。在价值规律的作用下，大部分小生产者势必将破产，成为丧失生产资料的劳动力的出卖者。一部分小生产者发财致富，积累了资金和生产资料，成为生产资料的占有者。这样，将出现雇佣劳动，劳动者和生产资料也将重新组合，劳动者不占有生产资料，生产资料的占有者不劳动，形成了资本主义生产关系。所以，毛泽东指出，小生产者两极分化的结果，势必将导致资本主义的发展和工农联盟的破坏。因而对建立在私有制基础上的小生产者必须进行社会主义改造，而对小农经济的改造不能采取暴力剥夺的强硬形式，只能采取“把他们的私人生产和私人占有变为合作社的生产和占有”。②

中国农业走合作化道路，也有客观需要。首先，新中国成立后，随着国民经济的恢复和国家大规模工业化建设，中国共产党敏锐地觉察到，社会主义工业化与个体农业经济之间存在着日益尖锐的矛盾。一方面，实现国家工业化要求农业提供越来越多的商品粮和工业原料，积累大量的资金，以及广阔的工业品市场；另一方面，日益增长的商品粮和工业原料的需求同落后的农业生产之间的矛盾越趋尖锐，解决这个矛盾的唯一出路，就是“必须发展互助合作”。因此，在农业合作化全过程中，毛泽东一再强调，“社会主义工业化是不能离开农业合作化而孤立地去进行的”，“如果不使农业社会主义改造的速度和社会主义工业化的速度相适应，则社会主义工业化不可能孤立地完成，势必遇到极大的困难”，“合作化完成了，这就解决了我国社会主义工业化同个体农业经济之间的大矛盾”。可见，农业合作化的实现，既能解放农业生产力，促进农业生产的发展，也为以强制性低价收购代替正常的商品交换为主要

① 毛泽东. 毛泽东选集：第3卷. 北京：人民出版社，1991：931.

② 马克思，恩格斯. 马克思恩格斯选集：第4卷. 北京：人民出版社，2012：370.

特征的农产品统购统销目标的实现提供了组织制度的保证。其次，土地改革以后，中国农村出现了一种新情况，即农民个体经济的发展很不平衡，出现了两极分化现象。有的农户因为负了债出卖土地，或出租土地。这种状况如果任其发展下去，农村中两极分化的现象必然日趋严重。所以把土地的私有制逐步改造为公有制，是符合广大农民群众的根本利益和要求的。正如恩格斯在《法德农民问题》一文中所指出的，要想长期保全小农经济，至多只能延长他们求生不成求死不得的状况。要使农民得到解放，唯一的办法，就是促进他们自己联合起来，组织农业合作社或协作社。《中共中央关于建国以来党的若干历史问题的决议》明确指出："我国个体农民，特别是在土地改革中新获得土地而缺少其他生产资料的贫农下中农，为了避免重新借高利贷甚至典让和出卖土地，产生两极分化，为了发展生产，兴修水利，抗御自然灾害，采取农业机械和其他新技术，确有走互助合作道路的要求。随着工业化的发展，一方面对农产品的需求日益增大，另一方面对农业技术改造的支援日益增强，这也是促进个体农业向合作化方向发展的一个动力。"

(2)农业合作化的步骤与形式

中国的农业合作化经过了三个连续阶段，即带有社会主义萌芽的农业生产互助组、半社会主义性质的初级农业生产合作社和完全社会主义性质的高级农业生产合作社。

①带有社会主义萌芽的农业生产互助组。早在新中国成立以前，在许多革命根据地内就已大量产生了农业生产互助组，其特点是不触动个体所有制，根据农民群众固有的习惯，在农业生产的某个方面或某个环节上实行互助合作。其中临时互助组为季节性的劳畜农具等变工互助形式；常年互助组则为长期定型的有共同发展生产计划和一定组织制度的互助形式。农业生产互助组在生产技术、生产资料所有制等方面和单干农民相比几乎没有什么变化，但由于组织起来，农民的个体劳动转变为集体劳动，使得农业生产互助组带有某些社会主义因素。在一些常年互助中，由于积累了一些少量的公共财产，社会主义因素逐渐增长，这就有利于引导农民进一步接受集体经营。

1952 年，土地改革在全国范围内基本完成，农业生产互助组有了很大发展。全国共有互助组 803 万个，参加的农户为 4500 万户，占全国农户总数的 40%；每个互助组平均 5.7 户，比 1951 年的平均 4.5 户增加了 1.2 户。其中季节性互助组为 627 万个，常年互助组为 176 万个；参加常年互助组的农户为 1100 万户，占全部互助组农户的 25%。1953 年农业生产互助组的数量略有减少，为 745 万个，户数略有增加，为 4600 万户；与 1952 年相比每组平均户数由 5.7 户上升到 6.1 户。常年互助组由 1952 年的 176 万个增加到 182 万个，参加常年互助组的户数占全部互助组农户的比重由 25%增长到 29%。①

农业生产互助组的发展，对土改后农业生产的恢复发展起了重要的推动作用，也为农业社会主义改造准备了一定的条件。但是，互助组并没有改变个体经济的属性，因而仍然存在着集体劳动和个体经营之间的矛盾。也就是说，在土地和其他生产资料私人所有的条件下，耕畜和农具的添置以及新式农具的使用都会受到限制，集体劳动的效能难以充分发挥，集体劳动的规模也不容易扩大，因集体劳动提高效率而节省下来的劳动力也不能得到合理的使用。正因为农业生产互助组存在着土地和其他生产资料私有制以及与其相联系的集体劳动同个体经营之间的矛盾，这就决定了集体劳动不可能长期建立在生产资料私有制基础上，这种私有制基础必须发生改变，转变为部分公有制或完全公有制。② 于是，农业生产互助组必然要向半社会主义性质的初级农业生产合作社发展。

②半社会主义性质的初级农业生产合作社。半社会主义性质的初级农业生产合作社，是从农民个体经济向集体经济转变的过渡形式。其基本特点是：土地入股，统一经营，即农民把土地和其他生产资料交给合作社统一使用，从而把个体农民的分散经营转变为有计划的集体经营。初级农业生产合作社的规模一般以 10 多户至几

---

① 董辅礽. 中国经济史：上卷. 北京：经济科学出版社，1999：142.

② 许经勇. 中国农村经济制度变迁 60 年研究. 厦门：厦门大学出版社，2009：42.

十户为一个生产单位，社员入社时将自己的土地、耕畜、大农具等生产资料入股，或将耕畜、大农具等折价归社，由生产合作社统一经营，生产合作社按社员入股土地及其他生产资料的质量和数量给予社员相应的报酬，同时给予社员劳动报酬。初级社将社员生产资料的所有权和使用权分离开来，实行集体劳动并产生了某些公共积累，因而显示出社会主义性质。

在 1951 年底下达的一系列有关文件的推动下，全国的初级农业合作社有了较大发展。至 1952 年，全国参加 1952 年秋收分配的农业生产合作社共有 3600 多个，约为 1951 年同期数量的 27.7 倍。入社农户为 59000 户，占全国农户总数的 0.05%。平均每社户数为 16.2 户。1952 年冬至 1953 年春农业生产合作社又有大幅增长，达到 14000 多个，入社农户占全国农户总数的 0.2%。① 1953 年 12 月 16 日，《中国共产党中央委员会关于发展农业生产合作社的决议》指出：根据我国的经验，农民这种在生产上逐步联合起来的具体道路，就是经过简单的共同劳动的临时互助组和在共同劳动的基础上实行某些分工分业而有某些少量公共财产的常年互助组，到实行土地入股、统一经营而有较多公共财产的农业生产合作社，到实行完全的社会主义的集体农民公有制的更高级的农业生产合作社。与此同时，该决议要求各地继续贯彻“只许办好，不许办坏”的方针，以带动整个互助合作运动前进。于是从 1954 年春开始，全国出现了互助组大量转为农业合作社的势头。1953 年底，全国初级社为 1.5 万个，1954 年底发展到 48 万个。1955 年夏，毛泽东批评了一些中央领导同志对于农业合作化问题的右倾行为。这之后，中国农村掀起了农业合作化的第一个高潮。同年 10 月，中共七届六中全会扩大会议通过了《关于农业合作化问题的决议》，具体规划了农业合作化运动的发展规模和速度，即在互助合作化运动比较先进的地方，到 1957 年春季以前，合作户先后发展到当地农户的 70%～80%，基本实现半社会主义合作化；在全国大多数地方，在 1958 年春季以前，先后基本上实现半社会主义合作化。但在实际发展过

① 董辅礽. 中国经济史：上卷. 北京：经济科学出版社，1999：151.

程中，步子一再加快。到1955年底，全国初级社由年初的60多万个增加到190多万个，入社农户7500多万户，占全国农户总数的63%，已接近《关于农业合作化问题的决议》中规定的先进地区1957年春达到70%的要求。到1956年4月30日，《人民日报》发表文章宣布全国农村基本上实现了初级形式的农业合作化。①

初级农业生产合作社在相当程度上克服了农业生产互助组所存在的集体劳动与个体经营之间的矛盾，能够更加合理地利用土地和其他生产资料，更好地发挥土地的生产潜力；能够更加合理地组织劳动的分工与协作，提高劳动生产率；能够有计划地安排一部分资金和劳动力用于副业生产，发展多种经营；能够进行个体经济条件下无力进行的农业基本建设……当然，由于初级农业生产合作社还没有最终取消农民对土地和其他生产资料的私有制，也就不可避免地存在着统一经营、集体劳动同土地和其他生产资料私有制之间的矛盾。这就要求在条件成熟时，必须逐步把部分集体所有制的半社会主义性质的初级农业生产合作社，转变为完全集体所有制的高级农业生产合作社。

③完全社会主义性质的高级农业生产合作社。1956年1月23日，中共中央公布了《1956年到1967年全国农业发展纲要(草案)》，“要求各省、市、自治区在1956年基本上完成初级形式的农业合作化，达到85%左右的农户加入农业生产合作社”，“合作基础较好并且已经办了一批高级社的地区，在1957年基本上完成高级形式的农业合作化”。其余地区“在1958年基本上完成高级形式的农业合作化”。但实际上，从1956年起，农业合作化的主流已经开始转向了高级合作化，并迅速地在当年基本上完成了全国的高级合作化。

1956年1月底，全国共有合作社153万个，入社农户9555万户，占全国农户总数的80.3%，每社平均户数为62.5户；其中高级社13.6万个，入社农户占农户总数的30.7%，每社平均户数为

① 李明秋，等. 中国农村土地制度创新及农地使用权流转机制研究. 北京：中国大地出版社，2004：117-118.

268.5户，初级社每社平均户数为42.5户。到6月底，全国合作社99万个，入社农户11171万户，占全国农户总数的91.9%，每社平均户数为112.4户；其中高级社31.2万个，入社农户占农户总数的63.2%，每社平均户数为246.4户，初级社每社平均户数为51.1户。到12月底，全国有合作社76万个，入社农户达11783万户，占全国农户总数的96.3%；其中高级社达到54万个，已占全部社数的71%，入社农户占全国农户总数的87.8%；初级社每社平均户数为48.2户。以上情况表明，至1956年底，农业社会主义改造已基本完成。①

高级农业生产合作社与初级农业生产合作社相比，公有化程度更高，组织规模更大。中国农村土地公有制并不是像前苏联那样采取国有化的形式，而是在由初级社向高级社转变的过程中，使土地由私人所有逐步转变为集体所有。而牲畜、农具的公有化，则是通过折价归合作社所有的方式来解决的。但社员的生活资料和小块园地、零星树木、家畜家禽、小型农具以及经营自留地和家庭副业所需要的生产工具，并不实行公有化。在高级社，生产资料基本上属于集体所有，社员之间的关系是一种新型的社会主义互助合作关系，个人消费品的分配，第一次按照劳动者提供的劳动数量和质量来分配，即实行按劳分配。高级社的生产组织形式与初级社一样，也是生产队。通常情况下，劳动力、土地、耕畜、农具等固定给生产队使用，社员共同经营。工分制是高级社分配收益的主要形式，收益分配顺序也与初级社大体相同，即先交纳农业税，扣除生产费用，然后按劳分配。但是工分制不能很好地解决同工同酬、多劳多得的问题，且取消了土地收益，所以农民的生产积极性有所下降。为了解决这一问题，有些社队实行了“三包一奖”制度，即包工、包产、包成本以及超产奖励的制度。

(3)农业合作化期间农村土地制度的变化发展

中国的农业合作化采取了从互助组到初级社再到高级社三个紧密相连的步骤，从而使农村土地制度逐步由农民个体所有制过渡到

① 董辅礽. 中国经济史：上卷. 北京：经济科学出版社，1999：162.

社会主义土地公有制，这是中国共产党把马克思主义的农业合作理论与中国国情相结合的伟大创举。

首先，农业互助组并不改变土地等生产资料的农民个体所有，但它却是引导农民逐步迈上社会主义道路的过渡形式。因为互助组一方面为初级社准备了群众基础、办社经验和领导干部，另一方面它具有明显的合作化倾向，这是农业集体化、实行土地公有制所不可缺少的感情因素，这种感情因素是土地归公的内在驱动力，这一点通过互助组很容易转为初级社得到了充分证实，因而互助组虽然仍是农民个体土地所有制，但却已使农民个体土地所有制受到了初步动摇。

其次，初级农业生产合作社是承上启下的中间环节，它仍然建立在土地农民个体所有的基础上，容易获得农民的认同。同时，农民以土地入股参与分红，能获得稳定的收益，这样，中农的利益得到了照顾，不会产生大的社会动荡。从这种意义上说，初级社是中国共产党的伟大创举。虽然初级社没有改变土地农民个体所有的性质，但农民个体所有制经过合作社就变成了合作经济，而劳动者的合作经济则是初级形态的社会主义。初级社保留了土地分红，尽管土地分红仍是以土地数量多少为依据，但这种生产资料所有权不是以榨取和剥削他人劳动为存在条件的。所以初级社的土地制度是半社会主义土地所有制的特殊模式。

最后，高级农业生产合作社实现了社会主义公有制，取消土地报酬，实现土地与其他生产资料的公有化。集体拥有生产资料的支配权和使用权，实行统一经营，集中劳动，因而高级社的土地制度是社会主义土地制度——土地公有制的具体体现，即完全的土地集体所有制。但需要强调的是，传统观点认为，土地私人占有的不平等是抑制农民生产积极性和阻碍生产力发展的根源，因而土地公有制被认为是取消土地占有不平等的最好途径，由此得出，土地公有制是最有刺激的土地制度。而事实上，土地公有制消灭了剥削的根源，只是为提高农民的生产自觉性和主动性提供了可能，但这种可能性不等于现实性。实行土地公有制国家的历史经验证明，农业生产率不会因为公有制的建立而大幅度提高，相反，很多国家如原苏联和阿尔巴尼亚等国家实行土地公有制后农业生产率和农业生产增长都十分缓慢，其主要原因是生产上缺少对农民的刺激，劳动热情低。这源于土地公有制本身的弊端：受生产力水平的制约，在社会主义初级阶段劳动还是谋生的手段，不是生活的第一需要，因而较高的生产率需要在生产中付出高昂的监督成本，否则就会起副作用。事实上，高级社阶段土地公有制的这种负面效应已有所暴露，如农民的怠工现象，但此时不严重，也不显著。①

2. 人民公社化：农村土地的进一步公有化

"公社"一词，原出于欧洲中世纪，是当时西欧实行自治的城镇。大多数公社的特点是其公民或市民宣誓互相保护或帮助。空想社会主义者曾把他们理想社会的基层组织叫做公社；马克思、恩格斯也常把他们设想的共产主义社会的基础组织称为公社。所以公社被运用于中国农业集体化时期的特定阶段，是有其深刻思想根源的。

(1)人民公社的兴起

伴随着"大跃进"而产生的人民公社，是农业合作化的继续和升级。人民公社化的前奏是"小社"并"大社"。毛泽东早在1955年亲自主编的《中国农村的社会主义高潮》一书中就表达了这种观点。于是，在农业合作化后期，各地组织过一些大社，但当时由于经营不善，矛盾很多，因此也并未获得发展。1957年冬到1958年春，全国农村大搞农田水利基本建设，这是人民公社的先声和序幕。它要求在大面积土地上统一规划，涉及农业合作社之间，村与村、乡与乡、县与县之间的经济关系，使得农业生产合作社的规模问题更加突出了。为了解决这一问题，各地纷纷打破社界、乡界、县界乃至省界无偿调拨劳力与财力，这本是对社、队利益和农民切身利益的一种侵害，但在当时，这种做法却受到了中共中央的高度赞扬，认为是"在打破社界、乡界、县界以至省界的大协作中，发挥了伟大的共产主义精神。……是伟大的共产主义风格的具体体现"。②

---

① 李明秋，等. 中国农村土地制度创新及农地使用权流转机制研究. 北京：中国大地出版社，2004：122-123.

② 中华人民共和国国家农业委员会办公厅. 农业集体化重要文件汇编1958—1981. 北京：中共中央党校出版社，1981：76.

同时开始寻求适合农业大跃进的新的组织形式。于是，1958 年 4 月，《中共中央关于把小型的农业合作社适当地合并为大社的意见》提出：为了适应农业生产和文化革命的需要，在有条件的地方，把小型的农业合作社有计划地适当地合并为大型的合作社是必要的，而且指出，如果乡的区划较小，也可以适当地合并成大乡。此后，各地迅速出现了“小社并大社”的浪潮。合并后的大社，群众自发地采用了“集体农庄”、“共产主义公社”、“国营农庄”、“社会主义大院”等不同名称。1958 年 7 月 1 日，陈伯达在《红旗》杂志第 3 期发表《全新的社会，全新的人》，赞扬湖北省鄂城县旭光农业社“把每个合作社变成每个既有农业合作又有工业合作的基础单位，实际上是农业和工业相结合的人民公社”，首次使用了人民公社的名称。7 月 16 日，陈伯达又在《红旗》杂志第 4 期上发表《在毛泽东同志的旗帜下》一文，将毛泽东 6 月间与中央部分负责人的讲话刊登出来，使得“人民公社”这一概念及构想更具体更鲜明了。不久河南省遂平县成立全国第一个人民公社——楂岈山人民公社。8 月上旬，毛泽东视察河南、山东农村时，表示“人民公社是个好名字，包括工农商学兵管理生产，管理生活，管理政权。公社的特点是：一曰大，二曰公”。“还是办人民公社好，它的好处是，可以把工、农、商、学、兵合在一起，便于领导。”①

(2) 人民公社的普遍建立

1958 年 8 月 17 日至 30 日，中共中央在北戴河召开了政治局扩大会议，会议通过的《中共中央关于在农村建立人民公社问题的决议》指出：人民公社发展的主要基础是我国农业生产全面的不断的跃进和五亿农民愈来愈高的政治觉悟，几十户、几百户的单一的农业生产合作社已不能适应形势发展的要求；在目前形势下，建立农林牧副渔全面发展、工农商学兵互相结合的人民公社，是指导农民加速社会主义建设，提前建成社会主义并逐步过渡到共产主义所必须采取的基本方针。关于人民公社的规模，一般以一乡为一社，

---

① 中华人民共和国国家农业委员会办公厅. 农业集体化重要文件汇编 1958—1981. 北京：中共中央党校出版社，1981：60.

2000户左右为宜；关于小社并大社和转为人民公社的做法和步骤，要求依靠贫农、下中农，充分发动群众。在步骤上，并大社、转公社，一气呵成当然更好，不能够一气呵成的，也可以分两步走，不要勉强、性急；关于人民公社的名称，则规定大社统一定为人民公社，不必搞成国营农场，农场就不好包括工、农、商、学、兵各个方面。会议结束后，全国掀起了人民公社化运动的高潮。到1958年9月底，全国共建立人民公社23.4万个，入社农户占总农户的90.4%。10月1日的《人民日报》上，赫然宣布了"全国基本实现了农村人民公社化"的消息。到10月底，农村共有人民公社26576个，参加的农户占农户总数的99.1%。至此，中国农村多数在1956年上半年建立起来的70多万个高级农业生产合作社，才刚满两年，就被2万多个政社合一的人民公社所代替。平均大约28个农业生产合作社合并成一个人民公社。①

中共中央和毛泽东确信，人民公社是社会主义社会通向共产主义社会最好的过渡形式，所以，在农村要大办人民公社，在城市也要大办人民公社。关于城市人民公社，中共八届六中全会是这样说的："在城市中也要开始进行一些试验。城市中的人民公社，将来也会以适合城市特点的形式，成为改造旧城市和建设社会主义新城市的工具，成为生产、交换、分配和人民生活福利的统一组织者，成为工农商学兵相结合和政社合一的社会组织。"②在这一思想的指导下，1958年上半年中国城市中出现了人民公社，它是一种以组织生产活动为中心，按照"共产主义原则和思想"组织城市居民的社会生活和生产活动的"政社合一"的社会组织。城市人民公社一般以行政街道为单位，一街一社；也有的是以区为单位，一区一社，下设若干分社。1960年3月9日，中共中央发出《关于人民公社问题的指示》，决定在全国普遍推广城市人民公社。此后，很快地形成了全国城市人民公社化的高潮。

---

① 董辅礽. 中国经济史：上卷. 北京：经济科学出版社，1999：351-352.

② 中共中央党校中共党史教研室. 中共党史学习文献简编(社会主义革命时期). 北京：中共中央党校出版社，1983：137.

(3)人民公社化时期土地制度的变化发展

伴随着人民公社化运动的发展，中国农村土地制度的发展也进入一个长达20年的特殊时期，农地制度经历了多次转变。

在人民公社成立初期，原属于高级社所有的土地和生产资料都无偿地转为公社所有，社员的一些私有生产资料也收归公社所有，许多公社还收回了自留地。这些土地和生产资料均由公社统一计划，统一经营，统一核算，统一分配。一些公社甚至把集体所有制过渡到全民所有制，这是严重超越生产力发展的生产关系的变革。为了纠正这些错误做法，中共中央连续发出文件，对人民公社土地制度下的核算单位进行调整。1958年12月10日，中共八届六中全会通过的《关于人民公社若干问题的决议》指出：不能凭主观愿望，使农村集体所有制很快转变为全民所有制，更不能超越阶段急于向共产主义过渡，社会主义阶段要贯彻按劳分配原则。该决议同时提出人民公社体制的改进意见，主张建立公社、管理区或生产大队、生产队三级管理机构，实行分级管理。1960年11月3日，中共中央发出《关于农村人民公社当前政策问题的紧急指示信》(史称《12条》)，首次明确指出：以公社、生产队(相当于高级社范围内的生产大队)、生产小队三级所有，以生产队为基本核算单位是现阶段农村人民公社的根本制度。这样一来绝大部分土地无偿地转归生产队所有，由生产队统一使用，少量归公社一级所有，生产小队没有土地。公社及其派出机关对生产队的生产经营活动不得乱加干涉，公社不得用剥削队有经济的办法来发展社有经济。1961年6月15日，中共中央开始试行《农村人民公社工作条例(修正草案)》(简称《农业60条》)，对保护生产队的自主权明确了原则。1962年2月13日，中共中央又发出《关于改变农村人民公社基本核算单位的指示》，将生产小队改为生产队，生产队改为生产大队，确定以生产队为人民公社的基本核算单位，认为这样才能适应农村生产力、农民的觉悟程度和农村干部的管理水平。同年8月北戴河中央工作会议根据这项指示的精神对《农业60条》又进行了修改，其后经中共八届十中全会通过后发至各地继续执行。1962年的《农业60条》是人民公社时期土地制度的重大变革，它确立了公社、生产大队和生产队三级所有，以生产队（相当于原来的初级社）为基本核算单位的土地制度模式。在土地占有和使用上规定：生产队范围内的土地都归生产队所有，生产队所有的土地由生产队负责经营、管理和支配；社员的自留地包括饲料地、开荒地合在一起，可以占生产队耕地的5%~10%，最多不超过15%；集体所有的山林、水面和草原，凡是归生产队所有比较有利的，都归生产队所有。生产队可以把零星的树木，交给社员专责经营，并且订立收益分配的合同，或者划归社员所有；在不破坏水土保持、不破坏山林、不破坏草原的条件下，生产队有权在本队范围内开垦荒地、经营荒山和充分利用资源。

1962年以后，农村土地制度基本上保持了三级所有的格局，但在随后的"文革"期间，这一土地制度不断受到冲击，出现过局部的变化。1967—1970年，中央号召全国农村向大寨学习，以生产大队为基本核算单位，全国掀起了一场"穷过渡"之风。到1970年，实行大队核算的单位占全国生产队总数的比例，从1962年的5%上升到14%，农村人民公社的总数也相应地从1966年的7.03万个减少到5.15万个，减少26.74%。与此同时，许多地方开始取消自留地或限制自留地的经营项目。1974—1976年，随着大寨样板的进一步推行，许多地区的农村又开始了基本核算单位由生产队向大队或公社过渡，以及小社并大社的工作，结果全国人民公社的总数又相应地减少了。①

总体看来，人民公社化时期的土地制度基本保持了"三级所有、队为基础、集体经营的制度模式"，这一制度模式包含许多矛盾和弊端：第一，"三级所有、队为基础"本身造成土地产权模糊不清。土地名义上归三级所有，以生产队为基础，但实际上公社可以无偿征用大队、生产队的资金和劳动力，有的公社、大队甚至无偿征用生产队的土地。生产队基本上无权决定生产什么、生产多少、如何生产和为谁生产等基本经济问题，难怪当时有农民说：

① 李明秋，等. 中国农村土地制度创新及农地使用权流转机制研究. 北京：中国大地出版社，2004：126-132.

“种田的没有权，有权的不种田。”第二，集体统一经营与当时农村生产力发展水平不相适应。尽管集体统一经营有其自身的优势，如能获得规模收益，有利于农业采用现代化技术，有利于农业基础设施的建设，但在当时整个社会生产力水平很低的情况下，农业生产根本没有能力采用机械化，基本上以手工劳动为主，农民自身素质也没有达到完全有效率的共同协作的要求。第三，人民公社化时期的土地制度既缺乏对劳动者的有效激励，又必须花费极高的监督成本，是一种典型的公平与效率皆失的制度安排。从效率角度看，土地集体所有、集体统一经营制度，因存在劳动上“大呼隆”、分配上“大锅饭”等现象，监督、组织成本极高而又缺乏激励机制，是一种效率极其低下的制度安排。从公平角度看，该制度是一种看似公平、实际上并不公平的产权制度安排。其理由有三个方面。其一，在农村人民公社制度内部，虽然形式上提倡按劳分配，但在实际政策及其执行中，基本上是无差别或差别极少的平均主义分配。其结果是“干多干少一个样，干好干坏一个样，干与不干一个样”，少劳者侵占多劳者劳动成果的现象普遍存在，这对多劳者是极不公平的。其二，在农村人民公社制度外部，即在人民公社与国家的关系问题上，国家通过工农业产品价格剪刀差，即通过行政与政策的超经济强制手段与办法，压低农产品价格，将农民的收入转化为工业、城镇的收入，这也是对农村和农民的严重不公平。其三，国家还通过严格的户籍制度和劳动用工制度，对城乡居民进行身份区分，几乎是绝对限制农民向城镇转移，限制农民身份转变为城镇居民身份。这种城乡隔离政策从根本上剥夺了农民的择业自由，更是对农民的极端不公平。因此，土地集体所有、集体统一经营制度可以说是一种公平与效率皆失的农地制度安排，土地家庭联产承包责任制取而代之具有历史必然性。①

① 曾宪明. 论我国现行农地制度中公平与效率的博弈. 农村经济，2010(12).

三、中国城市化加速发展阶段的农地制度变迁（1978年至今）

（一）土地家庭联产承包责任制的萌芽与起步

土地家庭联产承包责任制，就是把集体所有、集体统一经营的土地制度变革为集体所有、家庭联产承包经营的土地制度，它是中国农民与中国农村具体情况相结合的产物。家庭联产承包责任制从萌芽到最终确立，经历了艰难曲折的过程。

家庭联产承包责任制的最早形式是“三包一奖制”，这种制度早在农业生产合作社时期就普遍存在，即一定的单位（如生产队）实行“包工、包产、包成本和超产奖励”。1956年4月29日《人民日报》发表了何成的一篇题为《生产组和社员都应该“包工包产”》的文章，文中具体介绍了三包到户责任制的做法和绩效。1956年5月，浙江温州永嘉县第一次明确提出包产到户这个概念，永嘉县燎原合作社也因此成为全国第一个实行包产到户试验的合作社。但是1957年3月初，浙江省委明确表示，包产到户是方向道路错误。包产到户的首次尝试在接下来的反右运动中终止了。全国农村的包产到户也暂被中止。1958年“大跃进”和“人民公社化运动”极大程度地破坏了农村生产力，为了扭转这种局面，党中央要求克服平均主义和过分集中的倾向，从所有制和人民公社管理体制上来解决农民的关系问题。但是好景不长，1957年7月再次开展“反右倾”斗争。包产到户第二次成为批判的对象。1960年11月党中央发出了《关于农村人民公社当前政策问题的紧急指示信》，开始纠正“左”的错误，部分地区再次出现了包产到户或类似的农业生产责任制，但是1962年8月中央工作会议和八届十中全会对包产到户进行了严肃批评。至此，包产到户第三次遭到批判。

50年代中期和60年代初期出现的包产到户，可以说是后来80年代正式形成的家庭联产承包责任制的萌芽，也为家庭联产承包责任制的最终确立奠定了坚实的实践基础。

1976 年粉碎“四人帮”以后，人们开始反思和批判多年以来的“左”的错误，尤其是 1978 年开展的“真理标准”大讨论，使人们认识到，实践是检验真理的唯一标准，从而有了判断理论与实践是非的锐利思想武器。1978 年底召开的中共十一届三中全会重新确立了实事求是的思想路线，实现了拨乱反正的重大转折，为家庭联产承包责任制的形成与发展提供了必要的政治环境与社会条件。

在家庭联产承包责任制的形成过程中，安徽省凤阳县小岗村的农民可谓功不可没。1978 年底的一天晚上，小岗村的 18 户农民在队长严宏昌的带领下，在社员严立华家写下了一纸契约：“时间：1978 年 12 月地点：严立华家　我们分田到户，每户户主签字盖章，如此后能干，每户保证完成每户全年上交公粮，不在(再)向国家伸手要钱要粮。如不成我们干部作(坐)牢杀头也干(甘)心，大家社员们也保证把我们的小孩养活到 18 岁。”写好后，18 户 21 个在场的农民含泪按下了鲜红的手指印。这个悲壮的创举，使小岗村找到了一条脱贫致富的道路，也被认为是一次大转折的起点，因为以家庭联产承包责任制为开端的中国农村经济体制改革，就在这里起步了。

(二)土地家庭联产承包责任制的最终确立

改革之路往往是不平坦的。小岗村的改革震撼了全国，安徽省的包产到户经过 1979 年一年多的实践，也有了迅速发展。但当时无论是理论界还是全国各地，对“包产到户”的认识都很不一致。中共中央对“包产到户”的认识也经历了一个由限制，到开个口子，再到支持的曲折过程。1978 年召开的党的十一届三中全会通过的《人民公社工作条例(试行草案)》，虽然提出要恢复农业生产责任制，但又十分明确地提出不许“包产到户”。1979 年 9 月党的十一届四中全会通过的《中共中央关于加快农业发展若干问题的决定》，对包产到户开了口子，但严格限制在“某些副业生产的特殊需要和边远山区”，以及“交通不便的单家独户”。尽管只是在政策上开了一个口子，生产责任制在上述决定正式颁布后有了进一步发展。就在包产到户在安徽省迅速发展的时候，万里从安徽调到北京。接着北京某杂志开始公开批评包产到户。如果不予回答，必将产生不良影响。1979年12月，万里在一次谈话中，明确肯定包产到户是一种社会主义的生产责任制。他说："包产到户不同于分田单干。如果说分田单干意味着集体经济瓦解，退到农民个体所有和个体经营的状况，那么，包产到户并不存在这个问题，它仍然是一种责任到户的生产责任制，是搞社会主义，不是搞资本主义。"①在这种情况下，根据万里指示，一篇名为《联产计酬好处多》的文章在1980年4月9日的《人民日报》上全文发表。该文发表后，反响十分强烈。大部分是赞成的，但也有不少人仍对包产到户有疑虑。正当包产到户遇到重重阻力的时候，邓小平以极大的勇气和魄力，给予了坚决支持。1980年5月，邓小平在同中央负责同志的一次谈话中明确指出："农村政策放宽以后，一些适宜搞包产到户的地方搞了包产到户，效果很好，变化很快……有的同志担心，这样搞会不会影响集体经济。我看这种担心是不必要的。我们总的方向是发展集体经济。实行包产到户的地方，经济的主体现在也还是生产队。这些地方将来会怎么样呢？可以肯定，只要生产发展了……低水平的集体化就会发展到高水平的集体化，集体经济不巩固的也会巩固起来。关键是发展生产力，要在这方面为集体化的进一步发展创造条件。"②邓小平的讲话标志着中央对"包产到户"的限制进一步松动。根据邓小平同志关于包产到户问题的谈话精神，中共中央于1980年9月召开省、市、自治区党委第一书记座谈会，讨论农业生产责任制问题，并写出了讨论纪要。会后将这个纪要以中共中央《关于进一步加强和完善农业生产责任制的几个问题》的通知下发各地，提出："在那些边远山区和贫困落后的地区，群众要求包产到户的，应当支持群众的要求，可以包产到户，也可以包干到户，并在一个较长的时间内保持稳定；在一般地区，已经实行包产到户的，如果群众不要求改变，就应允许继续实行。"1981年10月，中央全国农村工作会议通过《全国农村工作会议纪要》（以下简称《纪要》），强调"我国农业必须坚持社会主义集体化的道路，土地等基

① 万里. 万里文选. 北京：人民出版社，1995：135.

② 邓小平. 邓小平文选：第2卷. 北京：人民出版社，1994：315.

本生产资料公有制是长期不变的，集体经济要建立生产责任制也是长期不变的。”《纪要》还指出：“目前农村实行的各种责任制，包括小段包工定额计酬，专业承包联产计酬，联产到劳，包产到户、到组、包干到户、到组，等等，都是社会主义集体经济的生产责任制。不论采取什么形式，只要群众不要求改变，就不要变动。”这之后，中央连续 3 年发布 1 号文件，支持家庭联产承包责任制的发展。第一个 1 号文件，主要解决包产到户姓“资”姓“社”的问题。文件明确指出：包产到户、包干到户和其他一些形式的生产责任制，都是社会主义集体经济的生产责任制，从此明确了包产到户的社会主义性质。第二个 1 号文件则进一步指出：家庭联产承包责任制是：“我国农民的伟大创造”，是“马克思主义农业合作化理论在我国实践中的新发展”，并且批评了长期以来由于“左”倾错误的影响而流行的一些错误观念：一讲合作，就合作全部生产资料，不许家庭经营；就只限于按劳分配，不许有股金分红；就只限于生产合作，排斥产前产后合作；就只限于按地区来组织，搞所有制的逐级过渡，不许跨地区多层次的联合。这样，第二个 1 号文件就为在家庭经营的基础上，发展多种多样的联合和合作开辟了道路。第三个 1 号文件，主要是稳定和完善生产责任制，规定承包期为 15 年，并且允许土地的有偿转让。经过 3 个 1 号文件，家庭联产承包责任制全面得到推广，到 1984 年底，实行各种承包责任制的队数达到了 100%，其中大包干的队达到 563 万个，占总数的 99.1%，这样全国范围内家庭联产承包责任制普遍建立。到 1997 年中国实行农民家庭承包的村有 717899 个，占全国总村数的 97.1%；家庭承包经营的耕地占农村耕地总面积的 97%以上。①

(三)土地家庭联产承包责任制确立以来农地制度的发展与完善

自土地家庭承包制确立以来，中国农地制度一直处于不断发展

① 李明秋，等. 中国农村土地制度创新及农地使用权流转机制研究. 北京：中国大地出版社，2004：137-139.

与完善之中，总的发展趋势是赋予农户长期而稳定的土地承包经营权和使用权。这一发展趋势，可以从改革开放以来历次宪法修正案以及有关农地承包的法律法规和政策中得到充分体现。

1. 改革开放以来历次宪法修正案中有关农地的规定

1982 年，《中华人民共和国宪法》第十条规定："农村和城市郊区的土地，除由法律规定属于国家所有的以外，属于集体所有；宅基地和自留地、自留山，也属于集体所有。国家为了公共利益的需要，可以依照法律规定对土地实行征用。任何组织或者个人不得侵占、买卖、出租或者以其他形式非法转让土地。"1988 年 4 月 12 日，《中华人民共和国宪法修正案》将该条第四款修改为"任何组织或个人不得侵占、买卖或者以其他形式非法转让土地，土地的使用权可以依照法律的规定转让"。这一修改明确了农地产权的进一步分离，即由农地所有权与承包经营权的两权分离过渡到所有权、承包权与使用权的三权分离。1993 年 3 月 29 日，《中华人民共和国宪法修正案》第六条将原宪法第八条第一款"农村人民公社、农业生产合作社和其他生产、供销、信用、消费等各种形式的合作经济，是社会主义劳动群众集体所有制经济。参加农村集体经济组织的劳动者，有权在法律规定的范围内经营自留地、自留山、家庭副业和饲养自留畜。"修改为"农村中的家庭联产承包为主的责任制和生产、供销、信用、消费等各种形式的合作经济，是社会主义劳动群众集体所有制经济。参加农村集体经济组织的劳动者，有权在法律规定的范围内经营自留地、自留山、家庭副业和饲养自留畜"。该修改为土地家庭承包制的发展提供了宪法支持。1999 年 3 月 15 日第九届全国人民代表大会第二次会议通过的《中华人民共和国宪法修正案》第八条第一款规定"农村集体经济组织实行家庭承包经营为基础、统分结合的双层经营体制。农村中的生产、供销、信用、消费等各种形式的合作经济，是社会主义劳动群众集体所有制经济"，将"家庭联产承包"修改为"家庭承包经营"，为家庭获得土地承包权和使用权提供了法律支持。

2. 有关农地承包权、经营权、使用权、处置权等权能的法律法规、政策规定

1984年7月2日中共中央书记处农村政策研究室就中共中央(1984年)一号文件中有关土地(主要指耕地)承包的几个问题作出了解释。在解释延长土地承包期的原因时指出，“延长土地承包期的基本出发点，在于稳定联产承包责任制，鼓励农民向土地追加投资，改善与土地相关的生产条件，实行集约经营，提高土地生产力”，并且“提高土地的经营水平，不能单单依靠延长承包权这一项政策，而是需要多方面的努力”。在回答“延长承包期时，要不要进行土地调整”时指出：“延长土地承包权要求在较长时期内稳定土地的承包使用权，将有利于提高土地的经营水平；但随着农业生产结构的调整，土地作为主要生产资料，承包使用权的相应转移又是不可避免的，所以在承包期内允许社员自愿协商转包，会有利于分工的发展并形成适度的土地经营规模。这两个方面，目标一致，可以相辅相成。”在回答“土地承包期延长以后，农户的人口、劳力发生了变化，在承包期内要不要对承包地作相应的调整”时指出：“按人平均使用土地，而且随着人口增加，一再调整，一再分割，这不利于土地的稳定经营，也不符合经济发展的趋向。今后随着农村商品生产的发展，不论现有的还是新增加的劳动力，将逐步向非种植业转移，而不是主要依靠调整承包地解决。”并总结了解决人地矛盾的办法，如“有的采用调整口粮和提留指标的‘动粮不动地’、‘供粮不包田’办法；有的实行增人减责任田、增加口粮田，减人增责任田、减口粮田的‘两田互补’办法；有的实行一部分土地长期承包不动，一部分土地短期承包、几年一调的‘长短结合’办法；还有的可以预留机动地，以备调剂等等”。在回答“为什么允许社员自己协商转包土地”时指出：“随着农村经济的发展和农业生产的专业化，土地使用权的转移和适当集中，也是不可避免的。这种趋势，有利于农业生产的商品化。目前，土地使用权的转移和集中有两种方式，一种是由集体统一调整，另一种是由社员个人转包。集体调整一般是集体把农户无力耕种或专业户退出的土地以及预留的机动地等，包给有能力经营的农户。在不具备条件实行集体统一调整的地方，由社员个人协商转包，更具有灵活性和符合经济需要，将会作为一种重要的形式而发挥积极作用。”并同时强调“农村土地属于集体所有，这是我国宪法规定的原则，不得违反。实行延长土地承包期，允许个人转包土地和对土地投资以补偿的政策，并不是改变土地公有的性质，相反，只有在确保土地公有制的前提下才能实行”。

1987年，中共中央书记处农村政策研究室在《关于稳定和完善土地承包制的意见》中指出：“坚持土地公有、稳定家庭承包，这是党在农村的基本政策，也是加强土地承包管理的基本原则。其目的是防止对土地的掠夺、破坏，使有限的土地得到最合理的利用，发挥最大的经济效益。”同时，只要承包者对耕地“按合同经营，在承包期满后仍可优先由该户继续承包；已形成一定规模并确实增产的，如承包者愿意长期经营农业，可以签订更长期的承包合同。长期从事别的职业，自己不耕种土地的，除已有规定者外，原则上应将承包地交回集体，由集体重新发包，或经集体同意转包给种田能手，以促进土地适当集中。耕地承包，以户为单位要尽可能集中连片；承包后分家的，也要尽可能保持连片经营。要用发展非农产业和开发性生产增加耕地外就业门路和收入的办法，来解决人口增加同耕地有限的矛盾”。

1994年12月30日，农业部在《关于稳定和完善土地承包关系的意见》中指出：(1)保证农业承包合同的严肃性；(2)积极、稳妥地做好把土地承包期再延长30年的工作；(3)承包期内实行“增人不增地、减人不减地”；(4)建立在农地集体所有和农地用途不变前提下的土地承包经营权流转机制。但严禁擅自将耕地转为非耕地；(5)不得借调整土地之机变相增加农民负担。延长土地承包期和进行必要的土地调整时，不得随意提高承包费，变相增加农民负担；(6)保护继承人的合法权益。承包人以个人名义承包的土地(包括耕地、荒地、果园、茶园、桑园等)、山岭、草原、滩涂、水面及集体所有的畜禽、水利设施、农机具等，如承包人在承包期内死亡，该承包人的继承人可以继续承包，承包合同由继承人继续履行，直至承包合同到期。为保护集体资产和促进生产发展，对技术要求较高的专业性承包项目，如第一顺序继承人(配偶、子女、父母)中只有不满16周岁的子女或者只有不能辨认或不能完全辨认自己行为的精神病人，集体可收回承包项目，重新公开发包。但死者“个人承包应得的个人收益”，由发包方或接续承包合同者给予合理补偿，其补偿作为遗产，依法继承。1995年3月28日，国务院在批转农业部《关于稳定和完善土地承包关系的意见》的通知中指出：“以家庭联产承包为主的责任制和统分结合的双层经营体制，是党在农村的一项基本政策和我国农村经济的一项基本制度，必须保持长期稳定，任何时候都不能动摇。要通过强化农业承包合同管理等一系列措施，使农村的土地承包关系真正得到稳定和完善。”

1998年8月29日修订通过的《中华人民共和国土地管理法》第十四条规定：“农民集体所有的土地由本集体经济组织的成员承包经营，从事种植业、林业、畜牧业、渔业生产。土地承包经营期限为三十年。发包方和承包方应当订立承包合同，约定双方的权利和义务。承包经营土地的农民有保护和按照承包合同约定的用途合理利用土地的义务。农民的土地承包经营权受法律保护。在土地承包经营期限内，对个别承包经营者之间承包的土地进行适当调整的，必须经村民会议三分之二以上成员或者三分之二以上村民代表的同意，并报乡(镇)人民政府和县级人民政府农业行政主管部门批准。”第十五条规定：“农民集体所有的土地，可以由本集体经济组织以外的单位或者个人承包经营，从事种植业、林业、畜牧业、渔业生产……农民集体所有的土地由本集体经济组织以外的单位或者个人承包经营的，必须经村民会议三分之二以上成员或者三分之二以上村民代表的同意，并报乡(镇)人民政府批准。”可见该法对农地承包有两个突出的表述：一是土地承包期的延长；二是土地承包主体不再局限于集体内部的单位或个人。

1998年10月14日，中国共产党第十五届中央委员会第三次全体会议通过《中共中央关于农业和农村工作若干重大问题的决定》。该决定指出：“实行家庭承包经营，符合生产关系要适应生产力发展要求的规律，使农户获得充分的经营自主权，能够极大地调动农民的积极性，解放和发展农村生产力；符合农业生产自身的特点，可以使农户根据市场、气候、环境和农作物生长情况及时作出决策，保证生产顺利进行，也有利于农户自主安排剩余劳动力和剩余劳动时间，增加收入。这种经营方式，不仅适应以手工劳动为主的传统农业，也能适应采用先进科学技术和生产手段的现代农业，具有广泛的适应性和旺盛的生命力，必须长期坚持。家庭承包经营是集体经济组织内部的一个经营层次，是双层经营体制的基础，不能把它与集体统一经营割裂开来，对立起来，认为只有统一经营才是集体经济。要切实保障农户的土地承包权、生产自主权和经营收益权，使之成为独立的市场主体。"再次强调了家庭承包经营要作为一项基本制度长期坚持。

2001 年 12 月 30 日，《中共中央关于做好农户承包地使用权流转工作的通知》明确指出："稳定和完善土地承包关系，是党的农村政策的基石，是保障农民权益、促进农业发展、保持农村稳定的制度基础。在稳定家庭承包经营制度的基础上，允许土地使用权合理流转，是农业发展的客观要求，也符合党的一贯政策。"对于农户承包地使用权流转必须坚持：(1)"要在长期稳定家庭承包经营制度的前提下进行"；(2)"必须坚持依法、自愿、有偿的原则"；(3)"规范企事业单位和城镇居民租赁农户承包地"，强调"工商企业投资开发农业，应当主要从事产前、产后服务和'四荒'资源开发，采取公司加农户和订单农业的方式，带动农户发展产业化经营"。并且"外商在我国租赁农户承包地，必须是农业生产、加工企业或农业科研推广单位，其他企业或单位不准租赁经营农户承包地"。

2002 年 8 月通过的《中华人民共和国农村土地承包法》第四条规定："国家依法保护农村土地承包关系的长期稳定。农村土地承包后，土地的所有权性质不变。承包地不得买卖。"同时第十条规定："国家保护承包方依法、自愿、有偿地进行土地承包经营权流转。"2005 年的中央一号文件再次强调要认真落实农村土地承包政策。文件指出："针对一些地方存在的随意收回农户承包地、强迫农户流转承包地等问题，各地要对土地二轮承包政策落实情况进行全面检查，对违反法律和政策的要坚决予以纠正，并追究责任。要妥善处理土地承包纠纷，及时化解矛盾，维护农民合法权益。尊重和保障农户拥有承包地和从事农业生产的权利，尊重和保障外出务工农民的土地承包权和经营自主权。承包经营权流转和发展适度规模经营，必须在农户自愿、有偿的前提下依法进行，防止片面追求土地集中。各省、自治区、直辖市要尽快制定农村土地承包法实施办法。”

2005年以后，党中央和国务院更加关注和重视农民土地权利，相继出台了一系列惠农措施和旨在稳定和维护农民土地权益的政策：

一是实行工业反哺农业、城市支持农村的政策。随着工业化城市化的快速推进，中国政府在进入21世纪后实施了多项惠农政策，包括取消农业税，提供种粮和购置农具补贴，改善农村基础设施，规范农资市场，加强农村教育和医疗卫生，扶贫和促进农民收入持续增长。尤其值得关注的是农业税全面取消。2005年12月29日，十届全国人大常委会第十九次会议高票通过决定，自2006年1月1日起废止《农业税条例》，取消除烟叶以外的农业特产税、全部免征牧业税，这一延续了2600多年的古老税种走进了历史博物馆。2006年全面取消农业税后，与农村税费改革前的1999年相比，中国农民每年减负总额将超过1000亿元，人均减负120元左右。全面取消农业税表明中国在减轻农民负担，实行工业反哺农业、城市支持农村方面取得了重要突破。①

二是规范和推进农地确权登记发证工作，确保农民土地权益。2011年11月，国土资源部、中央农村工作领导小组办公室、财政部、农业部等四部委联合发布了《关于农村集体土地确权登记发证的若干意见》，就规范和推进农地确权登记发证工作提出了13条意见，核心是要明确农村集体土地确权登记发证的范围，依照物权法、土地管理法、土地登记办法等相关法规，开展农村集体土地确

① 取消农业税，http：//www.gov.cn/test/2006-03/06/content_219801.htm.

权登记发证工作，把农村集体土地所有权确认到每个具有所有权的农民集体，并严格规范确认农民宅基地使用权主体，依法明确农村集体土地所有权主体代表。实施农村集体土地登记确权发证工作，是党和政府站在夯实农业农村发展基础、促进城乡统筹发展和农村社会和谐稳定的高度，作出的重要决策。这项工作涉及广大农民的切身利益，对农村经济社会发展影响巨大而深远。

三是提出了农村土地改革的三条底线。土地制度是国家的基础性制度。党的十八届三中全会明确了农村土地制度改革的方向和任务，这 3 项改革涉及农村集体经济组织制度、村民自治制度等一系列重要制度，关乎城镇化、农业现代化进程。要始终把维护好、实现好、发展好农民权益作为出发点和落脚点，坚持土地公有制性质不改变、耕地红线不突破、农民利益不受损三条底线，在试点基础上有序推进。土地征收、集体经营性建设用地入市、宅基地制度改革关系密切，可以作统一部署和要求，但试点工作中要分类实施。严守 18 亿亩耕地红线是推进农村土地制度改革的底线、是试点的大前提，绝不能逾越。对宅基地制度改革的试点条件和范围要严格把关，不能侵犯农民利益，同时不得以退出宅基地使用权作为进城落户的条件，这是关系社会安定的重要举措。党的十八届三中全会通过的《中共中央关于全面深化改革若干重大问题的决定》提出，在符合规划和用途管制前提下，允许农村集体经营性建设用地出让、租赁、入股，实行与国有土地同等入市、同权同价；缩小征地范围，规范征地程序，完善对被征地农民合理、规范、多元的保障机制；保障农户宅基地用益物权，改革完善农村宅基地制度。2014 年 12 月中央全面深化改革领导小组第七次会议审议了《关于农村土地征收、集体经营性建设用地入市、宅基地制度改革试点工作的意见》，这意味着，我国农村土地制度改革即将进入试点阶段。此次农村土改试点主要有四项改革重点任务，分别是完善土地征收制度；建立农村集体经营性建设用地入市制度；改革完善农村宅基地制度以及建立兼顾国家、集体、个人的土地增值收益分配机制，合理提高个人收益。

四是加快构建新型农业经营体系。坚持家庭经营在农业中的基础性地位，推进家庭经营、集体经营、合作经营、企业经营等共同发展的农业经营方式创新。坚持农村土地集体所有权，依法维护农民土地承包经营权，发展壮大集体经济。稳定农村土地承包关系并保持长久不变，在坚持和完善最严格的耕地保护制度前提下，赋予农民对承包地占有、使用、收益、流转及承包经营权抵押、担保权能，允许农民以承包经营权入股发展农业产业化经营。鼓励承包经营权在公开市场上向专业大户、家庭农场、农民合作社、农业企业流转，发展多种形式规模经营。

五是赋予农民更多财产权利。保障农民集体经济组织成员权利，积极发展农民股份合作，赋予农民对集体资产股份占有、收益、有偿退出及抵押、担保、继承权。保障农户宅基地用益物权，改革完善农村宅基地制度，选择若干试点，慎重稳妥推进农民住房财产权抵押、担保、转让，探索农民增加财产性收入渠道。建立农村产权流转交易市场，推动农村产权流转交易公开、公正、规范运行。

六是推进城乡要素平等交换和公共资源均衡配置。维护农民生产要素权益，保障农民工同工同酬，保障农民公平分享土地增值收益，保障金融机构农村存款主要用于农业农村。健全农业支持保护体系，改革农业补贴制度，完善粮食主产区利益补偿机制。完善农业保险制度。鼓励社会资本投向农村建设，允许企业和社会组织在农村兴办各类事业。统筹城乡基础设施建设和社区建设，推进城乡基本公共服务均等化。

可见，自改革开放以来，中国农地家庭承包制的变迁是连贯的，都强调农地承包政策的稳定性，保障农民的土地权益。

3. 家庭承包制确立以来农地经营制度的发展与创新

自家庭承包制确立以来，中国农地经营制度也一直处于发展与完善之中，20 世纪 80 年代中后期，出现了 3 种有代表性的农地经营制度创新：以中部地区为代表的“两田制”、以大城市郊区和沿海发达地区为代表的“规模经营”、以西部地区和欠发达地区为代表的“四荒(荒山、荒坡、荒滩、荒沟)”

使用权拍卖。①

(1)两田制

“两田制”又称“平度创造”，它是家庭承包制后最新出现的农地制度创新。所谓“两田制”，是指将按人均分配的承包地，改为按人口平分的“口粮田”和按劳动力分的“责任田”。这一制度安排分离了家庭联产承包责任制下的农地的经济发展功能和社会保障功能。口粮田作为社会保障用地，满足农民的基本生活需求，负担农业税，但不交纳承包费，不负担国家定购任务；责任田则是集中连片招标承包，承包者有偿占有耕地使用权，负担农业税和国家定购任务，并向社区集体交纳标定的承包费。“两田制”于1984年最初产生于山东省平度市，其制度创新的直接诱因是该市高戈庄在人民公社时期购置的两台联合收割机在技术上的不可分割性。但这一制度创新的经济绩效远远超出了上述安排的最初直接动机。1987年“两田制”在平度全市范围内推广后，该市在家庭联产承包责任制的基础上，围绕“两田制”的制度构思，重建了土地、管理、积累、服务和组织等一整套适应当地经济发展水平的农村基本制度。从更深层次上看，“两田制”这一制度创新的经济背景是：农村实行家庭联产承包责任制后，农地既要提供经济发展职能，又要提供社区成员社会保障职能，所以家庭联产承包责任制这一最初的制度安排一直面临平均地权与随人口增减派生出的创新调整土地的压力。与此同时，长期存在的工农业产品的不平等交易，导致了土地收益尤其是农业剩余在政府、社区集体和农户之间的不规则分享。因此，如何降低政府、社区与农民对话的交易成本，经济地对农业剩余产品进行控制以及调和社区利益矛盾，就成为制度创新的基本动力。

“两田制”具有如下制度绩效：其一，它突破了农地“均包制”，促进了适度规模经营，实现了口粮田以外的耕地集中联片流转，能在一定程度上弥补最初的家庭联产承包责任制的缺陷。其二，它能兼顾农户、社区和政府三者的利益。对农户而言，它既保证了其社

---

① 刘传江. 中国城市化的制度安排与创新. 武汉：武汉大学出版社，1999：163-168.

区内生存权利的平等，又可以根据其自身意愿取得对责任田经营的权利和义务；对社区而言，责任田明码的承租费用，既使社区减少了为取得社区集体的资金积累、社区内各项开支和干部报酬而与农户进行“谈判”的费用，又保障了上级各项任务的完成相对更健康；对政府而言，它兼顾了公平与效率原则，既实现了家庭经营制度的稳定，又可以相对容易地取得对农业“剩余”的占有权。① 其三，它引入了竞争机制，促使一部分耕地向种田能手集中，实行专业化、企业化经营，有助于实行农业生产要素的市场优化组合。不过，“两田制”的实施通常需要具备以下条件：一是农地比例关系相对比较宽松，能够在保证农民基本生活需要的同时，划出一部分耕地来联片集中招标承包。东南沿海有些地区人均仅有几分耕地，连满足自身消费需要的口粮田都不够，根本就谈不上实行“两田制”。二是农村社区负责人应有足够的威信，以使在作出“两田制”制度安排时需与社区成员对话和谈判的费用限制在经济合理的范围内。三是农业社会化服务体系和耕、种、收机械化有一定基础，农民有一定的知识、技术和经营经验的积累，规模经营有利可图。根据这些条件，“两田制”比较适合于人少地多或经济比较发达的地区。综合上述条件，中部地区相对接近要求。实践也证明了这一点，“两田制”虽然产生于沿海的山东省，但其实施最为广泛的却是河南、湖北、江西和湖南等中部地区，尤其是中部粮棉主产区。

20世纪90年代后，“两田制”在向全国推广的过程中，渐渐由原来的农民自愿实施，演变为强制推进；“两田制”的实施，也逐渐变成纯粹向农民征收更多的“承包费”，农村干部也借“两田制”中饱私囊。“两田制”逐渐偏离了原本的初衷。

乡镇一级政府在推行“两田制”过程中有利可图，所以都热衷强制推行“两田制”。“两田制”实施后，“个别地方”强行将农民的承包田集中起来，以多收承包费为目的，使社区内农民失去了一半多土地的使用权。据农业部1997年对全国23个省区的统计，采取

① 骆友生，张宏宇. 家庭承包责任制后的农地制度创新. 经济研究，1995(1).

行政手段推进“两田制”的社区，占实行“两田制”的社区总数的83.5%，条件成熟实施“两田制”的，农民自愿的社区仅为16.7%。鉴于“两田制”实施中存在的种种问题，中央于1997年下发文件明令禁止推行“两田制”，同时也承认地方政府假借“两田制”之名变相收回农民承包地，增加农民负担：“认真整顿‘两田制’。80年代中期以来，一些地方搞‘两田制’，把土地分为‘口粮田’和‘责任田’，主要是为了解决负担不均和完成农产品定购任务难等问题。但在具体执行过程中，也出现了一些问题。有些地方搞的‘两田制’实际上成了收回农民承包地、变相增加农民负担和强制推行规模经营的一种手段。中央不提倡实行‘两田制’。没有实行‘两田制’的地方不要再搞，已经实行的必须按中央的土地承包政策认真进行整顿。”①

(2)农地规模经营制度

20世纪80年代中后期以来，农村地区以实现土地规模经营和获得规模经济为目标的制度创新呈现出多种具体形式，社区(村办或集体)农场模式和土地经营权入股模式是其中两种具有代表性的制度安排。社区农场模式以江苏省锡山市和北京市顺义县为代表。其基本特点是，通过社区组织的统一调整，建立各种集体性质的社区农场，实现农地经营规模的相对集中。这种安排方式的背景是：在经济发达的东部或大城市郊区农村，非农产业比较发达，大量农业劳动力转向非农产业。从事农业与非农产业劳动的收入差距悬殊，绝大部分农民不愿种责任田，乡镇企业骨干、从事第三产业的人员连口粮田也不愿意种，种田大户不够稳定，农业劳动力缺乏，或面临后继无人局面，进入20世纪90年代后这一倾向更加明显。在此情况下，地方政府和社区集体开始放弃均田承包制，推行社区农场作为农地适度规模经营的主要形式。比较早的实行集体农场试验的是北京市顺义县。1986年秋，顺义县在责任田范围内进行了规模经营的试验。全县组建了78个集体农场，每个农场面积300~

① 中共中央办公厅、国务院办公厅关于进一步稳定和完善农村土地承包关系的通知(中办发[1997]16号)，1997-08-27.

3000 亩不等，每个劳动力平均种植 20～25 亩。1987 年全面推开，组建了 613 个集体农场和 594 个农业作业队，1988 年经过合并和集中，组建成 193 个集体农场。1996 年经过改组和调整，重新组建成 497 个集体农场。几经调整、重组，到 1996 年有 324 个集体农场，经营土地 37.7 万亩，占全县粮田面积的 62.8%，劳均经营 145 亩。①

集体农场在江苏、浙江、广东等沿海省市也有较快发展。以江苏省锡山市为例，其具体做法是：以村为单位合理调整土地，实现口粮田和责任田的“两田分开”，在此基础上，采取招标的办法选择愿意种田、有经营能力的农民担任村办农场场长，再由场长物色场员。农场实行“统一经营，按劳(户)联产承包，生产中有统有分，场劳(户)单独核算”的经营体制。同时，村场之间也签订承包合同。

土地经营权入股模式以广东省南海市为代表。该市针对大量农地转为工业用地，土地资本收益大增，农民视土地为福利，耕地经营权难以流动的情况，较早在罗村镇夏柏行政村进行了以农民土地经营权入股，实现土地集中经营的试点。其具体做法是：在明确土地所有权归集体所有，经营权归农户所有的前提下，将土地经营权量化为若干股份，然后通过若干形式，把农民的土地经营权集中起来，由社区集体组建“农业发展股份公司”。农民在交出土地经营权的同时，即成为该公司的股东。②

农地规模经营制度安排，在维持农业继续发展的前提下，不仅在一定程度上实现了农业的规模经营，同时让更多的农民转向非农产业从事专业经营，避免了农户兼业的泛化和深化，为农村劳动力的非农化和城市化提供了一种可行的制度安排。

(3)“四荒”经营权拍卖

① 单胜道，陈强，尤建新. 农村集体土地产权及其制度创新. 北京：中国建筑工业出版社，2005：27-28.

② 陈吉元，韩俊，等. 人口大国的农业增长. 上海：上海远东出版社，1996：97-98.

这是非粮食耕地资源开发经营方面的制度创新，主要流行于荒山、荒坡、荒滩、荒沟、荒水和荒沙等非粮食作物土地资源丰富、经济欠发达的中西部地区。"四荒"经营权拍卖始于农民的自发需求，并与包产到户最初的选择一样，表现出明显的需求诱致型制度变迁特征。不过，"四荒"与熟耕地不同，其开发投入和回收周期较长，这意味着开发投入风险更大。如果单纯地移植耕地经营的承包制，因为其产权关系不够明确，农民的经营权很不完整，承包经营权经常处于变动状态，那么就难以避免短期行为，难以调动经营者的积极性。而从"承包"到"拍卖"，在很大程度上实现了土地制度新的跨越，在集体所有权不变的前提下，把土地经营权拍卖给农民，使农民真正获得了长期拥有土地经营权的稳定感和权属感，从而能够大大增加经济当事人的预期收益和提高追求更多收益的劳动激励。"四荒"经营权拍卖的具体做法是：由集体经济组织代表本社区的全体农民，通过公开拍卖的办法将集体所有的"四荒"经营权向社区内外的个人及单位出售。期限届满后，"四荒"经营权连同"四荒"上的部分附着物返还集体经济组织。从实质上看，"四荒"经营权连片拍卖是一种长期租赁，即社区集体以一定的条件将其所有的"四荒"交由经济当事人长期经营。在这种模式中，农村社区集体是出租方，农民和其他经济当事人是承租方。承租方向社区集体交纳的价款为租金。①

综上所述，新中国成立 60 多年来，中国城市化进程与农地制度关系的演进大体上经历了三个阶段：第一阶段是新中国成立初期的城市化缓慢发展与农地农民所有制的成立；第二阶段是 20 世纪 50 年代中后期至 70 年代末的曲折城市化进程与农地集体所有制的建立；第三阶段是改革开放以来的快速城市化进程与农地家庭承包制的建立及完善。

在第一阶段，新中国刚刚成立，国民经济处于恢复发展时期，城市发展也同经济发展一样带有明显的恢复性质。由于农村人口较多地迁入城市，城镇人口由 1949 年末的 5765 万人增加到 1952 年

---

① 易可君. 农村土地制度深化改革模式研究. 改革与理论，1996(11).

末的7163万人，城市化水平由10.64%上升到12.46%，表明中国已进入城市化起步阶段。在这一阶段，中国在进行“一五”大规模工业化建设的同时，还开展了轰轰烈烈的农村土地改革，即新中国成立以来的第一次农地制度变迁。这次农地制度改革使农民获得了土地，实现了“耕者有其田”。这是一种以政权的力量将土地的地主所有变为农民所有，形成个体所有个体经营的新的农地制度。这次强制性制度变迁，以完整的、排他性的产权保证了农业生产者的土地收益，激发了农民的劳动生产积极性，提高了土地产出率和土地资源配置效率，使农业中出现了大量剩余劳动力，形成农村强大的推力，成为中国第一次城市化高潮的基础和起点。

在第二阶段，中国城市化进程的波动和徘徊与国民经济尤其是工业化的大起大落息息相关。具体地，可以将这一阶段的城市化发展分为三个不同的时期：(1)1958—1960年因工业“大跃进”，经济过热而形成短暂的过度城市化(Overurbanization)时期；(2)1961—1965年因工业化进程调整，国民经济发展全面收缩和下降而形成的绝对反城市化(Absolute Anti-urbanization)时期；(3)1966—1977年因“文化大革命”运动，工业化停滞徘徊而形成的相对反城市化(Relative Anti-urbanization)时期。① 为了服务于重工业优先发展战略和城市偏向政策，中国农地制度发生了第二次重大变迁，这次农地制度变迁沿着互助组—初级社—高级社—人民公社这一方向演进，使新中国成立初通过土地改革建立的农地农民所有制转变为农地集体所有制，并采取农地集体所有、集体统一经营的形式。这一农地制度安排在节约国家与农民之间的交易费用、为国家工业化、城市化发展提供农业剩余以及农田水利基本建设等方面都具有不可忽视的作用，但由于该制度对农民缺乏激励，极大地挫伤了农民种田的劳动积极性，再加上实施城乡隔绝的户籍制度和劳动用工制度，所以农地集体所有、集体统一经营的制度就成为制约城市化进程的制度安排，其进一步的变迁就不可避免。

① 刘传江. 中国城市化的制度安排与创新. 武汉：武汉大学出版社，1999：99.

在第三阶段，改革开放政策加速了中国工业化、城市化进程，与此相适应，中国确立了农地所有权与使用权分离的家庭联产承包责任制，这是新中国成立后发生的第三次农地制度变迁。这次农地制度的重大变革，使几乎陷于崩溃边缘的中国农村经济开始摆脱困境，促进了农业生产力和农村经济的飞跃发展。这是一次由生存危机而引发的诱致性制度变迁，它虽然未触动农地所有权制度，但在农地经营权制度和农地流转制度等方面发生了深刻的变革，并对中国城市化进程具有极大的推动作用：(1)以“均田制”为基本形态的家庭承包责任制，公平地满足了农民对土地这一基本生产资料使用权的天然要求。① 这一农地制度安排不仅规范了农地的使用和经营方式，而且更重要的是为农民的生存和发展提供了基本依托和最后保障，使农民能在不丧失土地承包权的前提下进城务工经商，成为“进可攻，退可守”的城乡“两栖”居民，避免了一些拉美国家因土地高度集中造成大量无地农民盲目涌入城市而产生的“城市病”。从这个角度看，家庭承包责任制这一农地制度安排符合中国国情，有利于中国在保持农村稳定的条件下有步骤地推进城市化进程。(2)家庭承包责任制因具有充分激励、零生产监督费用、低收益分配成本以及灵活性的经营决策等特点，② 极大地调动了农民经营土地的积极性，大大提高了土地产出效率，为工业化、城市化发展不仅做出了产品贡献、市场贡献和资本贡献，而且提供了几乎无限供给的劳动力，产生了人口城市化的巨大推力。③ 总之，在这一阶段，中国工业化、城市化与农地制度变迁基本上实现了协调发展，不仅城市化、工业化的发展推动了农地制度变迁，促进了农业生产的发展，反过来，农地制度变迁和农业生产的发展也推动了城市化、工业化的发展。然而，由第三次农地制度变迁所形成的中国现

① 叶裕民. 中国城市化之路：经济支持与制度创新. 北京：商务印书馆，2001：134.

② 林卿，等. 可持续农业经济发展论. 北京：中国环境科学出版社，2002：119.

③ 曾宪明. 我国现行农地制度安排对城市化进程的制约因素分析. 生产力研究，2006(7).

行农地制度，随着中国经济体制改革的深化和城市化进程的加快，逐渐暴露出一些制度缺陷，并成为中国城市化进程中的制约因素。因此，要克服和解决这些制度缺陷，必须继续深化中国农地制度改革与创新。

四、中国农地制度改革的方向与目标

如前文所述，中国现行农地制度虽然对中国工业化、城市化发展起过巨大的推动作用，但随着中国经济的飞速发展，现行农地制度安排也表现出明显的制度缺陷。中国农地制度究竟应朝着什么方向改、如何改？国内外学者对此进行了长期而热烈的讨论甚至激烈的论争，并提出了一系列不同的观点或主张。归纳起来不外乎三种：农地国有化、农地私有化和在坚持农地集体所有的基础上完善土地家庭承包制。

（一）农地国有化

农地国有化论的实质是主张将产权上移，实行农地国家所有制，组建大规模农场，实行农业的规模经营，不再承认农户的剩余收益权。

1. 主张实行农地国有化的理由

主张实行农地国有化的理由有以下几点：(1)在人民公社解体以后，农民集体作为一个经济组织事实上已经不存在了，也没有产生一个新的集体经济组织取代人民公社，因此找不到谁代表集体利益来真正关心土地，并成为土地所有权的体现者。(2)现有的土地产权关系模糊，导致贪污、挪用、乱花、滥占集体财产，导致土地承包关系不稳定，农民投资在土地上的有效肥力不断地被侵占，因而宁可撂荒，也不愿意转包给他人。(3)家庭承包制否定了集体劳动，人民公社的垮台使其基础即生产队的土地所有权不复存在，因此作为集体所有权的两个支撑点事实上都不存在。(4)集体所有制强化了条块分割，阻滞土地产权的流通，削弱了家庭经营的决策权。①

学者们还就农地国有化的具体实施提出了不同方案。如蔡昉提出，应实行国家租赁制。即宣布全部土地归国家所有，成立国家土地经营管理部门，将土地按效益原则租给农民使用，农民按租赁合同规定向国家缴纳地租。② 安希伋认为，应实行国有永佃制，即土地所有权归国家，不允许买卖或转让，土地使用权则通过法律形式永佃给农民，政府不收地租，只征收统一地税。③ 厉以宁提出，应实行土地国有化之下的个人土地占有制度，即国家拥有农地的最终所有权，具体占有并使用某一块土地的是微观经济单位。④ 周天勇提出了土地国有加999年经营使用期的改革方案，认为实行土地国有，村委会就不再是农村集体经济组织，乡村组织也失去了以土地为依据向农民乱收费的基础，可以实现村民社区自治和以土地为基础的生产经营相分离。而且，农村土地实行国有后，全国城乡土地市场在所有权上实现了统一，有助于土地管理。⑤

学术界对土地国有化改革方案也提出了很多批评意见。牛若峰以农村土地所有权演变的历史为依据指出，不能把农村集体所有制看成是土地国家所有、赋予集体代理行使所有权的所有制形式，农村土地集体所有制是从农民土地私有制转化而来的，农村集体所有的土地仍然属于农民的财产。否定农村集体的所有者地位，肯定国家的所有者地位，既不符合史实，也不利于保护农民的土地权益。⑥ 陈锡文等人也指出，实行土地国有制，土地管理将难以进

① 单胜道，陈强，尤建新. 农村集体土地产权及其制度创新. 北京：中国建筑工业出版社，2005：16-17.

② 蔡昉. 改革土地所有制是农村第二步改革的突破口. 中国农村经济，1987(1).

③ 安希伋. 论土地国有永佃. 中国农村经济，1988(11).

④ 厉以宁. 农产品市场与宏观调控. 农业经济问题，1989(2).

⑤ 周天勇. 农村土地制度改革的模式比较和方案选择. 中国经济时报，2004-02-26.

⑥ 牛若峰. 再谈农民集体所有的土地是农民的财产. 牛若峰工作室通讯，2004-07-30.

行，如果政府直接管理土地，则管理成本会变得很高，如果政府委托乡村机构代为管理，由于缺乏激励机制，管理的效率也会很低。此外，农村土地由集体所有上升到国家所有带来的政治上的震动也是无法估量的。至于实行国家土地所有制，组建大规模农场，有利于农业机械化的推广，有利于发挥土地经营的规模优势的观点，已经被国内外反复验证的实证分析所否定了。①

2. 对农地国有化论的评析

农地国有化的观点考虑到了我国农地资源稀缺的特点，试图实现在全国范围内有效地开发和保护土地资源，进行国土整治，实现在更大范围内流动，从而提高土地利用的宏观效率，但是，农地国有化论者的论据和方案是有问题的。

首先，集体所有权名存实亡的论断是不符合实际情况的。高级农业生产合作社成立时，农地集体所有权是明确的，即属于高级社范围内农民集体所有。人民公社化运动虽然出现了平调、乡镇范围调整、人民公社内部核算单位调整等因素，使农地集体所有制复杂化，但从总体上看，农地绝大部分是由集体组织占有、控制的。改革以前，95%以上的农地归生产队所有，生产队或大队对土地的利用不能超过其所管辖的范围，这些都是农地集体所有制的具体体现。改革以后，集体组织虽然没有或很少直接参与农地的开发和利用，但是农地集体所有权仍然表现在以下四个方面：第一，农地经营权在集体成员之间进行平均分配；第二，集体组织定期对承包地进行调整；第三，集体组织有权对农地承包提取必要的承包费，其他组织没有这种权力；第四，集体组织仍然为成员的生产提供某些产前、产中和产后服务。

其次，农地国有化无法消除农村腐败现象，更不可能减轻农民负担。农地国有化后，农村基层政权不能没有，农村土地管理机构也是不能没有的。只要腐败的真正原因没有消除，社会监督机制不健全，农地即使国有化了，农村的腐败现象也是无法消除的。此

① 陈锡文. 中国农村改革：回顾与展望. 天津：天津人民出版社，1993.

外，农地国有化不仅不能减轻农民的负担，还可能进一步增加农民的负担。目前增加农民负担的不仅是村集体组织增加的提留或承包费，更重要的是来自于从中央到地方政府的各种收费、达标、现金和义务工的摊派以及各种罚款。

再次，农地集体所有制不等同于集体劳动。从历史上看，人民公社是在合作化运动的基础上发展起来的，但是合作化运动并不必然要过渡到人民公社。在中国，高级社独立存在了相当长的时期。在革命根据地就试办了一些相当于高级社的农业生产合作社，在1956年以前也试办了不少高级社。因此从历史上看，农地集体所有制是先于人民公社的。从理论和现实上看，集体劳动可以在农地私有权的基础上进行，如20世纪50年代我国的初级社、民国时期的农业合作社、许多发展中国家的农业生产合作社等，也可以在公有农地的基础上进行，如20世纪50年代我国的高级社。所以，把农地集体所有制等同于集体劳动，是错误的。

最后，农地国有化难以推动农地在更大范围内流动。实行规模经营，一方面，要以农村劳动力比较稳定地转移到非农产业为前提，在现有的城乡劳动制度、户籍制度条件下，农地大规模地流动，广泛地推行规模经营，是不现实的。由于政府对农户是否稳定地获得非农就业岗位的信息不完全，试图通过农地国有化，用行政办法推行规模经营，就会造成该收回的承包地而没收回，该承包土地的农户承包不到土地。因此，用行政办法推行规模经营的结果，必然使更多的农户失去生存保障。另一方面，农地跨地区流动还受农村社会、文化传统等方面的制约。由于农村还存在宗族、血缘的社会关系，以及各地区之间文化传统的差异，农村还存在一定的排外倾向。即使农地国有化了，农户跨地区承包土地面临的制约因素仍然很多，也很难在短时期内解决。①

---

① 单胜道，陈强，尤建新. 农村集体土地产权及其制度创新. 北京：中国建筑工业出版社，2005：17-19.

(二)农地私有化

农地私有化论，就是主张将农地产权继续下移，实行彻底的农民土地产权私有化，回到农业集体化前的农村产权状态，开放土地市场，使土地、劳动力的配置由市场决定。

1. 农地私有化的理由①

(1)优化土地资源配置，实现农民富裕，从根本上解决“三农问题”

一些学者认为，土地私有化能够发挥市场在土地配置中的作用，提高土地资源配置效率，使得农村土地可以自由买卖、转让流转，农民能够自己决定土地用途、消除土地抛荒，在买卖中还可以讨价还价，适合作为工商业用地的可以通过高价出售，获取土地增值收益(级差地租)，发财致富，甚至成为百万富翁，地价上升还有助于促进土地节约和高效使用；普通农地可以向种田能手集中，能够实现农业规模经营、土地集中高效利用，更好地发展农村经济，增加农民收入；农民还可以实现土地资本化，以土地作为抵押获得贷款和入股，增加农业投入或从事其他生产经营活动，扩大增加收入的途径；也有利于资本下乡，农民也愿意增加农业投入，加强农田水利基础设施建设，促进农业生产经营规模化、集约化、机械化、绿色化、多样化、特色化、现代化，从根本上解决“三农问题”。比如：有学者说：“中国现在的土地公有制正是农业机械化的障碍，它不可能兼顾公平和效率。”②“中国农业要真正搞起来，土地一定要私有化，要自由买卖。”③也有学者说：“可自由买卖的土地比不可自由买卖的同样土地市价高得多，土地私有化只会使现在相对贫穷的农民变得更富。”④

---

① 参见简新华. 中国农地制度和经营方式创新研究. 政治经济学评论，2013(1).

② 杨小凯. 中国土地所有权私有化的意义. 学者社区网站，2007-07-20.

③ 杨小凯. 论土地私有化问题. 新浪博客，2006-08-07.

④ 杨小凯. 中国土地所有权私有化的意义. 学者社区网站，2007-07-20.

(2)实现农民的愿望，保护农民的根本利益

有的学者认为，土地私有化能够消除现行农村土地集体所有制的弊病，满足农民对土地的要求，完全实现“耕者有其田”，让农民真正成为土地的主人，拥有完全的土地产权特别是自由买卖权(包括转让权、谈判权、定价权等)，从根本上维护农民的土地合法权益。有学者说：“中国农村的根本问题却是‘乡村社会的官权过剩，民间权力衰落’。导致这种局面又是由于两方面原因：不受限制的行政权力、所有财产(包括土地)公有。”应该“还产于民”、“还权于民”。① 还有学者说：“土地私有制下平均地权和零地租也是做得到的，甚至可能做得更好。”②

(3)促进工业化和城镇化

有学者认为，土地私有化使得农民可以自由买卖土地和转变农地用途，既解除了土地对农民的束缚，使得农民能够随心所愿出卖或出租土地，获得一笔可观的资金，进城务工经商，还有利于清除工业化和城镇化的障碍，更好地满足工业化和城镇化的土地需求，促进工业化和城镇化。比如：有学者说：集体所有的土地制度“是把农民束缚在土地上，阻碍城市化和工业化的制度”。③ 也有学者说：“我认为中国问题的症结在土地，而土地私有化是其他国家在城市化过程中的必经之路，中国也不例外，中国还需要一场土改。”④

(4)消除土地管理和征地拆迁上的腐败、暴利和矛盾冲突，维护社会稳定

有学者认为，以公有制为基础的现行土地制度造成中国大量的圈地现象，带来严重的寻租、侵权、腐败和暴利，加剧贫富差距的扩大(中国亿万富翁大部分是房地产商)，是征地拆迁过程中事故

① 陈志武. 农村土地私有化后结果不会比现在糟. 财经时报，2005-10-08.

② 文贯中. 现行土地制度已成中国现代转型的桎梏. 东方早报，2012-01-18.

③ 杨小凯. 中国土地所有权私有化的意义. 学者社区网站，2007-07-20.

④ 文贯中. 中国应实行土地私有化. 亚布力观点，2008-11-06.

不断的根源。土地私有化明晰农地产权，从根本上保护农民土地权益，保证农民出让土地能够得到合理补偿，防止对农民各种形式的剥夺，遏制圈地，制止乱占耕地、低价补偿、土地闲置、抛荒、开发商暴富、各级政府侵占土地转让费、“三无农民”产生等不合理现象的发生，有效消除乡村干部在农村土地转让、征用、拆迁、使用和承包权调整分配中的侵权谋私行为，防止在土地方面的官商勾结、城镇政府官员的贪污腐败、房地产开发商的暴利，缓和农村干群矛盾及土地方面的各种矛盾，减少社会冲突和突发群体事件，维持社会稳定。有学者说：“土地公有不仅没削弱官权，反而加强了，使官权掌握了更多的物质基础”；“农村土地私有化的制度收益是，农民会更富有了；其制度成本是，那些掌权者少了捞钱、捞权的基础”；“解决官员权力过大的最起码的办法，是减少他们手中能控制的资源，把土地权还给农民”。① 也有学者说：“私有化只会化掉村干部定期按人口变化调整土地分配的特权，因而减少此特权引起的贫富分化”；“土地所有权私有化不但对经济发展有重大意义，而且对减少社会纠纷，安定社会，稳定地方财政有重大意义”。②

(5)适应市场经济的要求，再造中国经济政治制度的产权基础

国内外都有人认为“市场经济只能以产权明晰的私有制为基础”，强调这是“经济学的常识”，断言土地私有化是“优良的制度遗产”、现代经济学的“基本结论”、“全人类的智慧结晶”，中国不能也不应该例外。因此，中国必须实行私有化，不仅国有企业要进一步私有化，土地也要私有化，只有这样，才能做到产权明晰，适应市场经济的要求，中国改革的任务才能最终完成，才能建立与欧美发达国家一样的经济政治制度，也才能成为发达的现代化国家。甚至存在极端形式的农地产权神话：“只要土地私有化，中国一切

① 陈志武. 农村土地私有化后结果不会比现在糟. 财经时报，2005-10-08.

② 杨小凯. 中国土地所有权私有化的意义. 学者社区网站，2007-07-20.

问题都可以迎刃而解。”①在主张土地私有化的人看来，土地私有化是灵丹妙药、一举多得：农民权益能够得到有效保护，农业规模经营和现代化才能实现，土地利用效率会大幅度提高，农民收入将大量增加并通过卖地而致富，“三农问题”可以从根本上解决，征地拆迁中的矛盾、侵权和腐败问题都将消失，市场经济能够顺利发展，工业化和城镇化可以更好推进，政治民主化有了更好的经济基础，更加有利于社会稳定的维持。何乐而不为！

有学者说：“看看今天成功的国家，有哪个是以公有制成功的呢？答案不言自明。”②也有学者说：“没有理由拒绝继承包括土地私有制在内的本国优良的制度遗产，没有理由无视现代经济学关于产权和要素配置的基本结论，更没有理由挑战各国在产权问题上的历史教训和全人类的智慧结晶。”③还有学者说：“土地私有产权制度的建立，是建立市场经济和实现‘现代化’的必要条件”，“是有效解决三农问题，加快中国城市化进程从而保证基本现代化目标实现的一个必要条件”。④

2. 对农地私有化的评析

农地私有化论虽然考虑到产权明晰对调动农民积极性、提高微观效率的重要作用，但其论点存在以下几个问题。

第一，农地私有制度不是明晰产权的唯一形式。明晰产权关系并非只有私有产权一种形式，公有制也是明晰产权关系的一种形式。私有制在逻辑上有助于农地所有权的交易，但是农地私有权交易也并非农地市场的全部内容，因为明晰的农地使用权同样可以促进农地市场的形成。事实上，不仅社会主义国家存在多种所有制形

① 贺雪峰. 地权的逻辑——中国农村土地制度向何处去. 北京：中国政法大学出版社，2010：10.

② 陈志武. 农村土地私有化后结果不会比现在糟. 财经时报，2005-10-08.

③ 文贯中. 解决三农问题不能回避农地私有化. 中国经济学教育科研网，2006-05-22.

④ 蔡继明. 中国土地私有的分步改革方案. 论中国土地制度改革. 北京：中国财政经济出版社，2009：160.

式，资本主义国家的土地也是国有、社团(集体)所有和私人所有并存。

第二，私有制不一定能提高农地利用效率。不能否认产权对提高农地利用效率的重要作用，但它绝不是唯一的决定因素。所谓调动农民积极性，就是要激励农民增加劳动力、资金的投入。但是农民投入的积极性来自于他所获得的产出。在市场经济条件下，影响产权的因素至少还有两个：一是竞争秩序。现阶段，农户缺乏组织，不仅农产品流通渠道不畅，而且农户在市场竞争中处于不利地位；二是绝对利益。现阶段，由于农产品的价格低，农资价格比较高，农业生产的收益低，农民收入的增加越来越依赖非农产业的收入。在这种情况下，要调动农民对土地投入的积极性，绝不是实行农地私有制就可以实现的。

第三，私有制有可能阻碍农地流转。在现阶段的中国农村，农地不仅是农民获取收入的重要生产资料，还承担着社会保障功能。土地还是农户作为集体成员的重要纽带，在经济发达地区也是农户参与集体收入分配的重要依据之一。发达地区率先实行了土地转让，但土地转让和劳动力转移并不同步。不同地区尽管土地在农户生产经营中的地位、作用与功能以及农民对土地的态度存在很大差别，但农民不愿意放弃土地承包权这一点却是一致的。但无论如何农地公有制毕竟为农户承包土地规模的调整提供了可能。私有制则顺应了农户不愿放弃土地的心理，进一步阻碍农地的流转。①

第四，土地私有化不可能使得大部分农民通过卖地致富，反而可能严重损害农民的利益。实行土地私有化，的确使得农民有了完全的土地产权，能够按照其自认为最有利的方式自由使用、处置和转让，有人据此认为土地私有化能够保障农民的合法权益，使得农民得不到高额补偿就可以不转让，甚至能够要高价，通过卖地而致富。曾经有人极不负责任地说，“现在只要土地私有化，中国大部分农民会成为百万富翁”！这是典型的土地私有化产权神话。他们

① 单胜道，陈强，尤建新. 农村集体土地产权及其制度创新. 北京：中国建筑工业出版社，2005：20-21.

只从神圣的所谓“经济学常识”出发，闭眼不看中国的实际情况。农民是弱势群体，分散、组织化程度低，没有政府和制度的保证，即使土地私有化，也缺乏定价权和自由买卖权，土地转让价格不可能由农民说了算，甚至连转不转让都要受制于人，在强力之下有时不想转让也得转让；中国大多数农地远离城市和交通线，不少是穷乡僻壤，难以改变用途，大多数农地并不那么值钱，特别是中国农民人均土地少，大多数农民出售私有土地的收益有限，不足以保证其生存，更谈不上发财致富。所以中国大部分农民，更何况全部农民，都不可能通过土地私有化、实现自由买卖和改变农地用途，获得巨额土地增值收益，成为百万富翁。

土地私有化不仅不能保护农民的根本利益，相反可能导致新的贫富两极分化，严重损害农民的根本利益，使得农民的处境甚至可能更悲惨。

中国人多地少、农村剩余劳动力数量庞大，在农业落后、工业化和城镇化提供的农民转移就业和居住条件有限、社会保障制度不健全的情况下，土地私有化会很快会导致农民贫富两极分化，造成“三无农民”(无地、无业、无社会保障的农民)大量增加，从而使得农民总体状况恶化。这种判断绝不是主观臆断、危言耸听！历史上已有先例，新中国成立初期中国土地改革后就出现过这种情况。通过土地改革，无地和少地的农民都分到田地，在中国历史上第一次真正做到了耕者有其田，但在人多地少、农业落后的情况下，农村很快就开始出现了两极分化，天灾人祸、生老病死、劳力缺乏等原因使得不少农民不得不卖地救急求生，重新失去土地，① 又由于缺乏能力和就业机会而无法进城务工经商，只有再次沦为无地雇农或等待国家救助的穷人。这正是中国农村走向社会主义集体经济道路的重要原因之一。而且，分散的小规模的小农经济，无法独立抵御自然风险、市场风险、经营风险和家庭生活风险，难以开展农田水利等基础设施建设。在人多地少、工业化和城市化水平极低的中国，农业合作化、集体化是唯一出路。虽然中国在农村合作化、集

① 这里不考虑因为喝酒赌博、好吃懒做、“二流子”卖地的情况。

体化过程中存在过急、过快、过猛、经营管理体制不合理等严重缺陷，但合作化、集体化的大方向是不能全盘否定的。至于说目前已经存在的“三无农民”，主要是现行土地征用补偿制度不合理、社会保障制度不健全、农地非农化与农民非农化不协调等原因造成的，并不是土地公有制的结果。实行土地私有化，只可能增加而不可能减少或消除“三无农民”，解决的办法只能是深化改革，完善土地征用补偿制度、社会保障制度等制度，推进工业化和城镇化，为农村剩余劳动力提供更多就业机会，实现农地非农化与农民非农化的协调合理。①

第五，土地私有化不能完全消除与土地有关的腐败现象。虽然土地私有化可以让农民获得完全的土地产权，使得各方面各种侵犯农民土地权益的行为更加困难，有助于从根本上避免农村干部利用权力在集体土地征用、流转和分配使用中谋取私利，但是土地私有化不能完全消除与土地有关的腐败现象。土地是一种关系人口生存而又不可再生的有限的具有空间垄断性、不可流动性和地理区位不可替代性的基本资源，其用途不可能完全市场化，许多国家包括西方发达国家对土地的使用会有程度和内容不同的管理和限制，为了公共利益也要征地。② 只要有征用、管理和限制，就可能产生官僚主义，出现行贿受贿、寻租腐败现象。

（三）在坚持农地集体所有的基础上完善土地家庭承包制

在对中国农地制度改革的看法或主张上，大多数学者认为，应该在坚持农地集体所有的基础上，完善家庭承包制度。不过，究竟应该如何完善土地家庭承包制，学者们提出了不同的观点。周成认为，健全现代农地产权制度的核心内容是巩固和发展农地集体所有制，关键在于使农村社区集体经济所有权主体规范化，由村民委员

---

① 简新华. 中国农地制度和经营方式创新研究. 政治经济学评论，2013(1).

② 秦晖. 关于农村土地制度的思考. 经济观察报，2004-11-13.

会或村民小组兼行社区集体经济的职能，在遵循国家法律所规定的对农地集体所有权进行的必要限制的条件下，由农地产权主体充分行使其产权，包括自主决定土地所有权的出售、自主决定对外长期、短期转让土地使用权以及向集体经济成员发包土地使用权等，各级政府、各种经济组织、农村社区集体经济成员，都不得侵犯。① 姚洋认为，土地制度的改革应该围绕着成员权这一核心概念展开，并提出建立以成员权为核心的土地制度。所谓成员权，即某个集体成员对村庄集体土地所享有的平等的所有权。它可以租赁，也可以买卖。成员权在村庄集体内部买卖不受限制，但卖给村庄以外的人时，集体可以优先回购村民的土地，但其出价不得低于市场价格。成员权的拥有者可以决定土地的用途，并拥有土地的全部所得。② 王景新认为，虽然界定“成员权”有助于农村土地分配、宅基地分配和集体经济利益分配，但过死的成员资格，将限制农村人口流动，不利于农村非农产业发展和城市化。应该在取消城市和农村户籍的差别、全国实行统一的身份证制度的基础上改进“成员权制度”。③

许多学者注意到在现有的土地承包制度下，农地产权稳定问题是一个重要的问题，下一步的农地制度改革应该在这方面有所突破。俞敬忠建议，应改“承包制”为“永包制”，永久性地确定农民的土地使用权。这样，有利于农民维护自己的土地权益，有利于调动农民经营土地的积极性，增加对土地的长期投入，也有利于建立起符合市场经营要求的土地流转制度，发育土地市场，优化资源配置。④ 陶然、徐志刚等提出在农村建立专门土地权益管理机构，负

① 周成. 现阶段我国农地征用中的是是非非. 中国经济时报，2003-03-25.

② Yao, Yang. The development of the land lease market in rural China. Land Economics, 2000, 76(2): 252-266.

③ 王景新. 家庭经营制度的历史局限和改革出路. 中国改革，2004(11).

④ 俞敬忠. “圈地之风”危及我国未来的发展. 中国党政干部论坛，2004(4).

责给农民所承包土地(按地块)发放长期土地使用权证。同时在城市中为流动人口建立最基本的社会保障体系以及子女就学和廉租房制度，构成一个福利包；在自愿的基础上，由农民自己选择放弃农村的土地(包括土地使用权证)或者获得城市户口和福利包。①

简新华认为，由于中国现行的农地集体所有的制度和家庭承包的经营方式存在种种缺陷和问题，所以必须深化农村改革，进一步进行制度创新，寻求更加完善的农村经济制度、组织形式和经营方式。这里并不是说要取消或完全改变农地集体所有制和家庭承包制，而是指要发展、完善这种制度，并且还要创造新的制度、组织形式和经营方式。社会主义新农村的经济制度、组织形式和经营方式是现行集体所有制和家庭承包制的发展、完善和创新。中国实行承包经营责任制的农户的发展前景，不应是私有制家庭农场，而应是以集体经济为基础的社会主义新农村。中国农地集体所有制的实现形式深化改革和完善的方向，应该是在社会主义新农村内部实行政经分开，就像城镇里的工业生产经营要实行政企分开一样，农村里的农业生产经营也要实行政经分开，农村乡镇政府主要执行政府行政职能，不再代表农民执掌集体土地的所有权，从根本上杜绝村镇干部侵犯农民权益、贪污腐败、官僚主义、包办代替的行为；通过新农村全体农民选举的方式，组建独立于乡镇政权机构的经济管理委员会或类似于工业企业一样的农业企业，执掌农地的所有权、确定农地的经营使用和收益分配，实行民主化、企业化管理和群众监督，重大决策和经济管理委员会主要成员或农业企业高管的调整、撤换必须经集体内全体成员大会讨论、投票决定。社会主义新农村的集体经济可以采取多种实现形式和具体经营方式，既可以坚持集体所有集体经营，也可以实行集体所有农户经营，允许采取承包制、合作制、股份合作制、股份公司制等多种集体经济的实现形式和经营方式，只要能使集体经济发展、壮大就行。中国的社会主义新农村在建设过程中可以采取多层次的生产经营方式，具体包

① 陶然，徐志刚. 城市化、农地制度与迁移人口社会保障. 经济研究，2005(12).

括：(1)农户可以仍然实行家庭承包经营，但要通过工业化和城市化的发展，使农民不断减少，从而扩大农户经营规模，提高经营水平，发展、完善家庭承包经营制。(2)农户与农户之间，主要通过新农村实行合作经营，同时也可利用其他各种行业协会、供产销合作组织开展经营合作。(3)农户与新农村之间，实行统分结合、分层经营的方式，农户参与新农村的建设和经营，新农村为农户提供各种服务。(4)农户之外的集体经济(含乡村企业)，可以像国有企业实行现代企业制度一样，实行内部的公司化或企业化管理、外部的市场化运作。实行公司化管理这种现代企业管理制度，使农民具有所有者和职工的双重身份，既有利于调动农民生产经营的积极性，又有利于激励和监督新农村的经营管理者，防范委托代理风险，提高经营绩效；在社会主义市场经济的大背景下，只有实行市场化运作，才能够使新农村适应市场经济的外部环境，在国内外激烈的市场竞争中求得生存和发展。①

综上所述，坚持农地集体所有制不仅符合我国的生产力水平，也符合我国悠久的文化传统。我国农村的集体所有制不是经典作家所阐述的那种"社会所有制"，也不是列宁所讲的生产资料归全民所有的合作社，与前苏联主要生产资料归国有的集体农庄也不同。我国的农业合作社和集体所有制是在传统的劳动互助组织的基础上建立起来的。

农地集体所有制符合我国农村生产力水平比较低的实际情况，符合悠久的文化传统，是有效率的。首先，土地集体所有制为土地利用符合社会利益和社会要求，提供了制度基础。集体组织对个人的土地利用行为可以进行更直接的监督，可以避免土地所有制条件下所有者为个人利益而掠夺性地利用有限的土地资源，避免所有权垄断造成所有权与社会需要之间的对立。其次，农村的基础设施建设，包括道路、水利、用电、电信、农田基本建设和公共福利事业等，主要依靠集体组织自己的力量，土地集体所有制使集体组织可

① 简新华. 中国农地制度和经营方式创新研究. 政治经济学评论，2013(1).

以更容易地进行土地用途结构的调整。再次，农村土地主要属于村民小组集体所有，而村民小组的成员大都具有家族或宗族血缘关系，有利于彼此之间在农业生产中互相帮助、互相合作、互相监督、互相促进。最后，土地集体所有制为更合理地配置生产要素创造了条件。随着农村非农产业的发展，每个家庭的农业劳动力会经常发生变动。同时，每个家庭的人口也会发生变动。为充分利用土地资源和劳动力资源，客观上要求对每个农户占有的土地数量进行定期调整和经常性的微调。何时调整、调整多少，只有集体组织最清楚，这样，就有利于克服私有制下土地流转的困难。①

① 单胜道，陈强，尤建新. 农村集体土地产权及其制度创新. 北京：中国建筑工业出版社，2005：22-23.

第八章　城市化进程中农地制度变迁的国际比较研究

一、城市化进程中农地制度变迁的国际经验

(一)城市化进程中农地制度变迁的阶段性特征

城市化是衡量一个国家社会经济发展水平的重要标志，也是一个国家由贫穷落后走向繁荣富强的必由之路。任何国家的城市化进程，都要受到该国经济、社会、制度、自然资源、民族、文化、传统等多方面因素的影响，而在这些影响因素中，农地制度无疑是最重要的影响因素之一，因为一个国家的城市化既包括人口城市化，也包括土地城市化。因此要顺利完成城市化进程，就必须实现人口城市化与土地城市化的协调发展，也就是说农地制度的变迁必须与城市化进程相适应。纵观世界各国城市化进程与农地制度变迁之间关系的演变，我们发现，发达国家，如英国、美国、日本等，基本上实现了农地制度变迁与城市化进程的协调发展，而发展中国家，如巴西、印度、中国等，却没有很好地处理农地制度变迁与城市化进程的协调发展问题，要么人口城市化过度(如巴西)，要么人口城市化滞后于土地城市化(如中国)。但是，无论是发达国家还是发展中国家，在推进城市化过程中，农地制度变迁都显现出明显的阶段性特征：在城市化起步阶段，农地制度变迁的首要任务是确立明晰的产权制度，实现“耕者有其田”，追求农地资源分配的公平性；在城市化加速发展阶段，农地制度变迁朝着促进土地集中和规模经营的方向演进，追求农地资源配置的高效率；在城市化加速发

展和基本实现阶段，农地制度变迁的主要目标转向建立农地保护制度，追求农地资源利用的可持续性。

1. 在城市化起步阶段，农地制度变迁的首要任务是确立明晰的土地产权制度，实现“耕者有其田”

在城市化起步阶段，因为绝大部分人口生活在农村，从事农业生产活动，农地也就成为农民(农户)最重要的生产资料和主要的收入来源。同时，在这一阶段，国家的工业化也处于初始阶段，急需获取更多的农业剩余以推动工业化发展。所以激发农民(农户)的生产积极性，提高农地生产率，就成为城市化起步阶段农地制度变迁的主要动力。而激发农民的劳动积极性，提高农地生产率的最有效手段，莫过于使农民获得明晰的农地产权，实现“耕者有其田”，这也是确保农业生产顺利进行和维护社会稳定的重要前提。所以，各国在城市化起步阶段，农地制度变革都是首先从确立农地产权开始的。

英国通过圈地运动，最终确立了土地的完全私有产权。虽然英国自耕小农阶级由于圈地运动而迅速衰落，但土地规模化经营逐渐形成，大大提高了农业生产率，从而为工业化、城市化进程中迅速增长的城市人口提供了充足的食物，也为城市工业经济的发展提供了广阔的市场和必要的劳动力供给。美国在城市化起步阶段，农地制度变迁更多地表现为分配性质，即如何和向谁出售或者赠与联邦土地。所以，这一时期美国通过联邦土地出售制度、联邦赠地制度和军功授地制度等慷慨的土地立法，使人们能够廉价便捷地获得联邦土地，迅速实现了联邦土地的私有化，不仅使美国家庭农场数量急剧增加，而且也吸引了大规模的国际移民，为美国工业化、城市化发展提供了充足的劳动力。日本在城市化起步阶段，为支持城市化、工业化的发展，明治政府实施了废除封建领主土地所有制、确立资本主义土地私有制的土地改革。这次土地改革满足了部分农民的土地要求，在一定程度上缓和了阶级矛盾，提高了农民的生产积极性，为发展农业生产创造了条件。第二次世界大战后，日本政府于1946年9月制定了《自耕农创设特别措施法》和《农地调整法改正法律案》，构建了“耕者有其田”和以自耕形态为主体的农地制度，推动了日本城市化的快速发展。

新中国成立后全国范围内开展了土地改革运动，摧毁了延续中国历史几千年的封建土地制度，实现了“耕者有其田”，大大激发了广大农民的劳动积极性，解放了农村社会生产力，农业生产得到迅速恢复和发展，为国家的工业化、城市化进程奠定了坚实基础。改革开放以来，农地家庭承包制采取土地均分方式，使农民获得了较集体化时期多得多的土地产权，中国工业化和城市化自此步入加速发展通道。但由于集体化时代所实行的重工业优先发展战略和城市偏向政策的制度惯性以及现行农地制度的固有缺陷，中国多年来一直存在着城市化滞后于工业化、人口城市化滞后于土地城市化的现象。所以，协调发展工业化与城市化，人口城市化与土地城市化，是中国当下及今后相当长一个时期内社会经济发展需要解决的主要问题之一。巴西和印度的情况与中国有所不同。巴西和印度在城市化进程中，都始终没有彻底地解决农民的土地问题，普遍受制于耕者无其田，① 也就难以解决好农地制度变迁与城市化进程的协调发展关系。巴西土地高度集中的状况贯穿了巴西几百年的历史，社会的发展变化没有使土地占有情况发生根本性的转变，再加上巴西选择了一条资本密集型的农业现代化道路，形成对农村劳动力的巨大“推力”，大量的无地或失地农民被迫流入城市，而城市现代部门又没有能力吸纳日益增多的求职者。因此，流入城市的劳动者很难在城市正规部门找到工作岗位，而不得不在生产率低下的非正规部门找到一个仅仅能糊口的工作，造成了严重的过度城市化问题。印度独立后不久，也曾着手筹划农地制度改革，试图实现耕者有其田，但印度于20世纪50年代开始的土改，走的却是一条在不触动既有的土地私有制基础上的改良道路。印度土改所采取的废除“中间人”地权制度、进行租佃改革、规定“土地持有的最高限额”等措施，大多没有实现其预期的目标。总体上看，印度土改是失败的，因为它不是采取消灭封建地主阶级，实行“耕者有其田”的革命性措施，而是采取限制和削弱农村封建统治，逐步改造封建半封

① 温铁军. 我国为什么不能实行农村土地私有化. 财经界，2015(7).

建的地主为资本主义的经营地主，使印度农业缓慢地走上由封建半封建的农业向资本主义农业转化的改良道路。其结果是，国家和农村的少数地主、富农得益，而广大贫苦农民并没有得到好处，大量无地农民只得流入城市，形成城市贫民窟。

2. 在城市化加速发展阶段，农地制度变迁朝着促进土地集中和规模经营的方向演进

农地规模经营和农业现代化是农村城市化的基础，而农地改革是农地适度集中、规模经营的需要。随着社会生产力的发展，必然需要通过推进农地的适度规模经营来促进传统型农业向现代化发展，而高效的农地流转机制可以在效率优先、兼顾公平原则的基础上适应这一要求，实现农地规模经营。① 纵观发达国家在城市化快速发展阶段的农地制度变迁，可以发现，促进土地集中和规模经营是这些国家顺利推进城市化的普遍做法。

例如，英国政府在进入20世纪以来，逐渐改革租佃制农场的经营形式，利用经济、法律等手段促进土地集中和农业规模经营。美国政府通过土地租佃制实现所有权与经营权分离，通过家庭农场经营方式实现规模经营。据美国农业部1992年一份有关农业特征的调查，美国全国土地面积的41.8%和96%的耕地属于家庭农场。② 日本在第二次世界大战后，工业化、城市化的高速发展侵占了大量的农业用地，同时离农人口增加、农地抛荒等现象造成农业发展形势日益严峻。为了改变现状，日本政府通过对农地法的修改和农地政策的调整，积极鼓励土地的租借和流转，逐步实现了农村土地的规模经营。③

上述发达国家的农业现代化之所以能得到较快的发展，主要原因就在于土地规模经营以及随之释放出来的大量的农业剩余劳动

① 洪涛，丁兰. 城市化过程中的农地制度改革. 土地利用的城乡统筹和区域统筹——2007中国科协年会8.3分会场论文集，2007-09-01.

② 刘红岩. 城镇化进程中土地制度改革的境外经验与启示. 国家行政学院学报，2013(6).

③ 陈卫，何如海，王超. 农村土地制度改革的国际比较. 世界农业，2014(3).

力，为工业发展提供了充足的劳动力资源，提高了农业劳动生产率、农业机械化程度以及农业现代化程度。

发展中国家在城市化加速发展阶段，也都积极推行农地规模化经营，但都面临着较大挑战。比如，巴西在城市化进程中不仅农户经营规模逐渐扩大，还出现了大农场。但由于巴西实行土地私有制，而且土地又过于集中，农民流入城市后不能再返回农村，农业发展也因此受到较大影响。① 印度在农地规模经营方面也遭遇困境。印度实行的也是土地私有制，并通过设立上限来控制土地的集中。目前印度85%以上的农场的规模不足2公顷土地，只有约1%的大农场拥有10公顷以上的土地，许多农场的土地分散。调查显示，那些拥有10公顷以上土地的农场投入更多的是现代技术，如化学肥料、杀虫剂等等，而小农场投入的主要是劳动力。但它们单位面积的土地产出能力相差不大。上限法实行后，近500万公顷剩余土地被分配给无地的农民，使农民的生产积极性大大提高。但由于土地规模经营发展不快，农业经济效益的增长较慢。② 中国实行的是土地公有制——农地的农民集体所有制。在工业化、城市化快速发展过程中，大量农地转变为建设用地，使人地矛盾更加突出，再加上全覆盖的社会保障体系还没有建立起来，农地还过多地承担着社会保障功能，所以在土地家庭承包制条件下，要实现农地的适度规模经营，不仅要创新农地承包方式和经营模式，还需要改革户籍制度，为所有农民建立起最基本的社会保障体系，只有这样，已离农的农民才会放心流转所承包的农地，种田能手才有机会扩大经营规模。

3. 在城市化加速发展和基本实现阶段，农地制度变迁的主要目标转向建立农地保护制度

在城市化加速发展阶段，大量农地将不可避免地被占用，过度

① 谢长青，李晓燕. 国外农村劳动力非农化与城市化经验及启示. 学术交流，2008(9).

② 乔桂银. 印度、日本农地制度与我国农地制度改革. 未来与发展，2009(8).

的耕地流失会给国家社会经济的发展带来严重隐患，所以在推进城市化的同时如何确保足够多的耕地面积，是各国政府必须认真面对的问题。部分发达国家的经历证明，城市化的高速发展必然伴随着农地资源的高速流失。据联合国粮农组织统计，1961—2002 年，全球农地面积增加 5 亿公顷，但同期工业化国家的农地面积减少 0. 8 亿公顷，其中，农地损失数量最多的地区集中在东亚、西欧和北美等地。因此，如果不加以严格控制，后果将十分严重。①

第二次世界大战以前，英国耕地保护措施缺乏，工业化、城市化所需要的农产品主要依赖从国外进口；第二次世界大战以后，英国各殖民地和附属国纷纷独立，英国本土工业发展和城市扩张又使耕地面积继续减少，从而迫使英国政府开始采取一系列农地保护措施。首先，英国政府通过加强土地立法，以保护农地。如 1947 年颁布《城乡规划法》，将土地的使用“国有化”了，这对一个发达的资本主义国家来说，是相当难得的。此外，英国还制定了《新城镇法》、《村庄土地法》等 10 多部与土地有关的法律，加强土地管理，促进耕地保护；其次，进行土地调查、分类定级和科学规划工作，对城市交通、农业等用地部门进行合理安排，严格控制城市建设用地；同时，实行农产品价格保护政策，从而调控农牧业生产，使之扩大或缩小经营规模，达到保护耕地的目的；② 最后，从 20 世纪 80 年代起，大力推行环保型农业，节约耕地占用，提高农业质量，发展农村经济。

美国自 20 世纪中叶开始城市规模不断扩大，在 1961—2001 年，在城市化水平不断提升的同时，耕地面积占国土面积比重基本维持稳定。这种耕地面积保持稳定的城市化推进模式，得益于美国政府一直采取优选的城市扩张，大多数的城市扩张选择了草场、森林等，尽量减少对耕地的占用。同时，各州政府或地方政府购买优

① 王世元. 新型城镇化之土地制度改革路径. 北京：中国大地出版社，2014：199.

② 王珺. 英国耕地保护及对我国城市边缘区耕地保护的启示. 今日南国，2009(6).

质耕地的非农开发权，并付给农民补偿金，避免农民将私有土地出售给非农用途，永久地保护战略性农地及生态区①。此外，美国政府还通过税收优惠政策来加强对农地的保护，通过发放农地保护补贴，使农民获得放弃改变土地功能的补偿，增大耕地保有量。②

日本在城市化早期阶段就开始重视农地保护。作为城市化进程中不可避免的用地成本，日本在城市化快速发展中，仅付出了较小的代价。在公认的耕地保护难题上，耕地流失控制得当，从 1961 年到 2011 城市化水平上升了 26.95 个百分点，而全国耕地面积比例仅下降了 3.76 个百分点，且耕地面积基本保持稳定，是当今世界城市化土地集约利用的典型代表。在日本推进城市化的进程中，1952 年政府制定了《农地法》，把农地的各个区域作为对象进行严格管制，确保了一定数量的优质耕地。1969 年，日本政府又颁布了《城市计划法》，推行区划制度和实施开发许可证制度，推进城市化进程的同时抑制城区无序发展。此外，日本还相继颁布了以《国土利用计划法》、《农振法》、《增进农用地利用法》、《村落地域建设法》等为核心的 130 部法律及其实施细则，为城市化过程中的土地集约利用、农业耕地保护提供了保障。③

英、美、日三国都是城市化发展较为成熟的国家，在化解城市扩张与用地矛盾上都有值得借鉴的经验。美国拥有约 937 万平方公里的国土面积，与中国相当，但人口只有 3.178 亿(2014 年)，人均占地面积较多，且土地资源能够市场化交易，政府并非土地垄断者。日本的工业化、城市化水平与美国相当，却国土狭小，资源匮乏，人口密度大于中国，但日本实现城市化的时间却远少于美国与英国，其土地集约化利用经验尤其值得我们重视与借鉴。这三个国家土地利用与保护政策的共同之处主要有以下几点：

---

① 刘晓田. 城市化进程中的土地集约利用问题研究. 中国海洋大学博士学位论文，2010.

② C. Badgley. The farmer as conservationist. American Journal of Alternative Agriculture, 2003, 18(4): 206-212.

③ 朱小波，周宇霆. 中外城市化过程中土地利用模式比较研究——从土地利用与保护政策的角度. 现代物业·现代经济，2013(11).

第一，有完善的依法制订的土地开发规划方案。美国和英国都十分重视规划前的公众参与，以提高规划透明度，日本有大量的法律来保证土地开发的合理性与集约性。同时，它们的土地开发规划制订完成之后，具有很强的法律约束效力，不会轻易被修改。

第二，十分注重农地、耕地保护。英国在建立农地质量评价和规划管制制度的同时，通过土地裁判制度来化解农地纠纷，鼓励发展自营农场来促进农业经济。美国在土地规划上明确划定城市扩展边界，同时采取税收减免等经济手段来刺激保护，提倡土地所有者主动参与保护。日本基于其本身土地资源紧缺的现实，依托完善的法律制度，更加注重对农地的保护，通过土地分类实施差异化和有针对性的保护措施，提高了农地保护效率。

第三，城市用地管理均强调走城市扩张集约化、紧凑化道路。英国实行都市复兴与紧凑化的发展战略，政府通过对土地开发项目的严格审查与审批，结合规划、环保与农业部门的联合管制来约束开发商，确保土地利用的集约化、合理化。美国以分区管理办法来管制城市开发用地，同时以“精明增长”理念为指导，充分发挥已有基础设施的效力，提供更多样化的交通和住房选择以控制城市蔓延①。日本强调分类、分区、分质的有针对性的开发，且规划具有很强的前瞻性。②

(二)农地制度变迁要与工业化、城市化进程相适应

城市化是农村人口城市化和土地城市化的演变结果和现实表现，农地制度作为农村经济社会的博弈规则与形塑人们互动关系的约束在城镇化发展进程中起到了重要作用。从农地制度变迁与城市化进程的历史演进来看，城市化与农地制度相互作用和影响。农地制度变迁为城市化发展提供了制度动力和物质基础，城市化发展也

① 诸大建，刘冬华. 管理城市成长：精明增长理论及对中国的启示. 同济大学学报：社会科学版，2006(17).

② 朱小波，周宇霆. 中外城市化过程中土地利用模式比较研究——从土地利用与保护政策的角度. 现代物业·现代经济，2013(11).

推动着农地制度的变迁。农地制度主要从农地产权、农地制度效率以及农地制度的社会保障功能三个方面作用于城市化；城市化发展则要求农地所有权制度、农地使用权制度、农地管理制度、农地规划制度以及农地征用制度等做出相应的制度变革。①

从各国农地制度变迁与工业化、城市化发展演进关系来看，发达国家基本上实现了工业化、城市化与农地制度变迁的协调发展，而发展中国家在其现代化进程中大多没能实现农地制度变迁与工业化、城市化的均衡发展，普遍表现为要么只注重工业化、城市化发展，忽视农地制度变迁，要么农地制度变迁滞后于工业化、城市化发展进程，从而阻碍城市化发展。

英国是世界上第一个实现工业化和城市化的西方发达国家，其城市化进程与农地制度变迁的互动发展是一个长期的自然演进过程。作为英国城市化进程中农地制度变迁典型形态的“圈地运动”，前前后后经历了几个世纪，它虽然没有显著加速英国城市化进程，但它直接推进了英国乡村非农化的发展进程，带来了农村社会结构和经济结构的深刻变革，为随后的大规模农村劳动力转移和城市化运动奠定了坚实的基础。② 从这种意义上可以说，在城市化起步阶段，英国农地制度变迁基本能适应城市化发展。18 世纪末到 19 世纪中叶，伴随着圈地运动的完成，资本主义生产方式已在英国农业中占绝对统治地位，使得当时英国的农业在欧洲居领先地位。到 19 世纪初，英国仍然是一个农业比较发达，食品基本自给的国家。但随着工业革命的迅猛发展，英国开始实行“英国工业、其他国家农业”的国际分工。这时的英国对农地基本不予保护，工业化、城市化所需要的农产品主要依赖国外。在轻视农业的政策的诱导下，农业逐步衰退，英国在食品供应方面严重依赖于世界市场。可以说，这一阶段的英国城市化不是建立在农业高速发展的基础上的，

① 李杰，张光宏. 农村土地制度与城镇化进程：制度变迁下的历史分析. 农业技术经济，2013(2).

② 王勇辉，等. 农村城镇化与城乡统筹的国际比较. 北京：中国社会科学出版社，2011：40.

而是以牺牲农业为代价的。由于英国工业化、城市化是在毫无先例的情况下进行的，所以在工业化、城市化进程中，英国不可能有别国经验可资借鉴，更多的是反思和总结自己的历史，并不断进行修正和完善。① 因此，在随后的历史进程中，尤其是在第二次世界大战以后，英国政府分别采取法律的、经济的等多种手段，扭转农业发展的衰落局面，如重视对农地的保护，鼓励农场向大型化、规模化方向发展，实行农产品价格保护政策，开展土地调查，分类定级和科学规划城乡用地，开展环保型农业，提高土地质量，实行土地发展权“国有化”等。这些法律和政策的实施，使英国农地制度变迁与城市化发展重新迈上了协调发展的道路。

美国基本上实现了土地制度变迁与工业化、城市化进程的协调发展。在城市化起步和加速阶段，美国土地制度变迁更多地表现为分配性质，即如何和向谁出售或者赠与联邦土地。而这一时期，美国正是通过慷慨的土地立法(如联邦土地出售制度、联邦赠地制度和军功授地制度等)使人们可以廉价而便捷地获得联邦土地，迅速实现了联邦土地的私有化，为工业化、城市化的发展奠定了坚实的基础。在城市化基本实现阶段，一方面，第二次工业革命使得美国城市化迅猛发展，造成了自然资源的破坏和浪费。另一方面，自然资源和财富不断集中，使开垦和开发的规模越来越大，造成的破坏和浪费也越来越多、越来越严重。鉴于此，美国土地制度的变迁就由分配性质转向土地保护。在城市化高度发达阶段，人口增长与郊区化趋势加剧，导致大面积农地转为城市和其他建设用地，引发了反对城市过度扩张和保护基本农田的运动，多数州政府制定了基本农田保护法规，市、县则开展了较为广泛的划定基本农田区的活动，耕地、牧场、果园都受到很好的保护。同时，美国土地保护政策在调控手段上发生了重大变化，开创了以市场为导向的政策方向。20 世纪 60 年代末，美国政府在实行土地用途管制制度的基础上，仿照英国的做法，设置土地发展权，建立了土地发展权制度，

① 王勇辉，等. 农村城镇化与城乡统筹的国际比较. 北京：中国社会科学出版社，2011：50.

有效地保护了耕地，后又扩展至保护生态环境和有历史意义的建筑、风景资源等。

日本在城市化起步阶段，农民占总人口的绝大部分，基本处于无地状态，为支持城市化、工业化的发展，日本明治政府的首要任务是废除封建领主土地所有制，确立资本主义的土地私有制。通过土地改革，部分农民的土地要求得到了满足，阶级矛盾也在一定程度上得到了缓和。土地改革提高了农民的生产积极性，为发展农业生产创造了条件，并为工业化、城市化的快速发展奠定了基础。在城市化快速发展阶段，工业化、城市化对农地制度的影响进一步扩大。特别是地主土地所有制和土地租佃制为主的封建制度已经成为工业化、城市化发展的障碍，大大影响了农业的发展。为此，日本政府通过大量的改革措施来协调工业化、城市化与农地制度的关系。一方面，日本政府先后进行了两次以确定私有产权，落实"耕者有其田"为主旨的农地改革，旨在扶植自耕农、保护佃农、抑制地主权利，为工业化、城市化的发展奠定了坚实的基础。另一方面，日本政府制定了一系列涉及农地的所有、利用、开发、交易、转用、管制、规划与保护等各个方面的法律，形成了内容极为丰富、规范对象明确、规范条款翔实、可操作性强的日本当代农地制度，促进了工业化、城市化的发展。在城市化高度发达阶段，日本经济的高速增长以及工业化、城市化的迅速发展，使得农业用地被大量占用，农地总面积不断减少。同时，离农人口剧增，农业生产者高龄化，农地抛荒现象严重。为此，日本政府通过制定大量政策、法规以及采取有关措施来促进农业的发展，实现耕地的规模化经营，并采取一系列有效措施，不断完善耕地保护与经营制度。总之，日本工业化、城市化发展促进了农地制度的变迁，农地制度变迁又反过来促进了工业化、城市化进程，实现了农地制度变迁与工业化、城市化的协调发展。

反观发展中国家，它们基本上没能实现农地制度变迁与工业化、城市化的协调发展。这主要是因为发展中国家大多面临着人口众多、人地矛盾突出等问题，而国际环境又不允许发展中国家能像发达国家那样向海外输送国内过剩人口，再加上在推翻殖民地或半殖民地统治、实现民族独立后，发展中国家又面临着如何尽快恢复和发展国民经济，追赶发达国家的战略任务。所以发展中国家在实行赶超型战略时，往往会顾此失彼，难以实现社会经济的协调发展。

比如，巴西是最早实现城市化的发展中国家，但其人口城市化水平明显超前于其工业化和经济发展水平，是“过度城市化”的典型代表。其根源就在于，巴西在摆脱葡萄牙殖民统治实现国家独立后，几乎原封不动地秉承了殖民地时期的大地产制，并在此基础上启动其工业化、城市化进程。农村土地的高度集中，再加上巴西又选择了一条资本密集型的农业现代化道路，形成对农村劳动力的巨大“推力”，大量的无地或失地农民被迫流入城市，而城市现代部门又无力吸纳日益增多的求职者。因此，流入城市的劳动者很难在城市正规部门找到职位，而不得不在生产率低下的非正规部门找到一个仅仅能糊口的工作，造成了严重的过度城市化问题。可以说，巴西农地制度变迁与城市化的非均衡发展是巴西现代化进程的主要掣肘之一。

印度是除中国以外唯一的人口超过 10 亿的国家。印度尽管也是世界上历史最为悠久的国家之一，但其城市化进程却十分缓慢，在 1901—2001 年的整整一个世纪的历史进程中，印度的城市人口比例仅仅从 10. 8%增加到 27. 8%。造成印度城市化发展缓慢的因素很多，比如工业化发展缓慢、基础设施建设落后、贫富差距巨大、种姓制度观念根深蒂固等等，但传统而又保守的土地私有制度是最重要的影响因素之一。印度在 1947 年获得独立后，没有经历过翻天覆地的社会革命，其土地私有制度被完整地保留下来。而且，印度又盛行多子平分的传统制度，使得下一代人拥有的土地通常比上一代人少，为了维持生计，进城务工的农民一旦赚了足够的钱，便会回到农村购买更多的土地。所以，印度的“伪城市化”使城市人口的总数只是一个表面现象，实际上有更多的人口只是暂居城市，而不是在城市置业、落地生根。① 此外，尽管印度在独立后

① 王勇辉，等. 农村城镇化与城乡统筹的国际比较. 北京：中国社会科学出版社，2011：226，228.

通过了比任何其他国家都要多的土改法案,① 但印度的土地仍然主要集中在占农村人口少数的农村上层手中。所以，印度的这种传统而又保守的土地私有制度及土地自由买卖的结果，非但没有快速、低成本地实现工业化和农业现代化，反而是一方面农村凋敝，小农破产，无地则反；另一方面，大批失地农民涌进城市而难以就业——实现的不是城市化而是城市贫民窟化。② 因此，印度必须进行彻底的土地制度变迁，才能使之与工业化、城市化同步协调发展，其现代化进程才能顺利完成。

新中国成立后全国范围内开展了轰轰烈烈的土地革命，将土地的地主所有变为农民所有，形成个体所有个体经营的新的农地制度，激发了农民的劳动生产积极性，提高了土地产出率和土地资源配置效率，使农业中出现了大量剩余劳动力，形成农村强大的推力，成为中国第一次城市化高潮的基础和起点。③ 应该说，中国在这一时期的农地制度变迁适应了工业化、城市化的发展要求。但由于受到"公有制神话"的驱使和满足重工业优先发展战略的需要，从20世纪50年代起，国家通过互助组、初级社、高级社、人民公社等一系列合作化运动，使土地越来越合并到一个更大的组织单位，也越来越脱离被集体化的农民自己的控制，而变成政府直接控制的资源。政府通过其行政系统，由各级行政负责人直接调配土地及其他农业生产资料、甚至生活资料，"一平二调"，"一大二公"。市场配置土地的作用完全被废弃。④ 实践证明，这种公平与效率皆失的农地制度安排，不仅没有成为城市化发展的强劲动力，反而导致城市化由不可持续的"泡沫城市化"向极不正常的"逆"城市化转

---

① 朱昌利. 印度的土地改革——发展中国家土改的一种模式. 南亚研究季刊，1989(2).

② 温铁军. 我国为什么不能实行农村土地私有化. 财经界，2015(7).

③ 曾宪明. 我国现行农地制度安排对城市化进程的制约因素分析. 生产力研究，2006(7).

④ 盛洪. 制度应该怎样变迁——中英土地制度变迁比较. 学术界，2014(12).

变，城市化发展起伏波动剧烈并逐渐趋于停滞。① 开始于20世纪70年代末的改革开放政策逐渐扭转了中国农地制度变迁与城市化的非协调发展局面，尤其是以“均田制”为基本形态的土地家庭承包制，公平地满足了农民对土地这一基本生产资料使用权的天然要求，且具有充分激励、零生产监督费用、低收益分配成本以及灵活性的经营决策等特点，极大地调动了农民经营土地的积极性，大大提高了土地产出效率，为工业化和城市化不仅做出了产品贡献、市场贡献和资本贡献，而且提供了几乎无限供给的劳动力，产生了人口城市化的巨大推力。② 可以说，这一时期中国实现了农地制度变迁与工业化、城市化的同步协调发展。但随着工业化、城市化进程的加速，中国现行农地制度的一些固有制度缺陷，如产权主体不够明晰、征地制度欠完善等逐渐暴露出来，导致土地非农化与人口城市化不够协调，城乡建设偏重外延扩张。据统计，2000—2011年，全国城镇建成区面积增长了76.4%，而城镇人口仅增加50.5%；并且同期农村人口减少了1.37亿人，农村居民点用地却增加了0.3亿亩。③ 因此必须进一步创新中国农地制度，使之更好地适应工业化、城市化的加速发展进程。

（三）及时合理地解决农民的土地问题，保护农民土地权益是顺利推进工业化、城市化的保障

发达国家和地区在工业化、城市化进程中基本能妥善地解决农民的土地问题，并适时推进农地制度改革，实现农村劳动力人口从农村向城市的平稳过渡。纵观发达国家的农地政策变迁，其目标都是按照“公平—效率—可持续发展”的方向演进，首先追求土地资源分配的公平性，然后追求土地资源配置的高效率，接着加强对土

① 李杰，张光宏．农村土地制度与城镇化进程：制度变迁下的历史分析．农业技术经济，2013(2)．

② 曾宪明．我国农地制度的变迁轨迹及其现实功用．改革，2010(2)．

③ 王世元．新型城镇化之土地制度改革路径．北京：中国大地出版社，2014：46．

地资源的保护和利用。① 土地公平分配阶段的重点是保证土地由农民所有，保护耕作者的利益，实现“耕者有其田”，为工业化、城市化发展创造条件。很多国家通过适时的农地制度变迁实现了这一目的，例如，美国采取的是公有地(联邦土地)出售的方式，日本则是通过一系列农地改革措施，废除封建的农地制度，创设自耕农，保护佃农、抑制地主权利。促进土地使用权流转阶段的重点是促使土地向真正愿意从事农业生产且有能力的农民集中，扩大农地经营规模，提高农地使用效率。美国工业、交通和服务业在第二次世界大战后的迅速发展吸收了大批农村剩余劳动力，为农业高度机械化提供了便利条件，使美国家庭农场的经营规模逐步扩大，家庭农场数量逐步减少，同时，美国还鼓励农民发展农业外经济，增加农业外兼业收入，并加大对农民种植农作物的直接经济补贴。② 日本在扩大农地经营规模方面则比较重视土地规模的“双限”调节，既限制土地细分，防止土地破碎化，也限制土地兼并上限，防止土地过度集中。③ 英国主要采用农业政策鼓励农场向大型化、规模化方向发展。对愿意合并的小农场，提供50%的所需费用，对愿意放弃经营农业的小农场主，给予2000英镑以下的补贴，或终生养老金。此外，英国还实行农产品价格保护政策，对本国生产的各种农牧产品都规定了价格下限，即最低保护价格。当相关农牧产品在本国市场上的实际销售价格低于最低保护价格时，差额由政府补贴，从而来调控农牧业生产，使之扩大或缩小经营规模，达到保护耕地的目的。

一些发展中国家在推进工业化、城市化进程中面临着与发达国家迥异的国际国内环境，尤其是像巴西、印度这样的发展中大国，在摆脱殖民统治获得民族独立后又没有进行彻底的社会变革，特别

---

① 王世元. 新型城镇化之土地制度改革路径. 北京：中国大地出版社，2014：196.

② 新玉言. 国外城镇化——比较研究与经验启示. 北京：国家行政学院出版社，2013：114-115.

③ 曹俊杰，王学真，高峰. 资源丰缺度不同国家的农业现代化模式之比较. 宁夏社会科学，2010(4).

是没有进行彻底的土地制度变革，所以也就不可能彻底解决农民的土地问题。巴西虽然是最早实现城市化的发展中国家，但由于其独立后完全秉承了殖民地时期的大地产制，步履艰难的土地改革没有从根本上解决土地高度集中的问题，城市工商业创造的就业机会吸引大批无地失地农民涌入，形成城市贫民窟。印度独立后也秉承了殖民地时期的土地制度，虽然独立后的土改措施使地权有所分散，但土地高度集中和占有不平等的状况没有发生根本变化。无地或少地的农民，无法继续依靠自己的小块土地为生，或是受雇于农场主，或是成为潜在的城市移民，逐渐地退出农村。但城市又无力吸纳日益增多的流入城市的农民，他们只好集居在城市“贫民窟”，过着极度贫困的生活。巴西和印度的教训告诉我们：要顺利推进工业化、城市化，必须及时、合理地解决农民的土地问题。在城市化进程中，要保障农民的土地权益，防止土地占有不平等，使大量无地农民集中于城市，形成贫民窟。

二、中国城市化进程中的圈地浪潮与英国城市化进程中“圈地运动”的比较分析

圈地运动是英国经济社会发展史上一直备受关注的事件，它导致了英国农业革命，推动了英国的工业革命和城市化，为英国农业现代化和工业化、城市化作出了重要贡献。英国的圈地运动前前后后经历了几个世纪。可大致将其分为两个阶段，分别是早期圈地运动，即从15世纪中后期延续至18世纪初的自发或协议圈地和晚期圈地运动，即从18世纪延续至19世纪中期的议会圈地。

协议圈地运动是整个圈地运动重要的起始阶段，但尚不是决定性的阶段，这场运动的核心就是对私有完整产权的争取(尽管争取的方式是有暴力和牺牲品的)，它与土地制度的变迁直接相关，甚至有学者说它已经是“一场土地所有权和生产方式的革命”。议会圈地运动的高潮发生在18世纪后期和19世纪最初的20年间。议会圈地运动是对土地权利的规模式变革和重新分配，它使敞田和公地基本在英国消失了。这场圈地运动的影响及规模较之协议圈地运

动，都更为令人印象深刻。因为议会圈地正是通过国家的一个个强制性法令来界定这种土地产权，它受到了法律的认可和保护。在议会陆续颁布的一个个圈地法令的支持下，土地私有产权得到了界定，土地的共有产权在一步步地消除，尤其是后来《一般圈地法》的颁布，加速了强制性土地产权制度变迁的进程。但强制性制度变迁在给一部分人带来利益的同时，不可避免地会损害另一部分人的利益。英国在废除敞田制的过程中，损害了原本依靠土地共有产权生活的人的利益，制度变迁必然会遇到阻力。为此，英国政府及时做出了相关的制度安排，给那些因新制度实施而受到利益侵害的人以一定的经济补偿，从而保证了强制性制度变迁的顺利进行。

（一）改革开放以来中国的圈地浪潮

20 世纪 80 年代中期以来，中国在工业化和城市化进程中也多次出现了大规模圈占农民土地的现象，并出现了三次圈地浪潮。这种圈地不同于一般意义上的政府公益性征地，而主要是官商合作的以地生财的商业行为，这不仅导致巨量农地被侵占、撂荒和造成耕地面积锐减，而且极大地损害了农民的利益，并由此引发了一系列经济社会问题。

1. 第一次圈地浪潮

改革开放以来中国第一次圈地浪潮发生在 1984—1986 年。

发轫于 20 世纪 70 年代末的中国经济体制改革，使家庭联产承包责任制得以实行，极大地调动了广大农民的生产积极性，使积蓄了几十年的农业生产潜力集中爆发出来，大大提高了农业劳动生产率，也使多年来的农村隐形剩余劳动力显性化。于是，在城乡分割的二元体制下，中国农民走出了一条“离土不离乡、进厂不进城”的乡村工业化模式，促成了乡镇企业的大发展。1984 年以后，大量的乡镇及村办企业建立起来了。这是中国乡镇企业发展的一个高峰期，并得到了中央的鼓励和政策上的支持。根据《中华人民共和国土地管理法》的规定，任何单位和个人进行建设，需要使用土地的，必须依法申请使用国有土地；但是，兴办乡镇企业和村民建设住宅经依法批准使用本集体经济组织农民集体所有的土地的除外。

这实际上表明，乡镇企业用地可以不受"建设用地必须申请使用国有土地"这一规定的限制，直接从集体土地上获取使用权。这样，乡镇企业发展占用了大量农村耕地，并且，所占用的土地绝大部分是由乡镇政府以极低的补偿价格从农民手中取得的。

不过，这一波圈地浪潮发生在农村内部，因为土地产权始终掌握在乡镇集体和农民手中，为农民实现低成本的乡村工业化提供了条件。这一时期，农民和集体共同分享了工业化的成果，农产品自产自销，缩小了剪刀差，成为农民收入增长最快的时期。但是，经过这一轮圈地热后，"乡乡点火、村村冒烟"的乡镇企业粗放发展模式，直接导致了乡村工业用地的一度失控。仅 1985 年，全国就减少耕地 1500 万亩。1978—1986 年，耕地年均减少 600 万亩。这引起了中共中央、国务院的高度重视，1986 年 3 月发布的《关于加强土地管理制止乱占耕地的通知》提出："要建立和完善土地管理法规"、"抓紧制定《中华人民共和国土地法》"。加强土地管理之后，乡镇圈地的浪潮逐渐平息下来。表 8-1 反映了这一阶段中国乡镇企业的发展概况。

表 8-1　**1978—1990 年乡镇企业和建制镇数**

年份	乡镇企业数（万个）	建制镇数（个）	年份	乡镇企业数（万个）	建制镇数（个）
1978	152. 42	2173	1985	1222. 45	9140
1979	148. 04	2361	1986	1515. 3	10718
1980	142. 46	—	1987	1750. 24	11103
1981	133. 75	2678	1988	1888. 16	11481
1982	136. 17	1664	1989	1868. 63	11873
1983	134. 64	2968	1990	1850. 4	12084
1984	606. 52	7186			

资料来源：根据《中国统计年鉴 2007》整理而成。转引自查伟伟. 新圈地运动研究. 广州：暨南大学博士学位论文，2010.

2. 第二次圈地浪潮

第二次圈地浪潮发生在1992—1994年。

这一波圈地浪潮发生的历史背景是：20世纪90年代初发生了苏联解体、东欧剧变这一影响全球的重大事件，严峻的事实引发人们对社会主义命运和中国改革走向的思考。在这一重要历史关头，1992年邓小平发表南方谈话，拉开了新一轮改革开放和加速发展的帷幕。1994年10月，党的十四大确定了建立社会主义市场经济体制的改革目标，中国由此进入了建设社会主义市场经济体制时期。随着这一目标的提出，中国的财政体制也进行了进一步调整，于1994年起实行分税制预算管理体制。改革之后，中央预算收入占全部预算收支不断下降的趋势得到根本扭转，从1993年的22.0%上升到2003年的54.6%，地方财政收入则从70%左右下降到1994年后的50%以下。地方财政收入锐减，负担加重，开辟新的财政收入来源成为地方各级政府的迫切任务。随着中国内外部环境的变化，乡镇企业进入改造升级、向园区集中的时期，城市化也由推进小城镇为主转向大中城市快速发展阶段。当工业化和城市化发展到一定的阶段时，需要进行相应的资源整合以提高其使用效率。建立经济开发区、工业园区成为这一波圈地热的主要标志。土地有偿转让的升温，引发了一场颇具规模的投机热。各地纷纷建立"开发区"，仿效深圳搞土地有偿转让，以此吸引外资。办开发区的热潮一时间席卷全国。国家建设部公布的资料表明，截至1993年3月宣布清理时，中国县级以上的开发区已达6000多个(20世纪80年代末，全国开发区总数不超过700个，1992年新增的开发区是我国建立开发区以来7年间总和的20倍)，占地1.5万平方公里(而事实上真正开发的只有307平方公里)，比中国当时城市用地面积总量1.34万平方公里还多出0.16万平方公里。这些开发区的土地80%以上是耕地。仅1992年一年，"开发区热"就占掉了耕地2400万亩。对这一轮的经济过热和土地扩张，国家虽然采取了很多措施，但未能很快有效制止。直到1997年4月15日，中央发出了《关于加强土地管理切实保护耕地的通知》，对土地征用采取了急刹车："自本通知下发之日起，冻结非农业建设项目占用耕地一年”，才对开发区热有所抑制。但此轮圈地热潮不仅造成巨量土地资源浪费，也给国家造成了数千亿元的投资损失。①

3. 第三次圈地浪潮

第三次圈地浪潮发生在1999—2006年。

这次圈地热潮产生的背景是：1999年中国为加入WTO与美国达成协议，并于2001年正式成为WTO成员。“入世”标志着中国的改革开放进入了一个新阶段，中国将全面参与经济全球化的进程。与此同时，中国经济也于1999年达到周期性运行的谷底，2000年出现反弹，进入下次经济周期的扩张阶段，2002年中国经济再次提速。伴随着西部大开发战略的实施，国家传达着一种“宽松”的经济发展环境的信号。这一波圈地热潮延续了以往的开发区热，并以大中城市的扩张为主。2000—2001年，国务院批准了中西部14个中心城市已经运行的省级开发区，提升为国家级经济技术开发区。它们的设立重新点燃了开发区的热潮，并开始向西部地区蔓延。同时，各大中城市也追求大都市化，在“经营城市”理念的指导下，进行摊大饼式的城区扩张。房地产开发热是此次圈地的一大特点。工业化和城市化发展到一定阶段，人们追求生活质量的提高都要求第三产业与之配套，日益繁荣的房地产业正是这一需要的内在反映。无论是大学城的建设，商铺、休闲用地的开发，还是居民住宅的修建（1998年7月30日全国停止福利性分房，全面实行住宅商品化），都需要跟地产商打交道，因此，建筑业俨然成为政府的支柱产业。政府对于开发商的大力扶持，使得他们采用各种方式圈地。甚至在一些地区，新农村建设也逐步异化为乡村房地产开发。在土地开发过程中，地方政府存在大量的违法违规行为。据国土资源部不完全统计，2004年，全国开发区多达6015个，规划面积3.54万平方公里（相当于5300多万亩），其中相当数量是耕地。截至2003年，在建和拟建的大学城有46个，占地面积48.8万亩。这导致我国耕地大幅度减少，2002年和2003年连续两年突

① 查伟伟. 新圈地运动研究. 广州：暨南大学博士学位论文，2010.

破历史最高水平，分别达到2500万亩和3800万亩。①

通过对三次圈地浪潮的简略考察可以看出，圈地的力度、圈地所采取的方式均有所不同，这在一定程度上反映了工业化和市场化发展带来的经济环境的变化，要求资源重新配置。第一波圈地热中土地产权基本不变，第二波、第三波圈地过程中集体产权变成了国家产权，这一转变涉及在城乡之间重新进行利益分配这一根本问题。这三波圈地浪潮具有以下一些特点：

(1)地理位置较为集中。城乡接合部地区交通发达，地理条件优越，拥有良好的人居环境，土地的使用效益特别是非农业用地的效益往往高于其他地区，但地价又相对城市中心区低廉，因此成为最易被城市蚕食、引发土地投机的地方。此外，由于有的地区没有彻底实行城乡土地统筹管理，在城乡结合部出现多头批地，也是诱发违法占地的因素之一。

(2)用地规模大。政府手中拥有合法的暴力组织，可以减少用来谈判的交易成本，获得圈地上的规模经济。和单个行为主体相比，政府圈地少则数十亩，多则成千上万亩。大规模的农地流失必然造成大量失地农民，也影响到被圈土地的发展问题。土地的开发需要有好的建设项目，有足够的资金支持。但现实中，这些条件很难达到，造成许多土地征而不用、多征少用、早征迟用的现象普遍。有的即使用了，也没有给当地带来多大的经济效益，造成土地资源白白浪费。所征土地面积越大，浪费越严重，带来的社会影响越恶劣。

(3)圈地具有表面的“合法性”。圈地以政府为主体，打着“公共利益”旗号，多用于经营性用地，其表面的“合法性”掩盖了非法的本质。从圈地开始到土地弄到手，一般都是某领导、某权威单位和用地单位相结合，通过打招呼，做工作，以“搞活流通”、“改善投资环境”等为由，先用后征、边用边征，越权审批，擅自下放审批权，弄虚作假，分次审批、化整为零，随意改变土地用途，掩盖着知法者犯法和执法者违法的行为。国土资源部对2004年10月至

① 查伟伟. 新圈地运动研究. 广州：暨南大学博士学位论文，2010.

2005年5月部分城市卫星照片执法检查情况统计显示，违法用地占新增建设用地宗数、面积的比例分别达到61%和50%，有的地方甚至高达80%。① 土地违法案件很少受到处分，追究刑事责任的比例就更少，土地违法成本如此之低，圈地中的违法现象也就在所难免了。

(二)中国的圈地浪潮与英国圈地运动的比较分析

1. 中英圈地发生的历史背景比较

(1)英国圈地运动发生的历史背景

英国圈地运动前前后后持续了大约3个世纪。整个圈地运动期间伴随着封建制度的衰落和资本主义制度的逐渐兴起。15世纪末16世纪初的地理大发现加强了欧、亚、非及美洲等地的联系，世界市场的雏形开始出现。新航路的开辟，大大推动了欧洲商业的发展，贸易中心也由原来的地中海地区转移到大西洋沿岸。英国受益于此，开始崛起成为新的商业强国，并展开了同西班牙、荷兰激烈的争夺。随着贸易触角深入世界各地，富有冒险和开拓精神的商人积极活跃在世界舞台上，除进行正常的商业活动外，还在殖民地和海上公开进行抢掠，积聚了大量财富和商业资本。“商业革命”、“价格革命”搅乱了传统的经济关系，依赖固定地租收入的地主经济地位下降，商业资产阶级却大发横财，加速了封建制度的衰落和资本主义的兴起，促进了商品经济的发展和向全球的扩张。

14—15世纪的英法百年战争结束以后，英国人开始了潜心发展宗教的民族国家的历程。虽然“国民经济”的概念对于早期的政府来说还很陌生，但由于英国比其他任何地方都具有统一的、权力较大的政府，因此，民族意识的迹象最先在英国出现。王室通过各种措施保护和扶持本国工商业及航海业，1485年亨利七世开始坚决实施保护主义和重商主义政策，到16世纪后期伊丽莎白女王统治时代，重商主义被推向了顶峰。直至19世纪上半期工业革命前后，重商主义政策才逐渐为自由贸易政策所取代。资本主义的发展

---

① 唐敏. 土地管理改革新方向. 瞭望新闻周刊，2006-09-18.

要求在政治上扫除障碍，英国在 17 世纪爆发了资产阶级革命，并在 1688 年确立了君主立宪制的民主政治制度，废除了专制王权，在人类历史上第一次取得了资本主义制度取代封建制度的胜利，为资本主义的顺利发展创造了良好的环境。以蒸汽机的发明为标志的工业革命首先在英国完成，英国成为世界上第一个工业化国家，开创了影响深远的自由经济模式，并在 18 世纪成为最强大的殖民国家。

(2) 中国圈地浪潮发生的历史背景

与英国动荡不安、生产力及生产关系急剧变革的时代背景相比，中国的圈地发生在一个相对平稳的年代。资本主义经过几个世纪的发展和完善已经相当成熟。西方国家大都实现了工业化，由农业文明进入工业文明阶段。此时的国际环境已经发生了变化，像过去英法等国殖民掠夺和武力掠夺那样的手段已经行不通了。新生的社会主义国家经济基础薄弱，为了实现政权的稳固，纷纷开始了工业化进程。面对险恶的周边地缘政治环境，在没有可供选择的条件下，中国效仿前苏联实行了计划经济体制和重工业优先发展战略，初步建立了工业化体系，奠定了工业化的基础。由于实践中僵化的苏联模式弊端逐渐显现，社会主义国家也兴起过几次改革浪潮。1978 年党的十一届三中全会决定把工作重心转到社会主义建设上来，提出了对外开放、对内搞活的方针。改革首先从农村实行包产到户开始，突出的成绩坚定了人们的信心，1984 年党的十二届三中全会规划了改革的蓝图，开始了城乡全面改革。作为发展中国家，中国只能致力于发展经济，实现全面的工业化以减少同发达国家的差距。不断地创新与改革是完善社会主义制度，实现人民共同富裕的手段和途径。

但不可否认的是，作为发展中国家，中国面对的是极不公平的国家贸易环境，资本、技术和管理经验匮乏，因而中国产业在整体上不可避免地被锁定在国际价值链的低端。要推进和加速工业化，只能依靠对国内资源的重新分配和挖潜，并必然将经历一个痛苦的历史过程。而土地是一种关系人口生存而又不可再生的、有限的、具有空间垄断性、不可流动性和地理区位不可替代性的基本资源，各级地方政府为了加速本地工业化、城市化进程，特别是在财政压力和政绩冲动下，通过土地“农转非”，可以大量获取土地资本增值收益，用于其原始积累。所以很多地方政府将“以地生财”看作市场化改革的经验之一。低价征地，高价出让，已成为不少地方创造政绩、增加财政收入、改善部门福利的捷径。这也就不难理解为什么伴随着中国经济的高速增长，圈地之风会屡禁不止。

2. 中英圈地发生的制度环境比较

(1)英国圈地运动发生的制度环境

一国制度体系的设置要与本国生产力的发展水平相适应，与整个社会环境相协调。15 世纪的英国，商品经济的发展要求建立起与之相适应的资本主义生产关系。因此，经由漫长的中世纪保留下来的各种制度需要进行改革。从政治制度上看，1688 年“光荣革命”后，英国逐渐形成了君主立宪制的政治体制。国王的权力被大大削弱，议会及政府逐步掌握了国家的权力。这种政治体制虽然有其历史局限性，但它结束了英国的封建专制制度，使得英国走上了资产阶级政治民主化的道路。在思想文化上，英国于 16—17 世纪进行了宗教改革，这实际上是披着宗教外衣的一场资产阶级性质的改革。改革确立了适应资产阶级需要的伦理规范和生活方式，正如马克斯·韦伯在其著作《新教伦理与资本主义精神》一书中所分析的，新教伦理推动了资本主义及其核心特征“理性化”的诞生。现代资本主义精神，使得在西欧的英国，最先产生了现代工业文明。保尔·芒图也指出：“改变英国乡村的东西，造成圈地、瓜分公地、囤购农场的东西，都是用到农业上的商业精神。这就是地主们把土地视为资本的欲望，他们力图通过有系统的经营来从中获得更大的收入。商人寻求什么？就是要增加其利润和减少其费用。圈地减少了劳动力并增加了生产。人们把圈地的结果比作使用机器的结果，并不是没有理由的，它们的深远的来源也是相同的。”①随着商品货币关系的发展，欧洲各国先后出现了金融制度的创新，产生了

① ［法］保尔·芒图. 十八世纪产业革命：英国近代大工业初期的概况. 杨人楩，陈希秦，吴绪，译. 北京：商务印书馆，1983：144.

货币、银行制度。17 世纪，英国成为欧洲金融中心。土地制度也在圈占的过程中进一步完成了从敞田制到土地私有的过渡。所以当时的英国，面临的是一个推翻封建统治，从政治、经济、文化、思想等各个领域全面构建全新的资本主义生产关系的过程。

(2)中国圈地浪潮发生的制度环境

中国是社会主义国家，国家的一切权力属于人民。政治上实行人民代表大会制度，经济上实行以公有制为主体、多种所有制经济共同发展的经济制度。中国经济体制经历了由计划经济向市场经济的转变。在计划经济时期，国家控制所有的生产、资源分配(包括土地利用)以及产品消费，采取直接指令性行政管理，企业成为执行既定生产计划的政府附属物。为实行赶超型发展战略，国家通过农产品统购统销、城乡分割的户籍制度和人民公社制度等政策和体制手段，人为地割裂了工业与农业、城市与乡村的内在联系，把城乡置于不平等的劳动分工和贸易条件之下，确立并强化了城市相对于农村的优势地位，形成了具有中国特色的城乡经济社会二元格局。随着改革开放和社会主义市场经济目标的确立，计划经济体制开始向市场经济体制转轨。中国经济体制改革取得了举世瞩目的成就：所有制结构不断完善；市场在资源配置中的决定性地位已基本确立；现代市场体系基本形成：财政政策和货币政策协调运用的宏观调控经验不断丰富；形成了以按劳分配为主体、多种分配方式并存的分配制度；建立了覆盖人数不断增加的社会保障制度等等。虽然成绩突出，但中国的这种渐进式改革带有很大的不彻底性。英国改革的主力是新生的资产阶级，他们拥有强大的经济力量，代表着先进的生产力和生产关系，因此，改革力度大，创新性强。但中国的改革是自上而下推行的。改革的出发点一开始是维护、修补原有计划经济体制，再逐步过渡到构建新体制。改革者本身就是计划体制下的既得利益者，当新制度的实行触动到他们的根本利益时，改革就会停滞。更为普遍的情况是，由于路径依赖，一些新的制度带有浓厚的计划色彩。因此，中国的二元经济结构虽然略有松动，但深层次矛盾依然存在，并没有因为市场化改革而减弱。市场经济体制不仅仅是制度建设，还包括思想文化建设。中国没有经历像欧洲文艺复兴、启蒙运动、宗教改革等彻底的思想变革，五千年的封建文化和改革前的计划经济文化都深深扎根于中国的土壤，它们是和市场经济文化相排斥的，阻碍了商品经济的健康发展。可以说，中国的改革是在妥协中艰难前进的。

3. 中英圈地的推进方式比较

(1)英国圈地运动的推进方式

英国的圈地是以私人为主体的，即使在议会圈地阶段，也是以土地所有者个人为主体发动的。中国的圈地则是以政府为唯一合法主体。不同的主体拥有的经济实力、所能动用的资源不同，在圈地中采取的方式也就有所差别。私人作为主体比较灵活，协议圈地、土地投机和买卖都成为圈占土地的方式。在没有相关法律约束的条件下，暴力因其交易费用小成为经常使用的方式。而政府作为主体圈地一般采用法律形式，有一套相对完整的法律程序。由于文学作品的影响。人们往往把暴力和英国圈地联系起来。15—16 世纪的圈地被冠以“羊吃人”的圈地。这一时期英国正在进行原始资本积累，为工业化的启动准备条件。圈地打破了农民和土地之间的传统关系，造成了土地的重新分配，但采取什么形式还要取决于各地经济、资源条件。在人口稠密的米德兰平原，人口增长过快造成耕地严重不足，为了增加耕地，人们拼命开荒，结果荒地开垦殆尽，公共牧场被挤占。在这种情况下，某些人进行圈地则不可避免地要损害他人的利益，遭到反抗，从而形成暴力。而在地广人稀的英格兰北部高原地区，圈地，特别是圈占荒地一般不会侵害到他人利益，因而，这一地区是在村民友好协商下进行的，不会引起任何暴力。如果通过圈地措施能够提高生产效率的观念成为人们的一种共识，那么以和平方式圈地也就能被大多数人接受。协议圈地可以全村集体一致的行动进行，也可以在荒地或者在可耕地的几块条田上，零零碎碎地圈地。甚至那些渴望圈地的地主，常常可以说是得到了村民的同意。但总的来看，这一时期的私人圈地没有法律依据，常常受到政府和法律的约束，因此，进行得比较有节制。1688 年政变之后，议会成为国家最高权力机构，圈地实际上的批准权便由王室机构和大法官法庭逐渐转到议会。作为资产阶级统治的工具，政府开始支持圈地，从而开始了议会圈地时代。同以往圈地方式相比，其最大的不同就是诉诸法律程序。无论是在私法案圈地还是一般圈地法颁布之后，都形成了一整套较为系统的圈围程序，圈地由不同部门负责，土地所有者可以依照法律规定进行圈地，政府保护其相应的权利。英国圈地经过了一个从非法到合法的过程，政府在其中起了重要作用。开始的反对和抑制一定程度上推迟了圈地的速度，缓和了社会矛盾，后期的议会圈地中，所形成的圈围程序在一定程度上体现了公开性与法制化的特点。这些措施保证了圈地的平稳进行，没有造成大的社会动荡。因此，对于“羊吃人”的英国圈地运动不能一概而论，应该对不同时期、不同地区的情况进行具体分析。

(2)中国圈地的推进方式

中国的圈地是在法律规定下以政府为主体推行的。《中华人民共和国宪法》第十条规定：“城市的土地属于国家所有。农村和城市郊区的土地，除由法律规定属于国家所有的以外，属于集体所有；宅基地和自留地、自留山，也属于集体所有。国家为了公共利益的需要，可以依照法律规定对土地实行征收或者征用并给予补偿。”这就决定了，在中国，政府是土地征收或者征用的唯一法定主体。从新中国成立起，中国就对政府征地的相关情况进行了规定。在从计划经济向市场经济的转变过程中，法治建设也是一项重要的内容，法律赋予了政府征用土地的权力，也对相应程序做出了规定。遵从法律规定，是以个人为主体还是以政府为主体来实施是存在根本差别的。政府拥有强大的经济力量，并且是合法的暴力机关，在与农民的较量中处于绝对的优势地位。因此，在征地过程中农民只能被动服从。政府作为主体的另一个特点就是缺乏监管者。法律只赋予了政府征地的权力，而没有对这种权力进行约束。没有约束的权力必然遭到滥用。政府不仅因公共用途征地，其他商业用地也采用强行征用的形式以减少成本，这种做法必然遭到农民的反抗。地方政府为顺利圈地，往往以国家暴力相威胁或直接动用暴力工具，这种情况屡见不鲜。虽然从理论或表面上看，中国的圈地不应有血腥的暴力，但实际上仍然以合法的暴力为基础。看看无数因失地而上访的不幸农民，就可以清楚这一点。因此，圈地往往激发社会矛盾，凸显了中国法治建设的不完善。①

4. 中英圈地对本国农业的影响比较

英国圈地为资本主义农业夺得了地盘，使土地与资本合并，为英国大农业的发展奠定了基础。土地由公权变为私权，完成了土地私有化的过程，地主取得了土地的完整产权。18 世纪开始，英国农村土地经营的所有权和经营权有了进一步发展，租地农场的土地经营方式渐趋流行，英国农村由此形成地主—租地农场主—农业工人三层式的社会结构。租地农场的土地经营方式使地主尝到了甜头，使农场主成了最大受益者。明格和钱伯斯估算，圈地之后地租平均增长 2 倍，最近的研究表明，改敞田为围田，地租增长的幅度在 30%左右。为了追逐更大的利益，地主和农场主都极力热衷于农业技术的使用。圈地运动为技术的投资创造了前提条件。诺福克的霍尔哈姆，地主用于土地改良的资本占总地租的 11%～21%。对农业的投资提高了农业的资本有机构成比率，马克思指出：“农业本身的进步，总是表现在不变资本部分对可变资本部分的相对的增加上。”②农业资本积累武装了农业，提高了土地生产能力，农业收益的增加构成了圈地的动力源。农业的发展也为英国工业革命的发生准备了条件，因此，英国现代化进程中先农后工的递进色彩非常明显，圈地在使农村出现剩余劳动力之后，又通过对工业的促进作用吸纳了他们。圈地运动打破了小农经济的散乱僵局，使英国走了一个农业、工业互动的良性循环轨道，从而使英国成为世界上第一个率先实现工业化、城市化、现代化的国家。

相比之下，中国的圈地主要是把耕地变为工商用地，对农业产生的多是负面效应，对农业技术提高和农业经营方式改善也没有促进作用。现代中国所面临的国际环境已经发生了重大变化，农业不再是主导产业，全球已经进入了工业文明时代。市场化和工业化的发展促进了土地的开发和利用，二三产业创造的土地收益远远高于

---

① 查伟伟. 新圈地运动研究. 广州：暨南大学博士学位论文，2010.

② 马克思. 资本论：第 3 卷. 北京：人民出版社，1975：856.

第一产业，由此决定了土地资源的配置从农地转为建设用地。所以，中国圈地的动力源于土地转变用途带来的价值升值，而不是为了提高农业的生产规模。农地和农业投资的减少必然影响到整个农业和农村经济的发展。同时，圈地造成了一个无地农民阶层，在他们不能被城市吸收实现就业的情况下，势必进一步加剧城乡二元结构矛盾。

三、中日城市化进程中农地制度变迁的异同分析

中国和日本同属于农地资源稀缺、人地矛盾较突出的国家。在工业化、城市化进程中，日本很好地保护了农地、有效地使用了耕地，成为目前世界上土地利用最为合理的国家之一。从历史上看，日本每次重大社会变迁都伴随着土地制度的深刻变革。日本近代土地制度变革始于明治时期。第二次世界大战结束后，盟军总司令部对日本战后处理的方针之一就是把实施农地改革作为推行日本民主化的一项措施。日本也以此为契机进行了土地改革，先后制定了《土地改良法》、《农地法》、《农振法》和《农促法》等一系列法律。这四项基本土地法律制度以及与之相配套的单项法律制度一并组成了当代日本农村土地制度。这些制度不仅促进了日本农地高效利用和农业经济快速发展，也对战后日本社会经济迅速发展、社会顺利转型发挥了积极作用。因此，比较研究中日农地制度变迁的异同，对中国全面建设小康社会和新农村建设具有重要的理论意义和现实意义。

（一）中日农地制度变迁的相同点

（1）新中国成立初期的土改和第二次世界大战后日本的农地改革，从制度变迁的类型来看，都属于强制性制度变迁，改革的对象都是严重阻碍生产力发展的极不公平的土地占有制度和土地收益分配制度，改革目标都是要形成“耕者有其田”的农地产权制度，以充分激励农民的生产积极性，推动农业发展。改革后都赋予了农民

明晰完整的土地产权。因此，两者的制度绩效都非常显著，农业及农村经济恢复发展得很快。

(2)中日两国的农地制度改革都坚持了农地的家庭经营。农地的家庭经营，适应农业生产分散性、季节性和周期性等特点，符合农民意愿。它能够在农业经营过程中形成有效的激励和约束机制，降低监督成本，使农民的劳动投入与其劳动收益紧密地结合起来。古今中外的实践也证明，家庭经营是一种有效的农业经营形式，它既适应以手工劳动为主的传统农业，也适应采用先进科技和生产手段的现代农业，具有广泛的适应性和旺盛的生命力。因此，日本自农地改革以来，中国自改革开放以来，都坚持农地的家庭经营。

(3)农户的经营规模狭小。在日本，尽管政府自 20 世纪 60 年代以来就一直提倡农地的规模经营，但是 1 公顷以下小规模农户占农户总数的 70%，50%以上的农地集中在 1.5 公顷以下农户手中。而在中国，根据农业部农村固定观察点的追踪调查，1986 年，全国户均土地经营规模 0.61 公顷，1990 年下降为 0.53 公顷，1997 年又下降为 0.51 公顷。人口不断增加和农地流转市场发育滞后，导致农户经营规模不断变小，同样难以实现土地规模经营。

(二)中日农地制度变迁的不同点

(1)农地所有权的性质及稳定性不同。日本从农地产权制度改革以来，就一直坚持农地所有权的稳定，坚持农地私有化，不轻易改革农地所有权制度。农民拥有相当稳定、完整的农地所有权。而我国则不同，在推翻封建所有制，进行土地改革实行“耕者有其田”以后，在 1954 年开始了农业的社会主义改造，经过初级社、高级社和人民公社化运动，逐步把农民土地所有制变革为集体土地所有制，国家在很大程度上掌握着土地的归属。改革开放以来，家庭联产责任制使得农民重新掌握一部分农地使用权。总的看来，中国农地的产权容易受到侵害，地权稳定性较差。

(2)农地产权的配置方式不同。到 20 世纪 60 年代，日本农地产权不能流通的制度安排成为生产力进一步发展的障碍，因此日本政府从60年代开始，就逐步修改农地产权方面流通的法律，促使农地产权市场有序流通。而中国政府在1988年之前一直严格禁止农地产权市场化流通。农地产权的转移主要是通过行政性的调整来进行的。农地产权的配置方式不同，导致农民获得的农地产权的稳定性、明晰性不同，而这又进一步导致农民的农地利用方式不同。日本农民的农地产权是通过市场机制获得的，有契约和国家的法律保证，因此，他们所获得的农地产权就相对稳定、明晰。这样，一方面他们对自己的农地利用有一个明确的预期，另一方面他们对农地的投资会通过市场得到补偿。因此，农民就愿意对土地进行长期投资，而不是过度利用。在中国，农民的农地产权的获得或失去是由其户籍决定的，获得土地产权不用付费，失去也得不到补偿，而且他们所获得的农地产权还由于人口和耕地面积的变动，频繁地进行行政性调整，因此中国农民的农地产权相比较而言稳定性较差。同时，农民对获得了哪些农地产权，怎样利用土地产权都不明确，这样农民不愿在改良土壤、增强地力方面长期投资，在农地利用上就难免存在掠夺式经营，而对地力的损害则会留给下一位获得者。

(3)日本的土地改革是在不断完善社会保障的条件下进行的。1970年日本制定了农业人口养老金制度，其目的是通过经营权转让以及实施支付养老金事业、买进出售农地等业务，以期有助于农业人口年老后生活稳定及福利的提高。该制度于2001年进行了根本性的修改，其目的是对应于促进农业经营者的年轻化和农业经营规模的扩大这一农业结构政策上的要求。而中国的农村社会保障才刚刚起步，很不完善。

(4)日本的土地改革始终是以提高农民或农业经营者的收入为前提。这些在《土地法》中体现得非常清楚，从“自立经营”到“农业经营体”处处体现出主要农业从业人员要具有与同地域其他产业从业人员相同水准的人均生活收入。但中国的土地改革最关注的是农业产量的多少，即农产品的有效供给。只要农业的产量上去了，紧随而来的就是对农业的忽视。

(5)土地改革的路径不同。日本的土地改革经历了从土地“分散”(“自耕农”)经营到规模经营(“农业经营体”)的过程。而中国的土地改革经历了从“分散(“自耕农”)经营到规模经营(“生产队”)再到“分散”(家庭联产承包责任制)的过程。①

(三)日本农地制度改革对中国的启示

中国农地制度变迁中的制度选择和制度创新，就是要克服经营规模过小、劳动生产率低下、经营分散、组织化程度低等缺陷。中国的国情决定了中国的农地制度不能照搬日本等发达国家的模式，但其共性对中国农地制度的构建具有重要的借鉴意义。

1. 家庭经营是中国未来农地经营制度运行的主要载体

农地的家庭经营，适应农业生产特点，符合农民意愿。它能够在农业经营过程中形成有效的激励和约束机制，降低监督成本，避免外部性，使农民的劳动投入与其劳动收益紧密地结合起来。日本的实践也证明，家庭经营不仅能适应以手工劳动为基本特征的较低层次的生产力水平，也能适应以机械化为特征的生产力水平，既能容纳现代化农业工艺与科学技术，同样也能适应高度社会化、商品化的客观要求。但从日本的经验中，我们还应注意的是，在农业生产发展过程中，不应当把家庭经营模式固定化，根据不同情况选择多样化的农业经营模式，才是符合客观经济规律的理性选择。

2. 必须赋予农民长期而有保障的土地使用权

日本的农地绝大部分属于私人所有，但是农地私有制度并没有给所有者带来完整的土地权利，国家保留了相当多的对农地控制和管理的权利。比较而言，我国农民已经获得从集体土地所有权中分离出来的使用权，其权益已近似于日本农户对私有土地的使用权。这一点是我国与日本的农地制度中相像的地方。但不同的是日本的土地私有权却是极有保障的，而我国农民对农地的使用权在权利保障方面却存在一定的差距。因此，就目前我国农地制度的改革与完

---

① 董栓成. 中国农村土地制度改革路径优化. 北京：社会科学文献出版社，2008：69-72.

善来说，重要一点就是要赋予农民稳定而有保障的土地使用权，这样才能维护农民的根本利益。目前存在的乱征乱用农民土地的现象与对农民的土地使用权保障不力不无关系。

3. 推动农地流转的市场化

日本在推动农地流转的市场化过程中，一方面稳定农民已获得的农地产权，不轻易改变农地所有权性质；另一方面逐步放松对农地流转的管制，实现农地流转的市场化、自由化，充分发挥市场机制在农地资源配置中的决定性作用，使农地资源在市场机制的作用下，由低效率使用者手中向高效率使用者手中流转，实现农地规模经营。日本的实践表明，农地产权的稳定和农地产权的市场化流转，不仅可以实现农地适度规模经营，使农地资源得到最有效的配置和利用，而且可以充分体现农地的商品属性，使农民更珍惜土地，从而稳定并提高农民的土地利用预期，减少乃至杜绝短期行为。

4. 完善国家对土地的宏观管理制度

日本农地的国家宏观管理是法制化和规范化的管理，而我国农地管理中法律基础脆弱，管理体系混乱。因此，在我国农地的宏观管理中应加强农村土地立法工作，为农村土地制度改革提供有效、稳固的法制保障。农村土地的所有权、使用权、处分权和收益权都应通过立法予以规范。加强国家宏观管理体系建设。具体操作内容应该包括，在进一步开展土地的数量、质量、权属关系、利用状况和基本条件调查的基础上，建立土地档案制度，完善地籍管理制度，颁布并实施土地承包和租赁的法律法规；健全承包与租赁合同管理制度；规范土地流转制度；监督集体组织对承包金和地租的使用，并以制度的形式规定地租中一定比例用于农业基础设施建设和扩大再生产；建立健全农村社会化服务体系；同时继续完善耕地占用税的征收、管理和使用制度；运用经济手段，控制农用土地向非农用土地转移，加强对土地资源的开发利用。①

① 王苏彬. 中日农村土地制度改革比较研究. 中国土地，2009(5).

四、中国与印度城市化进程中农地制度变迁的异同分析

中国和印度同处亚洲，是目前世界上人口最多的两个发展中国家，且二者都有类似的贫困和相应的不幸，使两个国家在农业现代化进程中有大体相同的目标和追求。为了增加农业产量，减少农村地区的贫困现象，中印都在20世纪50年代展开了以政府为主导，以土地所有权为中心的土地制度改革。① 比较研究中印两国城市化进程中农地制度变迁的异同，对于中国改革和创新农地制度，顺利完成工业化与城市化进程具有重要的指导和借鉴意义。

(一) 中印农地制度变迁的相同点

1. 新中国成立前和印度独立前的经济社会都具有深刻的殖民地烙印，因此，两国农地制度变迁的首要任务就是要摧毁旧的农地制度体系，建立起符合本国工业化城市化发展的农地制度

1840年鸦片战争后，中国逐渐沦为半殖民地半封建社会，中国农村也被深深地打上了殖民地的烙印。在外国列强的压迫下，中国农村的发展并不是要满足农村经济本身的需求，而是要满足殖民者的需求。中国农民深受帝国主义、封建主义、官僚资本主义的三重压迫和残酷剥削，经济政治地位极其低下，陷入无地、无权、贫困、走投无路的绝境。因此，摧毁半殖民地、半封建的土地制度，建立“耕者有其田”的农地制度，就成为新中国农地制度变迁的首要任务。

印度农村情况更为严峻。1848年4月，整个印度沦为英国的殖民地。英国的殖民统治一直持续到1947年，对印度农村经济产生了深刻的影响。首先，在英国殖民统治时期，为了从印度获取最大化赋税，从18世纪90年代到19世纪90年代，英国殖民当局在

① 康涛. 中印农村土地制度改革比较分析——对中国农村土地制度改革的启示. 理论与改革，2012(2).

印度先后进行了三种形式的土地整理：柴明达尔制土地整理、莱特瓦尔制土地整理和马哈尔瓦尔制土地整理。英属印度的土地整理彻底摧毁了印度农村公社，在印度普遍确立了封建地主土地所有制，即柴明达尔制、莱特瓦尔制和马哈尔瓦尔制。英属印度的土地整理也使印度土地制度完全迈向商业化，在英国人各种不同的田赋制度下，建立、界定、执行了那种可买卖和可抵押的土地权，加速了土地所有权的集中。其次，为了使印度成为自己的原料供应地，英国在印度农村推行了单一经济制，采用强迫或者诱惑的手段使农民只生产单一经济作物，自给自足的生产方式被改变。

2. 中印两国在农地制度变革之前具有相似的农地所有权结构

中国封建土地私有制度至商鞅变法后逐步形成，农村土地私有制的运行在农村形成了以下土地问题：地主富豪的土地越多，土地出租比例就越大，所榨取的地租数额就越大，土地细碎化程度就越重。旧中国农村生产力水平低下以及农业生产长期停滞不前与此不无关系。新中国成立前中国农村土地所有权结构已经极不合理，农村土地高度集中在封建地主、富农手中。占全国农村总人口10%左右的地主、富农，占有土地70%以上，而占全国农村总人口约90%的贫农、雇农、中农却只占30%的土地。

印度土地改革之前，有着与中国相似的土地兼并状况。独立前，印度的土地所有制主要包括柴明达尔制、莱特瓦尔制和马哈尔瓦尔制三种形式。在英国殖民统治时期，崇尚自由经济，农村土地被自由流转，不受限制，土地的兼并也当然成为现实。独立时，印度57%的土地面积处于柴明达尔制度下。大规模的佃农制因此产生。如：在盛行莱特瓦尔制的古吉拉特邦，1947年估计60%的农民成为佃农。在印度，最后形成了这样的局面：占全国人口15%的地主却占全国土地的85%，其中不到农村人口2%的大地主占全部土地的70%。①

① 康涛. 中印农村土地制度改革比较分析——对中国农村土地制度改革的启示. 理论与改革，2012(2).

(二)中印农地制度变迁的不同点

1. 中印农地制度变迁的路径不同

中印两国在相似的背景下进行了农地制度改革，其改革目标都是希望以此改变不公平的土地占有关系，建立能够提高农民生产积极性的新的农地制度。人多地少是两国共同的国情和最大的社会矛盾之一，两国都希望通过土地重新分配，解放农业生产力，实现社会的公平和公正。但两国却选择了不同的改革路径。

相对于印度，新中国成立初期的土地改革可谓一场剧烈的、暴风骤雨般的革命，这场土地革命，彻底摧毁了旧中国半殖民地半封建的土地私有制，并经过互助组、初级社、高级社和人民公社化运动，最终建立了土地的农民集体所有制。改革开放以来，随着中国工业化城市化的快速发展，农地农民集体所有制演变为农地农民集体所有、家庭承包经营的制度，而且农地家庭承包制还将随着城市化进程不断发展和完善，其总的发展趋势是赋予农户长期而稳定的土地承包经营权和使用权。

相对于中国，印度20世纪50年代开始的土地改革则要温和得多。印度土改走的是一条在不触动既有的土地私有制基础上的改良道路。印度独立后不久，政府就着手筹划农地制度改革。印度土改的主要措施是废除“中间人”地权制度、进行租佃改革、规定“土地持有的最高限额”等，这些土改措施大多没有实现其预期的目标。总体上看，印度土改是不成功的，因为它不是采取消灭封建地主阶级，实行“耕者有其田”的革命性措施，而是采取限制和削弱农村封建统治，逐步改造封建半封建的地主为资本主义的经营地主，使印度农业缓慢地走上由封建半封建的农业向资本主义农业转化的改良道路。其结果是，国家和农村的少数地主、富农得益，而广大贫苦农民并没有得到好处。

2. 中印农地制度变迁的影响力不同

首先，中印农地制度变迁对农业资源效率的影响不同。中国农业的成就不仅仅应该归功于1978年以来的农地制度变革，其发展也得益于20世纪50年代土地公有制的实施。事实上，据统计，虽然其间经历自然灾害等重大变故，1952—1977 年中国年人均收入仍达到 3.4%的增长，高于同期印度的 1.0%～1.5%的增长率。事实证明农村土地集体所有权是动员资源的强大机制。中国 1978 年后的农村土地改革带来了农业引人注目的发展，离不开 20 世纪 50 年代通过土地革命而建立起来的农村集体所有制。1978 年之前的政策和体制为改革开放后的地权平均分配奠定了良好的体制和基础。

其次，中印农地制度变迁对农业发展动力产生的影响不同。中国农业发展的主要动力是 1949—1953 年的土地制度改革。土地改革消灭了封建土地所有制，建立了耕者有其田的农地制度，农民生产热情高涨，粮食产量从 1949 年的 1131.5 亿公斤增加到 1958 年的 2000 亿公斤，每年平均增长 7.2%。1978 年以来的农村土地承包经营制的推行，更是带来了中国农业惊人的增长，1979—1984 年，农业总产值保持了每年 7.6%的增长率。而印度则不同，印度政府虽然希望依赖土改发展现代农业，但随着土改的失败，转而以“技术战略”发展农业，即开展了变革技术的“绿色革命”。绿色革命属于一个一揽子计划，其重点是要达到高种子品种、化肥、灌溉等方面的可供性以及可及性。印度采用了大量的生物和化学技术以提高单位土地面积的作物产量。农产品产量得到大幅提高。①

再次，中印农地制度变迁对农业生产规模产生的影响不同。新中国成立初期的土改，彻底铲除了封建剥削制度，在短短两年多的时间里，摧毁了延续中国历史几千年的封建土地制度，实现了“耕者有其田”，使全国 3 亿多农民无偿分得了约 7 亿亩土地和大批生产资料。但由于土改采取的是土地均分方式，最终形成了单家独户、分散经营的小规模经营格局。随着国民经济的恢复和发展，这种个体农业经济同国家大规模工业化建设之间的矛盾越来越尖锐。为了解决这一矛盾，中国自土改后不久，就通过农业合作化运动强制实现了农地集体所有、集体统一经营的制度，开展了农业的大规

---

① 康涛. 中印农村土地制度改革比较分析——对中国农村土地制度改革的启示. 理论与改革，2012(2).

模生产。但由于土地等生产资料集中的形成依靠的是非市场化的行政强制手段，集中并没有带来农业的高效率，这就引发了肇始于1978年底的中国农地制度的再一次变迁，形成中国现行的农地家庭承包制。在家庭承包制的土地政策下，土地按人口实行"均包"，再加上随着农户人口数量的增减，家庭承包的土地还要进行定期或不定期的调整，导致中国农村普遍存在一家一户分散的超小规模土地经营格局。尽管中央和地方政府已出台多种措施鼓励农地流转和规模化经营，但现有的中国土地租赁等流转方式还难以改变中国农村小规模经营的生产方式。

在印度，土地改革废除了中间人制度，无地或少地的农民获得了部分土地。但土地持有最高限额制度的实施，使得印度土地与改革前相比也呈现出碎分的状态。但与中国相比，因为印度土地私有制的保有，不可能像中国一样，人人可因集体成员身份均分土地，加之改革中，柴明达尔通过各种规避手段仍然霸占着相当数量的土地，所以农业生产较之中国存在一定程度的规模化。此外，虽然印度许多邦禁止或限制农业租赁，但农民对租赁存在大量需求，因此私自租赁不断出现。随着生产资本密集度上升和农业规模经济的出现，大资本农户可以从别人那里租赁土地，实现了印度农村土地的规模化经营。①

最后，中印农地制度变迁对缓解贫困现象产生的影响不同。在印度，土地制度并没有因为土地改革而达到土地权利的平等。印度学者辛格指出，因为没有将相当数量的土地分配给大量的农业无地者，成为印度农村贫困存在的一个主要原因。而且与中国相比，因为不存在土地集体所有，印度也不可能拥有中国式繁荣的乡镇企业，农业无产者的非农经营收入极为有限。在中国，则完全不同。新中国成立后不久，中国完成了平均地权的使命，之后，1978年邓小平推进的农村土地承包制，使农民获得了与1949年相比还要大的土地权利。以土地为基础的社会保障措施很大程度上避免了出

① 康涛. 中印农村土地制度改革比较分析——对中国农村土地制度改革的启示. 理论与改革，2012(2).

现一个没有土地的家庭的阶层，一定程度上防止了极度的贫困。①正是诸如土地和资本这样的生产资料所有权在第三世界不同人口中的十分不平等的分配，造成了富人和穷人之间广泛的收入差距。

在中国和印度，多数人口依靠农业为生，而农民的收入主要来源于土地。所以农民占有土地数量的多少将决定农民的贫富。然而中印无论在贫困人口的数量上还是比例上都有显著差异。据估计，中国生活在贫困线以下的农村人口在1990年为11%。而印度农村贫困人口在1988—1989年却为42%。② 在印度贫困人口中，最多的为无产农业工人，占到一半以上。越来越多的无产农业工人成为印度贫困问题难以跨越的难题，而这又主要源于印度不彻底的土地改革。

五、中国与巴西城市化进程中农地制度变迁的比较分析

中国与巴西同为发展中大国，有着相近的历史、资源和国情，比较分析中国与巴西农地制度变迁的异同，对中国深化农地制度改革有重要的借鉴意义。

（一）中国与巴西农地制度变迁的相同点

1. 中国和巴西农地制度变迁的首要任务，都是要变革严重阻碍生产力发展的极不公平的土地占有制度和土地收益分配制度，以实现"耕者有其田"的农地产权制度，从而充分调动农民的生产积极性，推动农业发展

在半殖民地半封建的旧中国，农村土地高度集中在封建地主、富农手中。占全国农村总人口10%左右的地主、富农，占有土地

① ［印］阿马蒂亚·森，让·德雷兹．印度：经济发展与社会机会．黄飞君，译．北京：社会科学文献出版社，2006：101．

② ［美］迈克尔·P．托达罗．第三世界的经济发展．印金强，赵荣美，译．北京：中国经济出版社，1993：175．

70%以上，而占全国农村总人口约90%的贫农、雇农、中农只占30%的土地。① 占地较多的地主、富农一般只经营其占地总面积30%以下的土地，其余约70%的土地都租给农民耕种，形成了高度集中的土地所有权和极其分散的租佃关系并存的格局。其中，占地最多的地主，一般并不经营土地，而是将土地出租给无地或少地的农民耕种。佃农租种地主和富农的土地，用自己的生产工具从事农业生产和经营，但要把土地收获物的一半或一半以上作为地租交给地主和富农。旧中国的地租通常有三种形式：实物地租、劳役地租和货币地租。实物地租是主要的地租形式，可分为定额和不定额两种。定额实物地租佃农一般要上缴收获物的50%~60%；不定额实物地租地主和佃户按一定比例对收获物分成，一般情况下地主分得四成至五成，有时也高达六成。旧中国不合理的封建土地制度造成了农业生产极其落后和农民生活极端贫困。因此，只有彻底废除封建土地制度，才能解放农业生产力，人民才有出路。

巴西历史上实行的是大地产土地制，绝大部分土地一直为少数大地主所控制，而广大农民只能在仅够维持基本生存的小块土地上耕作或作为无地劳动力在大庄园内干活。巴西战后一直没有进行过彻底的土地改革，这种极不平等的土地占有制一直没有发生多大变化。2003年巴西的土地占有结构是：面积低于10公顷的农户占全部农户的31.6%，他们的土地仅占全部土地的1.8%，而面积超过2000公顷的农户只占农户总数的0.8%，但他们的土地却占全部土地的31.6%(见表8-2)，全国大部分良田掌握在大庄园主手里，其规模最大的可以达到几万、十几万公顷。②

土地是农民最基本的生活保障，大量无地及失地农民被迫流入城市，但城市无法提供相应的就业岗位，数量庞大的无地失地农民就变成了城市贫民，形成大量的贫民窟，成为一大社会问题。所以，进行彻底的土地改革，解决好农民的土地问题，一直是巴西现

---

① 王琢. 中国农村土地产权制度论. 北京：经济管理出版社，1996：1.

② 韩俊，等. 巴西城市化过程中贫民窟问题及对我国的启示. 中国发展观察，2005(6).

代化进程中需要迫切解决的重大问题。

表 8-2 **巴西的土地结构(2003 年)**

农户所占土地面积(公顷)	农户数量	占农户总数的比例(%)	总土地面积(公顷)	占全部土地面积的比例(%)	平均每户所占土地面积(公顷)
低于 10	1388711	31.6	7616113	1.8	5.7
10~25	1102999	26.0	18985869	4.5	17.2
25~50	684237	16.1	24141638	5.7	35.3
50~100	485482	11.5	33630240	8.0	69.3
100~500	482677	11.4	100216200	23.8	207.6
500~1000	75158	1.8	52191003	12.4	694.4
1000~2000	36859	0.9	50932790	12.1	1381.8
超过 2000	32264	0.8	132631509	31.6	4110.8
总数	4238421	100.0	420345382	100.0	99.2

资料来源：韩俊，等. 巴西城市化过程中贫民窟问题及对我国的启示. 中国发展观察，2005(6).

2. 中国和巴西在农地制度变迁过程中，都经历了由轻视农民土地权益到注重农民土地诉求的过程

(1)中国城市化进程中农民土地权益的演变

新中国成立后，广大农民翻身做了主人，获得了梦寐以求的、完整的土地产权，实现了“耕者有其田”，即每个农民都拥有一份属于自己的土地。然而，经过互助组、初级社、高级社以及人民公社化运动后，中国基本上消灭了土地私有权，实现了土地的集体经营。在土地集中经营制度下，由于缺乏必要的产权激励和来自监督、考核量度上的信息问题，来自农业的产出比较低。而且，由于土地及依附于其中的资源共有(集体所有)，加之缺乏土地流转和资源买卖市场，无法获取来自土地(资源)转入的收入。再加上工农业产品价格“剪刀差”，原本就很少的农业产出进一步被转移至工业和城市，从而使得农民更穷了。据经济学家的计算，在长达20多年的计划经济时期，由于“剪刀差”，通过价格渠道从农业部门创造的国民收入中转移出去的价值量高达4000多亿元，折合今天的价值则高达4万亿元以上。① 可见，中国的广大农民为国家的重工业优先发展等工业化战略做出了巨大牺牲，直到1978年十一届三中全会后家庭联产承包责任制的推行，农民才又重新获得了农地的绝大部分产权。

然而，改革开放以来，随着中国工业化尤其是城市化的加速发展，大量农地非农化导致农民对土地的各种产权也随之转移失去，农民土地权益受损主要表现为土地征收范围过大、土地征收补偿标准低，农民在失去土地的同时也失去了工作就业机会和长期的社会保障等，而且在整个土地征收过程中农民基本没有任何参与权，连仅有的被告知的权利往往也得不到保障，成为无土地、无工作、无社保的“三无农民”。仅仅在土地出让的收入分配上，农民作为一个整体也饱受亏待。自20世纪90年代中后期开始，出让土地成为许多地方政府充实财政的一个主要手段。而且，土地出让金年年增长，数量巨大。仅2011年，全国国有土地有偿出让收入就达29397亿元。据学者的加总计算，自2000年以来，中国的土地出让金高达13万亿元以上，如果进行复利计算，则可能超过20万亿元。然而，对于开发区的土地出让，地方政府基本上是以零地价或者接近零地价出让的，如果算上开发区的土地价值，则这个数字起码要翻一倍！也就是说，改革开放以来，所交易的土地总价值在今天至少值40万亿元。而农民从土地交易中所得到的可能不到1/4，即可能只有10万亿元。也就是说，农民因为土地交易，而损失了大概30万亿元。② 造成这一现象的根源在于，中国的《宪法》和《土地管理法》只规定了土地归国家和集体所有的原则，而根据该

① 唐志军. 为什么中国的农民这么穷，http：//business. sohu. com/20121218/n360791093. shtml.

② 唐志军. 为什么中国的农民这么穷，http：//business. sohu. com/20121218/n360791093. shtml.

原则，国家可以随时出于国家利益需要征用集体所有的土地而无须征得农民个人的许可。加上集体所有制的载体在法律上也不明白，模糊不清，致使土地的集体所有制其实就变成了土地的基层政权所有制，即土地买卖由乡村两级机构决定。虽然《农村土地承包法》规定了土地处置权的转变必须经过法定的程序，但在实际操作中，农民对土地的处置基本上没有知情权，在土地流转和交易中也根本没有发言权。

大量失地农民的出现，对征地补偿不满而引发的农民群体性抗争事件，引起了党中央和国务院的高度重视，一系列惠农措施和旨在稳定和维护农民土地权益的政策相继出台，显示了政府对农民土地权利的高度关注和解决"三农问题"的决心。

首先是实行工业反哺农业、城市支持农村的政策。随着工业化城市化的快速推进，中国政府在进入 21 世纪后实施了多项惠农政策，包括取消农业税，提供种粮和购置农具补贴，改善农村基础设施，规范农资市场，加强农村教育和医疗卫生，扶贫和促进农民收入持续增长。尤其值得关注的是农业税全面取消。2005 年 12 月 29 日，十届全国人大常委会第十九次会议高票通过决定，自 2006 年 1 月 1 日起废止《农业税条例》，取消除烟叶以外的农业特产税、全部免征牧业税。

其次是规范和推进农地确权登记发证工作，确保农民土地权益。2011 年 11 月，国土资源部、中央农村工作领导小组办公室、财政部、农业部等四部委联合发布了《关于农村集体土地确权登记发证的若干意见》，就规范和推进农地确权登记发证工作提出了 13 条意见，核心是要明确农村集体土地确权登记发证的范围，依照物权法、土地管理法、土地登记办法等相关法规，开展农村集体土地确权登记发证工作，把农村集体土地所有权确认到每个具有所有权的农民集体，并严格规范确认农民宅基地使用权主体，依法明确农村集体土地所有权主体代表。

最后是提出了农村土地改革的三条底线。土地制度是国家的基础性制度。党的十八届三中全会明确了农村土地制度改革的方向和任务，这 3 项改革涉及农村集体经济组织制度、村民自治制度等一系列重要制度，关乎城镇化、农业现代化进程。要始终把维护好、实现好、发展好农民权益作为出发点和落脚点，坚持土地公有制性质不改变、耕地红线不突破、农民利益不受损三条底线，在试点基础上有序推进。土地征收、集体经营性建设用地入市、宅基地制度改革关系密切，可以作统一部署和要求，但试点工作中要分类实施。严守18亿亩耕地红线是推进农村土地制度改革的底线，是试点的大前提，决不能逾越。对宅基地制度改革的试点条件和范围要严格把关，不能侵犯农民利益，同时不得以退出宅基地使用权作为进城落户的条件，这是关系社会安定的重要举措。

(2)巴西城市化进程中农民土地权益的演变

在现代化进程的早期阶段，尤其是在1854—1962年的100多年中，巴西历届政府均未制定过完整的土地法。至1947—1962年，各种政治力量虽然提出过45个关于土地改革的提案，但没有一个被议会和政府通过。1946年9月，巴西共产党的议员们在讨论制定新宪法时，提出了一项包括限制大地产的最高限额、土地的社会作用、分解大地产、用道路两边及其他荒地进行土改等4个方面的议案，但均被否决。广大农民的土地诉求一直未能得到满足，贫苦农民争取土地权利的抗争也从未停止过。

进入20世纪80年代以后，巴西政府重新审视农业和农村发展思路，以土地改革为核心，出台了一系列政策，尽量把农民稳定在土地上，防止农村人口向大城市的过度流动。新政策的核心，是在高城市化率基础上反哺农村、农业。

一是实施土地改革计划。1985年，新一届政府上台后，采取两大措施：一是给无地农民重新分配土地；二是鼓励农业发达地区农民到边远地区开垦荒地，扩大“农业疆界”。促进土地改革的主要途径是征收土地后分给农民。1995—2000年，巴西政府通过没收非法土地、收购土地、开垦新地等措施，向无地农民提供了1894万公顷土地和103亿雷亚尔的贷款，安置了48.2万农户。1999年，巴西政府成立“土地银行”，由联邦政府向农民提供信贷用于购买农村地产。2000年，这类信贷额高达2.67亿雷亚尔，1.56万家庭从27.6万公顷土地中受益。然而，由于巴西土地高度集中，无地农民量大，加上近几年政府财政拮据，无力购买更多土地安置农民，土地改革进程不快。

二是实施家庭农业支持计划。该计划于1997年开始实施，有三项措施：(1)政府支持基础设施建设。主要是农村公共道路、电力和电信、水利、勘探、仓库的建设等。在部分地区，也对农民购置农业机械予以支持，大体上农民和政府各出一半资金。(2)农业信贷。给小规模农户提供低于商业贷款利率(17%)的贷款(2%~6%)。对到期不能按时还贷的，还可以考虑延期。(3)免费对农民和技术人员进行培训，免费提供各种病虫害防治技术资料，但种子、肥料等购买仍然是商业行为。

三是为农民建立社会保障体系。让农民能够享有与城里人同样的社会福利。农民只要每年按农产品销售额的2.1%缴纳社会保障金，就可以享受退休金、疾病和工伤事故补贴、家庭困难补贴、带薪产假以及领取抚恤金等福利待遇。

四是加大农村社会事业的投入。农村的教育、卫生等条件有所改善。数万农民免费进入学校，学习科学文化知识。巴西政府把改善交通运输条件作为促进农村发展的重要手段。一般来说，州际公路以及州际公路到各个农场之间的公共道路完全由政府出资。此外，农场内部的道路建设也有可能争取到一定的政府资金支持。

还有其他一些政策。如信贷政策，政府根据农民上一年度的产值及其土地面积发放贷款，小农、中农和大农场主分别可获得所需资金的100%、70%和55%的贷款，利率也各不相同。从小农、中农到大农场主利率依次要提高2%~3%。①

(二)中国与巴西农地制度变迁的不同点

1. 农地所有权的性质及土地制度变迁的方式不同

巴西农地高度集中的状况贯穿了巴西几百年的历史，社会的发展变化没有给土地由少数私人占有的情况带来根本性的转变；与这

① 国土资源部代表团."拉美现象"下的土地问题：巴西阿根廷访问考察报告.中国土地，2007(6).

种不合理的大地产制相伴产生的是少数富人生活的极度奢侈，而广大农民却极度贫困，农村中的贫富分化状况极为严重；大片土地被闲置，土地利用率很低。巴西历史上没有发生过强制性的土地制度变迁，也没有制定或实施过完整的土地法，政府虽然制定和实施过一些土地改革法案，但由于大庄园主的极力阻挠，成效甚微，广大无地或少地农民的土地诉求依然无法得到满足。因此，寄希望于代表大地产主利益的政权当局实施彻底的土地改革，满足广大农民的土地诉求，不啻与虎谋皮，贫苦农民获得土地的愿望只能是一次次落空，农民争取土地权益的斗争也不会停止，土地问题也必然会成为巴西现代化进程中的主要制约因素之一。

新中国成立以来的农地所有权性质和土地制度变迁方式与巴西的情况有很大差异。首先，中国20世纪50年代的土地制度改革，从制度变迁的方式来看是一次强制性的制度变迁，长达两千多年的封建剥削的土地制度被彻底摧毁，广大农民获得了土地，实现了“耕者有其田”。尽管在随后的互助组、初级社、高级社和人民公社化运动中，中国农地制度几经变迁，但农地所有权始终保持着农民集体所有或国有的性质，农民始终是其耕种的土地的法律上的所有者，只是在种什么、种多少、如何种和为谁种等方面，农民的权利由于极左思想的影响而大打折扣。其次，改革开放初期的农地制度变迁则体现出诱致性制度变迁的特征。农地集体所有集体统一经营所体现的低下的制度绩效，使农民在这种制度安排下无法得到获利机会，必然引起广大农民自发的需求诱致性制度变迁的冲动。这种冲动于1978年12月在安徽省凤阳县小岗村爆发出来，以严俊昌、严宏昌为代表的18位小岗村农民，自发地将土地分成小块交给农民家庭经营，掀起了农地家庭联产承包责任制兴起的序幕。不过，通过这次农地制度变迁，农地所有权仍然属于农民集体所有，农民获得的只是农地的承包经营权或使用权。在随后的历史进程中，尽管工业化城市化引致的农地非农化使农民的土地权益遭受损失，但农地制度变迁依然是朝着有利于增加农民土地权益的方向迈进的。正如党的十八届三中全会通过的《中共中央关于全面深化改革若干重大问题的决定》所提出的，在符合规划和用途管制前提下，允许农村集体经营性建设用地出让、租赁、入股，实行与国有土地同等入市、同权同价；缩小征地范围，规范征地程序，完善对被征地农民合理、规范、多元的保障机制；保障农户宅基地用益物权，改革完善农村宅基地制度。

2. 农地制度变迁的诉求不同

新中国成立以来的每一次农地制度变迁都在不同程度上体现了对公平与效率的诉求。第一次农地制度变迁所形成的农民土地所有制，调动了农民生产积极性，具有很强的激励机制，制度变迁效率与农村土地利用配置效率都较高，同时平均分配土地，照顾了农村土地的社会功能，公平程度也高。但从发展的眼光看，这种土地制度安排必将导致土地兼并，两极分化，最终牺牲公平，进而牺牲效率。因此，无论是基于效率角度还是基于公平角度而言，农民土地所有制都有进一步变迁的必要。第二次农地制度变迁是通过互助组、初级社、高级社、人民公社这一合作化运动把农民土地所有制变革为土地集体所有、集体统一经营的制度。从效率角度看，土地集体所有、集体统一经营制度，因存在劳动上“大呼隆”、分配上“大锅饭”等现象，监督、组织成本极高而又缺乏激励机制，是一种效率极其低下的制度安排。从公平角度看，该制度是一种看似公平，实际上并不公平的产权制度安排。因为，第一，在农村人民公社制度内部，虽然形式上提倡按劳分配，但在实际政策及其执行中，基本上是无差别或少差别的平均主义分配。其结果是“干多干少一个样，干好干坏一个样，干与不干一个样”，少劳者侵占多劳者劳动成果的现象普遍存在，这对多劳者是极不公平的。第二，在农村人民公社制度外部，即在人民公社与国家的关系问题上，国家通过工农业产品价格剪刀差，即通过行政与政策的超经济强制手段与办法，压低农产品价格，将农民的收入转化为工业、城镇的收入。这也是对农村和农民的严重不公平。第三，国家还通过严格的户籍制度，对城乡居民进行身份区分，几乎是绝对限制农民向城镇转移，限制农民身份转变为城镇居民身份。这种城乡隔离政策从根本上剥夺了农民的择业自由，更是对农民的极端不公平。因此，土地集体所有、集体统一经营制度可以说是一种公平与效率皆失的农地制度安排，家庭联产承包责任制取而代之具有历史必然性。第三次农地制度变迁所形成的我国现行农地制度——土地集体所有、家庭联产承包经营责任制，一直在努力寻求公平与效率的最佳结合点。但随着改革的深入和市场经济的发展，家庭联产承包经营责任制这一我国现行农地制度的问题和深层矛盾已日渐显现出来，这些问题和矛盾，本质上都是公平与效率的博弈。①

巴西农地制度变迁的主要诉求则是如何解决土地分配的公平问题。解决无地农民的土地问题，是贯穿巴西现代化进程的重大社会经济问题之一，巴西土改的首要任务就是改革高度集中的大地产制，将大地产主占有的、长期闲置不用的大片土地通过法律形式转入无地农民手中，从根本上改变农村土地分配不合理的现象。也就是说，巴西农地制度变迁的主要诉求是解决土地分配的公平问题。

3. 农地制度变迁的制度绩效不同

中国城市化进程中的农地制度变迁，总体上体现出了较高的制度变迁绩效，尤其是新中国成立后的第一次农地制度变迁形成的农民土地所有制和肇始于1978年底的第三次农地制度变迁形成的土地家庭承包制，都极大地调动了广大农民的生产积极性，制度变迁绩效和农地配置效率也都大为提高。尽管中国现行农地制度安排存在这样或那样的缺陷，但是，农地集体所有家庭承包经营这种制度安排，使得中国在30多年的高速发展中能保持相对稳定，因为拥有一亩三分地的数量庞大的农民工一旦在城里失业，还可以回乡种地以维持基本生活。这也是在中国城市里看不见贫民窟的主要原因。

巴西的土地改革可以说是步履艰难，农地制度变迁绩效不显著。土地占有严重不平等，造成大量无地农民，这是催生城市贫民窟的一个主要原因。巴西历史上是大地产土地制度，绝大部分土地一直为少数大地主所控制，一直没有进行过彻底的土地改革。农村中小农户和无地农民处境艰难，导致大量无地农民向城市流动迁

① 曾宪明．论我国现行农地制度中公平与效率的博弈．农村经济，2010（12）．

移。由于他们在农村丧失了土地，这种流动是单向的，不可能再回流农村。这种流动虽然推动了工业的发展，但因超过城市工业发展提供的就业机会，一些人就由农村的无地农民转而成为城市的公开失业或隐蔽失业的贫困群体，他们大部分住在贫民窟，即“法维拉”(favela)，也就是临时搭建的简陋住房的集中地。根据巴西地理统计局的界定，贫民窟是指50户以上的人家汇住一起，房屋建筑无序，占用他人或公共土地、缺乏主要卫生等服务设施的生活区。1987年巴西全国约有2500万人居住在贫民窟，还有加剧发展的趋势。据2000年的人口普查，巴西有贫民窟3905个，比1991年增加717个。贫民窟遍及巴西所有的大城市，现在已发展到中等城市。①

巴西的经验教训提醒我们，城镇化能否健康发展，与农村的土地制度关系很大。巴西大量农民因土地被大地产主兼并而破产，不得不流入城市，被排挤出土地的农民数量远远超过城市就业能力的增长。一些人进了城，没有工作，又无法退回农村而变为城市贫民。我国的基本国情决定了在相当长的时期内，土地是农民最基本的生活保障。外出务工的农民，大多处于不稳定状态，在家乡有一块地，仍然是农民维持生计的最后一道防线。在农民到城镇落户未取得稳定的就业、收入保障以前，要保留这部分农民的土地承包权，让农民在城乡之间“双向流动”，有助于防止大量的无地农民集中于城市，形成贫民窟，产生严重的社会问题。应当明确，在目前的发展阶段，土地作为农民生存保障资料的功能将在很长时期内存在，要充分认识农村土地使用权流转和集中的长期性。农民土地承包经营权的流转要坚持依法、自愿、有偿的原则，不能拔苗助长。农村劳动力在城乡之间“双向流动”的特点在相当长的时期内也不可能改变，从而稳定农村土地承包经营权的政策也就不可动摇。

① 韩俊，崔传义，赵阳. 巴西贫民窟对中国城市化的启示. 瞭望新闻周刊，2005(28).

结 束 语

伴随着城市化、工业化的加速发展，大量农地必然会转为非农用地，众多农民也必然会进入城镇务工谋生，因此农地制度将随着城市化和工业化的进程而不断变迁。国际经验表明，一个国家农地制度的变迁有其自身的发展规律和路径依赖。一国的农地制度演进必须与本国的工业化和城市化进程相适应，僵化的、一成不变的农地制度安排必然会成为工业化、城市化进程的羁绊，进而制约该国的现代化进程。一个国家选择什么样的农地制度，是由其历史、习俗、文化传统、政治和经济制度等多种因素共同决定的。各国农地制度的变迁，都体现了土地制度变迁的两个重要诱因，即公平诱因与效率诱因。在农地制度变迁的初始阶段，农地制度安排的主要弊端是缺乏公平，所以土地权利的配置需要朝着更加公平的状态变动，这一阶段的农地制度变迁体现为公平诱因型变迁。当土地制度供求平衡状态发生变化时，土地权利变动，使制度变迁收益超过制度变迁成本，即出现制度利益增加时，土地权利变动就会朝着效率更高的方向变动，这时的农地制度变迁即为效率诱因型变迁。无论是发达国家还是发展中国家，其农地制度变迁从某种程度上来看都体现为公平诱因型变迁或者效率诱因型变迁，只是在城市化进程的不同阶段，公平诱因型农地制度变迁和效率诱因型农地制度变迁交替出现而已。

任何国家的城市化进程，都要受到该国经济、社会、制度、自然资源、民族、文化、传统等多方面因素的影响，而在这些诸多影响因素中，农地制度无疑是最重要的影响因素之一，因为一个国家的城市化既包括人口城市化，也包括土地城市化。因此要顺利完成城市化进程，就必须实现人口城市化与土地城市化的协调发展，也就是说农地制度的变迁必须与城市化进程相适应。纵观世界各国城市化进程与农地制度变迁之间关系的演变，我们发现，发达国家，如英国、美国、日本等，基本上实现了农地制度变迁与城市化进程的协调发展，而发展中国家，如巴西、印度、中国等，却没有很好地处理农地制度变迁与城市化进程的协调发展问题，要么人口城市化过度，要么人口城市化滞后于土地城市化。但是，无论是发达国家还是发展中国家，在推进城市化过程中，农地制度变迁都显现出明显的阶段性特征：在城市化起步阶段，农地制度变迁的首要任务是确立明晰的产权制度，实现“耕者有其田”，追求农地资源分配的公平性；在城市化加速发展阶段，农地制度变迁朝着促进土地集中和规模经营的方向演进，追求农地资源配置的高效率；在城市化加速发展和基本实现阶段，农地制度变迁的主要目标转向建立农地保护制度，追求农地资源利用的可持续性。

判断一种农地制度好坏的主要标准，不是看这种农地制度的所有制性质，而是要看这种农地制度对农耕者是否有刺激作用。如果一种农地制度使得农业生产者付出的努力与其得到的报酬成比例，那么，这种制度就是有刺激的，是好的，否则就是无刺激的，不好的。工业革命以来的国际经验表明，一个国家实行何种农地制度，对该国的工业化、城市化和现代化进程会产生重大影响。那种长期将农民排除在现代化进程之外，农民的土地诉求不能得到及时、合理解决的农地制度安排，必然会成为该国现代化进程中的羁绊。

中国的城市化进程之所以令世人瞩目，主要是因为数以亿计的农民将不断地从农村进入城镇，还有众多的农民工将在相当长时期内在城乡之间“双向流动”。因此，中国的农地制度变迁会体现出其独有的特征。中国的农地制度安排既要有利于数量庞大的农民向城镇的迁移，又要为在城镇难以立足的农民返乡谋生留有退路。现行的农地集体所有、家庭承包的农地制度安排基本能满足这一要求。一般来说，农地资源由私人所有和市场调节，其效率通常要高于由公共所有和政府配置，但是，私人所有、市场调节模式也会造成农地资源配置的非效率状态。一些发达国家的农地制度安排表明，土地资源并不绝对是私人占有和市场调节，而大多是两种模式的组合形式，只不过是国家所有和私人所有的比重、国家所有的内容、对私人所有的限制、市场和计划两种调节方式的组合等等不同而已。所以，中国农地制度变迁的方向并不是简单的一化(私有化)了之，而是要稳定现行的农地集体所有、家庭承包的制度安排，在此基础上，给予农民更多的土地权利和财产权，使数以亿计的常年在城镇务工经商的农民能够自由选择所经营的土地是否流转、以何种方式流转以及向谁流转，以解决其后顾之忧。“明晰所有权、稳定承包权、放活经营权”是中国农村土地制度改革的方向。具体措施包括：开展土地确权登记颁证工作，稳定农村土地承包经营权；在符合规划和用途管制的前提下，允许农村集体经营性建设用地出让、租赁、入股，实行与国有土地同等入市、同权同价；逐步缩小征地范围，规范征地程序，完善对被征地农民合理、规范、多元的保障机制，建立兼顾国家、集体、个人三方利益的土地增值收益分配机制，合理提高个人收益；允许土地承包经营权和农民住房财产权抵押等，让广大农民积极参与国家现代化建设，分享更多的改革发展红利。

参考文献

(一)英文文献

[1]Becker, Bertha K. and Egler, Claudio A. G. Brazil, a new regional power in the world-economy. Cambridge: Cambridge University Press, 1992: 32.

[2] C. Badgley. The farmer as conservationist. American Journal of Alternative Agriculture, 2003, 18(4): 206-212.

[3]Cell C. P. De-urbanization in China: The urban-rural contradiction. Comparative Urban Research, 1980, 7(3): 48-69.

[4]Clapham. A concise economic history of Britain: From the earliest times to 1750. Cambridge: Cambridge University Press, 1957: 271.

[5]Clapham. *The agrarian problem in the sixteenth century*. New York: Longmans Green & Co., 1967: 329.

[6]Clark, C. *The conditions of economic progress*. London: Mcmillian, 1940: 65.

[7]Clark, G. Common rights to land in England, 1475—1839. The Journal of Economic History, 2001, 61(4): 1009.

[8]D. Massey. Social structure, household strategies, and the cumulative causations of migration. Population Index, 1990, 56(1): 3-26.

[9]Deane, P., W. A. Cole. British economic growth 1688—1959. Cambridge: Cambridge University Press, 1962: 65.

[10]E. B. Fryde. Peasants and landlords in later medieval England.

New York: St. Martin's Press, 1996: 234.

[11] E. Nasee. On the agricultural community of the Middle Ages and enclosure of the sixteenth century in England. Whitefish: Kessinger Publishing, 2010: 77.

[12] Elton, G. R. England under the tudors. London: Methuen, 1974: 231.

[13] Eric. Kerridge. Agrarian problems in the sixteenth century and after. London: George Allen and Unwin, Ltd., 1990: 95-96.

[14] Ernest W. Burgess. The growth of city: an introduction to a research report//Robert Park, Ernest W. Burgess. The City. Chicago: University of Chicago Press, 1967: 47-62.

[15] Floud, R. , D. McCloskey. The economic history of Britain since 1700. Cambridge: Cambridge University Press, 1981: 70.

[16] Gibert Slater. The English peasantry and the enclosure of common field. New York: Adamant Media, 1970: 2.

[17] Harvey, P. D. A. The peasant land market in medieval england. Oxford: Oxford University Press, 1984.

[18] Joan Thrisk. The farm region of England//The agrarian History of England and Wales: Vol. IV, 1500-1640. Cambridge: Cambridge University Press, 1967: 83.

[19] Joan Thrisk. Tudor enclosure. London: Historical Associations, 1958: 6.

[20] Jonathan Hughes. American economic history. Glenview, Illinios, London, England: Scott, Foresman and Company, 1987: 167.

[21] Kirkby R. J. Urbanization in China: Town and country in a developing economy 1949—2000 A. D. New York: Columbia University Press, 1985.

[22] M. W. Beresford. Habitation versus improvement: The debate on enclosure by agreement//F. J. Fisher. Essays in the economic and social history of Tudor and Stuart England, 1961: 40, 64.

[23] Ma, Laurence J. C.. Anti-urbanism in China. The Association of

American Geographers, 1976, 8: 114-118.

[24] Martin. J. E. Feudalism to capitalism: peasant and landlord in English agrarian development. London: The Macmillan Press, 1983: 135.

[25] Mitchell, B. R. British historical statistics. Cambridge: Cambridge University Press, 1988: 708.

[26] North, D. C., R. P. Thomas. The rise of western world: A new economic history. Cambridge: Cambridge Press, 1973.

[27] Ran M, Berry B. J. L.. Underurbanization politics assessed: China, 1949—1986. Urban Geography, 1989, 10: 111-120.

[28] Ray M. Northam. Urban geography. New York: Sons, 1975: 66.

[29] Simpson, A. W. B. A history of the land law. Oxford: Oxford University Press, 1986: 161.

[30] Swapna Bannerjee-Guha. Growth of a twin city: Planned urban dispersal in India//Frank J. Costa, et al. Urbanization in Asia: Spatial dimentions and policy issues. Honolulu: University of Hawaii Press, 1989: 169-188.

[31] Tawney. The agrarian problem in the sixteenth century. New York: Longmans Green & Co., 1967: 255-260.

[32] Thompson, F. M. L. English landed society in the nineteenth century. London: Routlegde, 1963: 125.

[33] United Nations Population Division. World urbanization prospects: The 2001 revision. http://www.un.org/esa/population/publication/wup2001/wup2001report.htm.

[34] V. Nath. Urbanization in India: Retrospect and prospect//Frank J. Costa, et al. Urbanization in Asia: spatial dimentions and policy issues. Honolulu: University of Hawaii Press, 1989: 27-46.

[35] Yao, Yang. The development of the land lease market in rural China. Land Economics, 2000, 76(2): 252-266.

(二)中文文献

[1]中国大百科全书出版社《不列颠百科全书》国际中文版编辑部. 不列颠百科全书：国际中文版. 北京：中国大百科全书出版社，2002.

[2]邓小平. 邓小平文选：第2卷. 北京：人民出版社，1994.

[3]马克思，恩格斯. 马克思恩格斯全集：第25卷. 北京：人民出版社，1974.

[4]马克思，恩格斯. 马克思恩格斯选集：第2卷. 北京：人民出版社，1972.

[5]马克思，恩格斯. 马克思恩格斯选集：第2卷. 北京：人民出版社，1972.

[6]马克思，恩格斯. 马克思恩格斯选集：第4卷. 北京：人民出版社，1972.

[7]毛泽东. 毛泽东选集：第3卷. 北京：人民出版社，1991.

[8]毛泽东. 毛泽东选集：第1卷. 北京：人民出版社，1991.

[9]国家农业委员会办公厅. 农业集体化重要文件汇编1958—1981. 北京：中共中央党校出版社，1981.

[10]万里. 万里文选. 北京：人民出版社，1995.

[11]中共中央党校中共党史教研室. 中共党史学习文献简编(社会主义革命时期). 北京：中共中央党校出版社，1983.

[12]马克思. 资本论：第1卷. 北京：人民出版社，1975.

[13]F. 托马森·詹努兹. 印度土地制度改革的失败. 施尧伯，译. 南亚研究，1988(3).

[14]阿马蒂亚·森，让·德雷兹. 印度：经济发展与社会机会. 黄飞君，译. 北京：社会科学文献出版社，2006.

[15]埃利萨·P. 赖斯. 巴西：土地问题100年. 国际社会科学杂志：中文版，1999(3).

[16]安希伋. 论土地国有永佃. 中国农村经济，1988(11).

[17]巴洛维. 土地资源经济学：不动产经济学. 英文版. 鲁兰提斯-霍尔出版社，1978.

[18]保尔·芒图. 十八世纪产业革命：英国近代大工业初期的概况. 杨人楩，陈希秦，吴绪，译. 北京：商务印书馆，1983.
[19]蔡昉. 改革土地所有制是农村第二步改革的突破口. 中国农村经济，1987(1).
[20]蔡昉. 中国农村改革三十年：制度经济学的分析. 中国社会科学，2008(6).
[21]蔡继明. 中国土地私有的分步改革方案//蔡继明，邝梅. 论中国土地制度改革：中国土地制度改革国际研讨会论文集. 北京：中国财政经济出版社，2009.
[22]曹俊杰，王学真，高峰. 资源丰缺度不同国家的农业现代化模式之比较. 宁夏社会科学，2010(4).
[23]查伟伟. 新圈地运动研究. 广州：暨南大学博士学位论文，2010.
[24]柴强. 各国(地区)制度与政策. 北京：北京经济学院出版社，1993.
[25]车凤善，张迪. 美国农地保护政策演变及对我国的借鉴. 国土资源情报，2004(3).
[26]陈峰君. 东亚与印度：亚洲两种现代化模式. 北京：经济科学出版社，2000.
[27]陈吉元，韩俊，等. 人口大国的农业增长. 上海：上海远东出版社，1996.
[28]陈名村，孙颖. 美国土地发展权制度对我国的借鉴意义. 决策&信息，2008(8).
[29]陈卫，何如海，王超. 农村土地制度改革的国际比较. 世界农业，2014(3).
[30]陈锡文. 中国农村改革：回顾与展望. 天津：天津人民出版社，1993.
[31]陈曦文. 英国16世纪经济变革与政策研究. 北京：首都师范大学出版社，1995.
[32]陈新田. 日本明治维新时期土地制度改革初探. 赤峰学院学报，2005(1).

[33]陈志武. 农村土地私有化后结果不会比现在糟. 财经时报, 2005-10-08.

[34]程春满, 王如松. 城市化取向: 从产业理念转向生态思维. 城市发展研究, 1998(5).

[35][美]戴维·菲尼. 制度安排的需求与供给//[美]V. 奥斯特罗姆, 等. 制度分析与发展的反思: 问题与抉择. 王诚, 等, 译. 北京: 商务印书馆, 1992.

[36][美]戴维斯, 诺思. 制度创新的理论//[美]R. 科斯, 等. 财产权利与制度变迁: 产权学派与新制度学派译文集. 刘守英, 等, 译. 上海: 上海三联书店, 1994.

[37]单胜道, 陈强, 尤建新. 农村集体土地产权及其制度创新. 北京: 中国建筑工业出版社, 2005.

[38]道格拉斯·诺思, 罗伯特·托马斯. 庄园制度的兴起和衰落: 一个理论模型//盛洪. 现代制度经济学. 北京: 北京大学出版社, 2003.

[39]道格拉斯·诺思. 制度变迁和经济增长//盛洪. 现代制度经济学: 上卷. 北京: 北京大学出版社, 2003.

[40]丁关良. 土地承包经营权基本问题研究. 杭州: 浙江大学出版社, 2007.

[41]董辅礽. 中国经济史: 上卷. 北京: 经济科学出版社, 1999.

[42]董继民. 农业现代化与美国城市化. 山东师范大学学报, 1998(1).

[43]董栓成. 中国农村土地制度改革路径优化. 北京: 社会科学文献出版社, 2008.

[44]董思思, 崔凯. 近代早期英国的圈地运动与制度变迁. 和田师范专科学校学报: 汉文综合版, 2009(7).

[45]樊红丹. 论英国议会圈地时期公权的消失及后果. 武汉交通职业学院学报, 2004(4).

[46]樊亢, 宋则行. 外国经济史: 第1册. 北京: 人民出版社, 1982.

[47][法]费尔南·布罗代尔. 15至18世纪的物质文明、经济和资

本主义：第3卷. 顾良，施康强，译. 北京：生活·读书·新知三联书店，1993.
[48] 付夏婕. 论英国土地法律制度变迁与经济转型. 北京：中共中央党校博士学位论文，2011.
[49] 高建设. 二战以来日本农地制度变迁路径浅析及启示. 吉林工商学院学报，2011(3).
[50] 高洁，廖长林. 英、美、法土地发展权制度对我国土地管理制度改革的启示. 经济社会体制比较，2011(4).
[51] 高珮义. 中外城市化比较研究. 天津：南开大学出版社，1991.
[52] 高强. 日本美国城市化模式比较. 世界经济，2002(3).
[53] 高映珍，潘家华. 土地经济问题再认识. 南京：南京出版社，1996.
[54] 辜胜阻，简新华. 当代中国人口流动与城镇化. 武汉：武汉大学出版社，1994.
[55] 谷延方. 重评圈地运动与英国城市化. 天津师范大学学报：社会科学版，2008(4).
[56] 顾朝林. 经济全球化与中国城市发展. 北京：商务印书馆，1999.
[57] [日]关谷俊作. 日本的农地制度. 金洪云，译. 上海：上海三联书店，2004.
[58] 郭元增. 巴西的土地争端与土地改革. 拉丁美洲研究，1991(2).
[59] 郭元增. 拉丁美洲严峻的土地问题. 当代世界，1996(11).
[60] 国家发改委产业发展研究所美国、巴西城镇化考察团. 美国、巴西城市化和小城镇发展的经验及启示. 中国农村经济，2004(1).
[61] 国家统计局. 中国统计年鉴(2003). 北京：中国统计出版社，2003.
[62] 国家统计局城市社会经济调查总队，中国统计学会城市统计委员会. 2001年中国城市发展报告. 北京：中国统计出版

社，2002.
[63]国土资源部代表团. “拉美现象”下的土地问题：巴西阿根廷访问考察报告. 中国土地，2007(6).
[64][美]哈罗德·J. 伯尔曼. 法律与革命：西方法律传统的形成. 贺卫方，等，译. 北京：中国大百科全书出版社，1993.
[65][美]哈罗德·德姆塞茨. 关于产权的理论//盛洪. 现代制度经济学：上卷. 北京：北京大学出版社，2003.
[66]韩俊，崔传义，赵阳. 巴西贫民窟对中国城市化的启示. 瞭望新闻周刊，2005(28).
[67]韩俊，等. 巴西城市化过程中贫民窟问题及对我国的启示. 中国发展观察，2005(6).
[68]郝寿义，王家庭，张换兆. 工业化、城市化与农村土地制度演进的国际考察：以日本为例. 上海经济研究，2007(1).
[69]郝寿义，王家庭，张换兆. 日本工业化、城市化与农村土地制度演进的历史考察. 日本学刊，2007(1).
[70]何百根，梁文宇. 拉丁美洲农业地理. 北京：商务印书馆，2003.
[71]贺雪峰. 地权的逻辑——中国农村土地制度向何处去. 北京：中国政法大学出版社，2010.
[72]洪涛，丁兰. 城市化过程中的农地制度改革. 土地利用的城乡统筹和区域统筹——2007 中国科协年会 8.3 分会场论文集，2007-09-01.
[73]侯建新. 社会转型时期的西欧与中国. 济南：济南出版社，2001.
[74]侯建新. 转型时代的西欧与中国. 北京：高等教育出版社，2005.
[75]侯蕊玲. 城市化的历史回顾与未来展望. 云南社会科学，1999(2).
[76]华生. 城市化转型与土地陷阱. 北京：东方出版社，2014.
[77]黄力颖，洪燕华. 巴西农民强闯国会要土地. 东方早报，2006-06-08.

[78]黄少安，谢冬水．“圈地运动”的历史进步性及其经济学解释．当代财经，2010(12)．
[79]黄思骏．印度土地制度研究．北京：中国社会科学出版社，1998．
[80]黄松甫．浅谈巴西的土地改革．世界农业，1987(5)．
[81]计翔翔，洪朝辉．圈地运动：农业资本主义发展的“英国式”道路．江淮论坛，1983(1)．
[82]纪晓岚．英国城市化历史过程分析与启示．华东理工大学学报：社会科学版，2004(2)．
[83]简新华，张国胜．日本工业化、城市化进程中的“农地非农化”．中国人口·资源与环境，2006(6)．
[84]简新华．论中国特色的城镇化道路//武汉大学经济发展研究中心．发展经济学研究：第二辑．北京：经济科学出版社，2004．
[85]简新华．中国城镇化与中国特色城镇化道路．济南：山东人民出版社，2009．
[86]简新华．中国农地制度和经营方式创新研究．政治经济学评论，2013(1)．
[87]姜爱林．土地政策基本理论研究．北京：中国大地出版社，2001．
[88]金洪云．日本的农村振兴政策．中国党政干部论坛，2006(4)．
[89]金丽馥．中国农民失地问题的制度分析．北京：高等教育出版社，2007．
[90]靳婷．浅谈印度土地制度．中国人口·资源与环境，2011(21)．
[91]靳相木．地根经济：一个研究范式及其对土地宏观调控的初步应用．杭州：浙江大学出版社，2007．
[92]康就升．中国城市化道路研究概述．学术界动态，1990(6)．
[93]康涛．中印农村土地制度改革比较分析——对中国农村土地制度改革的启示．理论与改革，2012(2)．
[94]柯武刚，史漫飞．制度经济学．韩朝华，译．北京：商务印书

馆，2002.
[95]孔庆山. 美国早期土地制度研究(1785—1862). 广州：中山大学出版社，2002.
[96]赖泽源，等. 比较农地制度. 北京：经济管理出版社，1996.
[97]李昌平. 大气候：李昌平直言“三农”. 西安：陕西人民出版社，2009.
[98]李红卫. 城市土地使用与管理——以广州为例的研究. 广州：广东人民出版社，2002.
[99]李剑鸣. 美国的奠基时代. 北京：人民出版社，2001.
[100]李杰，张光宏. 农村土地制度与城镇化进程：制度变迁下的历史分析. 农业技术经济，2013(2).
[101]李礼. 中日农地制度比较分析. 经济金融，2009(5).
[102]李明秋，等. 中国农村土地制度创新及农地使用权流转机制研究. 北京：中国大地出版社，2004.
[103]李其荣. 对立与统一：城市发展历史逻辑新论. 南京：东南大学出版社，2000.
[104]李通屏. 人口经济学. 北京：清华大学出版社，2008.
[105]李翔. 推进我国城市化进程中的几个问题. 广东行政学院学报，2003(6).
[106]李源. 从英国圈地运动看城市化. 科教文汇，2011(6)(中旬刊).
[107]厉以宁. 农产品市场与宏观调控. 农业经济问题，1989(2).
[108]梁书民. 日本的土地制度与农业政策及启示. 农业经济问题，2011(9).
[109]林承节. 独立后的印度史. 北京：北京大学出版社，2005.
[110]林广，张鸿雁. 成功与代价：中外城市化比较新论. 南京：东南大学出版社，2000.
[111]林玲. 城市化与经济发展. 武汉：湖北人民出版社，1995.
[112]林卿，等. 可持续农业经济发展论. 北京：中国环境科学出版社，2002.
[113]林毅夫. 关于制度变迁的经济学理论//[美]R. 科斯，等. 财

产权利与制度变迁：产权学派与新制度学派译文集. 刘守英，等，译. 上海：上海三联书店，1994.
[114]林毅夫. 诱致性制度变迁与强制性制度变迁//盛洪. 现代制度经济学：下卷. 北京：北京大学出版社，2003.
[115]刘传江. 中国城市化的制度安排与创新. 武汉：武汉大学出版社，1999.
[116]刘红岩. 城镇化进程中土地制度改革的境外经验与启示. 国家行政学院学报，2013(6).
[117]刘国臻. 论美国土地发展权制度及其对我国的启示. 法学评论，2007(3).
[118]刘国臻. 论英国土地发展权制度及其对我国的启示. 法学评论，2008(4).
[119]刘君地，汪宇明. 制度与创新——中国城市制度的发展与改革新论. 南京：东南大学出版社，2000.
[120]刘明明. 土地发展权的域外考察及其带来的启示. 行政与法，2008(10).
[121]刘守英. 中共十八届三中全会后的土地制度改革及其实施. 法商研究，2013(2).
[122]刘婷. 巴西的土地问题与经济发展. 拉丁美洲研究，2006，28(2).
[123]刘晓田. 城市化进程中的土地集约利用问题研究. 青岛：中国海洋大学博士学位论文，2010.
[123]刘毅，胡兆凡. 日本明治时期与战后初期农地改革差异比较. 理论界，2007(12).
[125][印度]鲁达尔·达特，K. P. M. 桑达拉姆. 印度经济：上. 雷启淮，等，译. 成都：四川大学出版社，1994.
[126]陆国俊，金计初. 拉丁美洲资本主义发展. 北京：人民出版社，1997.
[127]路易斯·佩雷拉. 巴西的发展和危机. 武汉：武汉师范学院历史系巴西教研室，1983.
[128]吕银春. 巴西对落后地区经济的开发. 拉丁美洲研究，2000

(5).
[129]吕银春. 经济发展与社会公正：巴西实例研究报告. 北京：世界知识出版社，2003.
[130][英]罗伯特·杜普莱西斯. 早期欧洲现代资本主义的形成过程. 朱智强，等，译. 沈阳：辽宁教育出版社，2001.
[131]骆友生，张宏宇. 家庭承包责任制后的农地制度创新. 经济研究，1995(1).
[132]马克思，恩格斯. 马克思恩格斯全集：第2卷. 北京：人民出版社，1957.
[133]马克思，恩格斯. 马克思恩格斯全集：第9卷. 北京：人民出版社，1961.
[134]马克思，恩格斯. 马克思恩格斯选集：第1卷. 北京：人民出版社，1972.
[135]马克思. 资本论：第1卷，北京：人民出版社，2004.
[136]马克思. 资本论：第3卷，北京：人民出版社，1975.
[137]马克垚. 英国封建社会研究. 北京：北京大学出版社，2005.
[138]迈克尔·P. 托达罗. 第三世界的经济发展. 印金强，赵荣美，译. 北京：中国经济出版社，1993.
[139]孟勤国，等. 中国农村土地流转问题研究. 北京：法律出版社，2009.
[140]密尔松. 普通法的历史基础. 北京：中国大百科全书出版社，1999.
[141]牛若峰. 再谈农民集体所有的土地是农民的财产. 牛若峰工作室通讯，2004-07-30.
[142][美]道格拉斯·C. 诺思. 经济史上的结构与变迁. 厉以平，译. 北京：商务印书馆，1992.
[143]钱乘旦，许洁明. 英国通史. 上海：上海社会科学院出版社，2007.
[144]乔桂银. 印度、日本农地制度与我国农地制度改革. 未来与发展，2009(8).
[145]秦晖. 关于农村土地制度的思考. 经济观察报，2004-11-13.

[146]秦尊文. 小城镇道路：中国城市化的妄想症. 中国农村经济，2001(12).
[147]邱谊萌. 16—19 世纪英国土地制度变迁研究. 沈阳：辽宁大学博士学位论文，2008.
[148]饶会林. 城市经济学. 大连：东北财经大学出版社，1999.
[149]尚玥佟. 巴西贫困与反贫困政策研究. 拉丁美洲研究，2001(3).
[150]沈汉. 英国土地制度史. 上海：学林出版社，2005.
[151]盛洪. 制度应该怎样变迁——中英土地制度变迁比较. 学术界，2014(12).
[152]盛洪. 现代制度经济学：下卷. 北京：北京大学出版社，2003.
[153]施岳群，等. 城市化中的都市圈发展战略研究. 上海：上海财经大学出版社，2007.
[154]舒尔茨. 制度与人的经济价值的不断提高//[美]R. 科斯，等. 财产权利与制度变迁：产权学派与新制度学派译文集. 刘守英，等，译. 上海：上海三联书店，1994.
[155][日]速水佑次郎，[美]弗农·拉坦. 农业发展的国际分析. 郭熙保，等，译. 中译本. 北京：中国社会科学出版社，2000.
[156]孙弘. 中国土地发展权研究：土地开发与资源保护的新视角. 北京：中国人民大学出版社，2004.
[157]孙强，蔡运龙. 日本耕地保护与土地管理的历史经验及其对中国的启示. 北京大学学报：自然科学版，2008(3).
[158]唐敏. 土地管理改革新方向. 瞭望新闻周刊，2006-09-18.
[159]陶然，徐志刚. 城市化、农地制度与迁移人口社会保障. 经济研究，2005(12).
[160]陶然，童菊儿，汪晖，黄璐. 二轮承包后的中国农村土地行政性调整——典型事实、农民反应与政策含义. 中国农村经济，2009(10).
[161]藤田昌久，等. 空间经济学——城市、区域与国际贸易. 梁

琦，译. 北京：中国人民大学出版社，2005.
[162][英]托马斯·莫尔. 乌托邦. 戴镏龄，译. 2版. 北京：商务印书馆，1984.
[163]托马斯. 独立以来拉丁美洲的经济发展. 张凡，等，译. 北京：中国经济出版社，2000.
[164]汪建丰. 维多利亚时代英国农业之盛衰. 湖州师专学报，1995(2).
[165]汪先平. 当代日本农村土地制度变迁及其启示. 中国农村经济，2008(10).
[166]王春良. 论印度独立后土地制度与农业的演变. 烟台大学学报：哲学社会科学版，1993(8).
[167]王景新. 家庭经营制度的历史局限和改革出路. 中国改革，2004(11).
[168]王珺. 英国耕地保护及对我国城市边缘区耕地保护的启示. 今日南国，2009(6).
[169]王乃耀. 试论英国资本原始积累的主要方式——圈地运动. 北京师范学院学报：社会科学版，1992(4).
[170]王瑞璞，张湛彬. 中国国有企业制度创新. 北京：中国经济出版社，2002.
[171]王世元. 新型城镇化之土地制度改革路径. 北京：中国大地出版社，2014.
[172]王苏彬. 中日农村土地制度改革比较研究. 中国土地，2009(5).
[173]王小映. 土地制度变迁与土地承包权物权化. 中国农村经济，2000(1).
[174]王旭. 美国城市史. 北京：中国社会科学出版社，2000.
[175]王勇辉，等. 农村城镇化与城乡统筹的国际比较. 北京：中国社会科学出版社，2011.
[176]王远征. 中国城市化道路的选择和障碍. 战略与管理，2003(5).
[177]王治功. 古代印度土地所有制及其历史启示. 汕头大学学报：

人文社会科学版，2007(23).
[178]王琢. 中国农村土地产权制度论. 北京：经济管理出版社，1996.
[179]温铁军. 我国为什么不能实行农村土地私有化. 财经界，2015(7).
[180]温铁军. “三农”问题与制度变迁. 北京：中国经济出版社，2009.
[181]文贯中. 解决三农问题不能回避农地私有化. 中国经济学教育科研网，2006-05-22.
[182]文贯中. 现行土地制度已成中国现代转型的桎梏. 东方早报，2012-01-18.
[183]文贯中. 中国应实行土地私有化. 亚布力观点，2008-11-06.
[184]沃尔德·克里斯塔勒. 德国南部中心地原理. 常正文，等，译. 北京：商务印书馆，1998.
[185]吴洪英. 巴西现代化进程透视：历史与现实. 北京：时事出版社，2001.
[186]向德平. 城市社会学. 武汉：武汉大学出版社，2002.
[187]谢长青，李晓燕. 国外农村劳动力非农化与城市化经验及启示. 学术交流，2008(9).
[188]谢文蕙，邓卫. 城市经济学. 北京：清华大学出版社，1996.
[189]新玉言. 国外城镇化——比较研究与经验启示. 北京：国家行政学院出版社，2013.
[190]徐浩. 地主与英国农村现代化的启动. 历史研究，1999(1).
[191]徐琴. 政府主导型城市化的绩效与成本. 学海，2004(3).
[192]许经勇. 中国农村经济制度变迁60年研究. 厦门：厦门大学出版社，2009.
[193]许学强，周一星，宁越敏. 城市地理学. 北京：高等教育出版社，1997.
[194]杨杰. 从上往下看——英国农业革命. 北京：中国社会科学出版社，2009.
[195]杨小凯. 论土地私有化问题. 新浪博客，2006-08-07.

[196] 杨小凯. 中国土地所有权私有化的意义. 学者社区网站, 2007-07-20.
[197] 姚洋. 土地、制度和农业发展. 北京: 北京大学出版社, 2004.
[198] 叶明勇. 英国议会圈地及其影响. 武汉大学学报: 人文科学版, 2001(2).
[199] 叶裕民. 中国城市化之路: 经济支持与制度创新. 北京: 商务印书馆, 2001.
[200] 易可君. 农村土地制度深化改革模式研究. 改革与理论, 1996(11).
[201] 殷永林. 论印度土地改革的成败和影响. 思想战线, 1995(5).
[202] 俞敬忠. "圈地之风"危及我国未来的发展. 中国党政干部论坛, 2004(4).
[203] 袁庆明. 新制度经济学. 北京: 中国发展出版社, 2005.
[204] 曾令秋, 胡建敏. 新中国农地制度研究. 北京: 人民出版社, 2011.
[205] 曾宪明. 我国农地制度的变迁轨迹及其现实功用. 改革, 2010(2).
[206] 曾宪明. 工业化、城市化中的土地问题——以巴西为例. 生产力研究, 2011(1).
[207] 曾宪明. 论我国现行农地制度中公平与效率的博弈. 农村经济, 2010(12).
[208] 曾宪明. 我国现行农地制度安排对城市化进程的制约因素分析. 生产力研究, 2006(7).
[209] 张安录, 杨钢桥. 美国城市化过程中农地城市流转与农地保护. 中国农村经济, 1998(11).
[210] 张宝宇. 巴西现代化的起始与社会转型. 拉丁美洲研究, 2003(5).
[211] 张耕田. 关于建立城市化水平指标体系探讨. 城市问题, 1998(1).

[212]张冠增. 城市发展概论. 北京：中国铁道出版社，1998.
[213]张建平等. 区域经济理论与实践. 北京：中央民族大学出版社，2007.
[214]张天. 也谈英国“圈地运动”的性质. 史学月刊，1983(3).
[215]张五常. 经济解释. 北京：商务印书馆，2000.
[216]张友伦. 美国西进运动探要. 北京：人民出版社，2005.
[217]张宇燕. 经济发展与制度选择. 北京：中国人民大学出版社，1992.
[218]赵理尘. 城市发展学导论. 济南：山东大学出版社，2004.
[219]赵阳. 共有与私用：中国农地产权制度的经济学分析. 北京：生活·读书·新知三联书店，2007.
[220]钟水映，李晶. 经济结构、城市结构与中国城市化发展. 人口研究，2002(5).
[221]钟水映，李魁. 中国工业化和城市化过程中的农地非农化. 济南：山东人民出版社，2009.
[222]钟水映. 人口流动与社会经济发展. 武汉：武汉大学出版社，2000.
[223]钟秀明，等. 城市化之动力. 北京：中国经济出版社，2006.
[224]周成. 现阶段我国农地征用中的是是非非. 中国经济时报，2003-03-25.
[225]周红利. 巴西土地分配研究. 集体经济，2010(9)下.
[226]周天勇. 农村土地制度改革的模式比较和方案选择. 中国经济时报，2004-02-26.
[227]周一星. 城市地理学. 北京：商务印书馆，1995.
[228]朱昌利. 印度的土地改革——发展中国家土改的一种模式. 南亚研究季刊，1989(2).
[229]朱林兴. 中国社会主义城市经济学. 上海：上海社会科学院出版社，1996.
[230]朱慕唐，张海宁，王伯言. 西方城市经济学. 北京：中国财政经济出版社，1988.
[231]朱铁臻. 城市发展研究. 北京：中国统计出版社，1996.

[232]朱小波，周宇霆. 中外城市化过程中土地利用模式比较研究——从土地利用与保护政策的角度. 现代物业·现代经济，2013(11).
[233]诸大建，刘冬华. 管理城市成长：精明增长理论及对中国的启示. 同济大学学报：社会科学版，2006(17).
[234]邹彦林. 我国城市发展宏观思考. 江淮论坛，1999(2).

后　　记

《城市化进程中的农地制度变迁：国际比较研究》一书，是我2005年完成博士学位论文《中国特色城市化道路研究》之后开始全面深入研究的课题。本书作为一项国际比较研究，涉及多个国家城市化进程中的经济、社会、制度、自然资源、民族、文化、传统等诸多因素，是涉及面相当广的研究领域，它还涉及发展经济学、产业经济学、城市经济学、区域经济学、经济地理学和人口学等多个学科。因此在本书的写作过程中，我常常遇到这样那样的困难，所幸的是，前人的丰硕研究成果和当今发达便捷的互联网，给予了我极大的帮助，使我能够顺利完成本书。

本书有关城市化的论述得益于我的博士学位论文。所以今天本书能得以付梓，我首先要感谢我的导师——武汉大学简新华教授，在我攻读博士学位的三年中，简老师对我进行了严格的训练和认真的指导，将我领入学术研究的殿堂。在申报课题前，简老师给我提了很多建设性建议，在本书完成之际，我要对简老师表达发自内心深处的感激之情。简老师的谆谆教诲，鞭策我在今后的学习和研究中，秉承老师将经济理论与中国经济发展实践紧密结合的研究风范，不懈努力，为中国现代化建设尽自己的微薄之力。

我怀着同样的心情感谢辜胜阻教授、蔡继明教授、夏兴园教授、刘传江教授，他们对我的博士学位论文提出了许多宝贵的意见和有价值的建议，这些有益的指导成为本书得以完成的基础和起点。

我还要感谢我的硕士生导师——武汉大学政治与公共管理学院邹方本教授。二十多年来，邹老师都始终关心着我的成长与进步，激励着我不断地努力和前进。

本书的研究参考了众多同仁的研究成果，在此我谨向他们表示真挚的谢意！

本书有关的调查研究工作得到国家社会科学基金的资助。感谢五位匿名评审专家对本书提出的宝贵意见和建议。从决定申报国家社科基金后期资助到正式出版，始终都得到了武汉大学出版社的关怀和支持，特在此致以衷心的感谢！

本书在申报国家社科基金后期资助项目的过程中，得到了广东省社科规划办、广东外语外贸大学科研处、广东外语外贸大学国际商务英语学院的指导与支持，也在此致以衷心的感谢！

由于城市化进程中的农地制度变迁涉及多个学科，国际比较研究又涉及多个国家，加之作者水平有限，本书中的缺陷和不足之处在所难免，恳请读者不吝赐教。

曾宪明

2016 年 2 月于广州白云山麓

[illegible]

[illegible]

[illegible]

[illegible]